国家级教学成果奖

“十二五”普通高等教育本科国家级规划教材

中国人民大学会计系列教材

管理会计学

主编　孙茂竹　支晓强　戴　璐

第10版 · 立体化数字教材版

中国人民大学出版社
· 北京 ·

图书在版编目（CIP）数据

管理会计学：立体化数字教材版/孙茂竹，支晓强，戴璐主编. --10版. --北京：中国人民大学出版社，2024.1

中国人民大学会计系列教材

ISBN 978-7-300-32257-5

Ⅰ.①管… Ⅱ.①孙…②支…③戴… Ⅲ.①管理会计-高等学校-教材 Ⅳ.①F234.3

中国国家版本馆CIP数据核字（2023）第194913号

国家级教学成果奖

“十二五”普通高等教育本科国家级规划教材

中国人民大学会计系列教材

管理会计学（第10版·立体化数字教材版）

主编　孙茂竹　支晓强　戴　璐

Guanli Kuaijixue

出版发行	中国人民大学出版社		
社　　址	北京中关村大街31号	**邮政编码**	100080
电　　话	010－62511242（总编室）		010－62511770（质管部）
	010－82501766（邮购部）		010－62514148（门市部）
	010－62511173（发行公司）		010－62515275（盗版举报）
网　　址	http://www.crup.com.cn		
经　　销	新华书店		
印　　刷	天津鑫丰华印务有限公司	**版　　次**	1994年12月第1版
开　　本	787 mm×1092 mm　1/16		2024年1月第10版
印　　张	22 插页 1	**印　　次**	2025年5月第6次印刷
字　　数	520 000	**定　　价**	51.00元

总　序

中国人民大学会计系列教材（简称“系列教材”）自1993年推出至今，已30年。这期间我国经济高速发展，会计制度与会计准则发生巨大变化，大学会计教育无论规模还是质量都有了长足进步。回顾30年的发展历程，系列教材中每一本的每一版，都在努力适应会计环境和教育环境的变化，尽可能满足高校会计教学的需要。

系列教材第1版是由我国当时的重大会计改革催生的。编写时关注两个重点：一是适应我国会计制度的变化，遵循1992年颁布的“两则两制”的要求；二是教材之间尽可能避免内容重复。系列教材包括：《初级会计学》《财务会计学》《成本会计学》《经营决策会计学》《责任会计学》《高级会计学》《财务管理学》《审计学》《计算机会计学》。

自1997年10月起，系列教材陆续推出第2版。为适应各院校的课程开设需要，将《经营决策会计学》与《责任会计学》合并为《管理会计学》。

自2001年11月起，系列教材陆续推出第3版。根据修订的《中华人民共和国会计法》、国务院颁布的《企业财务会计报告条例》、财政部颁布和修订的企业具体会计准则以及财政部颁布的《企业会计制度》等对教材内容进行修订。

自2006年7月起，系列教材陆续推出第4版。进一步修订了教材与2007年1月1日起施行的企业会计准则和中国注册会计师审计准则之间的不协调之处，并将《计算机会计学》更名为《会计信息系统》。

自2009年6月起，系列教材陆续推出第5版。对《高级会计学》《财务管理学》《财务会计学》等的框架结构做了较大调整，新增《会计学（非专业用）》一书。

自2012年6月起，系列教材陆续推出第6版。针对教育部强化本科教育实务性、应用性的要求，新增“简明版”和“模拟实训”两个子系列，并为《初级会计学》和《成本会计学》配备实训手册。

自2014年4月起，系列教材陆续推出第7版。深入阐释了财政部自2014年1月起发布或修订的多个会计准则，并新增《财务报表分析》一书。

自2017年8月起，系列教材陆续推出第8版。体现了营改增、会计准则、增值税税率变化等最新动态，并新增《政府与非营利组织会计》，在“简明版”中新增《会计学》《中级财务会计》。为适应数字化对教学的影响，《财务会计学》率先推出“立体化数字教材版”。

自2020年11月起，系列教材陆续推出第9版。根据《高等学校课程思政建设指导纲要》对教材的要求，以及数字时代线上线下教学相结合的特点，着力打造立体化数字教材，并重点体现课程思政等内容。

2023年是“中国人民大学会计系列教材”出版30周年，系列教材陆续推出第10版。将党的二十大精神融入教材内容，并开始第二轮立体化数字教材的升级工作，为主要教材配套双题库（主教材和学习指导书），以方便教学。

至此，系列教材围绕核心课程，形成了如下课程体系：

主教材（11本）	学习指导书（7本）	模拟实训（5本）	简明版（7本）
《会计学》	√		《会计学》
《基础会计（原初级会计学》	√	√	
《财务会计学》	√	√	《中级财务会计》
《财务管理学》	√	√	《财务管理》
《成本会计学》	√	√	《成本与管理会计》
《管理会计学》	√	√	
《审计学》			
《会计信息系统》			《会计电算化》
《高级会计学》	√		
《财务报表分析》			
《政府与非营利组织会计》			《政府会计》
			《会计专业英语》

系列教材在30年的出版历程中，以高品质荣获众多奖项，并多次入选国家级规划教材。2001年，系列教材入选由教育部评选的“经济类、管理类专业和法学专业部分主干课程推荐教材”；2003年，系列教材入选“普通高等教育‘十五’国家级规划教材”；2005年，系列教材以“精心组织，持续探索，打造跨世纪会计精品教材（教材）”荣获“第五届高等教育国家级教学成果奖二等奖”；2008年，系列教材入选“普通高等教育‘十一五’国家级规划教材”，其中《会计信息系统》被教育部评为2008年度普通高等教育精品教材，《审计学》被评为2009年度普通高等教育精品教材，《财务管理》被评为2011年度普通高等教育精品教材；2012年，系列教材入选“‘十二五’普通高等教育本科国家级规划教材”；2014年，系列教材以“以立体化教材建设支撑会计学专业教学改革（教材）”荣获“2014年国家级教学成果奖（高教类）二等奖”。

《高等学校课程思政建设指导纲要》指出，培养什么人、怎样培养人、为谁培养人是教育的根本问题，立德树人成效是检验高校一切工作的根本标准。具体到会计学专业，在会计准则国际趋同的大背景下，要着力培养既能立足祖国大地又有国际视野的时代新人。基于此，系列教材积极融入习近平新时代中国特色社会主义思想，深刻把握会计学专业学生培养目标，积极应对数字化对教学的冲击和挑战，更加重视学生的长远发展，注重培养学生的基本素质和能力，尤其是培养学生发现问题、分析问题和解决问题的能力。

系列教材是在我国著名会计学家阎达五教授等老一辈会计学者的精心呵护下诞生，在广大兄弟院校的大力支持下逐渐成长的。我们衷心希望系列教材能够继续得到大家的认可，也诚恳地希望大家多提改进建议，以便我们在今后的修订中不断完善。

中国人民大学会计系

前　言

党的二十大报告指出，要构建高水平的社会主义市场经济体制，充分发挥市场在资源配置中的关键作用；要建设现代化产业体系，把发展经济的着力点放在实体经济上，推进新型工业化，加快建设制造强国、质量强国、数字中国；要完善中国特色现代企业制度，加快建设世界一流企业。在这一背景下，更彰显管理会计工作在促进业财融合、提升企业数字化管理水平、推进可持续发展中的重要作用。

本书第10版的修订坚持系统、简明、实用的原则，在保持原有体系和特点的基础上，强调和突出以下几点。

1. 介绍和总结中国管理会计的实践，坚持“四个自信”

第1章增加“中国管理会计的引进与发展”，较为系统地介绍和总结了管理会计的引进、教学与研究、实践、系统研究与体系建设，展现了中国特色管理会计体系的形成、构建和完善。在教材的正文及教辅材料中补充了中国管理会计实践的典型案例，充分展示中国企业管理会计实践对我国经济发展和企业进步的重要作用，使读者更深刻地认识到根植中国企业学习管理会计理论、进行管理会计实践的重要意义。

2. 强调业务与财务的融合，夯实数字化管理的基础

随着技术的进步，大数据时代已经来临。获取数据、分析数据、使用数据越来越成为企业成败的关键。本书以资源的充分、有效利用为中心，突出管理会计的计量和估值特征，通过优化价值生产和交换过程实现价值的最大增值。在将业务活动与财务活动、财务结果相结合的过程中，不仅明确了管理会计在企业管理中的地位，还为推进企业数字化管理提供了可行的路径和方法。

3. 在保持课程体系完整性的同时，尝试解决与相关课程的协调问题

本书第7章投资决策的内容与财务管理的内容存在较多重叠，如货币时间价值、资本成本、现金流量、投资决策指标等。本次修订把重点放到战略对企业投资决策的影响上，一方面可以将投资战略与投资分析有效结合起来，以实现递进式的学习效果；另一方面也可以减少内容重复，相互配合。

4. 配备丰富的新形态立体化教学/学习资源

管理会计应用指引

（1）名师视频课（孙茂竹教授：《管理会计——业财融合与价值创造》）、思维导图讲解、管理会计应用指引、关键知识点串讲。

（2）电子教材、PPT、教学大纲、教案、知识点。

（3）双题库。题库除题干和答案外，还配有详细的解析、知识点和难易程度。

1）主教材题库。主教材以节为单位新增题库“即测即评”，主要包括判断题、单选题和多选题。

关键知识点串讲

2）学习指导书题库。学习指导书以章为单位新建题库，除在纸质版书上做题外，还赠送扫码做题的方式，可查看详细的解析。

双题库一方面便于学生在课后随时随地扫码做题，提交后可查看分数和详细的解析；另一方面便于教师在线布置作业，或按照教学进度生成试卷进行单元测、期中测或期末测等；教师无须打印试卷、无须判卷，系统自动打分；教师可随时查看班级作业完成情况，方便做好过程考核。

网页版题库（tk. rdyc. cn）还支持无限次在线随堂测、期中期末组卷并导出，教师用手机号加验证码登录即可使用。具体使用详情见二维码。

题库使用教程

凡购买正版图书的读者，均可通过扫描封面折口上贴的二维码卡片，注册后即可免费使用上述资源，使用方法见“新形态立体化数字资源使用说明”。

5. 对教材和教辅资料中存在的问题和错误进行修订

在前版教材使用过程中，许多读者指出了书中存在的问题和错误，并提出了相应的建议。在第10版修订过程中，对书中存在的错误进行了改正，对一些问题进行了补充和说明。这些修订有利于读者在学习和实践操作中领悟和掌握管理会计的计算和管理方法。

本书由中国人民大学孙茂竹教授、支晓强教授、戴璐副教授担任主编，其中第1、5、6、8、9章由孙茂竹执笔，第7、11、12章由支晓强执笔，第2、3、4、10章由戴璐执笔。全书由孙茂竹总纂。

本书既可以作为高等院校财务管理专业和会计专业的核心课程教材，也可以作为财经类各专业的专业基础课程教材。

20多年来，本书进行了多次修订和完善，这与使用本书的全国众多高等院校和广大读者的认可和厚爱密切相关，也与不断指出错误、提出宝贵修改建议的广大师生和读者朋友密切相关，与中国人民大学出版社的领导和编辑精益求精的态度和辛勤劳动密切相关。值第10版问世之际，谨向使用本书和一直关注并致力于管理会计发展的广大师生和读者朋友致以最诚挚的感谢！

新形态立体化数字资源使用说明

本书是纸质教材和数字化资源一体化设计的新形态教材，配备了丰富的立体化数字资源，主要包括与纸质教材同步的**电子教材、双题库（主教材题库＋学习指导书题库）、PPT、教学大纲、名师视频课**等。针对不同用户、不同教学应用场景提供不同的使用入口。

1. 书中二维码资源免费获取和使用方式

（1）注册：微信扫码前折口上贴片的第一个二维码→输入手机号（微信绑定)→点击“确定”(已绑定用户直接进入下一步)。

（2）点击左侧“**学习中心**”模块→点击“确定”。

（3）随时随地扫描教材中的二维码，即可免费学习。

2. 数字教材平台资源获取方式

微信扫码前折口上贴片的第一个二维码→点击右侧“**数字教材平台**”模块→点击“确定”。

（1）学生：设置密码→完善个人信息→添加公开课程（可下拉选择)/添加新的私有课程。

（2）教师：设置密码→完善个人信息→添加课程（可下拉选择)→新建课程。

激活后也可在电脑端使用注册手机号登录人大芸窗官网（www. rdyc. cn)，教师可在平台上激活课程、创建班级。

3. 教师利用双题库进行随堂测、期中期末组卷并导出

输入网址（tk. rdyc. cn)→登录（手机号＋验证码)→组卷（自动/手动)

题库使用教程

人大芸窗数字教材平台咨询（工作日 9：00—17：00)：

电话：010－62515969　　010－62511532

QQ：3382421809　　2292205778

目 录

第 1 章

Chapter 1 管理会计概论

第 1 章思维导图

素养提升

1. 树立正确的企业观和价值观。社会主义企业生产经营的目标不是唯利是图，而是满足人民日益增长的物质和文化需要；实现这一目标的手段是通过盈利获得绿色、可持续发展的物质基础。

2. 把握管理会计的本质。通过优化价值生产和交换过程，实现价值的最大增值，并熟练应用管理会计的特有概念、理论和方法解决生产经营中的计量和估值问题，提升企业的决策能力。

3. 了解管理会计的发展历史。明晰管理会计的发展趋势——业务活动与财务活动、财务结果的融合，满足“算为管用，算管结合”的实践需要。

4. 了解中国企业管理会计的实践历史。丰富多彩的中国企业管理会计实践促进了具有中国特色管理会计的形成和发展，也极大地丰富了管理会计的理论和方法，是“四个自信”的体现。

学习目标

1. 通过回顾管理会计的形成与发展，了解技术进步和社会实践对管理会计迭代发展的促进作用，并掌握在新的技术环境（人工智能、区块链、云计算、大数据）中以及在业财融合的趋势下管理会计的作用路径和方法。

2. 掌握管理会计的基本概念和基本理论结构，为构建中国管理会计的理论体系、内容体系、方法体系以及推动管理会计的实践奠定基础。

3. 了解管理会计与财务会计、财务管理的区别与联系，从而在实务中形成既合理分工又相互协调的现代会计体系，为经营管理提供各类会计信息。

1.1 管理会计的形成与发展

管理会计的形成与发展既是企业深化管理的必然选择，也是经验管理到制度管理的必然结果。

1.1.1 西方管理会计的形成与发展

西方工业革命促使管理会计形成，管理会计随着技术的进步和管理的进一步深化逐渐发展和完善，表现出很强的阶段特征。

1.1 即测即评

时间研究——业财融合中的作业与流程

1. 以标准成本控制为基本特征的管理会计阶段

20 世纪初，伴随西方工业革命而来的社会化大生产（往往表现为单一产品长期、大量的生产），使得市场竞争开始激烈起来。所有者和经营者都意识到，企业的生存和发展不仅取决于产品产量的多少，还取决于产品成本的高低。因此，必须通过提高生产效率来降低产品成本，以获取最大的利润。

经济理论的发展与上述管理要求相适应，促进了管理会计的形成与发展，其中官僚学派、科学管理学派、行政管理学派对管理会计的形成与发展影响最大，现代会计最终分化为财务会计、财务管理和管理会计。

该阶段，管理会计关注基于效率的成本控制研究和实践，形成了以提高生产效率和工作效率为目标的标准成本法。标准成本法的主要内容包括：标准制定、预算控制、差异分析。标准成本法追求在生产经营过程中采用最佳效率（基于最佳效率制定主要生产要素的效率标准，即单位材料标准、单位人工标准、单位费用标准），并在之后的发展中融入目标成本、定额成本、责任成本、作业成本，最终形成有效的成本控制体系。

2. 以预测、决策为基本特征的管理会计阶段

第二次世界大战后，科学技术的发展使社会生产力得到了迅速的发展，跨国公司大量涌现。市场竞争愈演愈烈，企业获利能力普遍下降。企业生产经营出现以下变化：

（1）企业越来越重视对市场的调查研究，借助最新研究成果，提高生产经营的预测和决策效率。

（2）数控机床、电脑辅助设计、电脑辅助制造、电脑辅助管理等使得产品生产从单一品种长期、大量的生产转向按市场需求进行多品种、小批量的生产，产品更新节奏加快。

（3）广泛推行职能管理，利用行为科学研究的最新成果来调动员工工作的积极性，以提高产品质量、降低产品成本、扩大企业盈利。

（4）计算机技术的迅速发展能够进一步提高预测的准确性，强化生产经营的日常控制，为量化管理提供坚实保障。

企业管理不再简单地依靠提高生产效率、工作效率及内部生产和管理流程标准化，而是将重心转向对外部市场的预测和分析。

行为科学理论、系统理论、决策理论的产生适应了企业生产经营出现的这些变化，极大地推动了管理会计的发展：

（1）基于对生产经营过程的深入理解，标准成本管理继续优化，并产生作业成本法。

（2）基于对生产经营过程中人的重视，产生了责任会计，将责任者的责、权、利结合起来，极大地激发了员工工作的积极性和主动性。

霍桑实验——业财融合中的人与组织

（3）各种预测、决策理论和方法被广泛引入管理会计工作中，逐步形成了以预测、决策为基本特征并与管理要求相适应的行之有效的管理会计体系，其主要内容包括预测、决策、预算、控制、考核和评价。

3. 以重视环境适应性为基本特征的战略管理会计阶段

进入 20 世纪 70 年代，社会经济发展表现出以下基本特征：

（1）全球化竞争要求企业进行“顾客化生产”。企业面临的市场从已知顾客群转向包括潜在顾客的多样化的顾客群，企业必须对顾客的不同需求迅速做出反应，即以顾客为中心，以顾客的满意程度为判断依据，在对顾客需求进行动态掌握的基础上，在较短的时间内完成从产品设计、制造到投放市场的全过程。

（2）科学技术的发展为“顾客化生产”提供了可能。人工智能、区块链、云计算、大数据等技术的广泛应用（如物联网、ChatGPT），使得设计、订货、制造、销售等环节融合为一个整体，设计人员可以据此确定新产品的功能、形状、成本构成等的最佳结合，从而实现新产品在技术先进性和经济可行性两方面的统一。

人们越来越认识到企业的计划必须以外部环境的变化为基础，更加重视市场的动态变化，在战略管理上密切关注竞争对手。战略管理是管理者在确立企业长期目标、综合分析内外部相关影响因素的基础上，制定实现目标的战略，并执行和控制战略实施的过程。战略管理流程包括（如图 1-1 所示）：战略制定、战略实施、战略控制和评价。

战略管理的关键是不断审视企业内外部环境的变化，寻找一个能够运用优势，抓住机会，弱化劣势，避免、缓和威胁的战略，并制定相应的政策和策略。

随着战略管理理论的发展和完善，人们越来越重视竞争环境对企业经营的影响以及企业战略发挥的引导作用。“战略管理会计”由著名管理学家西蒙于 1981 年首次提出，之后很多学者的研究成果不断丰富和完善了战略管理会计体系，其主要内容包括：

（1）价值链分析。迈克尔·波特（Michael Porter）于 1985 年将一个企业的

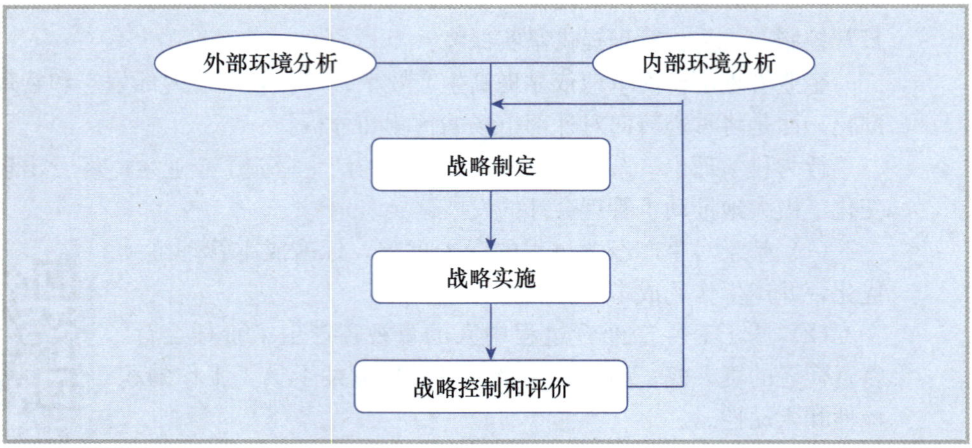

图 1－1　战略管理流程

经营活动分解为若干与战略相关的价值活动，并认为每一种价值活动都会对企业的相对成本产生影响，进而成为企业采取差异化战略的基础。价值链分析包括：纵向价值链分析、横向价值链分析、内部价值链分析。纵向价值链分析的结果在于确定企业应该生产什么，横向价值链分析则指出企业生产该种产品的竞争优势所在和相关的限制条件，上述分析的结果最终要通过企业内部价值链的优化来落实。

（2）SWOT 分析。SWOT 是英文 strength（优势）、weakness（劣势）、opportunity（机会）、threat（威胁）的首字母组合，SWOT 分析旨在确认企业各项经营业务面临的优势、劣势、机会与威胁，并据此选择企业战略（如图 1－2 所示）。其理论基础是有效的战略能最大限度地利用企业各项经营业务面临的优势和环境机会，同时将劣势和环境威胁降到最低。

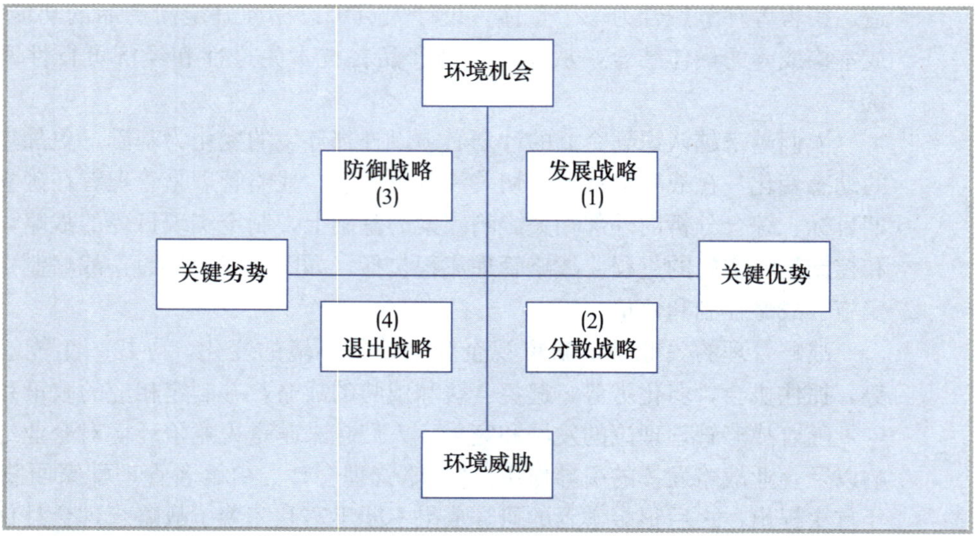

图 1－2　SWOT 分析

技术已成为当今经济发展的首要和关键因素，但其基础在于充分发挥人的积极性和创新能力。战略管理会计也十分重视人力资源的获得和使用，并采用合理的方法来确认和计量人力资源的价值、成本和收益，通过对人力资源进行价值分析，提升人力资源的价值贡献。

1.1.2　中国管理会计的引进与发展

随着管理会计的引进、实践和探索，管理会计在中国企业中逐渐本土化，正在形成具有中国特色的现代企业管理体系。

1. 管理会计的引进

中国现代会计的形成比较晚，有两个最著名的代表人物：潘序伦和赵锡禹（被会计界誉为南潘北赵），二人在推动传统会计向现代会计的转变过程中起到了重要作用。

潘序伦（1893—1985），中国现代杰出的会计学家和著名的教育家。他将现代会计的复式簿记方式和理论引入中国，奠定了中国现代会计学的发展道路；他创办了中国第一家会计师事务所——立信会计师事务所；出版专著、译著 30 多部，其代表作包括《立信会计丛书》《高级商业簿记教科书》《公司理财》《基本会计学》等。

赵锡禹（1901—1970），中国现代杰出的会计学家和著名的教育家，是最早介绍西方现代会计理论的学者。他 1961 年在中国人民大学开设“资本主义会计专题讲座”，共十题：第一题美国会计工作情况介绍、第二题资本主义会计学的几个基本概念、第三题如何确定企业收益、第四题快速折旧问题、第五题资本主义会计关于折旧的一些理论问题、第六题管理的会计、第七题高级会计人员的培养教育问题、第八题关于成本会计的一些问题、第九题会计检查、第十题内部检查。

2. 管理会计的教学与研究

在现代会计引入中国后，以下著名学者在不同时期极大地推进了中国现代管理会计的教学与研究。

娄尔行（1915—2000），研究领域主要涉及会计基础理论、成本、管理会计、企业理财等。他编著出版了《成本会计学》《工业会计核算》《资本主义企业财务会计》《基础会计》《中国的会计和审计》《审计学概论》等多部教材、专著、译著。

杨纪琬（1917—1999）、阎达五（1929—2003），会计管理活动论学派的奠基人。1980 年，在中国会计学会成立大会上二人合作撰写的题为《开展我国会计理论研究的几点意见——兼论会计的科学属性》的学术论文中首次提出了“会计管理活动论”，将会计视为一种管理活动。

葛家澍（1921—2013），会计信息系统论学派的重要奠基人。他在 1980 年发表的《论会计理论的继承性》曾被多种刊物转载，对学习、利用西方财务会计理论起到了重要的促进作用。

余绪缨（1922—2007），研究领域相当广泛，主要涉及会计基础理论、成本、管理会计、企业理财等。他编著出版了《管理会计》《国际管理会计》《财务会计》《会计理论与现代管理会计研究》《企业理财学》《管理会计学》等多部教材、专著、译著。

此外，李天民教授、石人瑾教授、温坤教授、汪家佑教授、常勋教授、杨时展教授、徐震旦教授编写的不同版本的《管理会计》教材都对管理会计的推广和研究起到了很大的促进作用。

3. 管理会计的实践

新中国成立以来，企业一直在不同维度进行管理会计相关实践，并取得了巨大的成就。

（1）社会主义企业精神的塑造。中国企业管理的实践，非常重视企业精神的塑造，并把它作为社会主义企业管理的灵魂。

20世纪60年代初举世闻名的大庆石油会战诞生了大庆精神，成为中国企业家奋进的动力之源。大庆精神可以概括为：为国争光、为民族争气的爱国主义精神；独立自主、自力更生的艰苦创业精神；讲求科学、"三老（当老实人、说老实话、办老实事）四严（严格的要求、严密的组织、严肃的态度、严明的纪律）"的求实精神；胸怀全局、为国分忧的奉献精神。概括地说就是"爱国、创业、求实、奉献"。

20世纪60年代初由鞍山钢铁公司总结出来的一套企业管理基本经验，被称为鞍钢宪法。鞍钢宪法提出了管理社会主义企业的原则，即开展技术革命，大搞群众运动，实行两参一改三结合（干部参加劳动、工人参加管理；改革不合理的规章制度；实行领导干部、工人群众和技术人员三结合），坚持政治挂帅，实行党委领导下的厂长负责制。

始于1995年、成于1998年的《华为基本法》构筑了公司未来发展的宏伟架构，完成了公司管理的蜕变。《华为基本法》强调：华为的追求是在电子信息领域实现顾客的梦想、成为世界级领先企业；认真负责和管理有效的员工；在独立自主的基础上，开放合作地发展领先的核心技术体系；爱祖国、爱人民、爱事业和爱生活是凝聚力的源泉；责任意识、创新精神、敬业精神与团结合作精神是企业文化的精髓；在顾客、员工与合作者之间结成利益共同体；努力探索按生产要素分配的内部动力机制，奉献者定当得到合理的回报；以产业报国和科教兴国为己任，为伟大祖国的繁荣昌盛、为中华民族的振兴、为自己和家人的幸福而不懈努力。《华为基本法》是中国企业中首个完整、系统地对其价值观进行总结的管理大纲，对中国的企业文化建设起到极大的推动作用。

（2）成本管理的推进和升华。新中国成立初期，中国实行计划经济体制，企业的生产计划和产品定价由国家统一规定，成本成为衡量企业效率的唯一指标。中国企业开始推行以成本管理为核心的内部责任会计。于是，从定额管理到班组核算，从厂币核算制、厂内银行到承包经营责任制，从标准成本法到邯钢经验，体现了中国企业成本管理从局部到系统，从微观到宏观的由技入道的发展历程。

1）定额管理。定额管理是关于定额制定、执行、协调、控制等一系列活动的总称。主要内容包括：①根据企业的实际情况，并考虑影响定额水平的各种因素来制定和修订定额；②采用行之有效的技术措施，保证各项定额的实施、检查、评定、统计和平衡；③定额类型分为劳动定额、资金定额、物资消耗定额等；④定额管理的原则是集中管理与分级管理相结合，专业管理与群众管理相结合。定额管理活动为中国企业进一步推行厂部、车间、班组三级经济核算以及标准成本管理奠定了坚实的计量基础和群众基础。

2）班组核算。班组核算是以生产班组为基本核算单位，实施厂部、车间、班组三级经济核算的民主管理、群众理财的厂内经济核算制度。通过开展班组核算，可以将班组的责任、权限和经济利益结合起来，充分调动职工群众的积极性和主动性，完成或超额完成各项任务。主要内容包括：①根据“干什么，管什么，算什么”和以生产为中心的原则建立适应班组生产和经营特点的核算组织。②确定适合班组生产特点的经济核算指标。指标要通俗易懂、简便易行，明确班组和个人的经济责任。③做好定额管理、原始记录、计量验收等各项基础工作。做到事事有记录，考核有依据，计量有标准。④建立严格的考核、检查评比和奖惩制度。⑤做到以较少的劳动耗费，取得较多的劳动成果，确保厂级和车间各项指标的完成。班组核算成为厂内三级经济核算制度的基础，其实践为中国企业后续实行承包经营责任制提供了宝贵经验和设计思路。

3）厂币核算制。厂币核算制是指对企业内部各部门、各车间之间发生的经济业务采用厂币（本票）形式进行相互结算，以控制成本支出和流动资金占用量的管理制度。厂币核算制源于20世纪50年代，一些工业企业为了加强成本管理推行本票作为控制成本费用的手段。到了70年代末，一些企业将本票作为内部各单位之间相互结算的支付手段，故称之为“厂币核算制”。

4）厂内银行。厂内银行是仿照国家银行的结算方法，对企业内部各部门、车间之间的经济业务进行结算和监督的单位。一般由企业财会部门设置内部银行作为全厂的内部结算中心，行使结算职能、核算职能、提供信息职能、资金监督职能。企业全面实行厂币核算制，由厂部核定各车间的周转金并发放厂币，如车间转移其半成品或产品，必须收取厂币，作为其领用材料，支付工资费用使用。收支差额即为其利润或亏损。对于无收入的费用支出单位，由财务科按其费用预算发放厂币。实行厂币核算制，有利于促进节约，降低产品成本。厂币核算制是内部结算价格的中国式应用，厂内银行则开启了财务集中管理的先河。

5）承包经营责任制。承包经营责任制是在坚持企业的社会主义全民所有制的基础上，按照所有权与经营权分离的原则，以承包经营合同形式，确定国家与企业的权、责、利关系，使企业做到自主经营、自负盈亏的经营管理制度。承包经营责任制的基本形式是“双保一挂”，即企业保证上缴承包合同确定的税利，保证用自有资金完成国家规定的技术改造任务，工资总额与实现税利挂钩。其中，首钢的“包”“保”“核”最具代表性：“包”就是每个层级、每个岗位都要确保落实自身的承包任务能够有效完成；“保”就是确保企业内部单位、部门、岗位之间协作完成任务；“核”就是对每项包、保任务都设置明确的考核标准和考核方法，进行严格考核并与分配挂钩。承包经营责任制可以说是以企业内部责任单位为基础的责任会计实践，不仅丰富和完善了班组核算制度（计划经济体制下的仅考虑成本维度向市场引导下的成本效益维度的转变），而且开启了企业成本管理的竞争意识和战略时空观念。

6）邯钢经验。邯钢经验形成于 1990 年，其核心是“模拟市场核算，实行成本否决”，其基本内涵是模拟市场价格核算，将成本与效益挂钩，效益与分配挂钩，并以成本否决为杠杆，充分调动员工精打细算、深挖潜力的积极性。在成本管理的体系设计上，顺序采用目标成本法、责任成本法、标准成本法。首先，实施目标成本法，即按照市场价格减除目标利润，倒挤出目标成本，从而确保产品能够按市场价格销售出去，实现收入和市场占有。并在实现目标利润的前提下将企业的关注点集中在成本上。其次，将目标成本按责任单位（如厂部、车间、班组）进行分解，确保成本责任的落实。最后，基于每个责任单位分解和落实的成本指标制定标准，实行标准成本控制。为确保成本管理体系的有效性，贯彻压力传递原则，实行成本一票否决。

(3) 管理会计的系统构建。进入 21 世纪，中国企业管理会计实践从关注成本，拓展到了更广泛的领域，并基于竞争进行了全方位的实践和系统的构建，取得了亮眼的成果。

许多企业根据自身环境和管理需要，进行了大量成功的管理会计实践，例如，神华集团在集团层面建立了“预算管理、决策支持、管理分析报告”三合一的管理会计系统，项目层面则借助“业务模型化”厘清了内部产业链，管理人员通过盈利现状分析和场景模拟实现最终的决策支持。青岛啤酒集团建立了以 EVA（经济增加值）为中心的目标管理体系，实现了业务流程的事前决策、事中监控和事后评价，管理层决策变得更加敏捷和高效。上海宝钢集团以经营计划为导向、年度预算控制为目标、滚动执行预算为手段，建立了覆盖公司生产、销售、投资、研发环节的全面预算管理体系。中国南方工业集团构建了以集团公司发展战略（strategy）为牵引，以优化配置资源（resource）为核心，以有效管理风险（risks）为重点，以持续创造企业价值（value）为目标的“SRRV”集团化管控模式，帮助企业管理风险并创造价值。联想集团依托 SAP R/3 技术（功能涵盖企业的财务、人力资源、后勤等方面的 ERP 系统）实现了企业“价值链”的梳理与重整，并在每个价值活动环节设置了管理会计模块，为企业未来进行“价值链”优化提供了广阔空间。华为公司则在“集权”与“分权”中寻求平衡，建立起“预算管理委员会—业务线预算管理部—销售区预算分会”三级预算体系，并建立了专门的考核机制——KPI 关键指标考核体系（平衡计分卡工具）。

中国企业的管理会计实践，极大地拓展了管理会计的广度和深度，为中国管理会计的体系建设提供了坚实的基础。

4. 管理会计的系统研究与体系建设

为了促进管理会计的发展，中国的企业家和学者不仅基于实践需要进行了更广泛、更深入的研究和实践，还在财政部的统一领导下基于实践经验展开了系统的体系研究。

（1）相关专业研究会的成立和运行，促进了管理会计理论和实践的结合。

中国成本研究会成立于1980年9月，专注于“成本经济与成本管理”研究。该研究会以中国特色社会主义理论体系为指导，坚持理论联系实际和“百花齐放，百家争鸣”的方针，组织和推动会员开展学术活动，旨在提高我国成本管理理论与方法的研究水平，建立和完善中国特色成本经济与成本管理理论与政策研究体系。该研究会的主要职责包括：组织会员积极从事成本管理的理论研究活动，提高会员的理论水平和业务水平；总结我国成本管理的经验，研究成本管理和成本学科体系；调查研究成本管理中存在的问题，探讨解决途径，向国家和有关部门提出建议；举办各种形式的学术活动，普及成本管理的基本知识，宣传成本管理的重要意义；积极参加国际性学术交流活动，研究和介绍外国成本管理的理论和经验；编写、翻译、出版有关成本管理的书刊，交流成本管理的最新经验。

中国中青年财务成本研究会成立于1988年，是全国中青年财会理论、教育、实务工作者为发挥群体优势、加强专业协作、推进财会研究、繁荣财会事业，而自发成立的一个全国性民间学术团体。研究会每年举行一次年会暨理论研讨会，并经常举办专题征文和优秀成果评选活动。

中国总会计师研究会成立于1989年，其主要职责包括：组织开展总会计师、履行总会计师职责的会计师及高级财会人员的岗位培训和继续教育，组织开展会计人员岗位培训和继续教育；组织开展总会计师任职资格认证和总会计师后备人员的职业资质培训认证工作；依法出版中国总会计师研究会的刊物，开展行业宣传和业务培训；组织会计理论研究和开展专题调研，提供政策建议；组织会计信息交流，开展业务咨询服务；代表我国总会计师行业开展对外交流和国际交往活动；接受财政部和有关部门授权和委托，组织开展有关工作等。

中国会计学会各专业委员会的成立和运行，极大地推进了中国现代管理会计的系统研究。其中，中国会计学会管理会计专业委员会每年举办的学术年会和应用专题研讨会，逐渐将理论研究与企业实践、专题研究与体系建构、业务与财务紧密结合起来，促进了中国管理会计的蓬勃发展。

（2）国家政策法规的颁布和执行，规范了管理会计活动，完善了管理会计方法。

《中华人民共和国会计法》《中华人民共和国预算法》《国营企业成本管理条例》《基本建设项目建设成本管理规定》《中央企业负责人经营业绩考核暂行办法》《中央企业负责人经营业绩考核办法》《关于以经济增加值为核心加强中央企业价值管理的指导意见》等一系列法律法规、政策规定的颁布和执行，促进和保障了财务会计逐渐向财务管理、管理会计转型。

（3）管理会计体系的建设，促进了中国管理会计的繁荣发展。

2014 年 10 月 27 日，财政部印发《关于全面推进管理会计体系建设的指导意见》，提出要推进管理会计理论体系建设、管理会计指引体系建设、管理会计人才队伍建设、面向管理会计的信息系统建设四大任务，形成以管理会计基本指引为统领、以管理会计应用指引为具体指导、以管理会计案例示范为补充的管理会计指引体系。2016 年 6 月 22 日，财政部印发《管理会计基本指引》（财会〔2016〕10 号），为促进单位（包括企业和行政事业单位）加强管理会计工作，提升内部管理水平，促进经济转型升级提供指导，并作为应用指引的统领，为应用指引的制定规定了原则和框架。之后，在充分利用管理会计课题研究成果、广泛进行调研的基础上，财政部印发了《管理会计应用指引第 100 号——战略管理》（财会〔2017〕24 号）等 22 项管理会计应用指引，总结和提炼了在企业中普遍应用且较为成熟的部分管理会计工具，以指导单位开展管理会计实践。22 项应用指引包括 6 项概括性指引和 16 项具体应用指引，按战略管理、预算管理、成本管理、营运管理、投融资管理、绩效管理和其他等不同应用领域予以介绍。应用指引系统地提炼、总结了我国管理会计理论和实践的宝贵经验，对拓展我国管理会计研究领域、提升管理会计应用水平，进而增强我国企业综合实力和竞争优势具有重要的现实意义。

1.2 管理会计的基本理论

1.2 即测即评

什么是管理会计？有人认为管理会计是预测、决策会计，也有人认为管理会计是为企业内部管理提供决策信息的内部会计。

2014 年 10 月 27 日，财政部印发《关于全面推进管理会计体系建设的指导意见》（财会〔2014〕27 号），其中指出：管理会计是会计的重要分支，主要服务于单位（包括企业和行政事业单位）内部管理需要，是通过利用相关信息，有机融合财务与业务活动，在单位规划、决策、控制和评价等方面发挥重要作用的管理活动。

这一定义为准确把握管理会计的管理本质，有效开展管理会计工作提供了新的思路。

1.2.1 管理会计是价值管理活动

1. 学科定位

学科定位解决管理会计是什么的问题。从学科归属的范畴看，管理会计学属于管理学的会计学范畴，是会计学与经济学、管理学相互交叉形成的边缘学科（如图 1-3 所示）。管理会计学作为会计学与经济学的交叉，一方面必然受到经济理论及其发展的影响，并在应用中使用经济学的某些概念（如边际成本、机会成本等）；另一方面在量化管理过程中使用经济研究中常用的方法（如普通数学、概率论、数理统计等）进行研究。作为会计学与管理学的交叉，则是站在企业资源管理的角度利用会计特有的概念（如收入、成本、费用等）、方法（如权责发生制、收付实现制等）和思维（如确认、计量、估值）进行价值管理活动。管理会计的本质是会计，其基本特征是计量和估值。

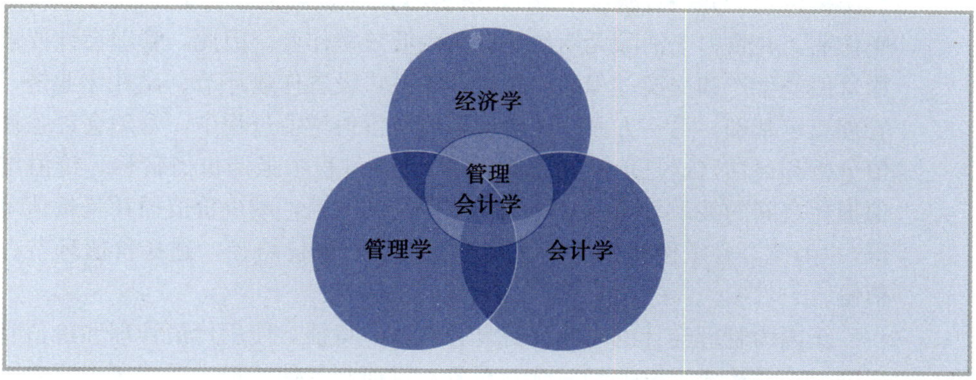

图 1-3　管理会计学的学科归属

2. 学科对象

学科对象解决管理会计干什么的问题。会计学界对管理会计的对象存在不同的观点，虽见仁见智，但都不能将管理会计与其他会计学科明确加以区分并贯彻管理会计活动始终。本书认为，管理会计的对象是以使用价值管理为基础的价值管理活动，这是因为：

（1）从本质上讲，管理会计的最终对象与管理学各门课程一样都是企业的生产经营活动。但各门课程之所以能够相互区分开来，是因为它们基于不同目的、从不同角度、采用不同方法、在不同层面进行研究。例如，财务会计是以企业为主体，主要从外部报表使用者的角度出发，通过凭证、账簿、报表，记账、算账、报账的会计循环工作，对已经发生或已经完成的生产经营活动及其成果进行核算，以提供管理所需的会计信息。财务管理主要是以企业为主体，从内部管理者的角度出发，通过筹措、投放、营运和分配资金等财务活动，对企业生产经营活动中的货币活动（即资金运动，主要表现为方向、时间、数量三个要素）进行规划和控制，提高资金的使用效率。管理会计以企业和企业内部的责任单位为主体，从管理者的角度出发，通过计量和估值，对生产经营活动中的价值活动（即价值形成和价值增值活动）进行规划和控制，实现价值最大化。

（2）管理会计的直接对象是企业生产经营活动中的价值活动。在商品经济条件下，企业的生产经营活动表现为两个方面：一方面表现为使用价值的生产和交换过程，另一方面表现为价值形成和价值增值过程。作为营利组织，企业生产产品、提供服务，是为了赚得利润（即获得价值增值）。在这一过程中，管理会计以生产经营活动中的价值活动（即价值形成和价值增值过程）为直接对象，通过优化使用价值的生产和交换过程，提供信息并参与决策，实现价值的最大增值。

（3）管理会计的对象具有复合性特征。一方面，管理会计致力于优化使用价值的生产和交换过程（这是价值管理的基础），在过程中强调作业管理（从产生标准成本法的时间管理、动作管理起，管理会计就开始重视优化使用价值的生产和交换过程，并一直延续下来），区分有用作业和无用作业，低效率作业和高效率作业，并致力于消除无用作业、减少低效率作业。因此，管理会计要求按照使用价值的生产和交换过程的内在科学联系，设置作业环节、设计作业链，为价值管理奠定基础。另一方面，在价值形成和价值增值过程中，管理会计强调加强价值分析和评估（这是价值管理的根本），在过程中强调价值转移、价值增值与价值损耗之间的关系（价值转移是价值增值的前提，减少价值损耗是价值增值的手段）。为此，必须按照价值转移和价值增值的最佳路径，选择价值环节、设计价值链。

正因为管理会计的对象具有复合性这一特征，使用价值管理和价值管理才得以统一，并构成完整的管理会计对象，进而与其他管理类课程区别开来。

综上，本书认为：管理会计是以使用价值管理为基础的价值管理活动，它运用一系列专门的概念和方法，通过计量和估值，为预算编制、过程控制、报告、考核提供信息，并参与企业的经营管理。

1.2.2 管理会计的基本特征：计量和估值

管理会计实现价值管理必须完成两个基本任务：提供信息和参与决策。若要完成这两个基本任务，管理会计必须在确认的基础上具备两个基本特征：计量和估值。

1. 计量

计量是信息有用性的一个基本特征，通过数据形式解决信息的偏差问题。管理会计之所以是会计，就在于它以会计特有的概念、方法和思维解释、计量和使用信息，这是其本质所在。离开了计量就无所谓会计，更无所谓管理会计。当然，与财务会计以货币计量为基础、反映财务会计信息不同，管理会计主要采用货币计量，但也采用其他计量反映使用价值和价值信息。提供的信息既有财务信息，又有非财务信息；既有反映已经发生和完成的信息，又有反映未来发生和将要完成的信息；既有反映企业自身状况的信息，又有反映与竞争企业相关的信息。可以说，管理会计的计量具有更广阔的管理视角，兼顾了市场、竞争对手和企业内部管理的需要。

2. 估值

计量是为了科学且有效地选择最优方案或结果。管理会计之所以是应用于管理的会计，就在于它是利用会计计量属性，量化形成方案、比较优劣、选择最优方案的估值过程，并在实施方案的过程中监督和评价方案，更主动地参与企业的生产经营管理。

例 1－1

某位于北京密云区的公司邀请孙教授讲授一天的 EVA 课程，公司派车接送。车辆购置总成本为 45 万元，预计可以使用 10 年，期满无残值。车辆每年运行成本（包括车辆检验费用、保险费用、日常维修费用等）为 10 万元，但不包括燃油费、过路费和司机工资（司机工资每月 8 000 元）。从密云到大红门，单程 100 千米。车辆每百千米油耗 7 升，每升燃油费为 8 元。过路费每千米 0.5 元。一年按 360 天计算。

（1）如果司机全程走高速公路，一天的接送成本是多少？

如果站在企业的角度，按财务会计的成本概念进行计量，一天的接送成本（财务会计计量的财务成本）为：

车辆折旧	450 000÷10÷360＝125(元/天)
运行成本	100 000÷360＝277.78(元/天)
司机工资	8 000÷30＝266.67(元/天)
燃油费	4×100×7÷100×8＝224(元/天)
过路费	4×100×0.5＝200(元/天)
总计	1 093.45(元/天)

可见，在司机接送且全程 4 段（即行驶路线表现为 W 形）都走高速公路接送时，财务会计计算的完全成本为 1 093.45 元。如果包车一天 800 元，企业包车就比购置车辆自己接送每天节约 293.45 元。

（2）如果孙教授自己开车全程走高速公路，公司给予孙教授相应的补贴，公司的成本是多少？

如果从管理会计角度看，在孙教授自己开车时的公司车辆折旧、运行成本以及司机工资与决策无关（属于沉没成本），此时一天的接送成本（管理会计确定的管理成本）为：

燃油费	2×100×7÷100×8＝112(元/天)
过路费	2×100×0.5＝100(元/天)
总计	212(元/天)

这时，完成一天教学工作的行驶路线由公司接送时的 W 形变为自驾时的 V 形，在全程两段都走高速公路时成本为 212 元。公司决定给予孙教授 250 元补贴，扣除 250 元补贴后，成本节约 174 元（224＋200－250），孙教授赚了 38 元（250－212）。

（3）如果孙教授不会开车，由司机接送，孙教授在车中时司机走高速公路，不在车中可以走国道，而在完成任务的情况下可以按节约费用的 40%给予司机奖励，公司的成本是多少？

在司机开车接送时，车辆折旧、运行成本以及司机工资仍与决策无关，全程 4 段都走高速公路的成本为：

燃油费	4×100×7÷100×8=224(元/天)
过路费	4×100×0.5=200(元/天)
总计	424(元/天)

从计算结果可以看出：如果司机 2 段走高速公路、2 段走国道（一早一晚国道车辆不多）时的成本将为 324 元（224+100），扣除公司给予司机的 40 元奖励后，成本节约 60 元。

以上事例说明：成本的高低一是与作业有关（司机接送还是孙教授自己开车），二是与流程有关（全程 4 段高速，还是全程 2 段高速，还是全程 2 段高速加 2 段国道）。在不同方案的计量和估值中，管理会计通过优化价值的生产和交换过程（改变作业或改变流程）实现了价值增值。

1.2.3 管理会计的作用基点

为实现价值最大化的目标，管理会计的业财融合必然基于资源、作业和流程三个基点进行计量、估值。资源是企业创造价值的基础，拥有一定种类、一定数量和一定质量的资源是企业从事生产经营活动的基础；而围绕资源的有效利用，应从作业、流程两个方面入手，从而使得价值增值的思维深入到使用价值的活动之中。

1. 资源

价值分析以资源的有效利用为目标和任务，管理会计需要解决以下问题：

（1）什么是资源？资产负债表载明的资产就是一个企业拥有的全部资源吗？显然不是，管理会计认为只有那些能在未来给企业带来经济利益的才是资源。一个使用过的水杯有没有价值？如果该水杯购置价格为 100 元，可以使用 2 年，已经使用了 1 年，该水杯的价值应如何衡量？如果认为该水杯值 50 元，那就错了。财务会计认为该水杯的折余价值为 50 元是从购买角度基于损耗程度计算的，而管理会计认为该水杯的价值应从不同角度去计量。基于卫生考虑，从原拥有者的角度看，该水杯是有价值的，因为他在用；而从拟购买者的角度看，该水杯就没有价值，因为他不能使用。所以，价值分为使用价值和交换价值，商品价值是由交换价值决定的。同理，在不同的环境下，同样资产的价值又是不一样的。例如，用过的水杯（杯里有水）在撒哈拉大沙漠，即使基于卫生考虑也变得有价值了（有了这杯水才有走出沙漠的可能）。因此，资源的价值首先取决于用还是不用，其次取决于使用的环境。

（2）企业拥有哪些资源？管理会计认为资源分物质资源和非物质资源。物质资源是一个企业拥有或控制的、有实物形态的资源，主要表现为企业的资产、负债和所有者权益。资产只是物质资源中直接创造价值的资源，而负债和所有者权益或直接创造价值，或成为资产的资金来源。非物质资源是一个企业拥有或控制的、没有实物形态的资源，其表现形式多样化，如商誉、采购和销售渠道、地理位置、企业性质、政治关联等，其中对管理会计最重要的是基于作业、流程、时间的管理活动。显然管理会计对资源范围的理解更加广泛。

（3）如何有效使用资源？关键在于理解资源的价值取决于资源使用的效率和效果，它们共同构成了经济效益的内涵。所谓效率，是资源使用的程度，如制造业的设备利用率、饭店的饭桌上座率和翻台率、宾馆的客房入住率等，显然效率越高则经济效益越好；所谓效果，是使用资源实现的收益，基本表现形式是利润，其他表现形式包括生产毛利、经营毛利以及各种利润率。在正效果情况下，效率越高则经济效益越好。在此必须解决两个问题：一要区别消耗资源的作业状况，寻找资源动因，为资源的有效利用提供可能；二要明确不同资源的效率内涵是不一样的，如对固定资产而言效率是指使用程度，而对流动资产而言效率是指周转速度。

当然，资源的有效使用必须建立在正确的企业战略基础之上，并通过预算制度控制过程，以确保资源的使用符合既定的政策。

2. 作业

作业是指企业生产经营过程中的各个工序或环节。管理会计基于作业连结资源和流程。作业是实现价值增值最基本的管理单元，旨在解决做不做的问题。

（1）作业是以人为主体的工作，强调管理的基本属性：通过管人去管物，通过人的行为调整促进使用价值生产和交换过程的优化及价值的最大增值。作业间相互区分的标志是作业的目的，如派人开车接送还是自己开车、走高速公路还是走国道、自己加工还是委托外加工等，不同作业的效率是不一样的。

（2）作业消耗资源，促使管理从影响价值的最直接和最小单元入手，达到有限资源的最佳利用。例如，人工搬运货物就要消耗人力资源，工人操作叉车搬运货物就要消耗人力资源和物质资源（叉车的折旧、燃油费用和维护保养费用等）。只要找到资源消耗的原因（即资源动因），就可以形成不同的方案，以节约资源耗费。在人工搬运货物时，人力资源的消耗取决于搬运的数量和搬运的距离。于是，管理就要采取措施解决合理搬运以及缩短搬运距离的问题。

（3）将作业区分为增值作业（进一步可分为低增值作业和高增值作业）和不增值作业，为作业选择和流程设计奠定基础，便于企业站在竞争角度调整价值链和作业链，达到社会资源的最佳配置和高效利用。例如，银行的前台工作人员使用验钞机点验钞票，正反面各点验一次叫增值作业，如果再点验第三次就叫不增值作业。其结果是：首先，点验次数增加将会导致完成同样点钞工作的点验时间延长，成本增加；其次，客户等待时间延长会导致银行的一个重要竞争力指标（即客户等待时间）弱化。又如，某企业使用自营车队运输货物，将货物运达客户后车辆就要空驶而回，车辆利用率只有 50%，属于低增值作业。如果将货物改由运输公司承运，虽然可能单程的运输成本比自营运输成本高 30%，但总体节约 20%成本，属于高增值作业。

（4）当确定作业成本后，按不同管理对象归集不同种类、不同数量的作业成本，可以满足不同目的、不同成本的管理需要，使多维成本计量的管理目标得以实现。在进行传统成本计算时，成本计算对象虽然也是多元化的（如品种、步骤、批别），但都是以企业为主体确定的。当在作业层面上研究成本时，不仅以企业为主体确定成本计算对象，更围绕责任单位（投资中心、利润中心、成本中心）和考核目的（盈亏、效率、效果、责任）确定成本计算对象。在作业与作业之间借助流程设计，可以有效归集、分配作业的资源耗费，形成不同成本计算对象的成本。

当管理深入作业层面时，精细化才成为可能，“寓计算于管理之中，算为管用，算管结合”的理念才能实现，这一点在业财相互融合的趋势下显得更加重要。

3. 流程

流程是指完成一项工作所需要做的作业及其相互衔接的顺序，管理会计研究流程主要是为了解决怎么做的问题。

1898 年，泰勒在伯利恒钢铁公司期间，进行了著名的搬运生铁块试验和铁锹试验，首创时间研究；20 世纪初，吉尔布雷思夫妇进行了动作研究。通过时间研究和动作研究深入了解生产过程的特点，重新设计原材料和工种流动，将复杂的生产过程分解成简单的更容易控制的生产过程，其目标是简化工作流程，提高工作效率。20 世纪 80 年代的业务流程重组（BPR）更是明确提出了通过“对企业过程的根本性的再思考和重新设计，从而使成本、质量、服务和反应速度等具有时代特征的关键指标获得巨大的改善”。核心内容由“过程”和“再造”构成。

因此，流程研究应围绕企业竞争优势的关键指标展开，通过改善和重构企业的生产流程和管理流程，将资源集中于价值增值的活动，获取竞争优势。企业的生产经营既是使用价值的生产和交换过程，又是价值的形成和实现过程。因此，企业的生产经营必然导致物的流动（制造企业的采购、生产和销售）、资金的流动（资金的流入、流出和循环）、价值的流动（价值的转移、增值）、信息的流动（信息的生成、传递和利用）。价值分析必须以物流为根本，以信息流反映物流和资金流，通过价值管理，达到最大增值的目标。

从资源、作业、流程之间的关系看（如图 1－4 所示）：作业消耗资源，因此按消耗资源的种类和数量归集到作业上，形成作业成本；流程是连接作业和管理对象的桥梁，按照作业与管理对象的联系，最终作业在管理对象（如产品、服务、责任中心等）的引导下通过流程归集到管理对象上；产品消耗作业，因此作业成本按管理对象消耗作业的种类和数量归集到管理对象上，形成管理对象的成本。

1.2.4 管理会计循环

管理会计循环又称管理会计的实施过程，包括四个环节：预算编制、过程控制、报告和考核。四个环节的确认和展开，一方面便于对各类管理会计工具进行整合，另一方面能够促进管理会计理论框架与实践的结合。

1. 预算编制

预算是基于战略，面向未来，以资源配置为任务，对企业的业务活动和经营过程进行的规划。编制预算的目的在于基于竞争战略对各种资源（特别是资金）

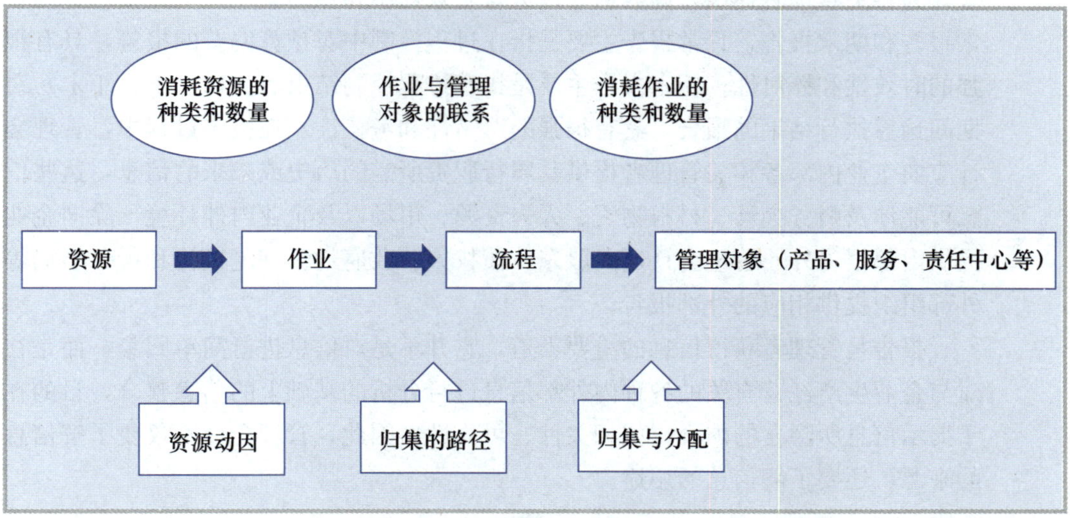

图 1-4　资源、作业、流程之间的关系

进行优化配置，以达到资源的最佳运用。众多学者的研究也都证实了预算在中外企业管理中的普遍性和有效性。

预算是在预测、决策基础上编制的，因此，预测、决策的科学性和可行性是十分重要的。在对未来业务活动、经营过程进行预测的过程中，要求管理会计提供高质量的历史和未来的各类信息，以供形成决策的备选方案，并量化和说明未来经济活动对企业的影响，最终形成最优方案。预算的编制过程实际就是预测、决策过程，最终的预算只是决策的结果。因此，管理会计应对有关信息进行加工处理，去粗取精，去伪存真，以确保所选用的信息能够反映经济活动的未来趋势，揭示经济活动的内在比例关系。

2. 过程控制

过程控制是实现预算的过程，其基本目标是确保预算的有效实施，因此在过程中要采用适当的措施（作业成本计算、作业基础预算、业务流程重组、风险控制、集团公司的管理控制等）保证企业生产经营过程的合法、合规，提高企业生产经营的效率、效果。

过程控制是对企业生产经营活动按预算要求进行的监督和调整。一方面，企业应监督预算的执行过程，确保经营活动按照预算的要求进行，为完成预算目标奠定基础；另一方面，企业应对采取的行动及预算本身的质量进行评估和反馈，以确定预算阶段对未来影响生产经营的各因素的估计是否充分、准确，进而调整预算或工作方式，确保目标实现。

为了实现过程控制职能，企业应建立完善的控制体系，并确保该控制体系所提供的与生产经营有关的信息是真实、完整的，能够适时、有效地调整预算及管理人员的行为。

3. 报告

报告是在过程控制中或过程控制结束后以一定方式反映生产经营活动及其结

果，为相关管理者提供管理数据，以进行有效控制和控制效果评估。报告分为日常报告和期末报告，日常报告主要是指在过程控制中对预算偏差的报告，具有很强的时效性和针对性；期末报告主要是指在过程控制结束后（如月末、年末）对期间预算执行结果的报告，具有很强的总结性和考核性。在报告过程中，管理会计应向企业内部各相关管理者提供其履行职责所需的历史或未来的信息，这些信息可能涉及财务会计、材料物资、人力资源、市场以及企业内外环境。除向企业提供内部报告外，管理会计还向股东、债权人、政府规章制定机构和税务当局等外部组织提供相应的外部报告。

报告是管理者获得信息的重要渠道，它并不是对信息进行简单归集，而是在对与企业生产经营有关的各种内外部信息进行分析的基础上的信息整合，目的在于揭示信息所隐含的内容，如相关性、可靠性。因此，管理会计不仅要了解信息的来源，还要了解信息的用途。

4. 考核

考核是对预算执行结果的评价过程，其目标是通过采取适当的指标和方法（净资产收益率、经济增加值、杜邦分析法、平衡计分卡等）保证企业预算的实现。考核分期间考核和期末考核，分期考核是对每一个细分期间（如月、季）预算执行结果的考核，其目的主要在于督促、保障年度预算的完成；期末考核是对年度预算执行结果的考核，其目的主要在于确定预算完成的情况、分析预算偏差产生的原因、对责任者实施奖惩。

综上所述，基于研究对象展开的管理会计学的基本架构如图1-5所示。

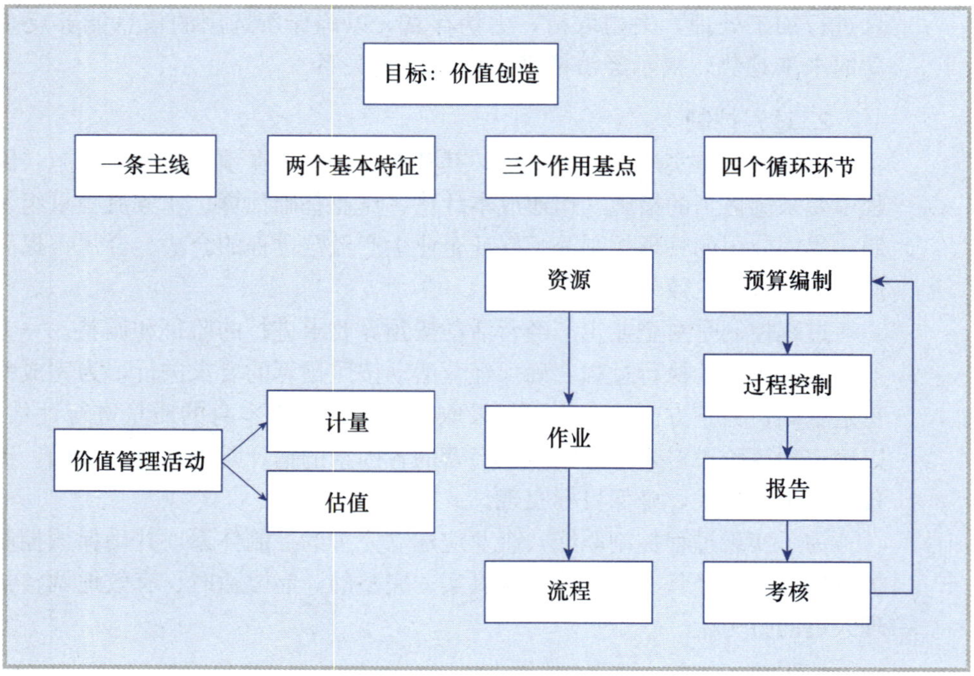

图1-5 管理会计学的基本架构

1.3　管理会计与财务会计、财务管理

管理会计与财务会计、财务管理同属会计学科，它们既相互联系，又相互区别，从不同角度为企业的内部管理和外部决策服务。

1.3 即测即评

1.3.1　起源相同，共同组成现代会计学体系

管理会计、财务会计、财务管理都是在传统会计中孕育、发展和分离出来的：基于现代公司核算的需要产生财务会计，基于现代公司投资和筹资的需要产生财务管理，基于现代公司内部成本管理与控制的需要产生管理会计。管理会计、财务会计、财务管理作为现代会计三大分支的形成（如图 1-6 所示），标志着现代会计理论和实践的发展和完善。

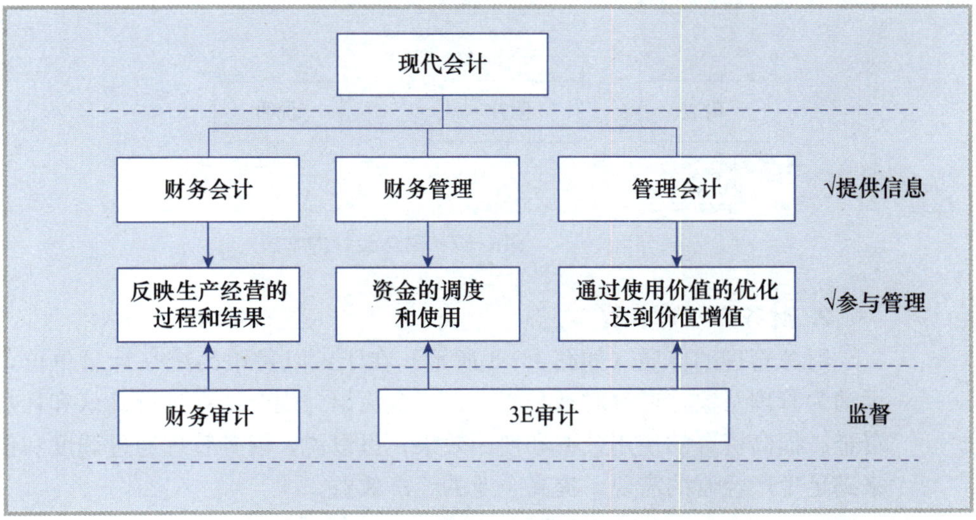

图 1-6　现代会计的基本架构

管理会计、财务会计、财务管理最终都反映企业的生产经营过程和结果，但却以不同角度、通过不同手段和方式向企业内部和外部管理者提供信息，实现价值的最大增值。管理会计作为价值管理活动，与财务会计、财务管理有着明确的边界。但同为会计学的分支，它们之间又相互配合，构成完整的会计信息系统，并体现业务与财务相融合的管理要求。

1.3.2　虽然同出一源，但本质不同

1. 财务会计的本质

财务会计的本质（如图 1-7 所示）在于：以货币为统一计量单位，以资产、

负债、所有者权益、收入、成本（费用）、利润为核算对象，以记账、算账、报账为基本方法，以凭证、账簿、报表为基本载体，通过确认和计量，反映企业的财务状况、经营成果和现金流动情况。可以说，财务会计反映已经发生或已经完成的经济活动和事项，提供的是历史数据。

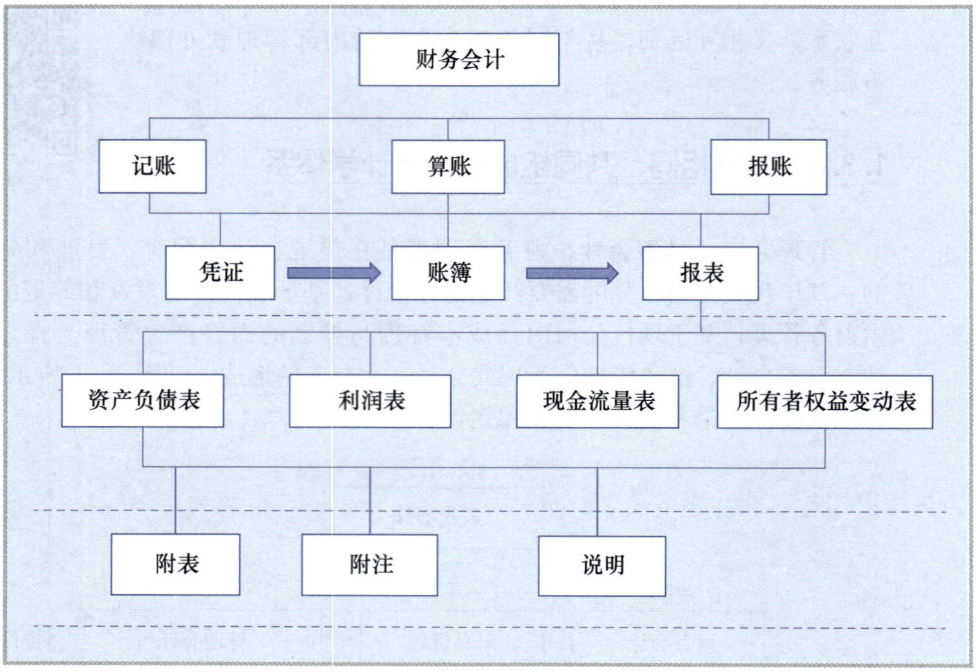

图 1-7 财务会计的本质

2. 财务管理的本质

财务管理的本质（如图 1-8 所示）在于：以货币为统一计量单位，以资金运动为管理对象，通过对现金流入、现金流出、现金结存进行确认和计量，运作资金、提高资金的使用效率和使用效果。可以说，财务管理通过调度和使用资金来满足生产经营的需要，提高企业的经济效益。

3. 管理会计的本质

管理会计的本质（如图 1-9 所示）在于：以货币为基本计量单位（辅以非货币计量单位），以使用价值生产和交换过程的优化为手段、以价值转移和增值过程为管理对象，通过计量和估值，实现企业价值的最大增值。

1.3.3 由本质产生的其他差异

1. 主体不同

财务会计以企业（独立核算）为主体提供整个企业财务状况、经营成果和资金变动的会计信息，通常不以企业内部各部门、各单位（非独立核算）为会计主体提供相关资料，会计主体具有唯一性；财务管理反映整个企业资金运动情况，

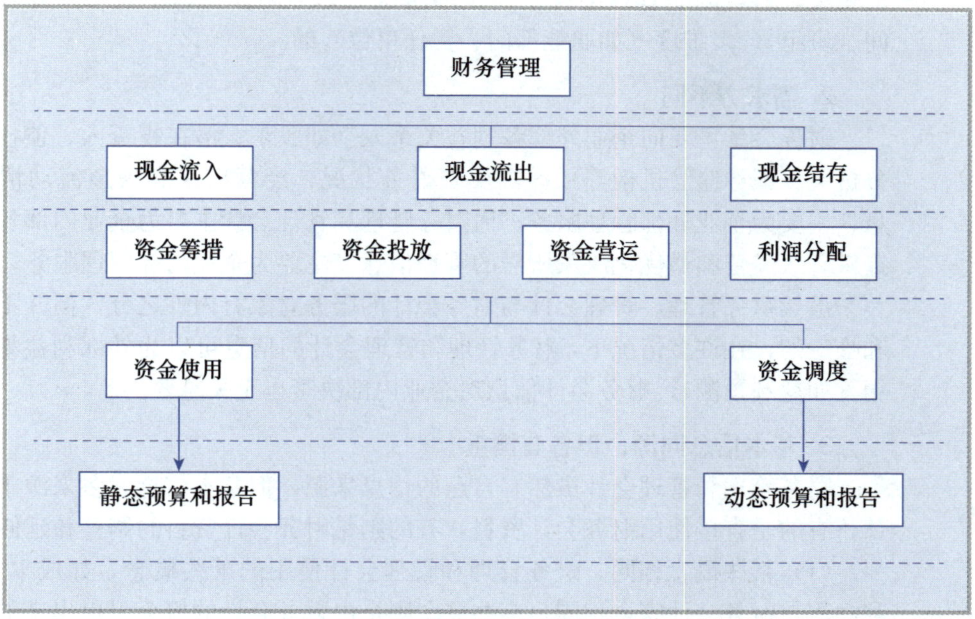

图 1-8　财务管理的本质

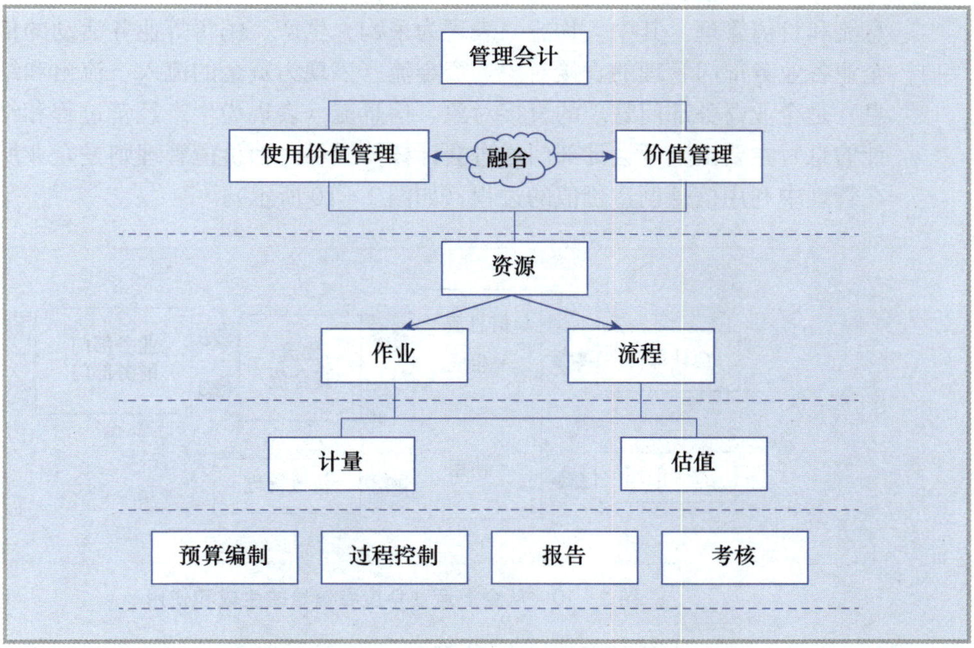

图 1-9　管理会计的本质

并进行相应的管理和控制，在某些情况下（如资金归口分级管理）以企业内部各部门、各单位为主体进行管理和控制，财务主体既可以是企业也可以是企业内部的部门或单位；适应管理的需要，管理会计既要为外部利益关系人提供反映企业整体情况的相关资料，又要向企业管理者提供反映内部各责任单位生产经营情况的相关资料，因而管理会计主体是多层次（如集团公司、子公司、分公司、车间、班组）、多维度（如职能部门、责任单位）的。

2. 需求方不同

财务会计主要向企业外部各利益关系人（如股东、潜在投资人、债权人、税务机关、证券监管机构等）提供反映财务状况、经营成果和现金流动情况的信息，主要为企业外部管理服务；而财务管理和管理会计主要为企业内部各管理层提供有效经营和最优化决策所需的管理信息，主要为企业内部管理服务。

虽然财务管理、管理会计与财务会计的服务对象有内外之分，但并不是绝对和唯一的：在许多情况下，财务管理和管理会计的信息可以为外部利益集团所利用（如盈利预测），财务会计信息对企业内部决策也至关重要。

3. 基本信息同源，但各有侧重

财务管理和管理会计虽然有自己的信息来源，但基本信息大多来源于财务会计，有的是直接使用财务会计资料，有的则是财务会计资料的调整和延伸。

（1）某些概念相同。财务管理和管理会计使用的某些概念，如成本、收益、利润等与财务会计完全相同，有些概念则是由财务会计的概念引申出来的，如资本成本、边际成本、贡献毛益、机会成本等。

（2）反映的直接对象不同。从企业运营角度看，运营产生物流、资金流、信息流和价值管理。其中，物流（表现为采购、生产、销售等业务活动的信息）是企业各业务部门管理的直接对象，资金流（表现为资金的流入、流出和结存的信息）是企业财务部门管理的直接对象，信息流（表现为生产经营过程和结果的会计信息）主要由企业会计部门通过会计核算提供，而价值管理则是企业所有部门在管理中利用信息创造价值的过程（如图1-10所示）。

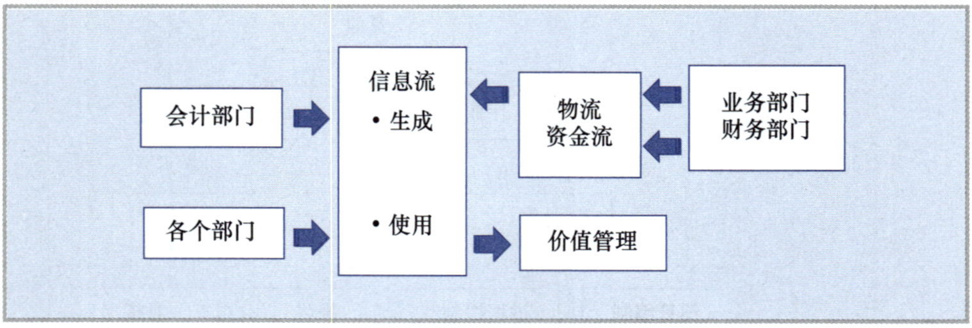

图1-10　从企业运营角度看信息的生成和使用

例如，企业在购买环节产生的预付、应付，以及在销售环节产生的预收、应收，作为会计信息反映了物流和资金流在方向和时间上的不一致。显然，应付和预收会增加企业价值，而预付和应收却会减少企业价值。因而企业应该利用一切机会（如价值链、竞争优势、质量优势、品牌优势等）增加企业价值，采取一切可能的方法（如预算管理、成本控制、技术和产品的研发等）减少价值损害。

（3）职能不同。财务管理是规划资金运动的会计分支，其职能侧重于对资金运动的预测、决策、控制、考核和评价，是企业经营职能的重要组成部分；财务会计是反映过去的会计，其职能侧重于核算和监督，属于报账型会计；而管理会计是规划未来的会计，其职能侧重于对未来的预测、决策和规划，对现在的控制、考核和评价，属于经营管理型会计。

（4）约束条件不同。财务管理和管理会计不受会计准则、会计制度的制约，其处理方法可以根据企业管理的实际情况和需要确定，具有很大的灵活性；而财务会计进行会计核算必须受会计准则、会计制度及其他法规的制约，其处理方法只能在允许的范围内选用，灵活性较小。

（5）报告期间不同。财务管理和管理会计面向未来进行预测、决策，因此其报告的编制不受固定会计期间（如月、季、年）的限制，而是根据管理需要，编制反映不同影响期间经济活动的各种报告，如有需要，也可以按小时、天、月、年甚至若干年编制报告；财务会计面向过去进行核算和监督，反映一定期间的财务状况、经营成果和资金变动情况，应按规定的会计期间（如月、季、年）编制报告。

例如，有人以网络经济的快速性和短暂性（如在网络经济中，某一企业可以因一项业务的发生而设立，又因该业务的完成而清盘）来否定会计分期假设。其实，该种观点是从传统财务会计角度理解的，因为业务活动的连续性导致人为的会计分期（月、季、年），以便进行业绩的计算与考核。但却没有否定财务管理和管理会计的分期，因为它们是为了管理活动的需要、适应活动特点而确定的，可以长达 1 年甚至是数年，也可以短至几天甚至是数秒。

（6）计算方法不同。财务会计多采用一般的数学方法（如加、减、乘、除）进行会计核算；由于未来经济活动的复杂性和不确定性，财务管理和管理会计在进行预测、决策时，要大量应用现代数学方法（如微积分、线性规划、概率论等）和计算机技术。

（7）计量尺度不同。为了适应不同管理活动的需要，管理会计主要使用货币量度，也大量采用非货币量度，如实物量度、劳动量度、关系量度（如市场占有率、销售增长率）等；为了综合反映企业的经济活动，财务管理和财务会计几乎全部使用货币量度。

思考题

1. 西方管理会计的形成与发展揭示了哪些基本规律？你从中得到哪些启示？

2. 中国管理会计的引进和发展有什么特点？你从中得到哪些启示？

3. 管理会计是信息系统还是管理活动？二者是对立关系还是关联关系？你有哪些想法和心得体会？

4. 如何理解管理会计的对象的复合性？对业财融合的正确把握有何意义？

5. 管理会计的基本特征为什么是计量和估值？它与财务会计的计量有何不同？

6. 如何理解资源与作业、流程之间的关系？

7. 管理会计与财务会计在管理中能否结合应用？请举例予以说明。

练习题

1. 甲车间从仓库领用10吨材料用于产品生产。其中6吨加工成产品并实现销售，4吨退回仓库。完成该项搬运活动共发生280元搬运费，没有发生其他费用。

要求：请思考财务会计和管理会计将如何计量搬运活动的单位成本。

2. 甲企业1月1日实现销售收入1亿元，销售成本7 000万元，所得税税率为25%，该笔销售使企业税后利润增加2 250万元。

要求：

(1) 从财务会计角度看，这样的结果好不好？

(2) 从财务管理角度看，1月1日实现销售收入1亿元与12月31日流入现金1亿元，结果一样吗？这种不一致会给企业带来什么影响？

(3) 从管理会计角度看，如果1月1日实现销售收入1亿元，而在12月31日流入现金1亿元，怎么做才能增加价值？

3. 2018年2月23日，中国保险监督管理委员会宣布：鉴于安邦保险集团股份有限公司（以下简称安邦集团）存在违反法律法规的经营行为，可能严重危及公司偿付能力，决定于2018年2月23日起，对安邦集团实施接管，接管期限一年。

2004年安邦集团以销售汽车保险起家，初始注册资本只有5亿元。安邦集团官方网站显示2014年注册资本扩充至619亿元。经过短短12年的发展，2016年末，安邦集团的总资产达到2万亿元左右，构筑成一个庞大的金融帝国。

要求：通过对公开资料的收集和分析，你认为：

(1) 从财务管理角度看，安邦集团是通过什么方法实现疯狂扩张的？这会对安邦集团产生什么影响？

(2) 从财务会计角度看，会计政策的选择是如何影响账务处理及报表编制，并对安邦集团的疯狂扩张起到推波助澜的作用的？

(3) 从管理会计角度看，如何才能加强对诸如安邦集团、海航集团等的监管，保障企业的健康发展及资本市场的有效运行？

第 2 章

Chapter 2 成本性态与变动成本法

第 2 章思维导图

素养提升

1. 探寻成本的变化规律，是有效开展成本管理实践的重要前提。从企业关键业务量的角度解读成本变化，称为企业成本性态分析，它是理解企业成本变化规律的重要方法，也是管理会计同财务会计在成本数据加工上的分水岭。管理会计由此形成了变动成本法的内部核算和基于变动成本法的内部管理报表。

2. 随着数智化技术的应用，企业可以采集更多的数据抓住成本变化不一而足的影响因素，使得成本性态分析可以突破单一因素的分析，从集中关注成本同产销量的变化扩展到关注成本同更多影响因素的协同变化，也使得成本性态分析构建的成本函数从高度简化凝练的线性函数模型，可以发展成为更接近现实复杂情况的多因素成本模型。

3. 财务人员与时俱进掌握数智化技术开展成本建模、探寻成本变化规律，需要深入业务情景了解成本影响因素，从而推进业财融合和提升个人职业能力。

学习目标

1. 理解成本性态的概念与成本性态分析的基本原理。
2. 掌握混合成本分解的方法及其作用。
3. 理解变动成本法的意义，掌握它与完全成本法的差别及其形成原因。
4. 理解和掌握经营决策常用的成本概念。

管理会计面向价值创造的一个重要体现是分析企业成本数据的变化规律，并将这些成本变化规律运用到企业成本管理和其他相关的管理实践中，以应对日益激烈的市场竞争和动态变化的经济环境。与之相比，财务会计基于公认的会计准则将企业各项资源耗费分门别类地核算计入不同的成本、费用账户，管理会计则基于现有的各类成本费用账户数据，围绕企业运营的关键因素，开展进一步的数据分析，从而揭示企业的成本费用是如何围绕经营和管理活动而产生和变动的。为此，管理会计理论提出成本性态的概念，用于促进企业各层级管理者更清晰地理解企业成本如何随经营、管理活动而变化。会计师的重要职责之一是将各类成本数据沿着成本性态进行解析，并与时俱进地运用各类方法搭建企业的成本模型。

2.1 成本性态分析

2.1 即测即评

成本分类取决于成本核算与成本管理的目的。成本按经济用途分类是财务会计对成本的基本分类，其主要目的是满足对外呈报财务报告的需要。管理会计在将成本按经济用途分类的基础上，针对导致成本变动的原因展开了进一步的量化解析并形成面向管理用途的成本分类。对成本如何围绕企业业务量变动展开的解析，在管理领域称为成本性态分析。基于成本性态分析所展开的成本分类是管理会计领域对成本的基本分类，其主要目的是用于企业内部的管理控制。

2.1.1 成本按经济用途分类

财务会计基于实际的资源耗费核算成本，在此基础上对成本按经济用途分为制造成本和非制造成本两大类，由此确定产品成本、存货成本和期间损益，满足对外呈报财务报告的需要。

1. 制造成本

对制造企业而言，制造成本（也称生产成本或生产经营成本）是指为制造（生产）产品或提供劳务发生的各项支出。这些支出依据资源类型及其具体的经济用途通常分为直接人工、直接材料和制造费用三类。

（1）直接人工，是指在制造过程中直接对制造对象施加影响以改变其性质或形态所耗费的人工成本，核算上通常是生产工人的薪酬。

（2）直接材料，是指在制造过程中直接构成产品实体的各种材料和（或）半成品成本①。

直接人工与直接材料的共同特征是，资源耗费在经济用途上都直接服务于产品制造，都与产品制造有直接的因果关系，由此这两项成本都可以直接归集到制造产品，成为产品成本的主要组成部分。

（3）制造费用，是指为制造产品或提供劳务而发生的各项间接费用。从核算的角度来看，制造费用包括为制造产品或提供劳务而发生的直接人工、直接材料

---

① 例如，汽车制造企业在造车过程中既要用到钢材，又要用到轮胎、发动机、车架等，使得造车的直接材料既有未加工的初级材料，也有各种自制或外购的半成品。

以外的全部支出。这部分支出在经济用途上间接服务于产品制造，内容比较繁杂，通常将其细分为：

1）间接人工，是指在制造过程中，间接服务于制造产品或提供劳务的人工成本，如设备养护、维修人员的薪酬。

2）间接材料，是指在制造过程中，间接耗用的材料成本，如多个产品共同耗用、不容易归入某一特定产品的材料成本，或者因为管理条件的制约难以单独计入某一特定产品的材料成本，如生成线上各种工具、物料的消耗成本。

3）其他制造费用，是指不属于直接人工和直接材料的其他各种间接费用，如固定资产的折旧费、维修费、保险费，车间用动力费、照明费等。

当制造费用按一定的标准在各受益对象即产品中分配完毕后，制造成本也就演化成为所谓的“产品成本”，即以产品品种来识别的成本。

2. 非制造成本

非制造成本也称期间费用，通常分为销售费用、管理费用和财务费用。销售费用指为销售产品而发生的各项费用，如专职销售人员的工资、津贴和差旅费，专门销售机构固定资产的折旧费、保险费、广告费、运输费等。管理费用指企业管理部门在组织和管理过程中发生的办公和管理费用，如董事会经费，行政管理人员的工资、差旅费、办公费，行政管理部门固定资产的折旧费及相应的保险费和财产税等。财务费用则是企业在筹集和使用债务资金过程中发生的各种费用，如借款的利息支出。

销售费用与管理费用的共同点是可以使企业整体受益，但难以可靠地确定这项支出与产品制造具有直接的因果关系。因此，销售费用和管理费用在财务会计上被确认为期间费用，直接计入当期损益，对此我国的会计准则做出了明确规定。

以上按经济用途进行的成本分类最终形成产品销售成本、期间费用以及存货成本，符合会计准则对外报告的要求，但却无法完全满足企业内部管理的需要。

2.1.2　成本按性态分类

若企业要开展成本管理，则有必要了解成本围绕什么因素发生变化。成本性态分析是分析成本动因并揭示成本数额围绕成本动因的变化规律，是管理会计服务于决策的重要方法，也是管理会计区别于财务会计和成本会计的重要体现。

成本性态分析指管理会计以企业运营的业务量为主要动因，分析成本同业务量的关系。在制造业背景下，企业成本围绕产量、销售量的变化关系，是成本性态分析的主要内容。

成本性态分析是在一定的基本假设下进行的。在一定期间、一定业务量范围内，依据数理统计的原理（如中心极限定理、大数定律），常常可以从成本数据中找到内在的变化规律，并通过数理统计方法完成成本建模。而超出一定期间、一定业务量范围，这些规律就可能发生改变。由此，成本性态分析通常是在一定期间和一定业务量假设下进行的，简称为相关范围假设。

传统的成本性态分析将成本划分为固定成本、变动成本以及兼具固定成本和变动成本特征的混合成本。

1. 固定成本

（1）固定成本总额与单位固定成本。固定成本是指成本总额在一定期间和一定业务量范围内，不受业务量变动的影响而保持不变的成本。在制造业背景下，一方面，固定成本来自生产活动，如制造费用中的固定部分即固定性制造费用，是典型的固定成本；另一方面，固定成本也来自各类非生产性经营管理活动，如行政管理人员的工资、办公费、财产保险费、不动产税、按年限平均法计提的固定资产折旧、固定的职工教育培训费等，均属于固定成本。在成本曲线上，固定成本表现为一条水平线。

单位固定成本为固定成本总额除以业务量（如产销量）。企业经营管理中需要重视单位固定成本的变化规律，以趋利避害。首先，单位固定成本在成本曲线上表现为边际递减的凹曲线，即随着业务量的增加，单位固定成本呈下降趋势，但是下降速度逐渐放缓。利用单位固定成本的这些特征，企业可以开展相应的成本管理，通过持续增加产销量“摊薄”单位固定成本，为企业降低单位固定成本、创造更多的单位盈利，从而形成成本优势。而这一“摊薄”效应存在“极限”，即到了一定的产销规模，单位固定成本的下降会明显放缓，使得企业在产能和销量上的扩张存在“临界点”。相反，当企业的产销量从当前水平快速下降时，企业单位固定成本将会出现反向的变化趋势，即随着产销量的下降而快速增加。因此，在市场竞争中，市场份额被严重蚕食的企业，随着产销量的萎缩，既有的固定成本水平不变使得单位产销量的固定成本快速反弹，令企业的经营状况雪上加霜。对那些固定成本比重较高的“重资产”企业而言，重视单位固定成本的以上特性，对有效开展成本管理尤为重要。

例 2－1

某企业生产一种产品，其专用生产设备的月折旧额为10 000元。该设备最大加工能力为4 000件/月，当该设备分别生产1 000件、2 000件、3 000件和4 000件产品时，单位产品所负担的固定成本如表2－1所示。

表 2－1　基础数据表

产量（件）	总固定成本（元）	单位产品负担的固定成本（元）
1 000	10 000	10
2 000	10 000	5
3 000	10 000	3.33
4 000	10 000	2.50

从表2－1中可以看出，单位产品所负担的固定成本与产量呈反向变化关系，即产量的增加使得单位产品负担的固定成本下降，反之亦然。若以 a 表示固定成本，x 表示业务量（产销量），则 a/x 表示单位业务量所负担的固定成本。

基于例 2-1 的有关数据，绘制固定成本总额曲线与单位固定成本曲线（如图 2-1 所示）。

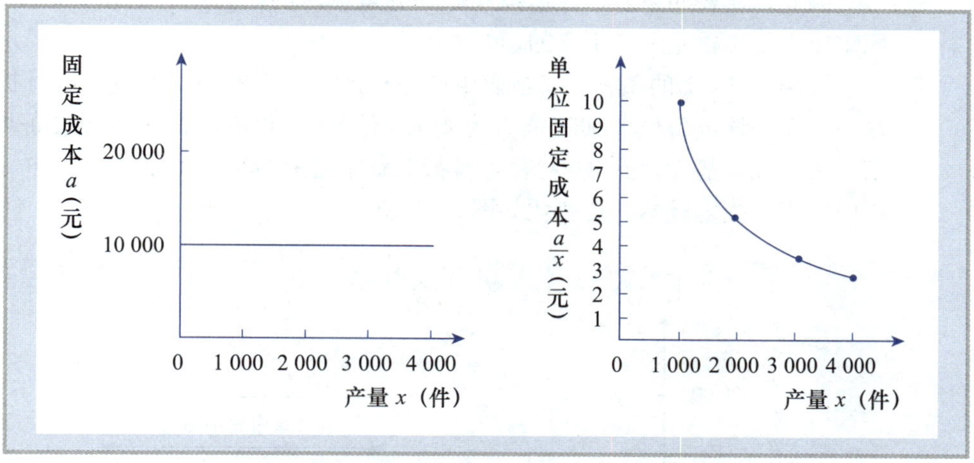

图 2-1　固定成本总额曲线与单位固定成本曲线

（2）固定成本的分类。固定成本总额虽然一定，但是从决策的角度来看，有些固定成本可以为决策所改变，有些则不能为决策所改变，对此管理会计上分别称之为酌量性固定成本和约束性固定成本。

酌量性固定成本是指管理者的决策可以改变其支出数额的固定成本，如广告费、职工教育培训费、技术开发费等。企业管理者通常在每一会计年度开始前，制定酌量性固定成本年度安排，决定每一项开支的多寡以及新增或取消某项开支。许多酌量性固定成本的大小直接关系到企业未来竞争力，因此管理者的判断力非常重要。

约束性固定成本是指管理者的当前决策无法改变其支出数额的固定成本。典型的约束性固定成本是企业维持正常生产经营能力所必须负担的最低固定成本，其数额大小只取决于企业生产经营的规模与质量，因而具有很大的约束性，这类固定成本又称经营能力成本。例如，厂房及机器设备按直线法计提的折旧、房屋及设备租金、不动产税、财产保险费、照明费、行政管理人员的薪金等，均属于约束性固定成本。企业的经营能力一旦形成短期内难以改变，即使经营暂时中断，该项固定成本仍维持不变，因而这类固定成本又称能量成本。

约束性固定成本的性质决定了该项成本只能着眼于合理地利用企业的生产经营能力。

从短期决策的角度看，酌量性固定成本与约束性固定成本和企业的业务量水平均无直接关系。

（3）固定成本的相关范围。成本保持固定通常是在一定的时期和业务量范围之内。如果处于较长时期，所有成本都可能发生变化，即使约束性固定成本也可能随时间而发生变化。例如，随着时间推移，企业的经营规模发生变化，厂房扩大、设备更新、行政管理人员增加等，均会增加折旧费用、财产保险费、不动产税以及行政管理人员薪金，使得固定成本的水平呈阶段性跃升。同理，业务量一旦超过一定水平，企业也要扩大厂房、更新设备和增加行政管理人员，使得固定成本随着业务量的升高而上一个台阶。

因此，从长期来看，成本按性态划分是相对的；当原有的相关范围被打破，固定成本就不再是一成不变的。

沿用例2-1的条件，某企业生产一种产品，其专用生产设备的月折旧额为10 000元。该设备最大加工能力为4 000件/月，假定该企业生产设备增加了1倍，最大加工能力达到8 000件，月折旧费用由10 000元增加到20 000元，那么折旧费用（固定成本）的变化如图2-2所示。

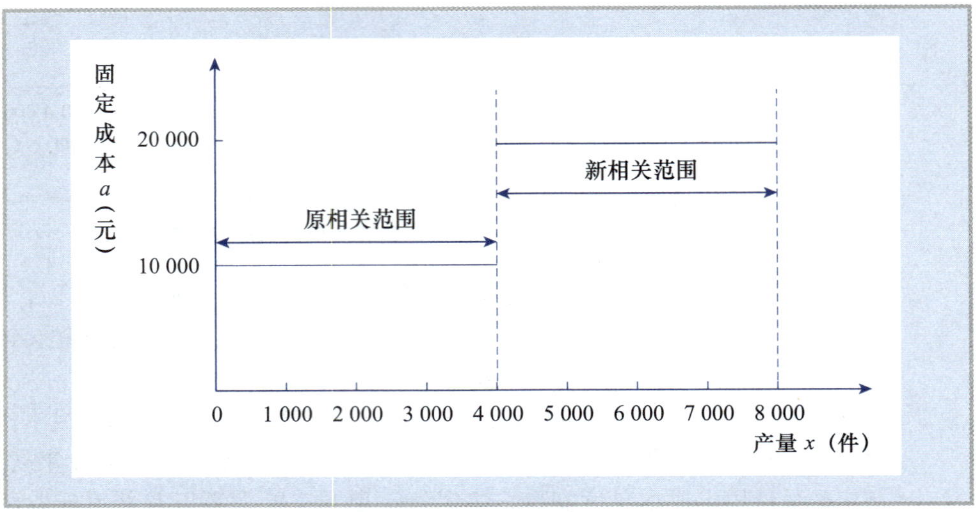

图2-2 固定成本的相关范围

2. 变动成本

（1）变动成本总额与单位变动成本。在一定期间和一定业务量范围内，当成本表现出随业务量变动而变动时，就是成本性态分析中的变动成本。在现实中，企业的变动成本同业务量的变化关系多种多样，基于数理统计原理（如中心极限定理、大数定律），企业可以在一定条件下采用线性模型刻画成本函数，即成本同业务量呈正比例变动。

管理会计将成本总额同业务量呈正比例变动（即成本函数是线性的）的成本定义为变动成本。若以 x 表示业务量（产销量），b 表示单位变动成本，则在一定期间、一定业务量范围内，变动成本总额可以通过 bx 来表达。

单位变动成本是单位业务量下的变动成本。在一定期间和一定业务量范围内，如果将变动成本定义为线性模型，则单位变动成本保持不变。

在制造业背景下，典型的变动成本包括生产经营成本中的变动部分，主要包括直接材料、直接人工（计件或计时工人薪金）、按加工量计算的固定资产折旧（采用工作量法计算的折旧），以及非生产经营中的变动部分，如销售费用中的推销佣金以及渠道商的提成等。

例 2-2

承例 2-1，某企业生产一种产品，其专用生产设备的月折旧额为 10 000 元。现假定该企业单位产品的直接材料成本为 20 元，当产量分别为 1 000 件、2 000 件、3 000 件和 4 000 件时，材料的总成本和单位产品的材料成本如表 2-2 所示。

表 2-2 基础数据表

产量（件）	材料总成本（元）	单位产品材料成本（元）
1 000	20 000	20
2 000	40 000	20
3 000	60 000	20
4 000	80 000	20

基于例 2-2 中的有关数据，绘制变动成本总额曲线和单位变动成本曲线（如图 2-3 所示）。

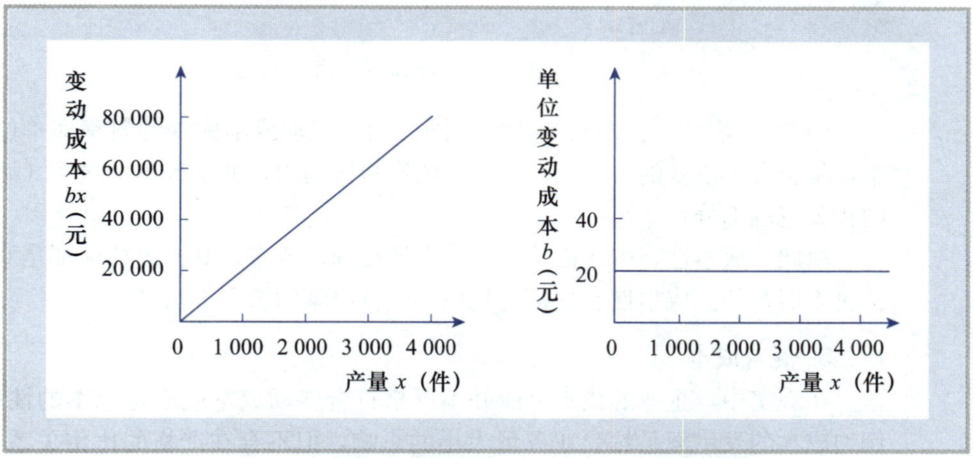

图 2-3 变动成本总额曲线和单位变动成本曲线

（2）变动成本的分类。与固定成本分类同理，变动成本也可以依据决策能否改变其数额，进一步分为酌量性变动成本和约束性变动成本。

酌量性变动成本是指企业管理者的当前决策可以改变支出数额的变动成本，如按产量计酬的工人薪金、按销售收入的一定比例计算的销售佣金等，均可以由管理者根据劳动力市场情况以及所销产品的市场情况等加以改变。

约束性变动成本是指企业管理者的当前决策无法改变支出数额的变动成本。例如，企业加工工艺和质量要求导致直接材料在品质和用量上难以改变，如果这类成本改变了，往往意味着企业的产品改型了，那么，这类直接材料成本是管理者在当前决策中难以改变的，从而有很大的约束性。

（3）变动成本的相关范围。如果超出了相关范围，变动成本同业务量的线性关系可能发生改变。例如，当企业的产销规模较小时，由于在劳动力市场的议价能力弱，单位产品的材料成本可能比较高。当产销规模上升到一定水平，企业的议价能力提高，则单位产品的材料成本可能会下降，使得单位变动成本下降。相反，当产量上升突破一定范围时，可能要加倍支付工人的加班工资，从而导致单位产品的直接人工成本上升较多，使得单位变动成本上升。变动成本的变化情况（即相关范围）可以用图 2－4 来表示。

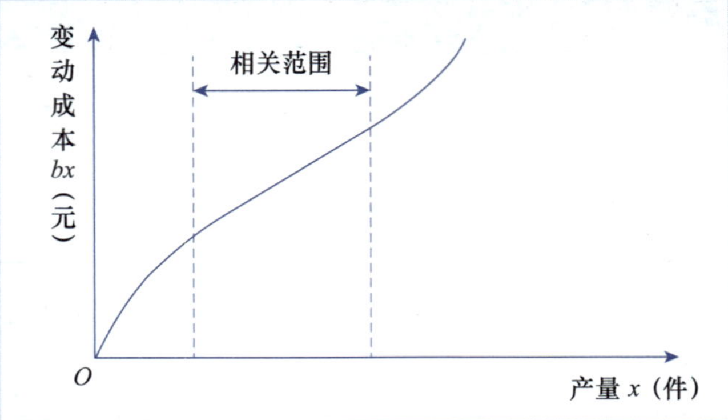

图 2－4　变动成本的相关范围

图 2－4 表明，在产量变化的不同区间，变动成本曲线的斜率即单位变动成本，是会发生改变的。但是，在一定的产量区间内，变动成本呈线性（见图 2－4 的相关范围部分）。

由此，成本性态中无论是变动成本还是固定成本，其性态特征都是对短期经营决策而言的。成本性态分析也是短期经营决策的重要方法。

3. 混合成本

在现实中，企业的成本可能并不严格符合变动成本或固定成本的性态特征，例如成本的发生额虽然受业务量大小的影响，但不存在严格的比例关系。对此，管理会计将兼有固定成本和变动成本两种性态的成本称为混合成本。

企业的总成本本身就是一项最大的混合成本，在总成本之内也会有许多混合成本。在短期经营决策中，会计师需要对混合成本进行分解（详见 2.2 节），以更为精确地解析成本结构并基于成本性态开展成本管理，完成混合成本的分解过程也是运用一定的方法进行成本建模的过程。

从成本总额同业务量的数量变化关系来看，混合成本通常可以分为以下三类。

（1）半变动成本。半变动成本的特征是业务量为零时，仍然有成本基数发生，在该基数之上，成本随业务量变动呈正比例变动，即在给定的成本基数之上成本呈现出变动成本性态。

在现实中，企业的电费、水费、电话费等均属于半变动成本，因为企业支付的上述费用通常都有一个基数部分，超出部分则随业务量的增加而增大。

以电费为例，假设企业每月电费支出的基数为 1 000 元，超基数费用为 0.2 元/千瓦时，每生产 1 件产品需耗电 5 千瓦时。假如企业本月共生产 2 000 件产品，其支付的电费总额为 3 000 元。如以 y 代表企业支付的电费总额，a 代表每月电费基数（1 000元），b代表生产单位产品所需电费（0.2×5），x代表产品产量（2 000件），则本例各数据之间的关系可以通过 $y=a+bx=1\ 000+1\times x$ 这一成本模型来表示（如图2-5所示）。

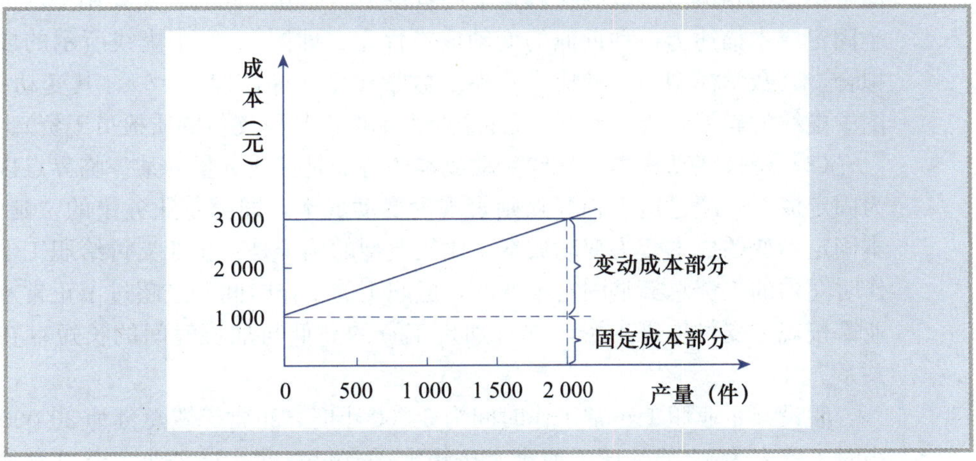

图2-5 半变动成本的特征

（2）半固定成本。半固定成本的特征是在一定业务量范围内，成本具有固定成本性态，但当业务量的增长达到一定水平后，成本总额会跃升到一个新的水平，且在业务量增长的一定限度内（即一个新的相关范围内），成本又保持不变，从而随业务量增加呈阶梯性增加，也称为阶梯式变动成本。

在现实中，企业一些岗位薪酬就呈现出半固定成本的性态，如化验员、质检员的工资等。假设某企业的产品下线之后，需经专门的质检员检查方能入成品库，每个质检员最多检验500件产品，也就是说产量每增加500件就必须增加一个质检员。那么，该企业质检员的工资成本就属于半固定成本。随着产品产量的增加，该项成本呈现阶梯式跃升，即产量每增加500件，就增加一名质检员工资。假设质检员的工资标准为2 000元，则质检员的工资支出如图2-6所示。

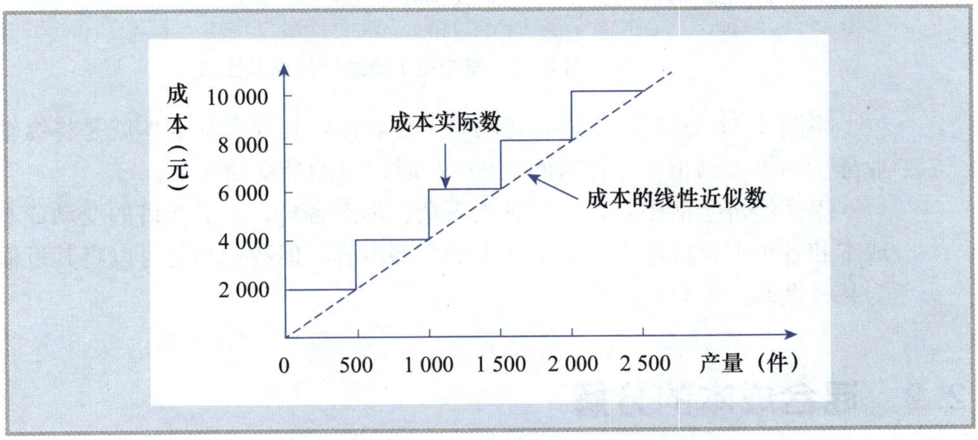

图2-6 质检员的工资支出呈现阶梯式

当产量的变动范围较小（如上例中产量在500～1 000件之间变动）时，半固定成本可以视为固定成本。当产量的变动范围较大（如产量在500～2 500件之间变动）时，半固定成本应该视为变动成本，因为在这种情况下，质检员工资固定不变的相关产量范围只占整个产量很小一部分。此时，需要用平滑的方式将半固定成本描述为一种近似的变动成本性态，即图2-6中虚线所示的成本线性拟合。其数学模型与变动成本总额的数学模型一样，即 $y=bx$，其变动率 b（即图中虚线的斜率）为4元/件（即企业为单位产品所支付的质检员工资）。

（3）延伸变动成本。延伸变动成本的特征是在业务量的某一临界点以下表现为固定成本，超过这一临界点则表现为变动成本，即随着业务量的“延伸”，原本固定不变的成本变为变动成本。比较典型的例子是：企业支付给职工的正常工作时间内的工资总额是固定不变的，但职工的工作时间一旦超过了正常水平，企业需按规定支付加班工资，并且加班工资的高低与加班时间的长短存在正比例关系。

假设某企业职工正常工作时间为3 000小时，正常工资总额为30 000元，即小时工资率为10元，职工加班时按规定需支付双薪。该企业工资总额的成本性态如图2-7所示。

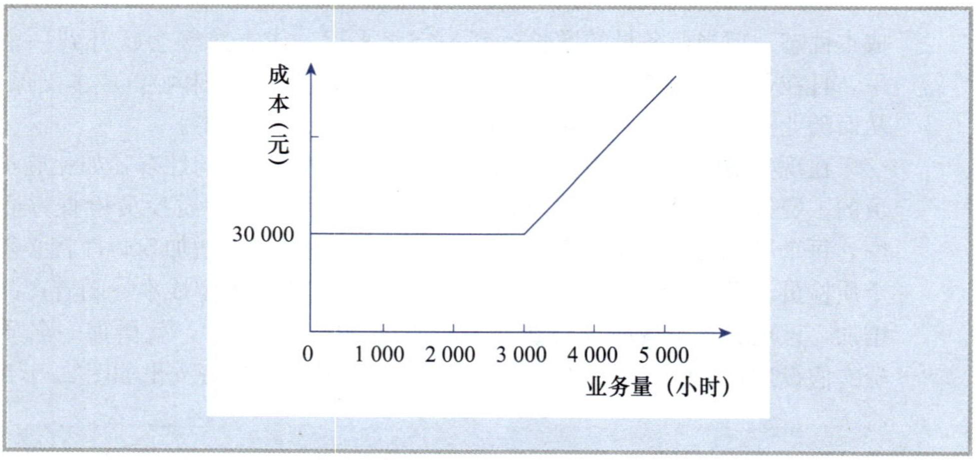

图2-7 某企业工资总额的成本性态

将图2-7与图2-5进行比较，不难看出，延伸变动成本就是将纵轴延伸至业务量临界点（正常工作时间3 000小时）时的半变动成本。

现实经济生活中，成本的种类繁杂、形态各异，上面所讲的变动成本、固定成本和各种混合成本不能囊括成本的全部内容，但我们总是可以将其近似地描述为某种性态。

2.2 混合成本的分解

成本按性态分析的重要内容就是将现实中各项混合成本进行分解，使得成本数据呈现出固定成本与变动成本的性态特征，从而在成本管理中有效运用这些成本变化规律。

混合成本的分解方法随着数理分析技术的运用和相关成本管理软件模块的开发逐步迭代升级。万变不离其宗的是，企业采用成本分析方法是要从成本数据中找到关键的影响因素，并用数学模型刻画出来，从而洞悉成本变化的规律，使得成本管理不再单纯依靠主观经验或局限于数据表象。

2.2 即测即评

混合成本分解的现实意义和方法概述

2.2.1　历史成本法

历史成本法是以历史成本数据开展统计推断，拟合出成本总额与业务量之间的函数关系，从而探寻成本总额哪一部分具有变动成本性态，哪一部分具有固定成本性态。

1. 高低点法

高低点法的基本做法是以某一期间内最高业务量（即高点）的混合成本与最低业务量（即低点）的混合成本的差数，除以最高业务量与最低业务量的差数，得出的商数即为业务量的成本变量（即单位业务量的变动成本额），进而确定混合成本中的变动成本部分和固定成本部分。

由于在一定的相关范围内，混合成本可以用 $y=a+bx$ 的线性模型来近似地描述，其中 a 是固定成本，b 是单位变动成本，x 是业务量，y 是总成本。在相关范围内，依据最高业务量和最低业务量选择高点和低点，形成坐标图上的两个样本点，将两点连成一条直线，则完成了对混合成本函数 $y=a+bx$ 的拟合。

运用高低点法分解混合成本的过程如下：

设高点的成本性态为：

$$y_1=a+bx_1 \tag{2.1}$$

低点的成本性态为：

$$y_2=a+bx_2 \tag{2.2}$$

用式（2.1）减式（2.2），有

$$y_1-y_2=b(x_1-x_2) \tag{2.3}$$

式（2.3）表明总成本的差量是业务量的差量与单位变动成本的乘积，即全部为变动成本。

移项后则可求解 b：

$$b=\frac{y_1-y_2}{x_1-x_2} \tag{2.4}$$

将式（2.4）求解的结果代入式（2.1）或式（2.2）并移项，可求解 a：

$$a=y_1-bx_1$$

或 $$=y_2-bx_2$$

例 2-3①

假定某企业某年 12 个月的产量和电费的有关数据如表 2-3 所示。

表 2-3 基础数据表

月份	产量（件）	电费（元）
1	800	2 000
2	600	1 700
3	900	2 250
4	1 000	2 550
5	800	2 150
6	1 100	2 750
7	1 000	2 460
8	1 000	2 520
9	900	2 320
10	700	1 950
11	1 100	2 650
12	1 200	2 900

该年产量最高的月份是 12 月，为 1 200 件，相应电费为 2 900 元；产量最低的月份是 2 月，为 600 件，相应电费为 1 700 元。按前面的运算过程计算如下：

$$b=\frac{2\,900-1\,700}{1\,200-600}=2(\text{元/件})$$

$$a=2\,900-2\times1\,200=500(\text{元})$$

或 $$a=1\,700-2\times600=500(\text{元})$$

以上计算表明，该企业电费中属固定成本部分的为 500 元；单位变动成本为每件 2 元。用数学模型来描述这项混合成本即

$$y=500+2x$$

运用高低点法分解混合成本有其局限性，因为高点和低点的业务量（即上例中的 1 200 件和 600 件）为该项混合成本相关范围的两个极点，从中找到一条成本曲线（直线）并不能充分拟合其他成本数据点，势必会造成一些偏差。如果加入更多的观察值，应采用更科学的方法，从以上多个散点中找到成本曲线（直线）。

① 模拟实验参见：马元驹，李百兴．管理会计学模拟实验教程．3 版．北京：中国人民大学出版社，2016：15.

2. 线性回归分析法

线性回归分析法运用的是数理统计中的线性回归原理，具体做法是从一组成本数据的散点中找到一条直线近似地拟合成本散点数据的分布，围绕各项因素将成本数据刻画成线性模型。所以，线性回归分析法是探索成本变化规律的一个数理统计方法，通过将成本拟合成线性模型，使混合成本数据显现出变动成本与固定成本的性态。

现在假设企业有 n 个成本数据的观测值（x，y），y 代表成本，x 代表业务量。采用线性回归分析法就是将这组成本数据拟合成线性模型，用 $y=a+bx$ 表示，截距项 a 就是固定成本，斜率 b 代表单位变动成本。通过线性回归分析法得到 a，b 的回归估计值（$\hat{a}$，$\hat{b}$），从而将成本 y 分解为变动成本部分（bx）和固定成本部分（a）。

线性回归分析模型常见的估计方法是最小二乘法，其基本原理是寻找到一条可充分拟合现有样本数据的直线，使得各个样本点到该直线的距离之和最小，即各个样本点到回归直线的总离差平方和最小，由此找到的直线是对各个样本拟合效果最好的。具体计算方法如下：

假定有 n 个成本观测值（x，y），将一组决定线性回归分析的联立方程式以求和的形式表示为：

$$\sum y = na + b\sum x$$

各观测值与最终确定的线性回归分析离差平方和最小，计算过程如下：

$$\delta = \sum_{i=1}^{n} [y_i - (a + bx_i)]^2$$

δ 为方差。现在要求 δ 最小时的 a 和 b。为此，需要对 δ 求一阶导数，令导数为零，即可得到 a 和 b 的数值。

当以 a 或 b 为横轴、以 δ 为纵轴建立直角坐标系时，δ 的数值呈现为一条凹形曲线。δ 值最小即 δ 的导数 δ' 为零时，a 和 b 的数值就是那条线性回归分析的截距和斜率。δ 的曲线示意图如图 2-8 所示。

于是，a、b 值的计算公式如下（求导过程略）：

$$b = \frac{n\sum xy - \sum x \sum y}{n\sum x^2 - (\sum x)^2}$$

$$a = \frac{\sum x^2 \sum y - \sum x \sum xy}{n\sum x^2 - (\sum x)^2}$$

例 2-4

承例 2-3，具体说明如何用线性回归分析法对混合成本进行分解。为了便于说明和计算，我们将计算所需的有关数据列入表 2-4。

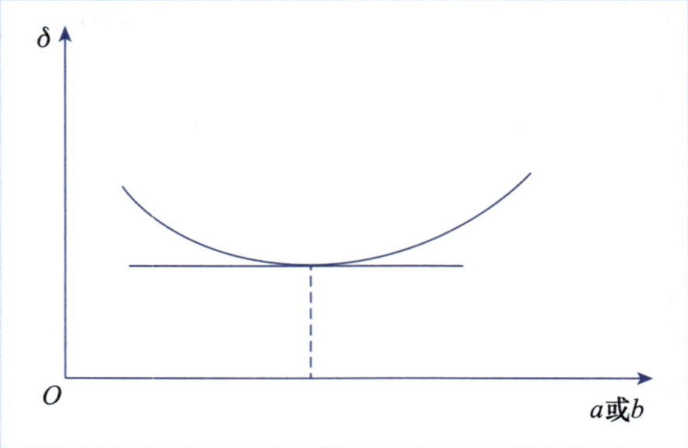

图2-8　δ的曲线示意图

表2-4　基础数据表

月份 n	产量（件）x_i	电费（元）y_i	$x_i y_i$	x_i^2
1	800	2 000	1 600 000	640 000
2	600	1 700	1 020 000	360 000
3	900	2 250	2 025 000	810 000
4	1 000	2 550	2 550 000	1 000 000
5	800	2 150	1 720 000	640 000
6	1 100	2 750	3 025 000	1 210 000
7	1 000	2 460	2 460 000	1 000 000
8	1 000	2 520	2 520 000	1 000 000
9	900	2 320	2 088 000	810 000
10	700	1 950	1 365 000	490 000
11	1 100	2 650	2 915 000	1 210 000
12	1 200	2 900	3 480 000	1 440 000
$\sum$	11 100	28 200	26 768 000	10 610 000

将表2-4中的有关数值代入公式，则有

$$b=\frac{n\sum xy-\sum x\sum y}{n\sum x^2-(\sum x)^2}$$

$$=\frac{12\times 26\,768\,000-11\,100\times 28\,200}{12\times 10\,610\,000-11\,100^2}$$

$$=1.99(\text{元/件})$$

$$a=\frac{\sum x^2\sum y-\sum x\sum xy}{n\sum x^2-(\sum x)^2}$$

$$=\frac{10\,610\,000\times 28\,200-11\,100\times 26\,768\,000}{12\times 10\,610\,000-11\,100^2}$$

$$=505.40(元)$$

需要说明的是，当线性回归分析的 b 值确定之后，可以通过 $\sum y=na+b\sum x$ 比较简便地得到 a 值，但 b 的数值应该尽量保留尾数，否则误差会因不断累积而过大。在上例中，如 b 值为 1.99，则通过公式计算的 a 值为：

$$a=\frac{\sum y-b\sum x}{n}=\frac{28\,200-1.99\times 11\,100}{12}=509.25(元)$$

如果 b 值为 1.994 16（保留五位小数），则计算出来的 a 值是 505.40。

在现代管理实践中，线性回归分析法可以通过软件模拟完成计算，会计师只需选择需要成本拟合的数据，导入软件，就可以得到混合成本的线性模型估计结果，也就完成了混合成本的分解。

2.2.2 账户分析法

企业在开展混合成本分解时，除了要运用数理统计等技术手段进行成本分解，还有一个重要问题是明确哪些成本数据需要分解或者从定性的角度围绕可能的成本变化规律先进行一轮初筛，要明确这一点应先分析成本核算账户包含的内容，判别成本核算内容与成本动因之间的关系，从而初步确定成本性态。这种针对账户内容开展成本性态分析的方法，称为账户分析法。在一些企业的成本管理实践中，由专业的财务人员通过同业务人员的交流和组织参与学习活动深入了解成本核算内容背后的成本动因，这既是业财融合的重要体现，也是业务财务岗位孵化的重要职责。

账户分析法的基本做法是根据各成本、费用账户的具体内容，判断它们是更接近固定成本还是更接近变动成本，进而直接将其确定为固定成本或变动成本。例如，“管理费用”账户内各项目发生额的大小在正常产量范围内与产量变动没有关系，或没有明显关系，所以将管理费用全部视为固定成本。“制造费用”账户中的车间管理部门办公费、按折旧年限计算的设备折旧费等，虽与产量的关系比管理费用密切一些，但基本特征仍属“固定”，所以也应视为固定成本；而“制造费用”账户内的燃料动力费、维修费等，虽然不像直接材料费那样与产量成正比例变动，但其发生额的大小与产量变动的关系很明显，因而可以将其视为变动成本。

例 2-5

假设以某企业的某一生产车间作为分析对象，某月的成本数据如表 2-5 所示。

表2-5 成本数据表 单位：元

账户	总成本
生产成本——材料	240 000
——工资	30 000
制造费用——燃料动力费	12 000
——修理费	4 000
——工资	8 000
——折旧费	20 000
——办公费	6 000
合计	320 000

如果该车间只生产单一产品，那么本月发生的320 000元费用将全部构成该产品的成本。如果生产多种产品，并假定上述属于共同费用的数据是在合理分配的基础上得到的，则有关成本的分解过程如表2-6所示。

表2-6 成本分解数据表 单位：元

账户	总成本	固定成本	变动成本
生产成本——材料	240 000		240 000
——工资	30 000		30 000
制造费用——燃料动力费	12 000		12 000
——修理费	4 000		4 000
——工资	8 000		8 000
——折旧费	20 000	20 000	
——办公费	6 000	6 000	
合计	320 000	26 000	294 000

表2-6的分解理由是：直接材料和直接人工（即“生产成本”账户项目）通常为变动成本；燃料动力费、修理费、间接人工费虽然不与产量呈正比例变动关系，但有明显的变动关系，所以也确定为变动成本；折旧费和办公费与产量变动没有明显关系，因而确定为固定成本。不难看出，上述分解过程是在一定的假设条件下进行的：假设生产工人的工资实行计件工资制，那么直接人工就是变动成本；假设生产设备的折旧额不是按加工量或加工时间计算的，那么折旧费就属于固定成本。如果假设条件不是这样的，分解的结果就不一样了。不过，对于特定的分解对象而言，相应的假设条件由于经常使用而约定俗成为既定前提，所以对于一些常见的成本费用，如折旧费、直接材料、直接人工等，可以依据前述的既定前提，直接将其确定为固定成本或变动成本。

根据表2-6，该车间的总成本被分解为固定成本和变动成本两部分，其中

$$a=26\ 000(\text{元})$$

假设该车间当月产量为1 000件，那么

$$b=\frac{294\ 000}{1\ 000}=294(\text{元/件})$$

以数学模型来描述该车间的总成本，即

$$y=26\ 000+294x$$

账户分析法是混合成本分解的诸多方法中最为简便的一种，同时也是相关决策分析中应用比较广泛的一种。但由于其分析结果的可靠性在很大程度上取决于有关分析人员的专业判断能力，因而不可避免地带有片面性和局限性。

就账户分析法的应用对象而言，这一方法通常用于特定期间总成本的分解，对成本性态的确认通常只限于成本性态比较典型的成本项目；对于成本性态不那么典型的成本项目，则应该选择其他的成本分解方法。

从混合成本分解的各种方法中不难看出，成本分解的过程也是一个对成本性态进行探索的过程。在现代企业管理中，随着管理信息系统的完善与成本核算数据的逐步累积，许多企业已具备了对成本开展更为精确分析的基础，与成本管理有关的实务人士更加精通企业成本的变化规律，包括成本性态及其分解。

2.3 变动成本法及其比较

2.3 即测即评

2.3.1 变动成本法及其管理用途

在制造业背景下，以成本性态分析为基础的内部成本管理报告需要对产品成本进行性态分解，让产品成本只包含与销售量直接相关的变动成本，而将与产品制造有关的固定成本列示为期间费用，从而令产品销售收入弥补变动成本而后再弥补固定成本的利润创造过程呈现出来，这一方法称为变动成本法。变动成本法是企业生成内部管理报告、揭示成本性态的重要方法。

在对产品成本按性态进行分解时，产品生产过程中耗费的直接材料、直接人工都属于随产量消耗的变动成本，而制造费用作为一项混合成本需要经过分解，其中的变动制造费用可归为变动成本，固定制造费用列示为期间费用。由此，基于变动成本法的核算口径，产品成本包含直接材料、直接人工和变动制造费用，这使得每一期的产品销售成本只包含变动成本。

在按变动成本法提供的内部管理报告中，销售收入减去销售成本实际上是收入减去变动成本，管理会计上将这一部分定义为贡献毛益[①]（contribution margin，CM），借此反映利润创造的中间过程，即企业要先创造贡献毛益，在贡献毛益能够弥补固定成本后才会盈利。

成本性态分析不仅针对产品制造过程，也可以推广至管理过程中的期间费用，分解出变动期间费用与固定期间费用。这使得贡献毛益存在两个口径：一是

① 相关概念详见第 3 章。

制造贡献毛益，具体是指产品销售收入减去产品变动成本后的余额；二是营业贡献毛益，具体是指企业全部收入减去全部变动成本（包括产品变动成本和变动期间费用）后的余额。

变动成本法生成的内部管理报告沿着销售收入—变动生产成本—制造贡献毛益—变动期间费用（即变动销售费用、变动管理费用、变动财务费用）—营业贡献毛益—全部固定成本—利润的层次展开，可以清晰地呈现利润创造的过程（如表2-7所示）。

财务成本法生成的内部管理报告沿着主营业务收入—主营业务成本—主营业务税金及附加形成主营业务利润，主营业务利润—期间费用（即销售费用、管理费用、财务费用）—其他形成营业利润的层次展开，可以清晰地呈现业务活动和管理活动（如表2-7所示）。

显然，两种方法最明显的不同在于变动成本法将固定制造费用从产品成本中剔除，并列示为期间费用，财务会计核算的产品成本则包含了全部的制造费用。为加以区分，管理会计将财务会计的成本核算方法称为完全成本法。

表2-7　两种成本法下内部利润的形成过程

完全成本法	变动成本法
主营业务收入	销售收入
—主营业务成本	—变动生产成本
—主营业务税金及附加	制造贡献毛益
主营业务利润	—变动销售费用
—销售费用	—变动管理费用
—管理费用	—变动财务费用
—财务费用	营业贡献毛益
—其他*	—固定制造费用
营业利润	—固定销售费用
	—固定管理费用
	—固定财务费用
	利润

* 为简化分析，“其他”用以概括营业利润中的投资收益、公允价值变动损益等项目。

2.3.2 变动成本法与完全成本法的重要差异

变动成本法与完全成本法对固定制造费用的不同处理方式导致两种方法存在一系列的差异，主要表现在产品成本的构成内容、存货成本的构成内容以及各期损益三个方面。

1. 产品成本的构成内容不同

完全成本法将所有成本分为制造成本（或称生产成本，包括直接材料、直接人工和制造费用）和非制造成本（包括管理费用、销售费用和财务费用）两大类，将制造成本完全计入产品成本，而将非制造成本作为期间费用。

变动成本法的产品成本包括直接材料、直接人工和变动制造费用，固定制造费用与非制造成本都作为期间费用。

两种方法在产品成本计算上的差异可以从图 2－9 和图 2－10 中更清楚地看出。

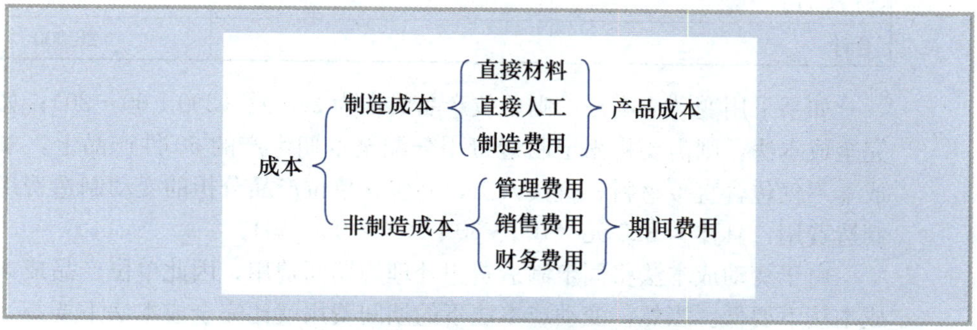

图 2－9　完全成本法下成本的构成

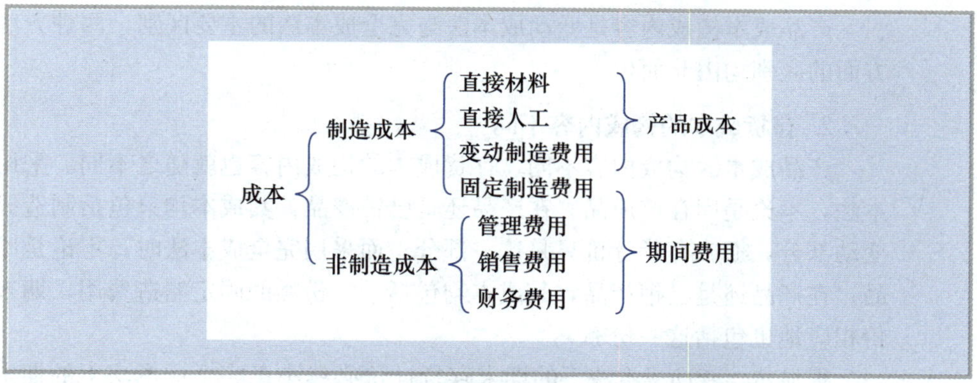

图 2－10　变动成本法下成本的构成

现举例说明两种成本法下产品成本计算的差异。

例 2－6①

设某企业月初没有在产品和产成品存货。当月共生产某种产品 50 件，销售 40 件，月末结存 10 件。该产品的制造成本资料和企业的非制造成本资料如表 2－8 所示。

表 2－8　成本资料表　　单位：元

成本项目	单位产品项目成本	项目总成本
直接材料	200	10 000
直接人工	60	3 000

① 模拟实验参见：马元驹，李百兴．管理会计学模拟实验教程．3 版．北京：中国人民大学出版社，2016：40.

续表

成本项目	单位产品项目成本	项目总成本
变动制造费用	20	1 000
固定制造费用		2 000
管理费用		3 000
销售费用		2 500
财务费用		1 500
合计		23 000

如果采用变动成本法，则单位产品成本为 280 元（200＋60＋20）；如果采用完全成本法，则需要将固定制造费用分配至本期生产的 50 件产品上，单位产品成本不仅包含直接材料、直接人工，还包含单位产品分担的变动制造费用和固定制造费用，具体为 320 元（200＋60＋20＋2 000/50）。

由于变动成本法将固定制造费用处理为期间费用，因此单位产品成本比完全成本法下要低。当然，变动成本法下的期间费用就比完全成本法下要高。变动成本法下的期间费用为 9 000 元（2 000＋3 000＋2 500＋1 500），而完全成本法下为 7 000 元（3 000＋2 500＋1 500）。

产品成本构成内容是变动成本法与完全成本法的主要区别，两种方法在其他方面的区别均由此而生。

2. 存货成本的构成内容不同

产品成本的构成内容不同，存货成本的构成内容也就随之不同。采用变动成本法，不论是库存产成品、在产品还是已销产品，其成本均只包括制造成本中的变动部分，期末存货计价只是这一部分。而采用完全成本法时，不论是库存产成品、在产品还是已销产品，其成本均包括一定份额的固定制造费用，期末存货计价相应地也包括这一份额①。

很显然，变动成本法下的期末存货计价必然小于完全成本法下的期末存货计价。前例中如假设该月末无在产品，当按变动成本法计算时，期末存货的成本为 2 800 元（280×10）；而按完全成本法计算，期末存货的成本则为 3 200 元（320×10）。

产品成本和存货成本上的差异又会对损益的计算产生影响。

3. 各期损益不同

从期间损益来看，变动成本法将固定制造费用计入期间费用，抵减当期损益。而完全成本法将固定制造费用计入产品成本，只有产品销售时才会随产品的其他成本项目（直接材料、直接人工）一并结转至当期损益。这意味着变动成本法与完全成本法对各期损益的影响的关键在于当期生产的产品是否销售完毕，即产销是否平衡。

---

① 在会计实务中，期末在产品计价也有不计算制造费用而只计算材料成本的情况，但这只是一种变通或者简便的做法，从均衡滚动的角度讲，也等于全部计算了。

在适时制（just-in-time）生产模式下，产销基本平衡，每期以销售量定产量，则企业当期没有存货。那么，在完全成本法下与产品生产有关的全部成本（变动成本加固定成本）会作为产品的销售成本结转出去，此类情形如果换成变动成本法核算，则产品的全部成本也就是变动成本会随着产品销售完毕结转出去，与产品相关的固定制造费用计入期间费用。所以，在产销平衡时，两种方法的期间损益相同，不同的只是固定制造费用列入产品销售成本还是列入期间费用。

当产销不平衡时，将出现两类情形：其一是当期产量大于销售量，形成当期新增库存；其二是当期产量小于销售量，需要调动期初库存来满足当期销售[①]。以下将通过实例逐一分析这两类产品产销不平衡情形下变动成本法与完全成本法形成的期间损益的差异。

例 2-7

承例 2-6，假设每件产品售价为 500 元；销售费用中有变动费用，为 20 元/件。当分别采用变动成本法和完全成本法时，所计算出的当期税前利润如表 2-9 所示。

表 2-9　变动成本法和完全成本法的比较　　单位：元

项目	变动成本法	完全成本法
销售收入（40×500）	20 000	20 000
销售成本	11 200 （40×280）	12 800 （40×320）
制造贡献毛益	8 800	7 200
管理费用		3 000
销售费用		2 500
变动销售费用（40×20）	800	
财务费用		1 500
营业贡献毛益	8 000	
固定成本		
固定制造费用	2 000	
管理费用、财务费用、固定销售费用	6 200	
小计	8 200	
税前利润	−200	200

从表 2-9 可以看出，不同成本计算法下所计算出的税前利润不同。采用变动成本法时为−200 元（亏损），采用完全成本法时则为 200 元（盈利），相差 400 元。这 400 元正是完全成本法所确认的应由期末存货负担的固定制造费用部

① 当有期初存货时，当期产量大于销售量会涉及是优先发出本期生产的产品还是优先发出期初存货，即存货发出计价方法的问题，并导致变动成本法与完全成本法的损益产生差异。为简化分析，本节各例题或者不考虑期初存货，或者涉及此问题时假定采用后进先出法发出产品。

分（2 000/50×10），而在变动成本法下，这400元全部作为期间费用计入当期损益。这400元在完全成本法下被视为“一种可以在将来换取收益的资产”列入资产负债表，在变动成本法下则被视为费用列入利润表。所以，上例中假设企业期初没有存货，且产量大于销售量，此时变动成本法与完全成本法计算得到的损益差别就是当期生产但未销售出去的产品所应负担的固定制造费用。

然而，在销售旺季，企业可能在某个会计期间出现销售量大于产量的情况，即销售了以前会计期间生产而未销售的产品。这时将对变动成本法与完全成本法下的损益产生什么影响？

例2-8

甲企业从事单一产品生产，连续3年的产量均为600件，3年的销售量分别为600件、500件和700件。单位产品售价为150元。管理费用与销售费用年度总额为20 000元，且全部为固定成本。

相关计算数据如下：单位产品变动成本（包括直接材料、直接人工和变动制造费用）为80元；固定制造费用为12 000元，完全成本法下每件产品分摊20元（12 000/600）。

根据上述资料，当分别采用变动成本法和完全成本法时，所计算的税前利润如表2-10所示。

表2-10 变动成本法和完全成本法的比较 单位：元

项目	第1年	第2年	第3年	合计
销售量	600	500	700	
产量	600	600	600	
变动成本法下				
销售收入	90 000	75 000	105 000	270 000
销售成本	48 000	40 000	56 000	144 000
制造贡献毛益	42 000	35 000	49 000	126 000
固定成本				
固定制造费用	12 000	12 000	12 000	36 000
管理费用、销售费用、财务费用	20 000	20 000	20 000	60 000
小计	32 000	32 000	32 000	96 000
税前利润	10 000	3 000	17 000	30 000
完全成本法下				
销售收入	90 000	75 000	105 000	270 000
销售成本	60 000	50 000	70 000	180 000
销售毛利	30 000	25 000	35 000	90 000
管理费用、销售费用、财务费用	20 000	20 000	20 000	60 000
税前利润	10 000	5 000	15 000	30 000

注：假定第1年无期初存货。

从表 2－10 可以看出由产量与销售量的不平衡导致的两种成本法下税前利润的变化规律。

第 1 年，由于产量等于销售量（均为 600 件），因此两种成本法下的税前利润均为 10 000 元。这是因为固定制造费用不论是作为期间费用（变动成本法下），还是作为产品成本（完全成本法下），都计入当年损益。

第 2 年，由于产量（600 件）大于销售量（500 件），因此按变动成本法计算的税前利润比按完全成本法计算的税前利润少 2 000 元。这是因为在变动成本法下，全部固定制造费用（12 000 元）均计入当年损益；而在完全成本法下，只将已销售的产品所负担的固定制造费用 10 000 元（12 000/600×500）计入当年损益，余下的 2 000 元固定制造费用则作为存货成本的一部分列入资产负债表。

第 3 年，情况与第 2 年正好相反，由于产量（600 件）小于销售量（700 件），因此按变动成本法计算的税前利润比按完全成本法计算的税前利润多 2 000 元。这是因为变动成本法下计入第 3 年损益的固定制造费用仍为 12 000 元；而在完全成本法下，第 2 年年末存货成本中的 2 000 元固定制造费用随着存货的销售计入第 3 年的销售成本中，从而导致税前利润少了 2 000 元。对于第 3 年产量小于销售量的情形，变动成本法与完全成本法产生的期间损益差别是本期销售的期初存货中包含的固定制造费用。

从表 2－10 中的“合计”一栏可以看出，两种成本法下税前利润的 3 年合计数是相同的。从较长时期来看，各期产量与销售量总体是平衡的，两种成本法下税前利润的差异是可以相互抵消的。

例 2－9

仍假设甲企业从事单一产品生产，连续 3 年的销售量均为 600 件，3 年的产量分别为 600 件、700 件和 500 件。其他条件与前例相同。

在变动成本法下，单位产品成本仍为 80 元。但在完全成本法下，由于各期产量变了，因此单位产品所负担的固定制造费用也就变了。具体来说，第 1 年的单位产品成本为 100 元（80＋12 000/600）；第 2 年的单位产品成本为 97.14 元（80＋12 000/700）；第 3 年的单位产品成本则为 104 元（80＋12 000/500）。

根据以上资料，当分别采用变动成本法和完全成本法时，所计算出的税前利润如表 2－11 所示。

表 2－11　变动成本法和完全成本法的比较　　单位：元

项目	第 1 年	第 2 年	第 3 年	合计
销售量	600	600	600	
产量	600	700	500	
变动成本法下				
销售收入	90 000	90 000	90 000	270 000
销售成本	48 000	48 000	48 000	144 000
制造贡献毛益	42 000	42 000	42 000	126 000

续表

项目	第 1 年	第 2 年	第 3 年	合计
固定成本				
固定制造费用	12 000	12 000	12 000	36 000
管理费用、销售费用、财务费用	20 000	20 000	20 000	60 000
小计	32 000	32 000	32 000	96 000
税前利润	10 000	10 000	10 000	30 000
完全成本法下				
销售收入	90 000	90 000	90 000	270 000
销售成本	60 000	58 286	61 714	179 998
销售毛利	30 000	31 714	28 286	90 002
管理费用、销售费用、财务费用	20 000	20 000	20 000	60 000
税前利润	10 000	11 714	8 286	30 002

从表 2-11 可以看出：

（1）由于各年的销售量相同，在销售价格、单位变动成本和固定成本等条件也不变的情况下，按变动成本法计算的各年税前利润相等，均为 10 000 元。在变动成本法下，各年的固定制造费用（12 000 元）不受产量波动的影响，均直接计入期间损益。

完全成本法与变动成本法的损益比较 1：假设不考虑期初存货

完全成本法与变动成本法的损益比较 2：假设考虑期初存货

（2）由于各年产量不同，按完全成本法计算时，需要将固定制造费用在各年按产量分摊，导致每年的单位产品成本不同，即使销售量一样，结转的产品销售成本也不同，这是完全成本法下各年税前利润差异的主要原因。例如，第 2 年的产量在 3 年中最高（700 件），单位产品成本最小。同时该年产量大于销售量（600 件），期末产成品存货（100 件）负担了相应份额的固定制造费用 1 714 元（12 000/700×100），从而使得第 2 年的税前利润比变动成本法下增加了 1 714 元。第 3 年的情况则正好相反，由于第 3 年的销售成本中不仅包括当年生产产品的全部成本，还包括销售年初存货而结转到本期的固定制造费用，所以第 3 年的税前利润比变动成本法下减少了 1 714 元。

综上所述，变动成本法与完全成本法对各期损益计算的影响①，依照产量与销售量之间的关系，可以归纳为以下三种情况：

（1）产量等于销售量时，两种成本法下计算的损益相同。表 2-10 与表 2-11 中的第 1 年就属于这种情况。在这种情况下，固定制造费用是作为期间费用还是作为产品成本的一部分，对损益结果没有影响，因为它已全额计入当期损益。

（2）产量大于销售量时，按变动成本法计算的损益小于按完全成本法计算的

① 为简化分析，本节假定采用后进先出法发出产品，以此为基础比较变动成本法与完全成本法的损益差异。

损益。这是因为固定制造费用在变动成本法下全部列作当年的成本；而在完全成本法下，产量超过销售量形成的期末存货所负担的固定制造费用列作当年的资产（即期末存货成本的一部分），没有计入当期损益。二者的差异就在于当期生产但未销售出去的产品分摊的固定制造费用。表 2-10 与表 2-11 中的第 2 年就属于这种情况。

（3）产量小于销售量时，按变动成本法计算的损益大于按完全成本法计算的损益。二者的差异如前所述，在于本期销售的期初存货中包含的固定制造费用。表 2-10 与表 2-11 中的第 3 年就属于这种情况。

比较完全成本法和变动成本法形成的损益差异，其实也是在比较财务会计（或成本会计）核算出来的完整的产品成本同管理会计视角下计算出来的产品成本（变动成本习性）的差异以及对资产负债表上的存货价值和利润表上的利润带来的不同影响。

2.3.3　变动成本法与完全成本法的特点及其评价

变动成本法和完全成本法的根本区别在于如何看待固定制造费用，从而决定了两种成本计算方法各自的特点。以此为线索，通过对比变动成本法与完全成本法，可以进一步认识这两种方法的优点和不足。

1. 变动成本法的特点与评价

变动成本法能在管理会计实践中获得应用，一个关键的原因是以成本性态的分解为基础，由此延伸出如下特点：

（1）以成本性态分析为基础计算产品成本。变动成本法将产品的制造费用按成本性态划分为变动制造费用和固定制造费用两部分，认为只有变动制造费用才与产品制造决策相关，应构成产品成本，在产品销售收入中获得补偿；而固定制造费用是短期内经营决策无法改变的成本，与产品的销售量无关，只与企业是否生产有关，因此不应列为产品制造成本，而是作为期间费用处理。或者说，变动成本法认为固定制造费用属于为取得收益而丧失的资产。

（2）强调销售环节对企业利润的贡献。变动成本法将固定制造费用作为期间费用，产品只包含变动成本，这使得存货部分不再负担固定制造费用。于是，当销售品种构成、销售价格、单位变动成本不变时，企业利润将只随销售数量的变化而变化，销售量大则利润高，这导致变动成本法下的经营损益对销售量的变化更为敏感。这一点在买方市场中（即供应量大于需求量的环境）对企业经营有指导意义。

（3）变动成本法是管理会计开展本-量-利分析的基础。产品销售收入与产品成本（变动成本）的差量对应管理会计的一个重要概念——贡献毛益，因此变动成本法提供的信息可以直接应用于企业的经营决策分析，促使企业关注成本性态对利润的影响。

由此可见，变动成本法提供的损益信息、贡献毛益信息对销售量变化更敏感，促使企业在经营决策中更重视销售环节，将注意力更多地集中在分析市场动态、开拓销售渠道、搞好售后服务方面，符合竞争市场环境下企业经营决策的要求。

此外，变动成本法将固定制造费用全部作为期间费用，省去了固定制造费用的分摊工作，避免了分摊中的主观随意性。

当然，变动成本法也有一定局限性，主要表现在：

（1）按变动成本法计算的产品成本不符合会计准则和税法的有关要求。

（2）按成本性态确定产品成本构成，在很大程度上依赖成本按性态分解的合理性与可靠性。

2. 完全成本法的特点与评价

与变动成本法相比，完全成本法最主要的特点是不区分成本的性态，产品成本既包含变动成本部分，也包含固定制造费用。因此，完全成本法有如下特点：

（1）强调固定制造费用和变动制造费用在成本补偿方式上的一致性。完全成本法认为，只要是与产品生产有关的耗费，均应从产品销售收入中得到补偿，固定制造费用不应被人为地区别对待。

（2）强调生产环节对企业利润的贡献。如例 2-6 至例 2-9 的分析所示，完全成本法提供的损益信息是产量大则利润高，这是因为产量大会摊薄固定制造费用，客观上有刺激产量扩张的作用。

当然，完全成本法符合公认的会计准则的要求，即成本核算应当反映企业全部的资源耗费。固定制造费用作为制造环节的关键消耗，应该按照相关性原则和权责发生制完整、及时、准确地计入产品成本。所以，以完全成本法核算的成本可以直接用于对外报告，弥补了变动成本法只能满足对内决策需要的不足。

因此，在评价和应用完全成本法和变动成本法时，应注意和强调成本信息决策有用性的差异（如不同市场环境下，管理的目的不同；不同利益主体，其考核角度不同），不能简单处理。

2.4 决策用途的成本概念及其分类

与财务会计相比，管理会计所应用的成本概念不局限于财务会计的成本范围，还涉及经营决策采用的各项成本概念。

2.4 即测即评

1. 机会成本

企业在进行经营决策时需要比较不同备选方案经济效益的大小，然后进行最优化选择。企业从多个备选方案中选择一个最优方案，而放弃其余方案的最大潜在收益就称为已选中方案的机会成本。

机会成本是一类典型的决策相关成本。它与财务会计的成本概念存在明显的不同：机会成本只是被放弃方案的潜在收益，是在决策时通过预测和评估得到的，并非企业的实际支出。自然，机会成本不能据以登记入账。应用机会成本进行决策意味着选择一个给定方案时，应考虑其余备选方案的潜在收益，进行全面比较、评价。

将机会成本运用到决策中的常见方法是考虑一项备选方案，将备选方案的收益（做出选择的机会成本）与该项选择的收益加以比较，从而判断该项选择是否为优选。所以，运用机会成本的决策分析方法是差量分析法，即比较纳入决策的各项方案的收益。

例 2-10

某公司现有一空置的车间，既可以用于 A 产品的生产，也可以用于出租。如果用来生产 A 产品，其收入为 35 000 元，成本费用为 18 000 元，可获净利 17 000 元；用于出租则可获租金收入 12 000 元。在决策中，如果选择用于生产 A 产品，则必然放弃出租方案，本来可能获得的租金收入 12 000 元应作为生产 A 产品的机会成本，由生产的 A 产品负担。这时，我们可以得出正确的结论：生产 A 产品将比出租多获净利 5 000 元。

可见，机会成本产生于公司的某项资产的用途选择。具体来讲，如果一项资产只能用来实现某一职能而不能用于实现其他职能，就不会产生机会成本，如公司购买的一次还本付息债券，只能在到期时获得约定的收益，因而不会产生机会成本；如果一项资产可以同时用来实现若干职能，则可能产生机会成本，如公司购买的可转让债券，既可以持有到期获得约定收益，又可以在到期前转让以获得转让收益，从而产生机会成本。

2. 沉没成本与付现成本

管理会计依据决策相关性进一步将成本分为与决策相关的付现成本和与决策无关的沉没成本。付现成本是指现在或将来的决策能够改变其支出数额的成本。沉没成本是指已经发生的、无法由现在或将来的任何决策所改变的成本。

付现成本是决策必须考虑的重要影响因素，而沉没成本是对现在或将来的任何决策都无影响的成本，决策时不予考虑。

例 2-11

某企业有一台旧设备要提前报废，其原始成本为 10 000 元，已提折旧 8 000 元，折余净值为 2 000 元，这 2 000 元的折余净值就是沉没成本。假设处理这台旧设备有两个方案可以考虑：一是将旧设备直接出售，可获得变价收入 500 元；二是经修理后再出售，需支出修理费用 1 000 元，但可获得 1 800 元。

在进行决策时，由于旧设备折余净值 2 000 元属于已经支出且无法收回的沉没成本，因此不予考虑，只需将这两个方案的收入加以比较。直接出售可得收入 500 元，而修理后出售可得净收入 800 元（1 800－1 000），显然，采用第二个方案比采用第一个方案可多得 300 元（800－500）。所以，应将旧设备修理后再出售。

可见，沉没成本是企业在以前经营活动中已经支付现金，而在现在或将来经营期间摊入成本费用的支出，如固定资产、无形资产、递延资产等均属于企业的沉没成本。

例 2－12

某企业计划进行A产品的生产。现有甲设备一台，原始价值为50 000元，已提折旧35 000元，折余净值为15 000元。生产A产品时，还需对甲设备进行技术改造，为此需追加支出10 000元。假设市场上有乙设备出售，其性能与改造后的甲设备相同，售价为20 000元。此外，也可以考虑在买新设备的同时将旧设备以12 000元的价格变卖。

在是否改造旧设备的决策中，如果简单地用旧设备的折余净值及追加支出之和（25 000元）与新设备买价（20 000元）进行比较，就会做出错误的选择：选择购买新设备将比改造旧设备节约支出5 000元。旧设备的折余净值属于沉没成本，不影响我们的决策，所以在不考虑旧设备变卖机会的情形下，正确的决策应该是：将改造旧设备的付现成本10 000元与购买新设备的20 000元进行比较，选择改造旧设备将比购买新设备节约支出10 000元。当然，如果在买新设备的同时可以将旧设备以12 000元的价格变卖，那么正确的决策应该是：将改造旧设备的成本10 000元及变卖旧设备的收入12 000元（机会成本）之和与购买新设备的价款20 000元比较，从而做出正确的选择：改造旧设备将比购买新设备多支出2 000元，应选择购买新设备。

3. 专属成本与联合成本

固定成本可以依据决策的相关性进一步分为与决策相关的专属成本和与决策无关的联合成本。

专属成本是指可以明确归属于企业生产的某种产品或某个部门的固定成本。没有这些产品或部门，就不会发生这些成本，所以专属成本是与特定产品或部门相联系的固定成本。例如，专门生产某种产品的专用设备折旧费、保险费等。专属成本是特定产品或部门决策时需要考虑的成本。

联合成本是指为多种产品的生产或多个部门的设置而发生的，应由这些产品或这些部门共同负担的成本。例如，在企业生产过程中，几种产品共同承担的设备折旧费、辅助车间成本等都属于联合成本。

有关专属成本与联合成本的决策分析，详见第5章。

4. 边际成本

企业在决策中对决策相关成本进行分析的重要方法是边际成本法，具体是运用微观经济学中边际的概念，对成本总额计算边际成本。从理论上讲，边际成本是指业务量每变动1个单位所引起成本的变化。

已知成本函数时，边际成本可以通过一阶微分计算得到，从而令成本分析不再囿于具体的数据，形成更具有一般性的分析结论。

例 2－13

某企业每增加1个单位产量的生产引起的总成本的变化及追加成本的变化如表2－12所示。

表 2-12　基础数据表

产量（件）	总成本（元）	边际成本（元）
100	800	—
101	802	2
102	804	2
103	806	2
104	808	2
105	918	110
106	920	2
107	922	2

由表 2-12 可以看出，产量每增加 1 个单位，边际成本并不总是一个固定的数值。当产量从 100 件递增至 104 件时，每增加 1 个单位产量的边际成本为 2 元，但从 104 件增到 105 件时，增加 1 个单位产量的边际成本就上升为 110 元，接着总成本又以每增加 1 个单位产量边际成本为 2 元的趋势变化。这是因为当产量从 100 件增加到 104 件时，仍在相关范围内，固定成本不随产量变化，只是变动成本随产量发生变化；而当产量从 104 件增加到 105 件时，边际成本上升为 110 元，这表明第 105 件产品已超出了原来的相关范围，要达到这个产量需增加固定成本。在这之后，边际成本又以一个固定的数值（2 元），在新的相关范围内随着单位产量的增加而增加。

由此看来，边际成本和变动成本是有区别的，变动成本反映的是增加单位产量所追加成本的平均变动额，而边际成本是每增加 1 个单位产量所追加的成本的实际数额。所以，只有在相关范围内，增加 1 个单位产量的单位变动成本才能和边际成本相一致。

5. 相关成本与无关成本

企业在进行经营决策时，可供选择的多种方案中涉及各种成本，有些与方案选择有关，有些则无关。

相关成本是对决策有影响的各种形式的未来成本，如机会成本、边际成本、付现成本、专属成本、差量成本、酌量性成本等。

那些对决策没有影响的成本，称为无关成本。这类成本过去已经发生，或对未来决策没有影响，因而在决策时不予考虑，如沉没成本、联合成本、约束性成本等。

需要指出的是，某项成本到底属于相关成本还是无关成本，必须结合具体的决策而论，抛开决策内容而论成本的相关性是没有意义的。举例来说，假设一艘货船不幸沉入海底，当决策内容为应购买一条多大吨位、哪里生产、以什么作为燃料的货船时，沉船的公允市价当然是无关成本，但当决策内容为是否将沉船打捞上来时，沉船的公允市价当然就是相关成本，人们至少会将其与打捞费用进行比较。

思考题

1. 管理会计对成本是如何分类的？各种分类的主要目的是什么？
2. 按性态划分，成本可以分为几类？各自的含义、构成和相关范围是什么？
3. 混合成本的分解方法有几种？相互之间的区别和各自的优缺点是什么？
4. 什么是付现成本和沉没成本？该分类有什么作用？
5. 什么是机会成本？它的意义是什么？
6. 边际成本和变动成本的含义及其区别是什么？
7. 相关成本与无关成本的划分依据是什么？如何理解“相关成本与无关成本的区分并不是绝对的”？
8. 请阐述变动成本法和完全成本法的内涵、适用范围和对企业的影响。

练习题

1. 已知 A 企业从事单一产品的生产，连续 3 年销售量均为 1 000 件，3 年产量分别为 1 000 件、1 200 件和 800 件。单位产品售价为 200 元/件；管理费用和销售费用均为固定费用，这两项费用各年总额均为 50 000 元；单位产品变动成本（包括直接材料、直接人工、变动制造费用）为 90 元；固定制造费用为 20 000 元。

要求：

(1) 根据上述资料，不考虑销售过程中的税金，分别采用变动成本法和完全成本法计算各年税前利润。

(2) 根据计算结果，简单分析完全成本法与变动成本法对损益计算的影响。

2. 某公司生产一种产品，2×22 年和 2×23 年的有关资料如表 2-13 所示。

表 2-13 基础数据表

项目	2×22 年	2×23 年
销售收入（元）	1 000	1 500
产量（吨）	300	200
年初产成品存货数量（吨）	0	100
年末产成品存货数量（吨）	100	0
固定制造费用（元）	600	600
管理费用、销售费用（全部固定）（元）	150	150
单位变动成本（元）	1.8	1.8

要求：

(1) 采用完全成本法为该公司编制这两年的比较利润表，并说明为什么销售增加 50%，税前利润反而大幅减少。

(2) 采用变动成本法根据相同的资料编制比较利润表，并将它同 (1) 中的比较利润表进行比较，指出哪一种成本法重视生产，哪一种成本法重视销售。

3. A 企业生产单一产品，2×23 年各月的电费与产量的有关数据如表 2-14 所示。

表 2-14　基础数据表

项目	产量（件）	电费（元）
1	1 200	5 000
2	900	4 250
3	1 350	5 625
4	1 500	5 625
5	1 200	5 375
6	1 650	6 875
7	1 500	6 150
8	1 500	6 300
9	1 350	5 800
10	1 050	4 875
11	1 800	7 200
12	1 800	7 250

要求： 试采用高低点法对电费这一混合成本进行分解。

4. ①2×23 年 3 月 12 日，某医药工业公司财务科长根据本公司各企业的会计年报及有关文字说明，写了一份公司年度经济效益分析报告送交经理室。经理对报告中提到的一个现象颇为困惑：专门生产输液原料的甲制药厂 2×21 年产销不景气，库存大量积压，贷款不断增加，资金频频告急。2×22 年该厂积极努力，一方面适当生产，另一方面想方设法广开渠道，扩大销售，减少库存，但报表上反映的 2×22 年的利润与 2×21 年相比却下降了。公司财务科长也觉得有问题，于是他对甲制药厂交上来的有关报表和财务报表分析报告进行进一步的研究。甲制药厂的有关资料如表 2-15 所示。

表 2-15　利润表

金额单位：元
数量单位：瓶

项目	2×21 年	2×22 年
销售收入	1 855 000	2 597 000
减：销售成本	1 272 000	2 234 162

① 本案例改编自颉茂华老师网络公开的案例。

续表

项目	2×21年	2×22年
销售费用	85 000	108 000
净利润	498 000	254 838
库存资料		
在产品		
期初存货数	16 000	35 000
本期生产数	72 000	50 400
本期销售数	53 000	74 200
期末存货数	35 000	11 200
期末在产品		
单位售价	35	35
单位成本	24	30.11
材料	7	7
工资	4	5.71
燃料动力费	3	3
制造费用	10	14.40

工资和制造费用每年分别为288 000元和720 000元，销售采用后进先出法。该厂在分析其利润下降的原因时，认为这是生产能力没有充分利用、工资和制造费用等固定费用未能得到充分摊销所致。

要求：通过本案例的分析，回答以下问题：

（1）为什么甲制药厂2×21年产销不景气时核算的利润反而高于2×22年？

（2）如果你是公司财务科长，会得出什么结论？如何向经理解释？

第3章 本-量-利分析

Chapter 3

第3章思维导图

素养提升

1. 数据已成为数字经济时代的重要生产要素之一，并在我国国家层面形成了一系列有关充分激活数据要素生产力的政策。在数字经济时代，企业如何有效调动并综合运用数据同土地、劳动力、资本、技术生产要素对企业自身保持核心竞争力具有重要意义。

2. 以激活数据要素生产力为出发点，充分运用管理会计的量化分析工具，对企业关键数据开展专业化的加工处理，深入揭示企业价值创造能力的关键动因，以更好地运用到企业的经营管理中，同时也加速会计数据的流通。

学习目标

1. 了解本-量-利分析的基本假设及其意义。
2. 掌握本-量-利分析的相关概念与基本原理。
3. 掌握本-量-利分析的各种分析方法，并能在实践中加以应用。

企业经营决策的重要问题是基于战略建立和持续优化盈利模式。这需要一些专业化的方法论和具体的工具来刻画企业的盈利模式。在管理会计领域，经典的本-量-利分析（cost-volume-profit analysis，简称CVP分析）是通过构建企业盈利模型并进行量化分析的方式，揭示企业成本、业务量与利润之间的内在规律以及企业盈利的关键影响因素，从而为决策提供支持。

3.1 本-量-利分析的基本假设

3.1 即测即评

本-量-利分析与企业的盈利模式

企业在动态经营中面临的各类情况复杂多变，为对现实进行简化和概括，本-量-利分析提出一系列基本假设作为分析前提。

3.1.1 相关范围假设

本-量-利分析是在一定期间和一定业务量范围内建立企业盈利建模并进行相应分析，如果突破一定期间和一定业务量范围，那么已构建的盈利模型中既定的本-量-利关系不一定是成立的。这被称为本-量-利分析的相关范围假设，该假设包含期间假设和业务量假设。相关范围假设是后续其他假设的前提。

1. 期间假设

本章介绍的本-量-利分析在构建盈利模型当中的成本模型时，也同第2章一般将成本分为固定成本和变动成本。然而，如第2章所述，固定成本与单位变动成本只有在一定期间内才会保持不变；随着时间的推移，固定成本总额可能会发生变化，单位变动成本也可能会发生变化。所以，成本性态和以此为基础的本-量-利分析是基于一定期间展开的。同理，本-量-利分析在对收入建模时，收入曲线也可能会随着时间的推移而发生改变，如价格的改变或者产品自身的改变等，使得收入曲线也是在一定期间范围内保持不变。

2. 业务量假设

与期间假设同理，固定成本和变动成本的数量规律在一定业务量范围内才成立。当业务量发生较大变化时，成本性态有可能发生变化。所以，成本性态和以此为基础的本-量-利分析是基于一定业务量范围展开的。

3.1.2 模型线性假设

基于统计学的基本原理，当企业有足够多的期间和业务单元核算和收集其成本数据、业务量数据和利润数据时，利用这些数据组成的样本可以构建多元线性模型，进而估计企业的盈利模型①。基于这一原理，本-量-利分析可以假定模型是线性的，进而构建线性的企业盈利模型，并基于统计学规律保证线性的盈利建模对历史数据拟合具有较高的可信度。

给定利润=收入－成本，模型线性意味着盈利模型中的主要因素单位变动成本和固定成本将以给定参数的形式存在，即在一定期间、一定范围内是常数。

---

① 大数定律和中心极限定理等表明，样本观测足够多时可以遵从正态分布构建多元线性回归分析模型。

1. 固定成本与单位变动成本不变假设

固定成本总额不变假设是指在一定期间和一定业务量范围内固定成本总额表现为一条水平线，可以用常数 a 来表示。

单位变动成本不变假设意味着在一定期间和一定业务量范围内单位变动成本表现为一条水平线，或者说假设变动成本总额的曲线是一条从原点出发的直线，该直线的斜率就是单位变动成本。可以用常数 b 来表示单位变动成本，用 bx 来表示变动成本总额（x 为业务量）。

2. 销售价格不变假设

在本-量-利分析中，通常假设销售价格为常数，则销售收入曲线是一条从原点出发的直线，其斜率就是销售价格。用数学模型来表示就是销售收入 $= p \cdot x$（p 为销售价格，x 为销售量）。

3.1.3 产销平衡假设

给定以上假设，在相关范围内固定成本、单位变动成本和销售价格不变，本-量-利分析的核心是分析业务量作为驱动因素如何引起成本和利润的变化。而产量和销售量是两种指标，产销不平衡以及由此出现的存货问题会将分析引向一系列复杂的情形。为简化问题，基本的本-量-利分析假定产销平衡，即产量与销售量相等，在随后的分析中将产量与销售量简称产销量。现实中存在的产销不平衡情形和存货问题，都可以基于本-量-利分析的原理予以拓展分析。

3.1.4 品种结构不变假设

在企业生产和销售多品种产品的条件下，各种产品的获利能力一般会有所不同，有时差异还比较大；如果企业产销的产品品种结构发生较大变动，会对企业的利润产生较大的影响。为简化问题，本-量-利分析假设在生产和销售多品种产品的企业中，各种产品的销售收入在总收入中所占的比重不变。

3.1.5 本-量-利分析假设体系的内在关系

上述假设中，相关范围假设是最基本的假设，是本-量-利分析的前提；模型线性假设则是相关范围假设的延伸；产销平衡假设与品种结构不变假设是对模型线性假设的进一步补充；同时，品种结构不变假设又是多品种条件下产销平衡假设的前提条件。

上述各假设的背后都有一个共同的假设——成本性态可分，即企业的全部成本可以合理地分解为固定成本与变动成本，在此基础上构建企业的盈利模型，探索成本、利润同业务量的变化规律。

3.2 本-量-利分析的基本原理

3.2 即测即评

3.2.1 企业盈利模型

在财务会计中，利润是收入与成本、费用相抵后的余额，即

利润＝收入－成本－费用

管理会计将企业的成本、费用按照成本性态分解为变动成本和固定成本[①]，从而得到盈利模型如下：

利润＝收入－(变动成本＋固定成本)

从数量关系的角度看，利润是收入与变动成本、固定成本抵减的结果。在本-量-利分析的基本假设下，销售价格、固定成本和单位变动成本都是常数，影响利润的关键因素就是产销量。

为便于本-量-利分析相关内容的阐述，在此用 E 表示利润，s 表示销售收入，y 表示成本总额，x 表示业务量（如产量、销售量），p 表示销售价格，a 表示固定成本总额，b 表示单位变动成本，则企业的盈利模型为：

$$E=s-bx-a=px-bx-a=(p-b)x-a$$

如第 2 章所述，企业的收入仅抵减变动成本得到的毛利部分被定义为贡献毛益（CM），这一指标反映了企业盈利的中间过程。销售价格与单位变动成本抵减的结果被定义为单位贡献毛益（用 UCM 表示）。那么，企业的盈利模型可以进一步刻画与盈利中间过程有关的数量关系，即

$$CM=px-bx=(p-b)x=UCMx$$

借助贡献毛益的概念，本-量-利分析揭示了企业盈利的过程：首先，只有当产品销售价格高于单位变动成本（即单位贡献毛益为正）时，产品才有可能盈利。因此，产品盈利的一个先决条件是销售价格超过单位变动成本；其次，企业贡献毛益的规模要超过固定成本，企业整体才会盈利，这说明企业从获得贡献毛益到最终盈利，一方面取决于单位贡献毛益足够高和（或）销量足够大，另一方面取决于固定成本的水平得到有效控制。当无法满足以上条件时，企业就可能出现利润为零甚至为负的情况。本-量-利分析将利润为零的状态称为盈亏临界或者保本，详见下一节中的介绍。

$$E=(p-b)x-a=CM-a=UCM\cdot x-a$$

---

① 这两类成本并不是财务会计的核算账户，而是对已核算成本按照其性态进行的分解，这也是财务会计与管理会计区别的具体体现。

综合这些分析结论，企业的贡献毛益同销售收入的比例关系（$CM/(px)$）对企业评估自身的盈利能力有重要的参考价值，这一指标被定义为贡献毛益率（CMR）。贡献毛益率的计算可以从总额口径和单位口径计算，即

$$CMR=CM/(px)=UCM/p$$

3.2.2　盈亏临界点与安全边际

盈亏临界，顾名思义是利润为零的状态（也称保本状态）。盈亏临界点分析旨在探究何种业务量水平能够使得收入与成本相抵，帮助企业实现盈亏平衡或保本。对能够达到盈亏临界的业务量，本-量-利分析称之为盈亏临界点①。

1. 盈亏临界点的基本模型

假定企业只生产单一产品，利润可用如下公式计算：

利润＝销售收入－变动成本－固定成本

盈亏临界点就是使利润等于零的销售量或销售收入，即

销售收入＝变动成本＋固定成本

或　　销售量×销售价格＝销售量×单位变动成本＋固定成本

由此得到：

$$盈亏临界点销售量=\frac{固定成本}{销售价格-单位变动成本}$$

$$盈亏临界点销售收入=\frac{固定成本}{(销售价格-单位变动成本)/销售价格}=\frac{固定成本}{贡献毛益率}$$

这就是盈亏临界点的计算模型。用字母表示时，盈亏临界点的计算模型为：

$$x=\frac{a}{p-b}$$

式中，$p-b$ 为单位贡献毛益。

由上式可得盈亏临界点销售收入的计算公式：

$$px=a\cdot\frac{p}{p-b}$$

即　$$px=a\Big/\frac{p-b}{p}$$

① 盈亏临界点也称盈亏分歧点、保本点、两平点等。

式中，$\frac{p-b}{p}$ 为单位贡献毛益在销售价格中所占的比例，即贡献毛益率。

多产品下盈亏临界点分析

以上盈亏临界点主要基于单一产品的分析，当企业存在多种产品时，在产品品种结构不变的假设下，盈亏临界点的销售收入基于各种产品的加权平均贡献毛益率计算得到：

$$\text{多产品下企业总体的盈亏临界点销售收入}=\frac{\text{固定成本}}{\text{加权平均贡献毛益率}}$$

$$\text{加权平均贡献毛益率}=\sum\left(\begin{matrix}\text{每种产品的}\\\text{贡献毛益率}\end{matrix}\times\begin{matrix}\text{每种产品}\\\text{收入占比}\end{matrix}\right)$$

例 3-1①

某企业生产和销售单一产品，该产品的销售价格为 50 元，单位变动成本为 30 元，固定成本为 50 000 元。

（1）按销售量计算盈亏临界点。

$$x=\frac{50\ 000}{50-30}=2\ 500(\text{件})$$

（2）按金额计算盈亏临界点。

$$\text{贡献毛益率}=\frac{50-30}{50}\times100\%=40\%$$

盈亏临界点的销售收入为：

$$s=\frac{50\ 000}{40\%}=125\ 000(\text{元})$$

2. 盈亏临界图

盈亏临界图将盈亏临界点分析反映在直角坐标系中。与公式法相比，图示法更形象直观、简明易懂。

盈亏临界图将销售收入线、变动成本线、固定成本线以及总成本线分别在直角坐标系中绘制，从而表明盈亏临界点的形成过程以及影响盈亏的因素变化。

绘制方法如下：

（1）在直角坐标系中，以横轴表示销售量，以纵轴表示成本与销售收入。

（2）绘制变动成本线和固定成本线。固定成本线为一条与横轴平行的直线，其与纵轴的交点即为固定成本总额。变动成本线为从原点出发的一条直线，斜率是单位变动成本。

（3）绘制总成本线，将变动成本线向上平移至固定成本水平线，令变动成本线的起点与固定成本线的起点交汇。

① 模拟实验参见：马元驹，李百兴．管理会计学模拟实验教程．3 版．北京：中国人民大学出版社，2016：56.

(4) 绘制销售收入线。销售收入线为一条从原点出发的直线，斜率是销售价格。

上述总成本线与销售收入线的交点就是盈亏临界点。

例3-2

某企业生产和销售单一产品，销售价格为60元，正常销售量为3 000件，固定成本总额为50 000元，单位变动成本为35元。该企业的盈亏临界图如图3-1所示。

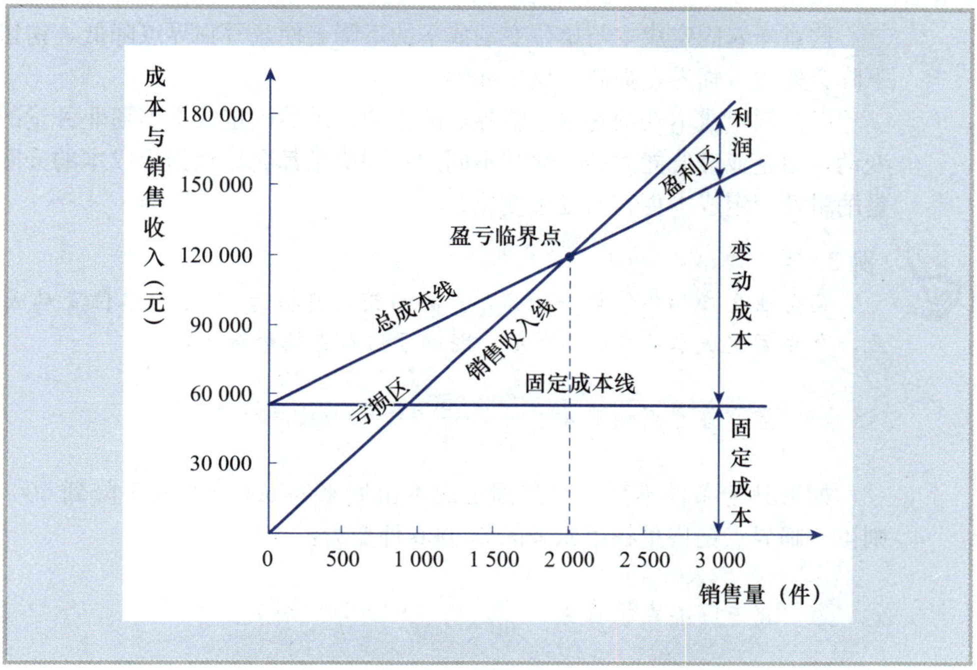

图3-1 盈亏临界图

图3-1直观形象地表明：

(1) 在固定成本、单位变动成本、销售价格不变的情况下，盈亏临界点是既定的。当销售量超过盈亏临界点时，销售量越多，实现的利润越多；当销售量低于盈亏临界点时，将形成亏损。

(2) 在总成本既定的情况下，盈亏临界点的位置随销售价格的变动反向变动：销售价格越高（坐标图中表现为销售收入线的斜率越大），盈亏临界点就越低；反之，盈亏临界点越高。

(3) 在销售价格、单位变动成本既定的情况下，盈亏临界点的位置随固定成本总额的变动同向变动：固定成本越高（坐标图中表现为总成本线与纵轴的交点越高），盈亏临界点就越高；反之，盈亏临界点越低。

(4) 在销售价格和固定成本总额既定的情况下，盈亏临界点的位置随单位变动成本的变动同向变动：单位变动成本越高（坐标图中表现为总成本线的斜率越大），盈亏临界点就越高；反之，盈亏临界点越低。

3. 相关因素变动对盈亏临界点的影响

在计算盈亏临界点时，曾假设固定成本、单位变动成本、销售价格以及产品品种结构等因素不变。而事实上，上述因素在企业经营过程中是经常变动的，并由此引起盈亏临界点的升降变动。采用图示法可以得到直观但比较粗略的分析，而采用公示推导的方法则可以得到准确且能够涵盖各种情形的一般性分析。

如前所述，在单一产品情形下，盈亏临界点（x）可以表示为：

$$x=a/(p-b)$$

这意味着固定成本与单位变动成本的下降会使盈亏临界点降低，销售价格的下降会使盈亏临界点提高；反之亦然。

（1）固定成本变动对盈亏临界点的影响。虽然固定成本不随业务量的变动而变动，但企业经营能力的变化和不同的管理决策都会导致固定成本的升降，特别是酌量性固定成本更容易发生变化。

例3-3

某企业生产和销售单一产品，产品的销售价格为60元，单位变动成本为40元，全年固定成本为600 000元，则盈亏临界点销售量为：

$$\text{盈亏临界点销售量}=\frac{600\ 000}{60-40}=30\ 000(\text{件})$$

如果其他条件不变，只是固定成本由原来的600 000元下降到500 000元，则盈亏临界点销售量将由原来的30 000件变为：

$$\text{盈亏临界点销售量}=\frac{500\ 000}{60-40}=25\ 000(\text{件})$$

可见，固定成本下降导致盈亏临界点临界值（销售量）降低。固定成本变动对盈亏临界点的影响如图3-2所示。

（2）单位变动成本变动对盈亏临界点的影响。

例3-4

某企业生产和销售单一产品，产品的销售价格为60元，单位变动成本为40元，全年固定成本为600 000元，其他条件不变，单位变动成本由原来的40元下降到35元，则盈亏临界点销售量由原来的30 000件（例3-3的结果）变为：

$$\text{盈亏临界点销售量}=\frac{600\ 000}{60-35}=24\ 000(\text{件})$$

单位变动成本变动对盈亏临界点的影响如图3-3所示。

图3-3显示，单位变动成本下降，导致变动后总成本线的斜率减小，盈亏临界点左移，亏损区减小而盈利区扩大。

（3）销售价格变动对盈亏临界点的影响。单位产品销售价格的变动对盈亏临界点的影响最为直接和明显。在一定的成本水平下，单位产品的销售价格越高，

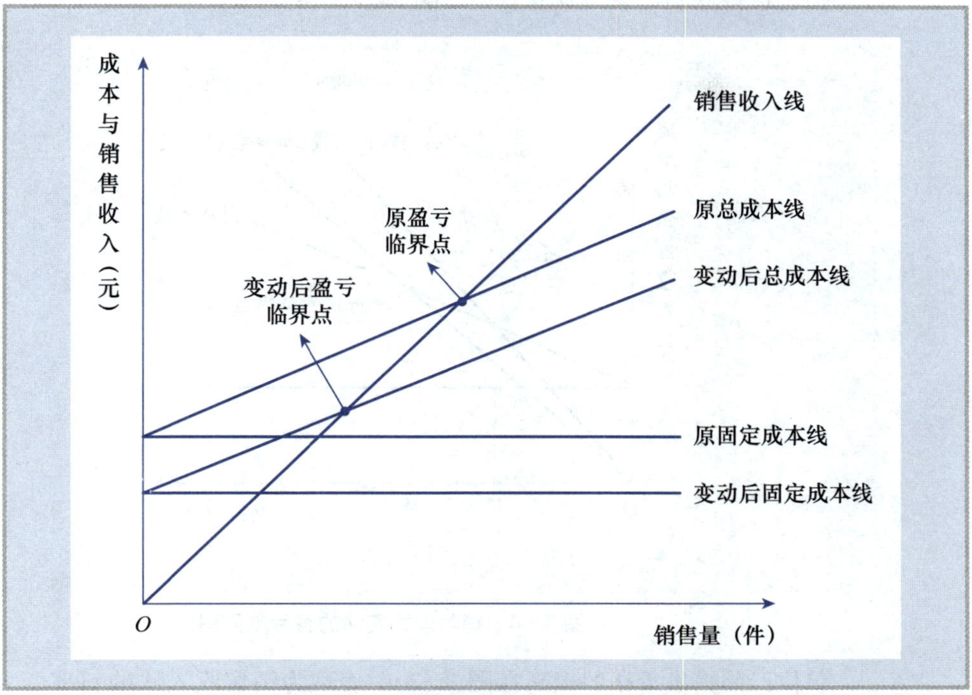

图 3-2 固定成本变动的盈亏临界图

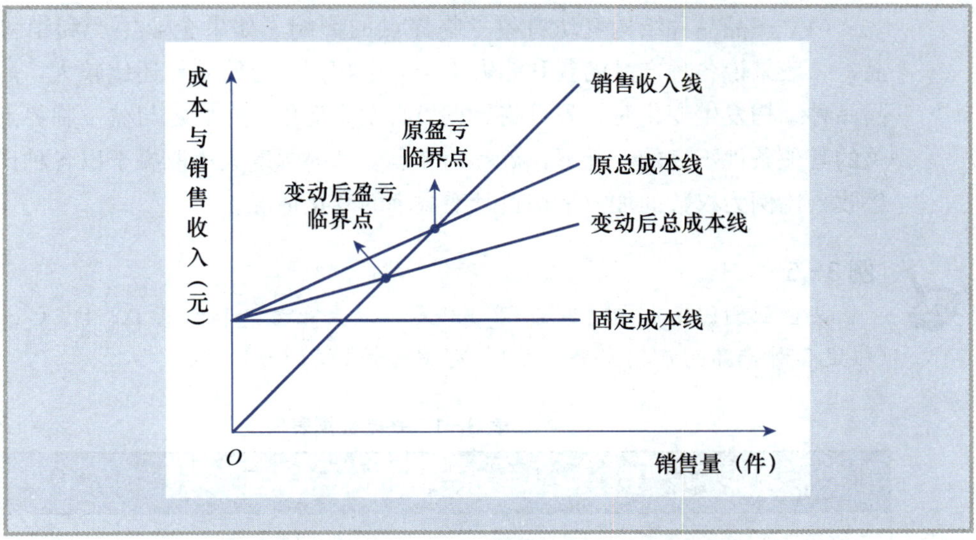

图 3-3 单位变动成本变动的盈亏临界图

盈亏临界点越小，同样销售量下实现的利润也就越高；反之，盈亏临界点越大，利润也就越低。如果例 3-3 中的其他条件不变，销售价格由原来的 60 元提高到 70 元，则盈亏临界点的销售量由原来的 30 000 件变为：

$$盈亏临界点销售量=\frac{600\ 000}{70-40}=20\ 000(件)$$

销售价格变动对盈亏临界点的影响如图3-4所示。

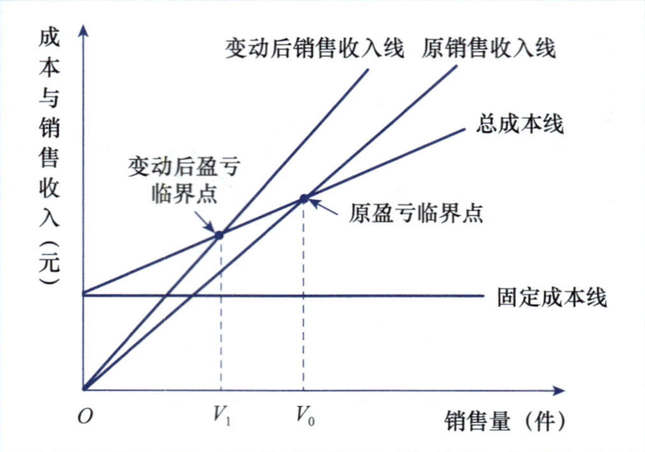

图3-4 销售价格变动的盈亏临界图

单位产品销售价格的提高在图3-4中表现为销售收入线的斜率变大，从而导致盈亏临界点左移（从V_0左移至V_1），使得V_1至V_0这一段由原来的亏损区变成了盈利区。

（4）产品品种结构变动对盈亏临界点的影响。如果企业生产和销售多种产品，一般来说各种产品的获利能力不会完全相同，有时差异还比较大，所以当产品品种结构发生变化时，盈亏临界点势必发生变化。在假定与盈亏临界点计算有关的其他条件不变的情况下，盈亏临界点变动的幅度大小取决于以各种产品的销售收入比例为权数的加权平均贡献毛益率的变化情况。

例3-5

某企业的固定成本总额为62 000元，该企业生产和销售A、B、C三种产品（假定各种产品的产销完全一致），有关资料如表3-1所示。

表3-1 基础数据表

项目	A产品	B产品	C产品
销售量（件）	5 600	4 200	2 800
销售价格（元）	25	20	20
单位变动成本（元）	20	14	8

根据表3-1中的数据资料计算的A、B、C三种产品的品种结构及其贡献毛益率如表3-2所示。

表 3-2 分析计算表

产品	销售量（件）①	销售价格（元）②	单位变动成本（元）③	销售收入（元）④=①×②	占总收入的百分比（%）⑤=④/∑④	贡献毛益（元）⑥=①×(②-③)	贡献毛益率（%）⑦=⑥/④
A	5 600	25	20	140 000	50	28 000	20
B	4 200	20	14	84 000	30	25 200	30
C	2 800	20	8	56 000	20	33 600	60
合计				280 000	100	86 800	

以各种产品的销售收入占总收入的比例（即产品的品种结构）为权数，计算该企业产品的加权平均贡献毛益率如下：

$$加权平均贡献毛益率=50\%\times20\%+30\%\times30\%+20\%\times60\%=31\%$$

根据加权平均贡献毛益率可以计算出该企业全部产品盈亏临界点的销售收入，即

$$\begin{aligned}盈亏临界点销售收入&=\frac{固定成本}{加权平均贡献毛益率}\\&=\frac{62\ 000}{31\%}=200\ 000(元)\end{aligned}$$

在既定的品种结构条件下，当销售收入为 200 000 元时，企业处于不盈不亏的状态。设 A 产品的销售量为 x 件，B、C 两种产品按品种结构既有比例销售时，企业可以达到不盈不亏状态，则有

$$5x+6\times\frac{4\ 200}{5\ 600}x+12\times\frac{2\ 800}{5\ 600}x=62\ 000$$

$$x=4\ 000(件)$$

也就是说，当 A 产品销售 4 000 件，B 产品销售 3 000 件 $\left(4\ 000\times\dfrac{4\ 200}{5\ 600}\right)$，C 产品销售 2 000 件 $\left(4\ 000\times\dfrac{2\ 800}{5\ 600}\right)$ 时，企业处于不盈不亏状态。

当产品的品种结构发生变化时，势必改变全部产品的加权平均贡献毛益率，企业的盈亏临界点也会相应发生变化。假定例 3-5 中的其他条件不变，只是企业产品的品种结构由原来的 50∶30∶20 变为 40∶30∶30，则加权平均贡献毛益率由原来的 31%变为 35%（40%×20%+30%×30%+30%×60%），在该加权平均贡献毛益率下的企业全部产品盈亏临界点的销售收入为：

$$盈亏临界点销售收入=\frac{62\ 000}{35\%}=177\ 142.86(元)$$

可见，由于产品的品种结构变了，盈亏临界点也变了。在A、B、C三种产品中，C产品的贡献毛益率最高（60%），B产品次之（30%），A产品最低（20%）。在上述产品品种结构的变动中，贡献毛益率最低的A产品的比重有所下降（由50%降到40%），而贡献毛益率最高的C产品的比重有所上升（由20%升到30%），所以全部产品的加权平均贡献毛益率有所提高，盈亏临界点也就相应地降低了。提高贡献毛益率较高的产品在品种结构中的比重，从结果上看与提高产品的销售价格有相似之处（如图3-4所示）。

对于相关因素变动对盈亏临界点的影响，还有两点需要注意：

（1）在该问题的论述中，为了简化说明和突出一致性，举例中的因素变动均为积极性变动，即会导致盈亏临界点降低。

（2）在进行盈亏临界点分析时，遵循本-量-利分析的基本假设，假定企业产销平衡，而事实上很难实现产销平衡。如第2章所述，产销不平衡是导致变动成本法与完全成本法存在损益差异的原因。产销不平衡因素对盈亏临界点的影响也可以通过类似的原理予以扩展。

4. 盈亏临界点作业率

盈亏临界点销售量（销售收入）是一种绝对水平，企业需要比较分析当前的销售量与盈亏临界点销售量，从而了解企业当前销售状况与盈亏临界点的差距。为此，形成一个新的概念和分析指标，即盈亏临界点作业率，定义为盈亏临界点销售量占企业正常销售量的百分比。盈亏临界点作业率，也称保本作业率。所谓正常销售量，是指在正常市场环境和企业正常开工情况下产品的销售量。盈亏临界点作业率的计算公式如下：

$$盈亏临界点作业率=\frac{盈亏临界点销售量}{正常销售量}\times 100\%$$

企业通常按照正常的销售量来安排产品的生产，产品产量与正常的销售量至多只相差一个合理库存。所以，盈亏临界点作业率还可以表示企业在保本状态下生产能力的利用程度。

假定企业正常的销售量为4 500件，盈亏临界点作业率为56%，则该企业的作业率只有达到56%以上才能盈利，否则就会亏损。

5. 安全边际

与盈亏临界点相对应的一个概念是安全边际。所谓安全边际，是指正常销售量或者现有销售量超过盈亏临界点销售量的差额。这一差额表明企业的销售量在超越了盈亏临界点销售量之后，有多大的盈利空间；或者说，现有的销售量降低多少就会发生亏损。从这个意义上说，安全边际是从相反的角度来研究盈亏临界点问题。

$$安全边际=正常销售量-盈亏临界点销售量$$

$$安全边际销售收入=正常销售收入-盈亏临界点销售收入$$

盈亏临界点下的销售量只能让企业保本，安全边际的意义在于反映企业当前

的销售量是否可以让企业保本以及企业整体的盈利能力如何。所以，只有存在安全边际才能形成企业的盈利或亏损，即

安全边际×单位贡献毛益=利润

这说明单位贡献毛益（$p-b$）与安全边际是企业从保本到盈利的主要原因：产品的单位贡献毛益越大，销售量超过盈亏临界点的部分越多，企业的盈利就越多，经营也就越安全。

以此类推，

安全边际销售收入×贡献毛益率=利润

给定销售价格与单位变动成本，贡献毛益率是确定的，决定利润的主要因素是企业有足够多的销售收入超过盈亏临界点销售收入，即越多的安全边际，可以为企业贡献更多的盈利。

为了反映安全边际占正常销售量的比重，可以用相对数来表示（即安全边际率）：

$$安全边际率=\frac{安全边际}{正常销售量}\times 100\%$$

又由于

安全边际=正常销售量-盈亏临界点销售量

因此

安全边际率=1-盈亏临界点作业率

如前所述，安全边际×单位贡献毛益=利润，将等式两边同时除以产品销售收入，则有

安全边际率×贡献毛益率=销售利润率

总之，只有存在安全边际企业才具有盈利空间，盈亏临界点销售量只能让企业收回成本，所以企业利润的计算可以借助安全边际这一概念，上述计算公式在企业的预测和决策分析中有着广泛的应用。

例3-6

设企业盈亏临界点销售量为2 500件，预计正常销售量为4 000件，销售价格为50元，则

安全边际=4 000-2 500=1 500(件)

或　　=4 000×50-2 500×50=75 000(元)

$$安全边际率=\frac{1\,500}{4\,000}\times 100\%=37.5\%$$

或 $$=\frac{75\ 000}{4\ 000\times 50}\times 100\%=37.5\%$$

计算结果说明，正常销售量中有37.5%是用来创造利润的，其余部分是用来保本的，如果销售量下降到2 500件以下，企业将出现亏损。

3.2.3 实现目标利润分析

企业的目标利润可以是一个给定的盈利目标，也可以是相对极端的情况，如实现保本或者控制住亏损的幅度等。所以，盈亏临界点实际上是一种特定类型的目标利润。本-量-利分析需要结合企业的利润规划，分析企业实现目标利润需要达到的业务量水平，包括销售量、销售收入等。为了便于分析，需建立实现目标利润的有关模型。

1. 实现目标利润的模型

基于本-量-利分析的基本假设，用 E_t 表示目标利润，x_t 表示实现目标利润的销售量，则有

$$E_t=(p-b)\,x_t-a$$

$$x_t=\frac{E_t+a}{p-b}$$

即 $$实现目标利润的销售量=\frac{目标利润+固定成本}{单位贡献毛益}$$

上述模型表明，企业在达到盈亏临界点后，需要多大销售量才能实现目标利润。计算实现目标利润的销售收入，只需将上式等号左右两边同时乘以产品销售价格，即

$$px_t=\frac{E_t+a}{(p-b)/p}$$

$$实现目标利润的销售收入=\frac{目标利润+固定成本}{贡献毛益率}$$

例3-7

某企业生产和销售单一产品，产品销售价格为50元，单位变动成本为25元，固定成本为50 000元。如果目标利润定为40 000元，则有

$$实现目标利润的销售量=\frac{40\ 000+50\ 000}{50-25}=3\ 600(件)$$

$$实现目标利润的销售收入=\frac{40\ 000+50\ 000}{50\%}=180\ 000(元)$$

2. 实现税后目标利润的模型

所得税费用对企业来说是一项必然的支出，目标利润的分析和预测也应该考

虑税后利润。税后利润与税前利润的关系可以用下列公式表示：

$$税后利润=税前利润\times(1-所得税税率)$$

$$税前利润=\frac{税后利润}{1-所得税税率}$$

则
$$实现税后目标利润的销售量=\frac{\dfrac{税后目标利润}{1-所得税税率}+固定成本}{单位贡献毛益}$$

或
$$实现税后目标利润的销售收入=\frac{\dfrac{税后目标利润}{1-所得税税率}+固定成本}{贡献毛益率}$$

例 3-8

某企业生产和销售单一产品，产品销售价格为 50 元，单位变动成本为 25 元，固定成本为 50 000 元。如果目标利润定为 50 000 元，所得税税率为 25%，则有

$$实现税后目标利润的销售量=\frac{\dfrac{37\ 500}{1-25\%}+50\ 000}{25}=4\ 000(件)$$

$$实现税后目标利润的销售收入=\frac{\dfrac{37\ 500}{1-25\%}+50\ 000}{50\%}=200\ 000(元)$$

3. 相关因素变动对实现目标利润的影响

在本-量-利分析的基本假设下，影响目标利润实现的因素有固定成本、单位变动成本、销售价格等①。以下将围绕各个因素的变动逐一分析。

(1) 固定成本变动对实现目标利润的影响。从实现目标利润的模型可以看出，给定其他因素，固定成本与实现目标利润的销售量正相关：如果固定成本降低，则目标利润增大，实现目标利润需要的销售量减少。

例 3-9

某企业生产和销售单一产品。该企业计划年度内预计销售产品 3 600 件，全年固定成本预计 50 000 元。该产品销售价格为 50 元，单位变动成本为 25 元，则计划年度的目标利润为：

$$目标利润=3\ 600\times(50-25)-50\ 000=40\ 000(元)$$

或者先确定计划年度的目标利润为 40 000 元，则

① 在此不考虑所得税税率的影响。

$$\text{实现目标利润的销售量}=\frac{40\ 000+50\ 000}{50-25}=3\ 600(\text{件})$$

如果例 3－9 中的其他条件不变，只是固定成本减少了 10 000 元，则目标利润可以规划得更高：

$$\text{预计可实现利润}=3\ 600\times(50-25)-40\ 000=50\ 000(\text{元})$$

实现目标利润的销售量随之下降：

$$\text{实现目标利润的销售量}=\frac{40\ 000+40\ 000}{50-25}=3\ 200(\text{件})$$

（2）单位变动成本变动对实现目标利润的影响。设例 3－9 中的其他条件不变，只是单位变动成本由 25 元降为 20 元，则预计可实现利润 58 000 元(3 600×(50－20)－50 000)，即比原定目标多实现 18 000 元，或者实现目标利润的销售量降为：

$$\text{实现目标利润的销售量}=\frac{40\ 000+50\ 000}{50-20}=3\ 000(\text{件})$$

（3）销售价格变动对实现目标利润的影响。正如在盈亏临界点分析中所指出的，单位产品销售价格的变动对盈亏临界点的影响最为直接，对实现目标利润的影响也是一样。设例 3－9 中的产品价格由 50 元下降到 45 元，其他条件不变，则可实现利润 22 000 元（3 600×(45－25)－50 000)，即比目标利润少 18 000 元，此时实现目标利润的销售量应为：

$$\text{实现目标利润的销售量}=\frac{400\ 00+50\ 000}{45-25}=4\ 500(\text{件})$$

如果销售量超过预计的 3 600 件达到 4 500 件，目标利润尚能实现，否则无法实现。

（4）多种因素同时变动对实现目标利润的影响。在现实生活中，除了所得税税率这一因素，上述影响利润的各因素之间是有关联的，只不过有的关联性较强，有的较弱。比如为了提高产品的产量，往往需要增加生产设备，这就会使折旧费用增加；而为了使产品顺利地销售出去，可能又会增加广告费。企业采取诸如降低固定成本、单位变动成本或者提高销售价格等单项措施，可以使利润提高，但企业往往会采取综合措施以实现目标利润，这就需要反复进行权衡和测算。

例 3－10

某企业生产和销售单一产品。当年的有关数据如下：销售产品 3 000 件，产品销售价格 50 元，单位变动成本 25 元，固定成本 50 000 元，实现利润 25 000 元（3 000×(50－25)－50 000)。计划年度的目标利润定为 40 000 元。如其他条件均保持不变，则

$$实现目标利润的销售量=\frac{40\ 000+50\ 000}{50-25}=3\ 600(件)$$

计划年度各个因素的变化较为复杂，假设企业采取如下步骤以求实现目标利润。

第一步，经生产部门分析研究，确认虽然尚有增加产品产量的潜力，但生产能力最高只能达到 3 500 件。同时销售部门提出，为确保 3 500 件产品顺利销售出去，销售价格至少应下降 4%。在上述条件下，计划年度的可实现利润为 30 500 元，即

$$3\ 500\times[50\times(1-4\%)-25]-50\ 000=30\ 500(元)$$

这将导致可实现利润与目标利润相差 9 500 元（40 000－30 500）。

第二步，在分析研究了产销量和销售价格变动的影响后，可实现利润与目标利润仍相差 9 500 元，应该考虑成本方面是否有潜力可挖。在此先考虑单位变动成本。在上述产销量和销售价格已确定的条件下，能使目标利润实现的单位变动成本计算如下：

$$利润=销售价格\times销售量-单位变动成本\times销售量-固定成本$$

$$\begin{aligned}单位变动成本&=\frac{销售价格\times销售量-固定成本-利润}{销售量}\\&=\frac{50\times(1-4\%)\times3\ 500-50\ 000-40\ 000}{3\ 500}\\&=22.29(元/件)\end{aligned}$$

也就是说，如果单位变动成本能从 25 元降至 22.29 元，目标利润就可以实现。生产部门经过分析研究，认为通过降低直接材料、直接人工和其他直接成本可以实现这个目标，实现目标利润的分析就可以到此为止了。否则，要在降低固定成本方面进行分析研究。

第三步，如果生产部门经过分析研究，认为单位变动成本最低只能降至 23 元，那么，在上述条件下，可使目标利润实现的固定成本为 47 500 元，即

$$\begin{aligned}固定成本&=销售量\times单位贡献毛益-目标利润\\&=3\ 500\times[50\times(1-4\%)-23]-40\ 000\\&=47\ 500(元)\end{aligned}$$

也就是说，在销售量增至 3 500 件、降价 4%和单位变动成本降至 23 元的同时，固定成本还需压缩 2 500 元（50 000－47 500）。如能压缩，则目标利润可以实现。

需要说明的是，上述并不是分析多种因素同时变动对实现目标利润的影响时的唯一视角，也不是唯一的顺序。企业应该结合自身的情况，从对实现目标利润影响较大的因素开始，由大到小分析，这种分析往往要反复进行。例如，在上例中，假定固定成本不能压缩或者不能压缩 2 500 元，就需要再寻找增收节支的办法并再次测算。

此外，产品品种结构变动对实现目标利润的影响在此没有涉及，可参见前述产品品种结构变动对盈亏临界点的影响的内容，其道理同样适用于实现目标利润的分析。

3.2.4 本-量-利分析中的敏感性分析

敏感性分析是本-量-利分析中的重要组成部分，主要是给定其他因素，每次只分析其中一个因素的变化产生的影响。敏感性分析具体包括计算每个影响因素对利润影响的临界值与分析每个影响因素对利润的单独影响程度，即计算敏感系数。

1. 影响因素临界值的确定

由盈利模型，即 $E=(p-b)x-a$ 可知，销售量（x）、销售价格（p）、单位变动成本（b）和固定成本（a）的变化都会对利润产生影响。当这种影响是负面的且达到一定程度时，就会使企业陷入盈亏临界状态；如果变化超出盈亏临界程度，企业就会发生质的变化，进入亏损状态。敏感性分析的目的之一是确定引起这种质变的各因素变化的临界值，即求取达到盈亏临界点的销售量和价格的最小允许值以及单位变动成本和固定成本的最大允许值。

由盈利模型可以推导出当 E 为零时，即在盈亏临界点上有关因素最大值、最小值的公式：

$$x=\frac{a}{p-b}$$

$$p=\frac{a}{x}+b$$

$$b=p-\frac{a}{x}$$

$$a=(p-b)x$$

例 3-11

某企业生产和销售单一产品，下一年度预计销售量为5 000 件，销售价格为 50 元，单位变动成本为 20 元，固定成本为 60 000 元，则目标利润为：

$$E=5\,000\times(50-20)-60\,000=90\,000(\text{元})$$

（1）销售量的临界值（最小值）。

$$x=\frac{a}{p-b}=\frac{60\,000}{50-20}=2\,000(\text{件})$$

给定其他因素，产品销售量的最小允许值（即盈亏临界点销售量）为 2 000 件，低于 2 000 件则会发生亏损；或者说，实际销售量只要达到预计销售量的 40%（2 000/5 000），企业就可以保证盈亏平衡。

(2) 销售价格的临界值（最小值）。

$$p=\frac{a}{x}+b=\frac{60\ 000}{5\ 000}+20=32(\text{元})$$

给定其他因素，产品的销售价格不能低于32元这个最小值，或者说销售价格降低的幅度不能超过36%((50－32)/50)，否则便会发生亏损。

(3) 单位变动成本的临界值（最大值）。

$$b=p-\frac{a}{x}=50-\frac{60\ 000}{5\ 000}=38(\text{元})$$

给定其他因素，单位变动成本由20元上升到38元时，企业的利润将由90 000元变为零。38元为企业所能承受的单位变动成本的最大值，此时其变动率为90%((38－20)/20)。

(4) 固定成本的临界值（最大值）。

$$a=(p-b)x=(50-20)\times 5\ 000=150\ 000(\text{元})$$

给定其他因素，固定成本总额比原来增加150%((150 000－60 000)/60 000)，将会“吃掉”目标利润，导致企业进入保本状态。

2. 有关因素对利润影响的敏感系数

敏感系数可以揭示影响企业实现目标利润的各因素的影响程度，引导决策者关注利润对哪些因素的变化比较敏感，以便分清主次，抓住重点，合理规划目标利润，确保目标利润的实现。

敏感系数的计算公式为：

$$\text{敏感系数}=\frac{\text{目标值变动百分比}}{\text{因素值变动百分比}}$$

基于敏感系数的公式和企业盈利模型，假定其他因素不变，只有价格变动引起的利润变化为：

$$\begin{aligned}\text{销售价格敏感系数}&=\frac{\Delta E/E}{\Delta p/p}\\&=\frac{[(p_1x-bx-a)-(p_0x-bx-a)]/E}{(p_1-p_0)/p_0}\\&=\frac{p_0x}{E}\end{aligned}$$

简化表示为：

$$\text{销售价格敏感系数}=\frac{px}{E}$$

其余影响因素的敏感系数计算与此类似：

$$销售量敏感系数=\frac{(p-b)x}{E}$$

$$固定成本敏感系数=-\frac{a}{E}$$

$$单位变动成本敏感系数=-\frac{bx}{E}$$

以上各式中，各项参数价格（p）、单位变动成本（b）、利润（E）均为因素变动前的水平，并且以上格式代表的敏感系数如果为正值，表明它与利润为同向增减关系，反之则为反向增减关系。

例3-12

某企业生产和销售单一产品，当前销售量为5 000件，销售价格为50元，单位变动成本为20元，固定成本为60 000元。在计划年度内预计销售量、销售价格、单位变动成本和固定成本均增长20%，计算各因素的敏感系数。

（1）销售量的敏感系数。

给定其他因素不变，当销售量增长20%，则有

$$x=5\ 000\times(1+20\%)=6\ 000(件)$$
$$E=6\ 000\times(50-20)-60\ 000=120\ 000(元)$$

在各项因素变动前，有

$$利润=5\ 000\times(50-20)-60\ 000=90\ 000(元)$$

$$利润变化百分比=\frac{120\ 000-90\ 000}{90\ 000}\times100\%=33.33\%$$

$$销售量敏感系数=\frac{33.33\%}{20\%}=1.67$$

或者，用销售量敏感系数的公式计算：

$$销售量敏感系数=\frac{(p-b)x}{E}=\frac{(50-20)\times5\ 000}{90\ 000}=1.67$$

（2）销售价格的敏感系数。

给定其他因素不变，当销售价格增长20%，则有

$$p=50\times(1+20\%)=60(元)$$
$$E=5\ 000\times(60-20)-60\ 000=140\ 000(元)$$

$$利润变化百分比=\frac{140\ 000-90\ 000}{90\ 000}\times100\%=55.56\%$$

$$销售价格敏感系数=\frac{55.56\%}{20\%}=2.78$$

或者，用销售价格敏感系数的公式计算：

$$销售价格敏感系数=\frac{px}{E}=\frac{5\ 000\times50}{90\ 000}=2.78$$

(3) 单位变动成本的敏感系数。

给定其他因素不变，当单位变动成本增长20%，则有

$$b=20\times(1+20\%)=24(\text{元})$$

$$E=5\ 000\times(50-24)-60\ 000=70\ 000(\text{元})$$

$$\text{利润变化百分比}=\frac{70\ 000-90\ 000}{90\ 000}\times100\%=-22.22\%$$

$$\text{单位变动成本敏感系数}=\frac{-22.22\%}{20\%}=-1.11$$

或者，用单位变动成本的敏感系数公式计算：

$$\text{单位变动成本敏感系数}=-\frac{bx}{E}=-\frac{5\ 000\times20}{90\ 000}=-1.11$$

(4) 固定成本的敏感系数。

给定其他因素不变，当固定成本增长20%，则有

$$a=60\ 000\times(1+20\%)=72\ 000(\text{元})$$

$$E=5\ 000\times(50-20)-72\ 000=78\ 000(\text{元})$$

$$\text{利润变化百分比}=\frac{78\ 000-90\ 000}{90\ 000}\times100\%=-13.33\%$$

$$\text{固定成本敏感系数}=\frac{-13.33\%}{20\%}=-0.67$$

或者，用固定成本的敏感系数公式计算：

$$\text{固定成本敏感系数}=-\frac{a}{E}=-\frac{60\ 000}{90\ 000}=-0.67$$

从上面的计算可以看出，在影响利润的各项因素中，最敏感的是销售价格，敏感系数为2.78，意味着给定其他因素，利润将以2.78的倍数随销售价格的变化而变化；其次是销售量，敏感系数为1.67；再次是单位变动成本，敏感系数为−1.11；最后是固定成本，敏感系数为−0.67。在进行敏感性分析时，敏感系数绝对值的大小代表了敏感程度的高低，绝对值越大则敏感程度越高。

以上各因素敏感系数的排序是在例3-12所设定的具体条件下得到的，如果具体条件发生了变化，则各因素敏感系数之间的排列顺序也可能发生变化。如果例3-12中的单位变动成本改为30元，固定成本改为50 000元，其他条件不变，则目标利润为50 000元（5 000×(50−30)−50 000），则各因素的敏感系数按照之前推导的公式计算如下：

$$\text{销售量敏感系数}=\frac{(50-30)\times5\ 000}{50\ 000}=2$$

$$\text{销售价格敏感系数}=\frac{5\ 000\times50}{50\ 000}=5$$

$$\text{单位变动成本敏感系数}=\frac{-5\ 000\times30}{50\ 000}=-3$$

$$固定成本敏感系数=\frac{-50\ 000}{50\ 000}=-1$$

上述四个因素按敏感系数绝对值排序为：销售价格（敏感系数为5）、单位变动成本（敏感系数为-3）、销售量（敏感系数为2）、固定成本（敏感系数为-1）。与例3-12的排序相比，单位变动成本与销售量两个因素对调了位置。由此说明，在销售价格、销售量、单位变动成本和固定成本不同水平的组合下，各因素对利润的影响程度是不同的。企业在决策中应借助敏感性分析原理具体问题具体分析。

敏感性分析中的临界值问题与敏感系数问题，实际上是一个问题的两个方面。某一因素达到临界值前的容忍程度越高，利润对这项因素就越不敏感；反之，容忍程度越低，则表明利润对该因素越敏感。在例3-11和例3-12中，临界值对固定成本这项因素的容忍程度最高（允许增加150%），但其敏感系数最小（-0.67）；临界值对销售价格这一因素的容忍程度最低（降价不能超过36%），但其敏感系数最大（2.78）。

3. 敏感性分析的启示与经营杠杆的概念

（1）在本-量-利分析的基本假设下，企业的利润函数是线性表达，与销售价格、单位变动成本、销售量和固定成本这四个因素相关。利用利润函数对这四个因素分别求敏感系数，可以得到销售价格对利润总额的敏感系数、单位变动成本对利润总额的敏感系数、销售量对利润总额的敏感系数以及固定成本对利润总额的敏感系数。这就是运用经济学原理和数学分析工具所得到的一般规律，也是本-量-利分析广泛应用于企业决策和管理实践的重要体现。

销量的敏感系数与经营杠杆的管理启示

传统本-量-利分析的局限性

（2）在敏感系数中，销售量对利润的敏感系数代表销售量每变动1个单位引起的利润变动幅度，即

$$销售量敏感系数=\frac{(p-b)x}{E}$$

由于企业通常有固定成本，在销售价格大于单位变动成本的情况下，销售量对利润的敏感系数绝对值总是大于1，因为销售量敏感系数的分母要扣减固定成本。当销售价格小于单位变动成本时，销售量敏感系数的分子为负，并因为固定成本的存在，分母中的利润也为负，分子分母负号相抵后，销量敏感系数为正，但小于1。这类情况下，价格不能补偿变动成本，则销量越大，亏损越多。

销售量对利润的敏感系数具有以上取值特征，意味着在销售价格大于变动成本的情况下，销售量每增加1个单位，利润的增加会超过1个单位，导致这一特征的根源在于固定成本的摊薄效应。反之，在价格小于变动成本的情况下，销售量每增加1个单位，亏损也随之增加，但增加的幅度小于1个单位。所以，固定成本会导致销售量的增减变动撬动更大幅度的利润增减变动，对这一特征，管理会计借用了物理学的杠杆效应，将之称为经营杠杆效应——企业经营中由于固定成本的存在而引起杠杆效应。经营杠杆对企业产能安排、确定规模经济等一系列决策具有重要的启示。

3.3 本-量-利分析的扩展

本章 3.1 节中提出了本-量-利分析的一些基本假设，如相关范围假设、模型线性假设等，在盈亏临界点和实现目标利润的分析时，往往假设某一因素变动而其他因素不变。但现实生活中，情况往往复杂得多。比如收入、成本与业务量之间不完全为线性关系、非线性关系，有关因素在未来期间的状况不能确定等。基于更为复杂的现实情形，建立企业盈利模型需要运用计量经济学和高等数学等更高级的数学工具，借此开展本-量-利分析。本节所要研究的就是在上述复杂情况下，如何运用本-量-利分析的基本原理和方法解决计算盈亏临界点、确定目标利润等问题。

3.3 即测即评

3.3.1 不完全线性关系下的本-量-利分析

当本-量-利分析中的各项因素表现为不完全线性关系时，情况就变得复杂了，收入线和总成本线可能会表现为一条折线，两条折线的交点（即盈亏临界点）可能不止一个；亏损区与盈利区也可能不止一个。

例 3-13

某企业生产和销售单一产品，产销可以做到基本平衡。通过对有关数据的收集、整理、分析和预测，产量、收入、变动成本与固定成本等有关数据如表 3-3 所示。

表 3-3 基础数据表

生产能力利用率(%)	产量（件）	销售价格（元）	销售收入（元）	单位变动成本（元）	变动成本总额（元）	固定成本（元）	总成本（元）
0	0	0	0	0	0	20 000	20 000
10	20	700	14 000	500	10 000	20 000	30 000
20	40	700	28 000	500	20 000	20 000	40 000
30	60	700	42 000	500	30 000	20 000	50 000
40	80	700	56 000	430	34 400	20 000	54 400
↓50	100	700	70 000	410	41 000	20 000	61 000
50↑	100	700	70 000	410	41 000	40 000	81 000
60	120	700	84 000	390	46 800	40 000	86 800
70	140	700	98 000	380	53 200	40 000	93 200
80	160	700	112 000	360	57 600	40 000	97 600
90	180	700	126 000	360	64 800	40 000	104 800
100	200	650	130 000	350	70 000	40 000	110 000
110	220	650	143 000	430	94 600	40 000	134 600

显然，上述诸因素之间并非完全线性关系，简单地描述产量与收入、成本之间的关系是不可能的。如果以 x 轴表示生产能力利用率（表示产销量也一样），以 y 轴表示成本与收入，然后将表 3－3 中有关数据标入直角坐标系，可以近似地描述本-量-利关系，如图 3－5 所示。

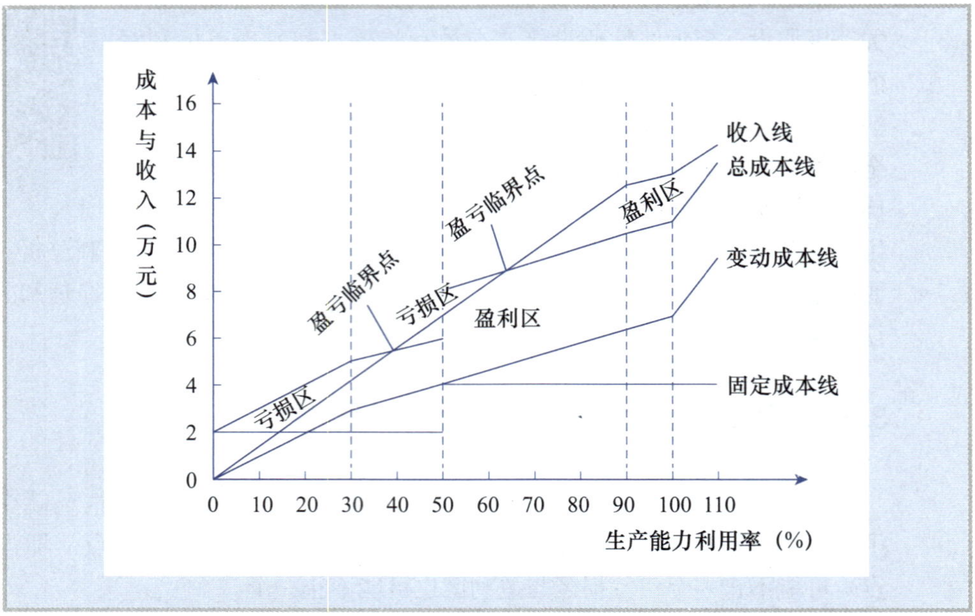

图 3－5　产量、收入、成本之间的非完全线性关系

从图 3－5 中可以看出，固定成本线、变动成本线、收入线以及由固定成本线和变动成本线所决定的总成本线都是折线，而且都不宜近似地看成直线，它们具有如下特征。

就固定成本来说，当企业生产能力的利用率达到 50%时，其数额由原来的 20 000 元跃升至 40 000 元。

就变动成本线而言，它在企业生产能力利用率分别达到 30%和 100%时发生了较大的转折。单位变动成本发生变化通常有这样一个规律：产量很低时，由于难以获取采购环节和生产环节的批量效益，因此单位变动成本较高；随着产量的逐步提高，批量效益开始显现并不断提高，单位变动成本逐渐降低；而当产量超出合理的界限后，各种不经济的因素出现，单位变动成本会上升，而且上升的幅度可能还比较大。

收入线在企业生产能力利用率达到 90%以前为一条直线，即单位销售价格一直可以保持在 700 元。在达到 90%以后，收入线发生了转折。通常，在不考虑产品质量、性能发生变化的情况下，扩大销量有两个途径：降低价格或增加广告支出。本例中收入线的转折可能就是降价所致。

从图 3－5 中还可以看出，以各条线的转折点作为起点的四条虚线，将企业生产能力利用率的整个范围划分为五个大小不等的区间。每一区间内的收入线或者成本线，要么是一条直线（即与业务量呈完全线性关系，如生产能力利用率低于 90%的收入线），要么是一条近似的直线（如生产能力利用率为 30%～100%的变动成本线）。这样，我们就可以为每个区间建立一个完全线性关系下的数学模型，以进行本-量-利的各种分析。也就是说，可以通过缩小分析范围的方式，将原本在整个业务量范围内表现为不完全线性关系的收入与业务量、成本与业务量之间的关系，描述为完全的线性关系，并建立一个相应的线性的本-量-利分析模型，进而用前面所介绍的有关方法进行盈亏临界点和实现目标利润的分析。不完全线性关系下的本-量-利分析就是将一个复杂的问题分解成若干个较为简单的问题，并用简单的方法进行本-量-利分析。需要说明的是，表 3-3 中“单位变动成本”栏是该业务量点的预测值，相邻业务量点之间的预测值有过渡性。

以下根据表 3-3 和图 3-5 对上述五个区间分别进行本-量-利分析。

1. 生产能力利用率在 30%以下的区间

该区间的收入、成本与业务量之间呈完全线性关系。其中，$p=700$ 元，$b=500$ 元/件，$a=20\ 000$ 元，该区间的本-量-利分析模型为：

$$E=(p-b)x-a=200x-20\ 000$$

由于在该区间 x 的值最大为 60 件（小于 100 件），因此该区间全部为亏损区。

2. 生产能力利用率在 30%～50%的区间

该区间的 p 值仍为 700 元，收入与业务量之间呈完全线性关系，即收入线仍为一条直线。而成本与业务量之间已不再是完全线性关系，成本线只能近似地描述为一条直线。用分解成本的高低点法来确定 b 与 a，有

$$b=\frac{61\ 000-50\ 000}{100-60}=275(\text{元/件})$$

$$a=50\ 000-60\times275=33\ 500(\text{元})$$

或

$$=61\ 000-100\times275=33\ 500(\text{元})$$

则该区间的本-量-利分析模型为：

$$\begin{aligned}E&=(p-b)x-a\\&=(700-275)x-33\ 500\\&=425x-33\ 500\end{aligned}$$

令 $E=0$，则盈亏临界点产销量为：

$$x=\frac{33\ 500}{425}\approx79(\text{件})$$

也就是说，当企业生产利用率接近 40%（对应的产量是 80 件）时，会第一次出现不盈不亏状态。

3. 生产能力利用率在 50%～90%的区间

该区间的 p 值仍为 700 元，收入线仍为直线，而固定成本上升 20 000 元

（为40 000元），成本与业务量之间不是完全线性关系，但可以近似地认为是一种完全线性关系。仍以高低点法确定 b 和 a。

$$b=\frac{104\ 800-81\ 000}{180-100}=297.5(\text{元/件})$$

$$a=104\ 800-180\times297.5=51\ 250(\text{元})$$

该区间的本-量-利分析模型为：

$$\begin{aligned}E&=(p-b)x-a\\&=(700-297.5)x-51\ 250\\&=402.5x-51\ 250\end{aligned}$$

令 $E=0$，则盈亏临界点产销量为：

$$x=\frac{51\ 250}{402.5}\approx127(\text{件})$$

这就是说，当生产能力利用率略高于60%（对应的产量是120件）时，企业会第二次出现不盈不亏状态。而当生产能力利用率为90%时，企业预计可实现利润为21 200元（180×402.5－51 250）。需要说明的是，该预计可实现利润与表3-3中有关数字的计算结果完全一致，这是选择高低点法分解成本的缘故。如果用其他方法确定 b 与 a，则预计可实现利润有可能不同于表3-3中的结果。

4. 生产能力利用率在90%～100%的区间

由于收入线在生产能力利用率达到90%时发生转折，该区间收入线的延长线不再通过坐标原点，因此也要采用高低点法确定收入线的线性方程。

设收入线 $s=a+bx$，式中 a 为固定收入部分，b 为随销售量增长而增长的单位变动销售收入（即销售价格），则有

$$b=\frac{130\ 000-126\ 000}{200-180}=200(\text{元/件})$$

$$a=130\ 000-200\times200=90\ 000(\text{元})$$

因此　$s=90\ 000+200x$

该区间的 b 值和 a 值分别为：

$$b=\frac{110\ 000-104\ 800}{200-180}=260(\text{元/件})$$

$$a=110\ 000-200\times260=58\ 000(\text{元})$$

该区间的本-量-利分析模型为：

$$\begin{aligned}E&=s-bx-a\\&=90\ 000+200x-260x-58\ 000\\&=32\ 000-60x\end{aligned}$$

由于 x 最大值为 200 件，所以该区间无盈亏临界点，即全部为盈利区。假定 $x=190$ 件（即生产能力利用率为 95%），则预计可实现利润为：

$$E=32\ 000-60\times190=20\ 600(\text{元})$$

3.3.2　非线性关系下的本-量-利分析

不完全线性关系只是线性关系“不完全”，可以将整个业务量范围划分为若干个区间，每个区间内收入、成本与业务量之间要么是完全线性关系（即直线关系），要么比较接近完全线性关系。如果划分区间后，收入、成本与业务量之间不仅不是完全线性关系，甚至不能比较接近完全线性关系，或者区间必须划分得非常细，就不能采用前面划分区间的方法，而要采用曲线分析方法。也就是首先用曲线方程式来描述收入与成本，再据以建立利润方程式，进而进行本-量-利分析。

当收入或成本随业务量的增长表现为一条直线时，其线性方程为 $y=bx$ 或者 $y=a+bx$；而当收入或成本随业务量的增长表现为沿曲线而不是直线散布时，就要应用非线性回归。非线性回归分析中最常用的方程式是：

$$y=a+bx+cx^2$$

式中，y 为收入或成本；x 为业务量；a 为常数；b 和 c 为自变量的系数。

非线性关系下的本-量-利分析，就是通过对有关数据的收集和加工，求取非线性回归方程的系数，再分别求 x 的一阶和二阶导数，从而分别计算盈亏临界点和预计目标利润。

1. 非线性回归分析

非线性关系下的本-量-利分析有以下三种情况：

（1）收入为直线而成本是曲线。比如，企业的产品在同类产品市场中占有率很低，其销售量的改变不足以影响产品的市场价格，此时销售收入与销售量之间呈直线关系，而成本与产量之间可能呈非线性关系，应该采用非线性方程来描述成本的性态。

（2）成本为直线而收入是曲线。此种情况与上一种情况相反。比如，企业的产品在同类产品市场中占有率较高，其销售量的改变可以对产品的市场价格产生影响，价格成为销售量的函数，销售收入不再是直线而成为曲线，应该采用非线性方程来描述收入。而对于产量规模较大的企业来说，产量的变化虽然会对总成本产生一些“非线性”的影响，但通常影响不大，总成本线至少可以近似地看作直线。

（3）收入和成本都为曲线。当企业介于上述两种情况之间，收入和成本可能都是曲线，需要用不同的非线性方程来分别描述收入和成本，进而建立利润方程，并以此方程为基础进行本-量-利分析。

下面举例说明在企业的收入线和总成本线均为曲线的情况下，如何进行回归分析及本-量-利分析。

例 3-14

某企业生产和销售单一产品，其产量、成本的历史数据以及回归分析所需数据如表 3-4 所示。

表 3-4 基础数据表

月份	y(成本，元)	x_1(产量，件)	$x_2=x_1^2$	x_1y	x_2y	x_1x_2	x_1^2	x_2^2
1	60	2	4	120	240	8	4	16
2	80	3	9	240	720	27	9	81
3	200	8	64	1 600	12 800	512	64	4 096
4	130	6	36	780	4 680	216	36	1 296
5	230	9	81	2 070	18 630	729	81	6 561
6	280	10	100	2 800	28 000	1 000	100	10 000
$\sum$	980	38	294	7 610	65 070	2 492	294	22 050

历史数据显示，企业的总成本与产量之间并非线性关系，也难以近似地描述为线性关系，所以应采用非线性方程来描述成本性态。

设成本方程式为：

$$y=a+bx_1+cx_1^2$$

令 $x_2=x_1^2$，以便将二次方程转换为一次方程，并采用多元线性回归方法来确定回归系数，则

$$y=a+bx_1+cx_2$$

根据多元线性回归分析，可得

$$\begin{cases}\sum y=na+b\sum x_1+c\sum x_2\\ \sum x_1y=a\sum x_1+b\sum x_1^2+c\sum x_1x_2\\ \sum x_2y=a\sum x_2+b\sum x_1x_2+c\sum x_2^2\end{cases}$$

将表 3-4 中的有关数据代入上面的联立方程，则

$$\begin{cases}980=6a+38b+294c\\ 7\ 610=38a+294b+2\ 492c\\ 65\ 070=294a+2\ 492b+22\ 050c\end{cases}$$

解上述方程组，可得

$$\begin{cases}a=57.11\\ b=-1.34\\ c=2.34\end{cases}$$

因此 $y=57.11-1.34x_1+2.34x_2$

$=57.11-1.34x_1+2.34x_1^2$

上式即为描述该企业成本性态的非线性方程。

必须说明的是，非线性回归分析所采用的方程式，不仅仅限于前述的一元二次方程，也可以选择指数方程、对数方程、高次方程和简单的一元一次回归方程。至于哪一种方程式的描述更符合收入或者成本的特征，需要考虑它们的标准差和置信区间。

标准差也称均方差，是方差的平方根；而方差则是用来表示随机变量与期望值之间离散程度的一个量。根据统计学的原理，在概率分布为正态分布的情况下，随机变量出现在预期值±1个标准差范围内的概率为68.26%；出现在预期值±2个标准差范围内的概率为95.44%；出现在预期值±3个标准差范围内的概率为99.72%。这种“预期值±x个标准差”就是置信区间。通俗点说，置信区间就是指在同样的信赖程度（即同样的概率）下，预期值的取值范围到底有多大。显然，在给定自变量x（如产销量）的情况下，因变量y（成本或收入）的取值范围越小（即越肯定）越好。或者说，置信区间越窄，说明所选择的回归方程越适合既定条件下收入或成本的描述。

以下通过例3-14的一元二次回归方程与第2章中线性回归分析法下一元一次回归方程的比较，来说明不同回归方程下置信区间的差异和方程的取舍。

根据例3-14中的有关数据及$y=57.11-1.34x+2.34x^2$这个一元二次方程，计算标准差和置信区间，如表3-5所示。

表3-5 基础数据表

月份	y（成本，元）	x（产量，件）	y'（预期值）	$y-y'$	$(y-y')^2$
1	60	2	63.79	−3.79	14.36
2	80	3	74.15	5.85	34.22
3	200	8	196.15	3.85	14.82
4	130	6	133.31	−3.31	10.96
5	230	9	234.59	−4.59	21.07
6	280	10	277.71	2.29	5.24
$\sum$	980	38	979.70	0.30	100.67

$$标准差(\delta)=\sqrt{\frac{\sum(y-y')^2}{n}}$$

$$=\sqrt{\frac{100.67}{6}}$$

$$=4.10$$

假定计划年度预计产量为7件，则成本的预期值为：

$$y'=57.11-1.34x+2.34x^2$$

$=57.11-1.34\times7+2.34\times7^2$
$=162.39$(元)

在68.26%的置信水平下，成本预期值的置信区间为：

$$y=y'\pm4.10$$

则 $y_1=162.39+4.10=166.49$(元)

$$y_2=162.39-4.10=158.29\text{(元)}$$

也就是说，当产量为7件时，成本有68.26%的可能在158.29～166.49元之间。

再看一元一次回归方程下的置信区间。

设成本方程为 $y=a+bx$，则有联立方程：

$$\begin{cases}\sum y=na+b\sum x\\ \sum xy=a\sum x+b\sum x^2\end{cases}$$

将表3-4中的有关数据代入联立方程，则有

$$\begin{cases}980=6a+38b\\ 7\,610=38a+294b\end{cases}$$

解方程可得

$$\begin{cases}a=-3.31\\ b=26.31\end{cases}$$

该回归方程为：

$$y=a+bx=-3.31+26.31x$$

同样，计算该方程下的标准差和置信区间，如表3-6所示。

表3-6 基础数据表

月份	y（元）	x（件）	y'（预期值）	$y-y'$	$(y-y')^2$
1	60	2	49.31	10.69	114.28
2	80	3	75.62	4.38	19.18
3	200	8	207.17	−7.17	51.41
4	130	6	154.55	−24.55	602.70
5	230	9	233.48	−3.48	12.11
6	280	10	259.79	20.21	408.44
$\sum$	980	38	979.92	0.08	1 208.12

$$标准差(\delta)=\sqrt{\frac{1\,208.12}{6}}=14.19$$

同样假定计划年度预计产量为 7 件，则成本的预期值为：

$$\begin{aligned} y' &= -3.31+26.31x \\ &= -3.31+26.31\times 7 \\ &= 180.86(元) \end{aligned}$$

在 68.26%的置信水平下，成本预期值的置信区间为：

$$y=y'\pm 14.19$$

则

$$y_1=180.86+14.19=195.05(元)$$

$$y_2=180.86-14.19=166.67(元)$$

也就是说，当产量为 7 件时，成本有 68.26%的可能在 166.67～195.05 元之间。显然，一元一次方程下的置信区间要宽得多，或者说预期值的离散程度大得多，说明一元二次回归方程更适合描述该项成本。但仅就两个方程的某一预期值来说，是无法决定方程取舍的。

2. 非线性关系下的本-量-利分析

当收入与成本均表现为曲线时，需要分别确定各自的回归方程，进而建立利润方程，并在此基础上进行本-量-利分析。

例 3－15

某企业生产和销售单一产品（假定产销平衡），其收入、成本与产销量之间为非线性关系。通过进行非线性回归分析，收入与成本可以由下列回归方程分别描述：

$$s=5.6x-0.05x^2$$

$$y=10-0.4x+0.7x^2$$

式中，s 为收入；y 为成本；x 为产销量。

本-量-利分析的有关内容如下：

（1）计算盈亏临界点。设 E 为利润，则有

$$\begin{aligned} E &= s-y \\ &= 5.6x-0.05x^2-10+0.4x-0.7x^2 \\ &= -0.75x^2+6x-10 \end{aligned}$$

令 $E=0$，则有

$$-0.75x^2+6x-10=0$$

得

$$\begin{aligned} x &= \frac{-6\pm\sqrt{6^2-4\times(-0.75)\times(-10)}}{2\times(-0.75)} \\ &= \frac{-6\pm\sqrt{6}}{-1.5} \end{aligned}$$

该方程的解为：

$x_1=2.367$(万件)
$x_2=5.633$(万件)

这意味着收入线与总成本线有两个交点（即盈亏临界点），分别相交于销售量为2.367万件和5.633万件处，如图3-6所示。

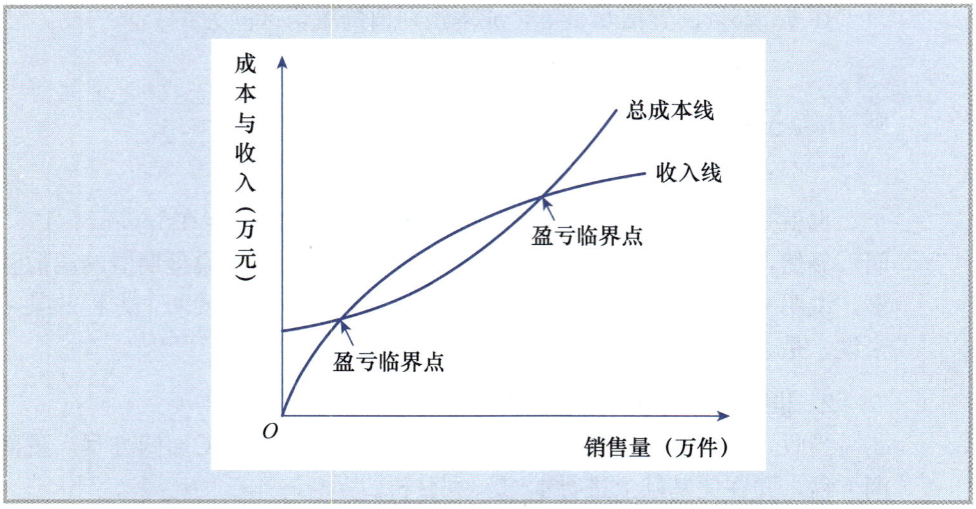

图3-6 非线性关系下的盈亏临界图

(2) 计算利润最大化时的销售量和最大利润。求x的一阶导数E'_x，当$E'_x=0$时，可实现利润最大化，即

$$E'_x=(-0.75x^2+6x-10)'$$
$$=-1.5x+6$$

令$E'_x=0$，则有

$x=4$(万件)

也就是说，当产销量达到4万件时，企业实现的利润最大。此时的利润为：

$E=-0.75x^2+6x-10=2$(万元)

(3) 计算最优销售价格。当$x=4$万件时，有

$$s=5.6x-0.05x^2$$
$$=5.6\times4-0.05\times4^2$$
$$=21.6(\text{万元})$$

则产品的最优销售价格为：

$$p=\frac{s}{x}=\frac{21.6}{4}=5.4(\text{元/件})$$

3.3.3　不确定状况下的本-量-利分析

在实际工作中，产品销售价格、销售量、单位变动成本和固定成本等因素的变动或多或少会有一定的不确定性。如果不确定性较大或有多种可能性，本-量-利分析时就应该运用概率技术以提高分析结果的可靠性。具体来说，首先确定各个因素在不同概率条件下的预计数值，然后计算各种组合情况下的盈亏临界点或目标利润，再根据各种组合下的组合概率计算组合期望值，最后以各组合期望值的合计数作为最终的预测值。

1. 不确定状况下的盈亏临界点分析

例 3-16

甲企业生产和销售单一产品，经过全面的分析与研究，确定了预算年度的产品销售价格、单位变动成本和固定成本的估计值及相应的概率（如表 3-7 所示）。

表 3-7　基础数据表

项目	销售价格		单位变动成本			固定成本	
估计值（元）	15	14	10	9.5	9	60 000	50 000
概率（P）	0.8	0.2	0.7	0.2	0.1	0.3	0.7

根据表 3-7 的资料预测盈亏临界点的过程如表 3-8 所示。

表 3-8　盈亏临界点预测表

销售价格（元）①	单位变动成本（元）②	固定成本（元）③	组合④	盈亏临界点（件）$⑤=\frac{③}{①-②}$	组合概率 P ⑥=①×②×③	期望值（件）⑦=⑤×⑥
15 $P=0.8$	10 $P=0.7$	50 000 $P=0.7$	1	10 000	0.392	3 920
		60 000 $P=0.3$	2	12 000	0.168	2 016
	9.5 $P=0.2$	50 000 $P=0.7$	3	9 091	0.112	1 018
		60 000 $P=0.3$	4	10 909	0.048	524
	9 $P=0.1$	50 000 $P=0.7$	5	8 333	0.056	467
		60 000 $P=0.3$	6	10 000	0.024	240

续表

销售价格（元）①	单位变动成本（元）②	固定成本（元）③	组合④	盈亏临界点（件）$⑤=\frac{③}{①-②}$	组合概率 P ⑥=①×②×③	期望值（件）⑦=⑤×⑥
14 $P=0.2$	10 $P=0.7$	50 000 $P=0.7$	7	12 500	0.098	1 225
		60 000 $P=0.3$	8	15 000	0.042	630
	9.5 $P=0.2$	50 000 $P=0.7$	9	11 111	0.028	311
		60 000 $P=0.3$	10	13 333	0.012	160
	9 $P=0.1$	50 000 $P=0.7$	11	10 000	0.014	140
		60 000 $P=0.3$	12	12 000	0.006	72
预测盈亏临界点销售量 $\sum$						10 723

从表3-8中可以看出，由销售价格、单位变动成本和固定成本三个因素所决定的盈亏临界点有12种可能的结果，每一种结果都是这三个因素（即随机事件）在各自出现可能性（即概率）情况下进行组合计算所得。例如，在销售价格为15元（$P=0.8$）、单位变动成本为10元（$P=0.7$）、固定成本为50 000元（$P=0.7$）这种组合下，盈亏临界点销售量为10 000件；而在销售价格为15元（$P=0.8$）、单位变动成本为10元（$P=0.7$）、固定成本为60 000元（$P=0.3$）这种组合下，盈亏临界点销售量变为12 000件。以每一种结果乘以与这种结果相应的组合概率，就是该种组合下的期望值，而12种结果的期望值的合计数就是盈亏临界点销售量的预测数，即10 723件。

本章前面的盈亏临界点分析均是在确定的条件下进行的，即假定未来情况是确定的（随机事件的概率为1），或者假定未来情况就属于上述12种组合中的一种。运用概率技术则是将各种可以预计的可能性都考虑进去，所以预测的结果会更加接近未来的实际情况。当然，运用概率技术进行盈亏临界点分析，工作量相对来说比较大，同时，也要求对随机事件的概率的预测比较准确。

2. 不确定状况下的利润预测

例3-17

甲企业未来年度的产品销售量可以保证达到20 000件（即概率$P=1$），其他因素的估计值及相应的概率仍如表3-7所示，则未来年度的利润预测过程如表3-9所示。

表 3-9 利润预测表

销售量（件）①	销售价格（元/件）②	单位变动成本（元/件）③	固定成本（元）④	组合⑤	利润（元）⑥=①×（②−③）−④	组合概率 P ⑦=①×②×③×④	期望值（元）⑧=⑥×⑦
20 000 $P=1$	15 $P=0.8$	10 $P=0.7$	50 000 $P=0.7$	1	50 000	0.392	19 600
			60 000 $P=0.3$	2	40 000	0.168	6 720
		9.5 $P=0.2$	50 000 $P=0.7$	3	60 000	0.112	6 720
			60 000 $P=0.3$	4	50 000	0.048	2 400
		9 $P=0.1$	50 000 $P=0.7$	5	70 000	0.056	3 920
			60 000 $P=0.3$	6	60 000	0.024	1 440
	14 $P=0.2$	10 $P=0.7$	50 000 $P=0.7$	7	30 000	0.098	2 940
			60 000 $P=0.3$	8	20 000	0.042	840
		9.5 $P=0.2$	50 000 $P=0.7$	9	40 000	0.028	1 120
			60 000 $P=0.3$	10	30 000	0.012	360
		9 $P=0.1$	50 000 $P=0.7$	11	50 000	0.014	700
			60 000 $P=0.3$	12	40 000	0.006	240
预期利润 $\sum$							47 000

从表 3-9 中可以看出，在不确定状况下运用概率技术进行利润预测，其方法与前面预计盈亏临界点的方法基本相同，也是先计算每一种组合下的利润，再乘以相应的组合概率以计算期望值，各期望值的合计数就是预期利润。所不同的是，增加了销售量这一因素（随机事件）。在本例中，销售量的概率定为 1，如果销售量有多种可能性，就需要进行概率分析来确定各种销售量条件下的概率。此时，各种组合的数量会成倍放大，利润预测也会变得更加复杂，但基本做法仍如表 3-9 所示。

思考题

1. 本-量-利分析的基本假设有哪些？说明它们的具体含义。

2. 盈亏临界点分析在企业经营决策中有什么作用？试结合实例进行分析。

3. 敏感性分析是如何开展的？请具体分析。

4. 通过本章的学习，说明本-量-利分析的优点和局限性。列举实例进行说明。

5. 敏感性分析在企业利润规划时是如何发挥作用的？请具体分析。

练习题

1. 某公司只生产和销售一种产品，2×22年的单位变动成本为12元，变动成本总额为60 000元，税前利润为18 000元。该公司计划2×23年维持销售价格不变，贡献毛益率仍维持2×22年的60%。

要求：

(1) 计算该企业2×23年的盈亏临界点销售量。

(2) 若2×23年的计划销售量比2×22年提高8%，可获得多少税前利润？

2. 以下是四个生产部在过去一年中各自的生产和销售情况，假定每个生产部的产品都在一种以上，具体数据如表3-10所示。

表3-10 基础数据表

生产部	销售收入（元）	变动成本总额（元）	贡献毛益率（%）	固定成本总额（元）	净利润（元）
1	180 000		40		12 000
2	300 000	165 000		100 000	
3			30	80 000	−5 000
4	400 000	260 000			30 000

要求：根据本-量-利分析原理计算空白栏中的数据。

3. 某公司2×22年实际销售量为1 000件，售价为200元，单位变动成本为90元，利润为55 000元。

要求：

(1) 计算2×22年销售量敏感系数。

(2) 2×23年计划增加销售量5%，试用销售量敏感系数预测利润。

(3) 若2×23年的目标利润为66 000元，试用销售量敏感系数计算应该达到的销售量。

4. 在经营活动中，高星级宾馆通常提供多种服务，包括客房、餐饮、商场服务等，可以运用多产品的本-量-利分析方法为决策提供信息。

如本章 3.2 节所述，企业的盈利模型如下：

利润＝贡献毛益－固定成本＝销售收入×贡献毛益率－固定成本

具体到宾馆的业务情景下，采用本-量-利分析的原理和方法，可以运用贡献毛益率的概念，为宾馆多个服务项目计算加权平均贡献毛益率，用以考量多服务项目的整体盈利情况。

在现实中，如何确定加权平均贡献毛益率是一个比较复杂的问题，在本案例中，假设宾馆提供客房、餐饮、商场三种服务，预计年销售收入为 2 亿元，计划的销售组合如表 3-11 所示 。宾馆的预期利润为 6 000 万元，年固定成本为 8 600 万元，每个服务项目的销售价格、变动成本和贡献毛益如表 3-12 所示。

表 3-11　三个服务项目的销售组合　　单位：万元

项目	客房	餐饮	商场	合计
销售收入	10 000	9 000	1 000	20 000
固定成本				8 600
利润				6 000

表 3-12　销售组合下的本-量-利数据

项目	客房	餐饮	商场
销售价格（元）	1 000	300	200
变动成本（元）	2 000 000	45 000 000	7 000 000
单位变动成本（元）	20	150	140
单位贡献毛益（元）	980	150	60
贡献毛益率（%）	98	50	30
贡献毛益（元）	9 800	4 500	300
销售收入占比（%）	50	45	5

表 3-12 中，每个服务项目的变动成本是基于成本性态分解得到的，按计划销售收入计算的加权平均贡献毛益率为 73%。

销售收入结构对加权平均贡献毛益率影响很大，假设宾馆在实际经营中受到客观因素的制约，销售组合相较于计划有所改变，客房和餐饮收入有所下降，商场收入提高，如表 3-13 所示。销售收入总额不变，仍为 2 亿元，但是随着销售收入结构的变化，利润比原定情况减少了 880 万元（6 000－5 120），加权平均贡献毛益率降至 68.6%。

表 3-13　改变销售组合后的贡献毛益率　　金额单位：万元

项目	客房	餐饮	商场	合计	百分比（%）
销售收入占比（%）	45	40	15	100	

续表

项目	客房	餐饮	商场	合计	百分比（%）
销售收入	9 000	8 000	3 000	20 000	100
变动成本	180	4 000	2 100	6 280	31.4
贡献毛益	8 820	4 000	900	13 720	68.6
固定成本				8 600	
利润				5 120	

导致利润降低的主要原因是这种销售组合中贡献毛益率较低的商场的实际销售收入增加了，而贡献毛益率较高的客房、餐饮的实际销售收入减少了。

所以，在多产品的本-量-利分析中，应了解销售组合的改变对宾馆利润的影响。通过本-量-利分析技术，宾馆可以测算如何实现目标利润，为服务项目组合决策、定价与成本管理提供依据，最终提高盈利水平。

要求：通过本案例的分析，你认为应如何将多产品本-量-利分析技术应用到案例企业的经营决策中？

第 4 章 Chapter 4 经营预测

第 4 章思维导图

素养提升

1. 开展科学的经营预测是管理会计面向未来管理不确定性、助推中国企业实现高质量发展的重要抓手。在对标世界一流企业的发展目标指引下，企业采用数智化技术形成更为先进的预测能力，有助于提升企业的管理能力和国内外的竞争力。

2. 在经营预测的各项组成中，无论是成本预测、利润预测还是资金预测，都需要企业充分利用科学预测的方法，并与时俱进地采用前沿的数智化技术，推动预测能力的持续改进。财务人员同企业的数智化技术工程师协同工作，开发有关经营预测的各类人工智能算法，可以提升预测的科学性，减少个体经验的主观偏差，并成为数智化管理会计的重要应用场景。

3. 采用数智化方法发展新一代的人工智能预测模型或预测方法，也是财务人员提升自身职业能力的具体体现。

学习目标

1. 了解销售预测的主要内容，掌握销售预测方法的应用。

2. 熟练掌握成本预测的程序和方法，理解成本预测的分析原理与本-量-利分析的关系。

3. 理解经营预测与经营决策的关系。

经营预测是运用预测学原理与方法，结合成本性态、本-量-利分析等管理会计方法对企业未来一年的经营过程与经营结果开展预测，包括销售预测、成本预测、利润预测和资金需要量预测。

经营预测也是企业完成预算编制的重要前提①。在业财融合的理念下，可靠的生产经营预测需要各业务部门（包括销售部门、生产部门、采购部门等）和财务部门协作共同完成。

4.1 销售预测

4.1 即测即评

在竞争激烈的市场环境中，企业通过创新产品功能、推广产品品牌、拓宽营销渠道等一系列经营和管理活动，从市场上获得更多订单，这是创收的来源，也是后续创造利润的基础。因此，销售预测是成本预测、利润预测以及资金需要量预测的重要锚定因素，是企业经营决策的重要依据。做好销售预测可以支持、指引其他经营预测的开展，有助于各项经营预测之间相互衔接。

在市场营销学科中，销售预测是一个重要的理论领域，涉及许多具体的预测方法。而在管理会计领域，经营预测是财务人员同业务人员相互协作、实现业财融合的实务环节，也是财务人员组织协调预算编制②的重要依据，以及财务协同业务共同制订企业经营计划的重要依据。所以，经营预测是管理会计的重要内容，许多预测方法则来自市场营销等学科的理论知识。本节主要是概括介绍传统或经典的销售预测方法。

4.1.1 定性销售预测

定性销售预测主要依靠预测人员的专业知识和职业判断，进行主观的分析和评估。在实务中，未来是充满不确定性的，许多因素难以通过量化预测的方式较为可靠或合理地评估它们对未来期间销售量（销售收入）的具体影响，由此就会采用实践经验丰富的专业人士基于其对企业所处的行业背景、市场环境以及企业自身因素等方面做出定性的判断。在一些企业的具体实践中，定性预测表现为专业人士对定量预测的结果采用乘以合理的比例系数或者加入修正因子的方法，将人的职业经验同量化预测结果相结合，从而形成优势互补。因此，定性预测在现实中也是许多定量预测方法的补充或支持，可以弥补定量预测的不足或局限。一些定性预测会随着经营的推进持续修正量化预测模型的结果，从而保障定性和定量相结合的预测方法对现实环境动态变化的灵活性和适应性。

1. 判断分析法

判断分析法是指销售人员根据职业经验或专业知识进行主观预估。在实践中，判断分析法可以通过将各个销售人员的主观评估结果进行平均或综合，形成企业总体的销售预测。销售人员更接近和了解市场，并且熟悉自己所负责区域的

① 有关预算编制的内容将会在本书第 10 章详细介绍。

② 详见本书第 10 章预算管理。

情况，用这种方法得出的预测数据比较接近实际情况。当然，从职业心理学的角度来看，个体的主观经验也会在充满不确定性的预测中存在偏差，如预估偏于乐观或悲观等，这使得判断分析法在现实中常常不能成为一类独立的预测方法，而是与定量预测相结合。

例 4-1

某公司有三名销售人员和一名经理。每个预测者预计的销售量和概率如表 4-1 所示，先用概率计算出每个预测者的期望值，然后用加权平均法进行综合。

表 4-1　预测者及其预计销售表

	销售量（件）	概率	销售量×概率
甲销售员预测：			
最高	500	0.2	100
最可能	400	0.5	200
最低	300	0.3	90
期望值			390
乙销售员预测：			
最高	600	0.2	120
最可能	500	0.6	300
最低	400	0.2	80
期望值			500
丙销售员预测：			
最高	550	0.2	110
最可能	450	0.5	225
最低	350	0.3	105
期望值			440
经理预测：			
最高	500	0.3	150
最可能	450	0.5	225
最低	300	0.2	60
期望值			435

假设经理的预测更准确、更重要，将其预测的权重确定为 2，而将销售人员的预测权重均确定为 1，则综合预测结果为：

$$\text{综合的预测销售量}=\frac{390\times1+500\times1+440\times1+435\times2}{1+1+1+2}=440(\text{件})$$

该方法适用于不便直接向顾客调查的应用场景。

2. 调查分析法

在实践中由企业或中介机构开展的各类市场调查，是企业预测未来期间销售量和销售收入的重要方法，对此也称调查分析法。调查分析法是指对有代表性顾客消费意向的调查，了解市场需求的变化趋势，进行销售预测的一种方法。公司的销售取决于顾客的购买，顾客的消费意向是销售预测中最有价值的信息。通过调查，可以了解顾客未来的购买量，顾客的财务状况，顾客的爱好、习惯和购买力的变化，顾客购买本公司产品占其总需要量的比重和选择供应商的标准，这对销售预测很有帮助。

在调查时应当注意：首先，选择的调查对象要具有普遍性和代表性，调查对象应能反映市场中不同细分客户群体的消费意向；其次，调查的方法必须科学合理，目前在市场营销领域已经有许多成熟的调查量表和问卷，可借助量表了解客户消费倾向。新一代的大数据采集方法，不仅支持大规模在线问卷调查，还可以通过线上的问卷调查平台大规模地向企业的现有客户和潜在客户投放相应的问卷，从而使得调查分析方法可以建立在大数据分析的基础上。此外，调查分析法也包括对随机抽取的客户进行现场或线上访谈等。对调查取得的数据资料，已经有成熟的问卷调查分析方法（如对问卷的效度和信度检验分析等）和访谈数据质性分析方法[①]，推动调查数据的科学分析。由此，调查分析法是企业对未来期间的销售进行科学预测的重要方法。

例 4-2

中盛公司是一家电冰箱生产企业，根据调查资料可测算出市场潜量和该公司销售量，如表 4-2 所示。

表 4-2　调查资料表

家庭组别（按年收入划分）	家庭户数	每户年均购买额（按调查结果）（元）	市场潜量（元）	本企业最高市场占有率	本企业销售潜量（元）
100 000 元以下	80 000	100	8 000 000	30%	2 400 000
100 000～199 999 元	10 000	200	2 000 000	20%	400 000
200 000～299 999 元	5 000	300	1 500 000	20%	300 000
300 000 元以上	1 000	400	400 000	10%	40 000
合计	96 000	—	11 900 000	—	3 140 000

4.1.2　定量销售预测

定量销售预测主要是应用数学建模等方法进行销售预测。应用这类方法，通常是在判断分析、调查分析和经验的总结提炼等结果的基础上，将影响未来期间销售的因素量化到模型中，作为关键的影响因子，并借助一定的计量经济学方法构造模型（如建立线性模型或者非线性模型），而后基于企业内部的历史数据或行业中主要竞争者的可类比数据（经合法合理取得和使用），开展模型的预测。

① 社会学、管理学等领域专门的实地调查与质性研究方法为这方面的分析提供了指引。

1. 趋势预测分析法

趋势预测分析法是指应用一定的数学方法对企业的历史数据进行建模，进而找出销售随时间变化的趋势，以此推断未来的销售趋势。该方法假设历史趋势是可以延续的，由此借助历史趋势开展预测。常用的趋势预测分析法有算术平均法、加权平均法、指数平滑法等。

（1）算术平均法。采用算术平均法进行销售预测，就是把若干历史时期的销售量或销售额作为观察值，求出其简单平均数，并将平均数作为下期销售的预测值。如果产品的销售额或销售量在选定的历史时期呈现某种上升或下降的趋势，就不能简单地采用这种方法。这种方法的假设前提是过去怎样，将来也会怎样发展，即将来的发展是过去的延续。当各历史时期的销售量呈现增减趋势时，采用算术平均法进行销售预测就不妥当了，因为算术平均法把每个观察值看成是同等重要的，不能体现这种增减趋势。

（2）加权平均法。采用加权平均法进行销售预测，同样是将若干历史时期的销售量或销售额作为观察值，将各个观察值与各自权数的乘积加总，然后除以权数之和，求出加权平均数，并将加权平均数作为销售量的预测值。按照各个观察值与预测值的相关程度分别规定适当的权数，是运用加权平均法进行销售预测的关键。当各历史时期的销售量呈现增减趋势时，为了体现这种增减趋势，有必要将近期观察值的权数规定得大一些，远期观察值的权数规定得小一些，使预测值更接近近期的观察值。

加权平均法的计算公式为：

$$S=\sum_{i=1}^{n} W_i X_i$$

式中，S 为加权平均数；W_i 为第 i 个观察值的权数；X_i 为第 i 个观察值；n 为观察值个数。

W_i 应该满足下列两个条件：

1）$\sum W_i = 1$；

2）$W_1 \leqslant W_2 \leqslant W_3 \leqslant \cdots \leqslant W_n$。

例 4-3①

中盛公司1—6月电冰箱的销售量情况如表4-3所示。

表 4-3 调查资料表

月份	1	2	3	4	5	6
销售量（台）	650	660	680	700	710	730

假设根据资料，用加权平均法预测7月电冰箱销售量时，规定 $n=6$，$W_1=0.1$，$W_2=0.1$，$W_3=0.1$，$W_4=0.2$，$W_5=0.2$，$W_6=0.3$，则7月电冰箱销售

① 模拟实验参见：马元驹，李百兴．管理会计学模拟实验教程．3版．北京：中国人民大学出版社，2016：82.

量预测为：

$$\begin{aligned} S_7 &= \sum_{i=1}^{n} W_i X_i \\ &= 0.1\times650+0.1\times660+0.1\times680+0.2\times700+0.2\times710+0.3\times730 \\ &= 700(\text{台}) \end{aligned}$$

（3）指数平滑法。指数平滑法是加权平均法的一种变化，计算的是指数平滑平均数。其计算公式如下：

$$S_t = aX_{t-1} + (1-a)S_{t-1}$$

式中，S_t为t期的销售预测值；S_{t-1}为t期上一期的销售预测值；X_{t-1}为t期上一期的销售实际值；a为满足$0<a<1$条件的常数，亦称指数平滑系数。

从上式可以看出，指数平滑法实际上是以a和$1-a$为权数的一种特殊的加权平均法，只要知道上期的销售预测值S_{t-1}和上期的销售实际值X_{t-1}，就可以预测本期的销售值S_t。

例4-4①

中盛公司1—6月电冰箱的销售量情况如表4-4所示。假设a为0.3，1月销售量的预测值为1 250台，则2—7月的销售量预测值如表4-5所示。

表4-4 调查资料表

单位：台

月份 t	实际销售量 X_t	月份 t	实际销售量 X_t
1	1 200	4	1 200
2	1 000	5	1 170
3	1 300	6	1 350

表4-5 预测值计算表

单位：台

月份	aX_{t-1} ①	$(1-a)\ S_{t-1}$ ②	S_t ③=①+②
1			1 250
2	0.3×1 200	(1−0.3)×1 250	1 235
3	0.3×1 000	(1−0.3)×1 235	1 165
4	0.3×1 300	(1−0.3)×1 165	1 206
5	0.3×1 200	(1−0.3)×1 206	1 204
6	0.3×1 170	(1−0.3)×1 204	1 194
7	0.3×1 350	(1−0.3)×1 194	1 241

指数平滑系数a的取值越大，则近期实际销售量对预测结果的影响越大；a的取值越小，则近期实际销售量对预测结果的影响越小。

① 模拟实验参见：马元驹，李百兴．管理会计学模拟实验教程．3版．北京：中国人民大学出版社，2016：85.

与加权平均法相比，指数平滑法有以下两个优点：第一，a 值可以任意设定，灵活方便；第二，在不同程度上考虑了以往各期的观察值，比较全面。

2. 因果预测分析法

影响产品销售的因素是多方面的，既有企业外部因素，也有企业内部因素；既有客观因素，也有主观因素。在这些因素中，有些因素对产品销售起着决定性作用或与产品销售存在某种函数关系。以建模的方式刻画产品销售（因变量）同其相关因素（自变量）之间的函数关系，进行产品销售预测的方法，称为因果预测分析法。

因果预测分析法最常用的方法是线性回归分析法，它假定预测期销售量同影响因素呈线性关系。为简化分析，先假定影响因素只有一个，则线性回归模型可以写成：

$$y=a+bx$$

如第 2 章 2.2 节所述，线性回归分析法在统计上按照最小二乘法进行回归分析，即各个散点到回归线的直线距离的平方之和最小，估计出常数项 a 与系数 b 的取值：

$$a=\frac{\sum y-b\sum x}{n}$$

$$b=\frac{n\sum xy-\sum x\sum y}{n\sum x^2-\left(\sum x\right)^2}$$

求出 a 与 b 的值后，结合自变量 x 的预计销售量或销售额，代入公式 $y=a+bx$，即可求得预测对象 y 的预计销售量或销售额。

例 4-5①

甲公司专门生产电冰箱压缩机，而决定电冰箱压缩机销售量的主要因素是电冰箱的销售量。近 5 年全国电冰箱的实际销售量和甲公司电冰箱压缩机的实际销售量资料如表 4-6 所示。

表 4-6　历史数据表

年份	2×19	2×20	2×21	2×22	2×23
压缩机销售量（万只）	20	25	30	36	40
电冰箱销售量（万台）	100	120	140	150	165

假设预测期 2×24 年全国电冰箱的销售量预计为 180 万台，采用最小二乘法预测 2×24 年甲公司电冰箱压缩机的销售量如下：

（1）在 $y=a+bx$ 中，设 y 为压缩机销售量；x 为电冰箱销售量；a 为常数项，代表一个最低的电冰箱对压缩机的年需要量；b 为每销售 1 万台电冰箱对压

① 模拟实验参见：马元驹，李百兴．管理会计学模拟实验教程．3 版．北京：中国人民大学出版社，2016：88.

缩机的需要量。

（2）根据给定资料编制计算表，如表 4－7 所示。

表 4－7　计算表

年份	电冰箱销售量 x（万台）	压缩机销售量 y（万只）	xy	x^2
2×19	100	20	2 000	10 000
2×20	120	25	3 000	14 400
2×21	140	30	4 200	19 600
2×22	150	36	5 400	22 500
2×23	165	40	6 600	27 225
$n=5$	$\sum x=675$	$\sum y=151$	$\sum xy=21\,200$	$\sum x^2=93\,725$

（3）将计算表中的数值代入最小二乘法公式，计算 a 与 b 的值。

$$b=\frac{n\sum xy-\sum x\sum y}{n\sum x^2-(\sum x)^2}=\frac{5\times 21\,200-675\times 151}{5\times 93\,725-675^2}$$

$$=\frac{4\,075}{13\,000}=0.313$$

$$a=\frac{\sum y-b\sum x}{n}=\frac{151-0.313\times 675}{5}=-12.06$$

（4）将 a 与 b 的值代入公式 $y=a+bx$，得出 2×24 年甲公司压缩机预计销售量为：

$$y=a+bx=-12.06+0.313\times 180=44.28(\text{万只})$$

在应用因果预测分析法的过程中，可以使用回归分析的相关软件（常见软件如 SAS、Stata、Python 等）纳入更多的影响因素作为回归变量，使得线性模型可以吸收主要影响因素，并采用规范的回归分析得到科学合理的预测结果。

4.2　成本预测

4.2 即测即评

在动态的市场竞争中，外部环境的不确定令企业的成本——无论是单位变动成本还是固定成本，都很难始终保持不变。为此，企业需要预判未来可能发生的各种变化，并基于一定的管理理念、采用一定的预测方法预测企业成本动因和成本数额的变化。

成本预测主要涉及三个方面：成本预测对象、成本预测期间和成本预测的参照系。

成本预测对象通常是企业运营流程中的各成本管理对象，如产品成本预测以及其中的材料成本预测、人工成本预测等。成本预测对象具体包括各成本项目总额的预测和成本动因的预测。

成本预测期间通常分为近期预测（月、季、年等）和远期预测（2 年、3 年、5 年等）。近期成本预测是经营决策的关键环节，通常是年度成本预测或半年、季度成本预测。远期成本预测通常用于战略成本管理，要预判宏观经济变动对企业产能布局、重大经营决策的影响，对供应商合作关系的影响，对企业渠道布局的影响等，进而分析这些因素对企业成本总额或成本结构的长期影响。

成本预测的参照系是指企业参照一定的标准开展预测，通常将企业历史成本趋势、同行业成本趋势、主要竞争对手成本趋势等作为企业成本预测的参考依据。

成本预测是企业管理的重要手段。企业基于经营目标或战略目标，将成本预测用于设定成本管理目标、编制成本计划或成本预算①，为成本控制、成本分析和成本考核提供依据。

在一定的管理用途下，企业的成本预测应保证预测方法科学、合理，企业成本预测方案有一定的应变能力，结合运营中可能发生的变化，拟定应变措施，使成本预测方案能够应对复杂多变的企业内外部环境。

4.2.1　成本水平预测

成本预测与目标成本的设定是相辅相成的。自 20 世纪后半叶以来，许多西方企业将目标成本法作为成本管理的重要方式。而企业根据经营目标确立的目标成本，需要通过成本预测进行校验，以判断目标成本是否可以实现。当成本预测表明目标成本无法实现时，企业需要修正目标成本。因此，在目标成本法下，成本预测通常包含以下几个步骤：

（1）根据企业的经营总目标，提出初步的目标成本。

（2）预测在当前生产经营条件下成本可能达到的水平，分析与初步目标成本的差距。

（3）提出各种成本降低方案，对比、分析各种方案的效果。

（4）选择成本最优方案并确定正式目标成本。

1. 目标成本法下的成本预测

目标成本是根据企业销售预测确定的销售收入以及经营目标中的目标利润，倒推出的成本水平。目标成本代表了企业为实现经营目标应达到的成本水平，也是企业未来期间成本管理应实现的目标。具体可按下列公式计算：

目标成本＝预测销售收入－目标利润

　　　　＝预测销售价格②×预测销售量－目标利润

单位产品目标成本＝预测销售价格－单位产品目标利润

---

① 成本预算详见第 10 章。

② 本章销售价格不含税。

或 $$单位产品目标成本=预测销售价格-\frac{目标利润总额}{预测销售量}$$

企业基于销售预测与目标利润初步确定的目标成本，不一定符合经营管理现状，初步确定的目标成本可能受企业内外部诸多因素的制约而难以实现。为此，企业需要评估实现目标成本面临的有利因素和不利因素，最终确定对目标成本有无必要调整或如何调整。

2. 成本变化趋势预测

企业长期生产某种产品会积累一定的成本历史数据。企业可以根据成本的历史趋势，采用时间序列分析等方法推断未来成本的变化趋势。

趋势预测包括近期成本预测和远期成本预测。

（1）近期成本预测，是根据当年内前几个季度的成本趋势开展成本预测。以制造企业为例，近期产品成本预测可按下面的公式进行：

$$\begin{array}{c}第4季度预计\\平均单位成本\end{array}=\frac{1—3季度累计成本总额}{1—3季度累计产量}$$

$$\begin{array}{c}第4季度预计\\成本总额\end{array}=\sum\left(\begin{array}{c}某产品\\第4季度产量\end{array}\times\begin{array}{c}该产品第4季度预计\\平均单位成本\end{array}\right)$$

式中，1—3季度的累计成本总额可以从有关核算资料中获得。假定第4季度的平均单位成本保持在前3季度的平均单位成本水准上，可以得到第4季度的单位成本与总成本，并据此安排生产计划和运营资金。

（2）远期成本预测，是根据过去几年的成本数据预测未来一年的成本趋势。在远期成本预测中，企业面临的不确定性更大、变化的因素更多，需要基于成本性态开展成本预测。

1）简单平均法。适用于成本性态可分解，且前3年销售和成本基本稳定的产品成本预测。其预测公式为：

$$\begin{aligned}预测期产品总成本=&\frac{前3年单位变动成本之和}{3}\times预测期产量\\&+\frac{前3年固定成本总额之和}{3}\end{aligned}$$

2）加权平均法。在销售收入和成本变动较大的情况下，距离预测年度越近的年份在预测中占的权重越高，越远的年份在预测中占的权重越低。以过去3年的成本为例，运用加权平均法预测成本的公式为：

$$\begin{aligned}\begin{array}{c}预测期产品\\总成本\end{array}=&\frac{\begin{array}{c}前1年单位\\变动成本\end{array}\times3+\begin{array}{c}前2年单位\\变动成本\end{array}\times2+\begin{array}{c}前3年单位\\变动成本\end{array}\times1}{6}\times\begin{array}{c}预测期\\产量\end{array}\\&+\frac{\begin{array}{c}前1年固定\\成本总额\end{array}\times3+\begin{array}{c}前2年固定\\成本总额\end{array}\times2+\begin{array}{c}前3年固定\\成本总额\end{array}\times1}{6}\end{aligned}$$

式中，预测期前1年占3/6权重，前2年占2/6权重，前3年占1/6权重，各年权重合计为1。

无论是开展近期成本预测还是远期成本预测，企业都应对历史成本资料进行必要调整，剔除偶发因素导致的成本耗费，如自然灾害和意外事故造成的停工损失等；同时，也应对产品设计、工艺改变等引起产品成本发生重大变化的情况予以考虑，有选择性地使用历史成本数据。

3. 基于可比产品开展成本预测

除了参考历史成本数据，企业的成本预测也可以参考国内外同行或主要竞争对手的成本水平。尤其在企业生产新的品种或规格时，无直接可用的产品成本数据，企业需要利用同行的可比产品成本数据或相近产品的成本数据开展成本预测。

如果各种可比产品以上年的平均成本水平作为参照，则成本预测公式为：

$$\text{预测成本总额} = \sum \text{各种可比产品上年的平均单位成本} \times \text{预测期产量}$$

4.2.2 成本动因变化的影响预测

企业在成本预测方案中要预测各项成本动因的变化及其影响。以制造企业为例，企业要在产品成本预测中分析主要成本项目，如直接材料、直接人工等成本动因的变化及其影响，从而抓住影响成本的关键因素，以用于成本管理，如节约原材料消耗、提高劳动生产率、合理利用设备、节约管理费用、减少废品损失等。

企业可以依照由易而难的顺序，先给定其他因素，预测其中一个成本动因的变化对产品成本的影响，然后再预测多个成本动因同时变动对产品成本的总体影响以及每个成本动因的具体影响。

1. 单一成本动因变化对产品成本的影响

以制造企业为例，关于直接材料成本和直接人工成本中主要动因变化带来的影响，逐一开展预测。

（1）直接材料成本动因变化的影响。直接材料成本（即原材料成本）是产品成本的主要项目，在保证产品质量的前提下，合理、节约地使用原材料，降低直接材料成本，是降低产品成本的主要途径。

直接材料成本动因是材料耗用量和材料价格。当采用标准成本管理①时，企业会设定单位产品材料消耗定额（简称材料消耗定额）。假定材料价格、直接人工等其他因素不变，材料消耗定额降低1%，直接材料成本也会相应降低1%。

---

① 标准成本管理详见本书第8章。

产品成本＝直接材料＋直接人工＋制造费用①

＝材料价格×材料消耗定额＋直接人工＋制造费用

直接材料只是产品成本的一个组成部分，如果只有材料消耗定额降低1%，则产品成本的降低率等于1%乘以直接材料成本占产品成本比重，具体计算如下：

$$\text{材料消耗定额降低引起的产品成本降低率}=\text{直接材料占产品成本比重}\times\text{材料消耗定额降低率} \tag{4.1}$$

在一些工业企业里，提高原材料利用率是节约材料成本的重要途径。在产品质量或重量不变的情况下，原材料利用率的提高会节约原材料消耗。所以，若材料消耗定额下降，在生产环节往往意味着同样的材料可以用于生产更多的产品，即材料利用率提高了。

材料消耗定额＝1/材料利用率

给定其他因素，单位产品材料消耗定额的下降对产品成本的影响，可以按照上述关系转换为材料利用率的提高对产品成本的影响，也就是将材料利用率的提高换算为单位产品材料消耗定额的变化幅度，然后基于式（4.1）测算材料利用率变化对产品成本的影响。所以，当且仅当材料消耗定额或材料利用率发生变化时，才可以遵循式（4.1）得到产品成本变化的预测结果。

同理，在只考虑单一成本动因变化时，材料价格降低1%时，直接材料成本也会相应降低1%，由此产品成本的降低率等于1%乘以直接材料成本占产品成本比重，具体可按下列公式计算：

$$\text{材料价格降低引起的产品成本降低率}=\text{直接材料占产品成本比重}\times\text{材料价格降低率} \tag{4.2}$$

（2）直接人工成本动因变化的影响。现在假定只有直接人工成本的某项动因发生变化，直接材料、制造费用等产品成本中其他项目保持不变。

产品成本＝直接材料＋直接人工＋制造费用

＝直接材料＋小时工资率×工时消耗定额＋制造费用

与直接材料成本动因变化的影响分析同理，当只有人工工时定额降低1%，直接人工成本会相应降低1%。而产品成本的降低率则等于1%乘以直接人工成本占产品成本比重，具体可按下列公式计算：

$$\text{人工工时定额降低引起的产品成本降低率}=\text{直接人工占产品成本比重}\times\text{人工工时定额降低率} \tag{4.3}$$

在企业生产管理实践中，单位产品人工工时下降意味着每个工时可以生产更

① 以上按照完全成本法定义产品成本结构，当按照变动成本法定义产品成本结构时，制造费用只包含变动制造费用，但基本原理是一样的，都是采用敏感性分析预测成本动因的影响。

多的产品，即劳动生产率提高带来成本节约。因此，有

$$\text{单位产品人工工时}=1/\text{劳动生产率}$$

根据单位产品人工工时与劳动生产率的上述关系，企业可以测算给定其他因素，劳动生产率每提高1个百分点带来的产品成本下降幅度。具体可以基于劳动生产率的提高，换算为单位产品人工工时的变化幅度，然后基于式（4.3）测算劳动生产率提高对产品成本的影响。

近似地，当且仅当小时工资率降低1%，直接人工成本才会相应降低1%，由此产品成本的降低率等于1%乘以直接人工成本占产品成本比重，具体可按下列公式计算：

$$\begin{matrix}\text{小时工资率降低引起的}\\\text{产品成本降低率}\end{matrix}=\begin{matrix}\text{直接人工占}\\\text{产品成本比重}\end{matrix}\times\begin{matrix}\text{小时工资率}\\\text{降低率}\end{matrix}\qquad(4.4)$$

2. **多项成本动因变化对产品成本的影响**

首先考虑直接材料中两项成本动因同时变化的情形，即假定材料消耗定额发生变动的同时材料价格也发生变动，将这两个因素的变动率同时代入产品成本公式，即

$$\begin{matrix}\text{原始}\\\text{产品成本}\end{matrix}=\begin{matrix}\text{材料}\\\text{价格}\end{matrix}\times\begin{matrix}\text{材料消耗}\\\text{定额}\end{matrix}+\begin{matrix}\text{直接}\\\text{人工}\end{matrix}+\begin{matrix}\text{制造}\\\text{费用}\end{matrix}$$

$$\begin{matrix}\text{变化后}\\\text{产品成本}\end{matrix}=\begin{matrix}\text{材料}\\\text{价格}\end{matrix}\times\left(1-\begin{matrix}\text{材料价格}\\\text{降低率}\end{matrix}\right)\times\begin{matrix}\text{材料消耗}\\\text{定额}\end{matrix}\times\left(1-\begin{matrix}\text{材料消耗}\\\text{定额降低率}\end{matrix}\right)+\begin{matrix}\text{直接}\\\text{人工}\end{matrix}+\begin{matrix}\text{制造}\\\text{费用}\end{matrix}$$

公式推导

比较变化后产品成本与原始产品成本，可以得到产品成本的降低率，公式如下：

$$\text{材料消耗定额和材料价格同时降低引起的产品成本降低率}$$
$$=\begin{matrix}\text{直接材料占}\\\text{产品成本比重}\end{matrix}\times\left[1-\left(1-\begin{matrix}\text{材料消耗定额}\\\text{降低的百分率}\end{matrix}\right)\times\left(1-\begin{matrix}\text{材料价格}\\\text{降低的百分率}\end{matrix}\right)\right]\qquad(4.5)$$

以上公式同样适用于直接人工中两项成本动因——小时工资率和人工工时定额同时变化的影响预测。

$$\text{小时工资率和人工工时定额同时降低引起的产品成本降低率}$$
$$=\begin{matrix}\text{直接人工占}\\\text{产品成本比重}\end{matrix}\times\left[1-\left(1-\begin{matrix}\text{人工工时}\\\text{定额降低的}\\\text{百分率}\end{matrix}\right)\times\left(1-\begin{matrix}\text{小时工资率}\\\text{降低的百分率}\end{matrix}\right)\right]\qquad(4.6)$$

当然，单位产品人工工时的变化，也可以从劳动生产率的角度分析。那么，直接人工成本中人工工资与劳动生产率两项因素同时变动对产品成本的影响，可

以基于式（4.6）以及劳动生产率与单位产品人工工时的关系，得到类似的分析和新的公式，原理是相同的。具体计算公式为：

$$\begin{matrix}\text{劳动生产率和人工}\\\text{工资相互作用引起}\\\text{的成本降低率}\end{matrix}=\begin{matrix}\text{直接人工}\\\text{占产品成本}\\\text{比重}\end{matrix}\times\left(1-\frac{1+\text{小时工资增长率}}{1+\text{劳动生产率增长率}}\right) \quad (4.7)$$

以上分析原理同样适用于产品成本中其他成本动因变化的影响分析。

各项成本动因对产品成本的影响可以汇总起来，企业综合比较各项成本动因的具体影响，并在预测期制定合适的成本管理措施。最终的产品成本预测值是在各个成本动因的反复测试中确定下来的。

例4-6

中盛公司的A产品成本按可比产品上一年的平均单位成本开展预测，可比产品总成本为772 800元，经初步预测A产品成本比上一年的实际成本下降6%。A产品成本的各项动因经测算在预测期可能有如下变化，详见表4-8。

表4-8 各项动因预测变化表

因素	百分比
可比产品产量增长	25%
材料消耗定额降低	10%
材料价格平均上涨	8%
劳动生产率提高	20%
生产工人小时工资率增加	4%

可比产品的各成本项目比重如表4-9所示。

表4-9 成本项目比重表

项目	比重
原材料	70%
生产工人工资	30%
合计	100%

根据上述资料可以分项测算A产品成本的降低率和降低额。

（1）材料消耗定额降低及材料价格上涨形成的节约。

$$\text{预计A产品成本降低率}=70\%\times[1-(1-10\%)(1+8\%)]=1.96\%$$
$$\text{预计A产品成本降低额}=772\ 800\times1.96\%=15\ 147(\text{元})$$

（2）劳动生产率提高超过平均工资增长形成的节约。

$$\text{成本降低率}=30\%\times\left(1-\frac{1+4\%}{1+20\%}\right)=4\%$$

上式是基于 4.2.2 节中有关成本影响因素分析的原理计算的，即

单位产品人工工时＝1/劳动生产率

劳动生产率提高意味着单位产品人工工时下降，即每个工时可以生产更多的产品，由此带来成本节约。当劳动生产率提高 20%，则按照以上倒数关系单位产品耗用人工工时将会相应下降 83.33%（1/1＋20%）。由此，得到以上成本降低率。

例 4-6 讲解

成本降低额＝772 800×4%＝30 912(元)

综合以上计算结果，预测期产品成本总降低率为 5.96%（1.96%＋4%），总降低额为 46 059 元（15 147＋30 912），接近初步预测的成本降低率（6%）。因此，可以把 6%的预测产品成本总降低率作为 A 产品正式的成本目标，据以编制成本计划。

4.2.3　基于成本预测的成本降低方案

成本预测的管理用途之一是为成本管理提供成本降低方案。基于成本预测结果，企业可以从改进产品设计、改善生产管理等几个方面着手，既要降低成本，又要保证生产和产品质量。

（1）运用价值工程理念，从产品设计的源头控制成本。产品结构设计是否先进合理，是决定产品成本水平的先决条件。这是因为产品的体积、重量和样式基本上决定了产品投产后原材料、燃料、动力和人工的消耗程度。产品结构设计不先进、不合理，不仅会影响产品的性能、质量，而且会产生连锁反应，增加成本，造成较大的浪费。要对产品设计进行成本分析，改进产品设计，开展价值分析，努力节约原材料和人力等资源消耗，以最低的产品成本可靠地达到产品的质量和性能要求，从而在保证产品质量和性能的前提下提高产品的盈利能力，进而提高企业经济效益。

（2）基于生产管理和流程再造开展成本管理。生产管理，尤其是生产流程的安排与产品成本的高低有着密切关系，如劳动力的合理组织、车间的合理设置、工艺方案的选择、零部件的外购或自制决策、新设备增加等，都会影响产品成本。因此，企业应合理规划生产活动，通过有效的生产管理乃至流程再造，挖掘降低产品成本的潜力，提出不同的改进方案，对比分析不同方案的经济效果，从中选择最优的成本降低方案。

（3）基于管理制度优化开展成本控制，如企业各部门、车间应实行严格的费用控制制度，通过目标分解、确定责任、进行奖罚达到降低成本的目的。

4.3　利润预测

利润预测是企业常用的重要管理方法。利润的预测同利润的规划或利润目标

4.3 即测即评

的设定是相辅相成的。企业通常会依据自身的发展目标和年度经营目标来评估影响利润变化的直接因素和间接因素，并采用一定的预测方法将这些影响进行综合分析，从而预测未来期间的利润，包括对未来期间可能达到的利润水平及其变化趋势的预测。一方面利润预测是规划目标利润的重要依据，另一方面规划的目标利润也需要和预测的利润相互校验，如果利润经科学预测无法达成设定的目标，则需要对目标利润进行调整。所以，在考虑如何规划目标利润，或者如何设定更有助于企业发展的目标利润时，都可以将科学的利润预测作为目标利润设定的基准线。

利润预测可以采用直接预测法和因素分析法。

4.3.1 直接预测法

直接预测法需要参照利润表的主要构成，直接预测收入和成本项目，并将预测收入抵减预测成本得到预测利润。所以，本章前两节所讲的销售预测和成本预测是直接预测法的重要应用前提。

$$\text{预测总利润}^{①}=\text{预测营业收入}-\text{预测营业成本}-\text{预测销售费用}-\text{预测管理费用}-\text{预测财务费用}+\text{可预测的其他费用或收入项目}$$

需要指出的是，直接预测法很难对利润的所有构成项目做出精确预测，更多的是基于企业的业绩和未来一定期间的经营计划预计的利润进行初步测算，采用这一方法可以在预算编制中得到企业未来一年的利润预测金额，也称预计利润或预算利润（详见第10章）。

不同企业的经营模式存在差别，利润预测需要结合企业自身的经营项目对主要项目开展相应的预测。例如，在有主营业务和其他业务的经营情景下，营业利润由产品销售利润和其他业务利润组成，可以对这两部分分别开展预测：

$$\begin{aligned}\text{预测产品销售利润}&=\text{预测产品销售收入}-\text{预测产品销售成本}\\&=\text{预测产品销售量}\times\left(\text{预测产品销售价格}-\text{预测单位产品销售成本}\right)\end{aligned}$$

$$\text{预测其他业务利润}=\text{预测其他业务收入}-\text{预测其他业务成本}$$

例4-7②

中盛公司生产A、B、C三种产品，本期销售价格、单位销售成本及预计下期产品销售量的数据如表4-10所示。预测下期其他业务的资料为：其他业

① 财政部2019年修订的一般企业财务报表格式规范的利润的主要构成项目。

② 模拟实验参见：马元驹，李百兴．管理会计学模拟实验教程．3版．北京：中国人民大学出版社，2016：95.

务收入20 000元，其他业务成本18 000元。根据资料预测下一会计期间的营业利润。

表4-10 预计销售数据表

产品	销售价格（元）	单位销售成本（元）	预计下期产品销售量（件）
A	100	70	5 000
B	240	210	2 000
C	80	62	8 000

（1）预测各产品销售利润额。

A产品＝5 000×(100－70)＝150 000(元)
B产品＝2 000×(240－210)＝60 000(元)
C产品＝8 000×(80－62)＝144 000(元)
预测销售利润总额＝150 000＋60 000＋144 000＝354 000(元)

（2）预测其他业务利润。

预测其他业务利润＝20 000－18 000＝2 000(元)

（3）预测下一会计期间的营业利润。

预测营业利润＝预测产品销售利润＋预测其他业务利润
＝354 000＋2 000＝356 000(元)

4.3.2 因素分析法

因素分析法与本-量-利分析中的敏感性分析原理一致。因素分析法是在本期已实现利润水平基础上，预测影响产品利润的各因素变化，进而预测企业下期产品利润。影响产品利润的主要因素有销售数量、销售价格、销售成本以及品种结构等。

因素分析法与本-量-利分析

给定单一产品的利润后，可以预测下期各相关因素变动对产品利润的影响。

产品利润＝(单位产品销售价格－单位产品成本)×销售量

1. 预测销售量变动对利润的影响

给定其他因素，如果预测期产品销量增加，利润额也会随之增加；反之亦然。

假定单位产品销售价格和单位产品成本不变，因销售量变动而影响的利润的计算公式为：

$$\text{销售量变动影响的利润}=\left(\text{预测期销售量}-\text{本期销售量}\right)\times\left(\text{单位产品销售价格}-\text{单位产品成本}\right)$$

2. 预测单位产品销售价格变动对利润的影响

给定其他因素，如果预测期单位产品销售价格提高，销售收入也会增多，从而使利润额增加；反之亦然。因单位产品销售价格变动而增减的利润的计算公式为：

$$\text{因单位产品销售价格变动而增减的利润}=\text{预测期销售量}\times\text{单位产品销售价格变动}$$

3. 预测单位产品成本降低对利润的影响

给定销售量、销售价格等因素，单位产品成本降低会增加利润；反之亦然。

$$\text{因单位产品成本降低而增加的利润}=\text{预测期销售量}\times\text{单位产品成本变动}$$

4. 预测品种结构变动对利润的影响

在多产品情况下，品种结构变动会影响利润。这是由于不同品种产品的利润率不同，全部产品平均利润率是各种产品销售利润率乘以各自的销售收入占比，最后加总而得，计算公式如下：

$$\text{全部产品平均利润率}=\sum\left(\text{各种产品本期销售利润率}\times\text{该产品本期销售比重}\right)$$

如果预测期产品品种结构变化，即不同产品在全部产品中的销售收入占比发生变化，就会引起全部产品平均利润率变化，从而影响利润。故预测期产品品种结构变动对利润的影响需要先依据产品品种结构变化，计算预测期的全部产品平均利润率（公式见上），而后按下列公式计算：

$$\text{因产品品种结构变动而增减的利润}=\text{预测期全部产品销售收入}\times\left(\text{预测期平均销售利润率}-\text{本期平均销售利润率}\right)$$

4.4 资金需要量预测

在企业经营预测中，除了销售预测、成本预测和利润预测，资金需要量预测也是重要的内容，是企业经营管理的必要环节。运用科学合理的方法预测资金需要量可以帮助企业统筹资金管理，提高资金利用率，减少资金占用，进而节约相关的财务费用。如此，企业可以采用定量建模的方法预测资金总需要量。在经营环境相对稳定的情况下，企业可以对过去几年的资金总体使用量进行趋势分析，采用加权平均法或时间序列分析等方法。在经营环境相对动态的情况下，可以围绕与资金使用量相关的经营因素开展回归分析，将影响资金使用量变动的因素汇总到线性回归模型中，通过回归分析预测未来期间的资金需要总量。

以制造企业为例，企业可以收集过去若干期间销售收入（或销售量）及资金需要量的历史资料，作为回归分析的样本，然后确定销售收入与资金需要量之间的回归直线（$y=a+bx$），基于样本数据进行最小二乘法估计，据以预测未来期间资金需要量。

例4-8①

中盛公司近5年的资金总量和销售收入的资料如表4-11所示。如果中盛公司2×23年销售收入预测值为580万元，试预测2×23年的资金需要总量。

表4-11 基础数据表 单位：万元

年份	销售收入	资金总量
2×18	396	250
2×19	430	270
2×20	420	260
2×21	445	275
2×22	500	290

根据回归分析原理，对表4-11中的数据进行加工整理，如表4-12所示。

表4-12 计算数据表

年份	销售收入 x（万元）	资金总量 y（万元）	xy	x^2
2×18	396	250	99 000	156 816
2×19	430	270	116 100	184 900
2×20	420	260	109 200	176 400
2×21	445	275	122 375	198 025
2×22	500	290	145 000	250 000
$n=5$	$\sum x=2\ 191$	$\sum y=1\ 345$	$\sum xy=591\ 675$	$\sum x^2=966\ 141$

将表4-12中的数值代入最小二乘法公式中，计算 a 与 b 的值。

$$b=\frac{n\sum xy-\sum x\sum y}{n\sum x^2-(\sum x)^2}=\frac{5\times 591\ 675-2\ 191\times 1\ 345}{5\times 966\ 141-2\ 191^2}=0.379\ 8$$

$$a=\frac{\sum y-b\sum x}{n}=\frac{1\ 345-0.379\ 8\times 2\ 191}{5}=102.57$$

将 a、b 的值代入公式 $y=a+bx$，预测2×23年资金需要总量为：

$$y=a+bx=102.57+0.379\ 8\times 580=322.85(\text{万元})$$

以上量化建模的方法在应用中会存在一定限制，主要是因为资金需要量的预

① 模拟实验参见：马元驹，李百兴．管理会计学模拟实验教程．3版．北京：中国人民大学出版社，2016：98.

测是建立在充分估算企业经营管理各环节资金需要以及预计资金流入、流出的基础上的，涉及的预测环节较为庞杂。当用一个量化模型开展资金需要量预测时，可能因为考虑因素不全面或者因素量化不合理、未及时调整等制约模型预测的准确性。

企业还可以通过预算管理方法，从资源配置的角度出发，围绕企业各项经营管理活动开展资金收支预测，并编制现金预算表，从而帮助企业管理者预测企业一个经营周期内的资金需要量。

在现实中，通过预算管理完成资金需要量预测，是行之有效的方法，也经常被采用。至于如何通过预算方法完成资金需要量预测，详见本书第 10 章预算管理。

思考题

1. 定性销售预测和定量销售预测的优缺点是什么？其适用范围是什么？
2. 某家电企业拟采用调查分析法进行销售预测，应如何做？
3. 试述成本预测的基本步骤。
4. 试述利润预测中因素分析法的主要原理。

练习题

1. 中盛公司 2×22 年 A 产品销售收入为 1 181 700 元，销售成本为 900 000 元，销售利润为 281 700 元。通过市场调查和内部强化控制，预计 2×23 年公司经营将发生以下变化：

（1）由于销售量增加，销售成本较上年将增加 10%。

（2）由于产品质量提高，A 产品的销售价格将由每件 100 元（2×22 年销售量为 11 817 件）升至每件 110 元。

要求：采用因素分析法确定 2×23 年中盛公司的利润（不考虑税率的影响）。

2. ABC 公司预计下一年度继续生产甲产品作为主要经营产品。甲产品的产量和成本因素经预测在下一年度将发生以下变化：

（1）甲产品预计产量平均增长 10%。

（2）甲产品生产需耗用的主要原材料因工艺改善材料利用率提高，使得每生产一单位的甲产品需耗用的原材料数量减少 6%，但该原材料预计在下一年度的销售价格上涨 10%。

（3）预计在下一年度甲产品生产线工人单位小时工资增长 8%（假定 ABC 公司对生产工人主要采用计时工资制）。

（4）随着甲产品工艺改进，预计生产甲产品的生产效率提高，每生产一单位的甲产品需耗用的人工工时下降 10%。

（5）在预测基期，甲产品的成本结构为直接材料成本占比 30%，直接人工成本占比 45%，余下为制造费用成本占比。

现已知 ABC 公司预测基期甲产品的产量为 1 000 件，单位成本为 100 元，除以上因素外其余成本不变。

要求：请结合以上信息，预测甲产品在下一年度产品总成本的变化。

第 5 章

Chapter 5

生产经营决策

第 5 章思维导图

素养提升

正确理解多、快、好、省的经济内涵和关系：以好为根本目的，即实现产品的必要功能和质量，满足人民日益增长的物质、文化需要；以省为要求，即成本是保障功能和质量的必要投入；以多为条件，即充分满足人民日益增长的物质、文化需要，并获得成本优势和竞争优势；以快为手段，即在快周转中以最少的资源占用创造最大的价值。在生产经营中真正贯彻“创新、协调、绿色、开放、共享”的可持续发展理念，运用管理会计特有的确认、计量和估值方法，有效进行资源耗费的价值衡量和管理成本的科学应用，努力实现低消耗、优成本、高费效比，提升企业价值和竞争力。

学习目标

1. 理解功能和质量是企业竞争力的核心，掌握价值的经济内涵和提升价值的途径，熟练应用产品功能成本决策。

2. 在熟悉成本分类的基础上，熟练掌握贡献毛益分析法、差量分析法、成本无差别点分析法的原理和应用，并能够有针对性地解决经营决策的相关问题。

3. 熟练掌握产品组合决策、生产组织决策的方法，解决相关决策问题。

4. 理解会计基于使用价值管理的价值管理的本质，真正掌握业财融合的价值思维和方法。

5.1 产品功能成本决策

在保证产品质量的前提下，通过改进产品功能并相应改变产品设计结构可以大大降低产品成本，从而获得更多的价值增值。这近似于企业实践中开展的价值工程法，即以产品设计和功能定位作为成本管控的起点。例如，国内外有关资料显示，通过改进产品功能和产品设计结构所降低的成本占事前成本决策取得成本降低额的 70%～80%。可见，大力推广产品功能成本决策，不仅可以实现产品功能、质量同产品成本的权衡，而且可以确定努力实现的目标成本，从而降低产品成本。

5.1 即测即评

产品功能成本决策是将产品的功能（产品所担负的职能或所起的作用）与成本（为获得产品一定的功能必须支出的费用）进行对比，寻找降低产品成本途径的管理活动。其目的在于以最低的成本实现产品适当的、必要的功能，提升产品价值。

产品功能与成本之间的比值关系称为价值系数，可用公式表示为：

$$价值系数=\frac{功能}{成本}$$

价值系数的大小反映产品价值的大小。因此，提升产品价值的途径可概括如下：

（1）在成本不变的情况下，功能优化，将提升产品的价值。

（2）在功能不变的情况下，成本降低，将提升产品的价值。

（3）在功能提高的情况下，成本降低，将提升产品的价值。

（4）在成本提高的情况下，功能提高的幅度大于成本提高的幅度，将提升产品的价值。

（5）在功能衰退的情况下，成本降低的幅度大于功能衰退的幅度，将提升产品的价值。

产品功能成本决策大致按下步骤展开。

5.1.1 选择产品功能成本分析对象

在产品很多的情况下，企业应有选择地进行产品功能成本分析，才能取得事半功倍的效果。选择的一般原则是：

（1）从产量大的产品中选，可以有效积累每一产品的成本降低额。

（2）从产品结构复杂、零部件多的产品中选，可以简化产品结构、减少零部件的种类或数量。

（3）从体积大或重量大的产品中选，可以缩小体积、减轻重量。

（4）从投产期长的产品中选，可以改进产品设计，尽量采用新技术、新工艺、新方法加工。

（5）从畅销产品中选，不仅可以降低成本，而且能使该产品处于更有利的竞争地位。

（6）从原设计问题比较多的产品中选，可以充分挖掘改进设计的潜力。

（7）从工艺复杂、工序繁多的产品中选，可以简化工艺、减少工序。

（8）从成本高的产品中选，可以较大幅度地降低成本。

（9）从零部件消耗量大的产品中选，可以大幅降低成本、优化结构。

（10）从废品率高、退货多、用户意见大的产品中选，可以提高功能成本分析的效率。

5.1.2 围绕分析对象收集各种资料

分析对象确定后，应深入进行市场调查，收集各种资料作为分析研究的依据。所需资料大致包括以下几个方面：

（1）产品的需求状况。例如，用户对产品功能及成本的要求、销售结构及数量的预期值、价格水平等。

（2）产品的竞争状况。例如，竞争对手的数量、分布、能力，以及竞争对手在产品设计上的特点及推销渠道等。

（3）产品设计、工艺加工状况。结合市场需求及竞争对手的优势，总结企业在产品设计、工艺加工技术方面存在的不足等。

（4）经济分析资料。例如，产品成本构成、成本水平、消耗定额、生产指标等。

（5）国内外同类型产品的其他有关资料。

对于收集的各种资料应进行详细分析，去粗取精，去伪存真，提高分析资料的可靠性。

5.1.3 功能评价

在对不同方案进行功能评价时，需要计算功能评价系数、成本系数，并将二者相比计算价值系数。其中：功能评价系数等于某一方案的功能得分除以所有方案的总功能得分；成本系数等于某一方案的成本除以所有方案的总成本；价值系数等于某一方案的功能评价系数除以该方案的成本系数。在计算各方案的价值系数后，根据价值系数的大小可以判断方案的优劣。

在对现有产品进行功能评价以寻找进一步优化成本的可能时，执行以下基本步骤：

（1）计算各个零部件的功能评价系数、按目前成本计算各个零部件的成本系数，并将二者相比计算各个零部件的价值系数。

（2）将目标成本按零部件的功能系数进行分配，并确定目标成本分配额与当前实际成本的差异值。

(3) 将价值系数低、降低成本潜力大的分析对象作为重点分析对象。

功能评价的基本方法主要有评分法和强制确定法。

1. 评分法

该方法按产品（或零部件）的功能重要程度进行打分，通过确定不同方案的价值系数来选择最优方案。

例 5-1

某企业为改进甲手表设计了 3 个可选择方案，分别从走时、夜光、防水、防震、外观等 5 个方面采用 5 分制评分，评分结果如表 5-1 所示。

表 5-1　功能比较表

方案	走时	夜光	防水	防震	外观	总分	选择
1	3	4	5	4	5	21	√
2	5	5	3	5	4	22	√
3	5	4	4	3	4	20	×

上述 3 个方案中，方案 3 的总分最低，初选淘汰。对于方案 1 和方案 2 应结合成本资料进行第二轮比较，有关成本资料如表 5-2 所示。

表 5-2　方案估计成本比较表　　金额单位：元

方案	预计销售量（件）	直接材料、人工等	制造费用	制造成本
1	5 000	280	80 000	296
2	5 000	270	50 000	280

然后，计算方案 1 和方案 2 的功能评价系数、成本系数和价值系数，并进行比较：

方案 1 的功能评价系数＝21/43＝0.488 4

方案 2 的功能评价系数＝22/43＝0.511 6

方案 1 的成本系数＝296/576＝0.513 9

方案 2 的成本系数＝280/576＝0.486 1

方案 1 的价值系数＝0.488 4/0.513 9＝0.950 4

方案 2 的价值系数＝0.511 6/0.486 1＝1.052 5

通过对比可知，方案 2 不仅成本较低，价值系数还高，因而应该选择方案 2。

2. 强制确定法

这种方法也称一对一比较法或 0-1 评分法，就是把组成产品的零件排列起来，一对一地对比，凡功能相对重要的零件得 1 分，功能相对不重要的零件得 0 分。然后，将零件得分总数除以各零件得分总数，即可求得零件的功能评价系数。假设甲产品由 A、B、C、D、E、F、G 等 7 个零件组成，按强制确定法计算功能评价系数如表 5-3 所示。

表 5-3 功能比较表

零件名称	一对一比较结果							得分合计	功能评价系数
	A	B	C	D	E	F	G		
A	×	1	1	0	1	1	1	5	5/21=0.238
B	0	×	0	1	1	0	0	2	2/21=0.095
C	0	1	×	0	0	1	1	3	3/21=0.143
D	1	0	1	×	1	1	0	4	4/21=0.191
E	0	0	1	0	×	1	1	3	3/21=0.143
F	0	1	0	0	0	×	1	2	2/21=0.095
G	0	1	0	1	0	0	×	2	2/21=0.095
合计								21	1.000

表 5-3 中 A、D 两个零件的功能评价系数较大，说明其功能较为重要，而 B、F、G 三个零件的功能评价系数最小，说明其功能较不重要。

在功能评价系数确定后，应计算各零件的成本系数和价值系数：

$$各零件的成本系数=\frac{某零件的当前实际成本}{所有零件的当前实际成本合计}$$

$$各零件的价值系数=\frac{某零件的功能评价系数}{该零件的成本系数}$$

例 5-2

以表 5-3 中甲产品的 7 个零件为例，说明价值系数的计算（见表 5-4）。

表 5-4 零件价值系数计算表

零件名称	功能评价系数	当前实际成本（元）	成本系数	价值系数
A	0.238	300	0.250	0.952
B	0.095	500	0.417	0.228
C	0.143	48	0.040	3.575
D	0.191	46	0.038	5.026
E	0.143	100	0.083	1.723
F	0.095	80	0.067	1.418
G	0.095	126	0.105	0.905
合计	1.000	1 200	1.000	—

价值系数表示功能与成本之比，如果价值系数等于 1 或接近 1（如 A、G 零件），则说明零件的功能与成本的重要性基本相当，因而也就不是降低成本的主要目标；如果价值系数大于 1（如 C、D、E、F 零件），则说明在该零件功能得到满足的情况下，已无进一步降低成本或减少功能的必要；如果价值系数小于 1（如 B 零件），则说明与功能相比成本偏高，应作为降低成本的主要目标，进一步挖掘其提高功能、降低成本的潜力。

那么 B 零件的成本应降低到什么程度才能与功能相匹配呢？在产品目标成本已定的情况下，可将产品目标成本按各零部件的功能评价系数分配给各零件形成各零部件的目标成本，然后与各零件的当前实际成本比较，即可确定各零件成本降低的数额。假定甲产品的目标成本为1 000 元，则各零件预计成本及成本降低额的计算如表 5－5 所示。

表 5－5 零件预计成本表

零件名称	功能评价系数	按功能评价系数分配目标成本（元）	当前实际成本（元）	成本降低额（元）
A	0.238	238	300	62
B	0.095	95	500	405
C	0.143	143	48	−95
D	0.191	191	46	−145
E	0.143	143	100	−43
F	0.095	95	80	−15
G	0.095	95	126	31
合计	1.000	1 000	1 200	200

从表 5－5 可以看出，与目标成本相比，当前实际成本应降低 200 元，其中 A、B、G 零件成本与其功能相比偏高，故应作为降低成本的对象，尤其是 B 零件应作为重点对象；至于 C、D、E、F 零件（特别是 D 零件），只有在功能过剩的情况下才考虑减少过剩功能以降低成本，否则应维持原状。

5.1.4 试验与提案

在功能评价的基础上，即可对过剩功能和不必要成本进行调整，从而提出新的可供试验的方案。然后按新方案进行试验生产，在征求各方面意见的同时，对新方案的不足加以改进。新方案经进一步调整即可作为正式方案提交有关部门审批，批准后可组织实施。

5.2 产品品种决策

5.2 即测即评

盈利模式和经营模式

在产品功能确定的情况下，企业面临着产品生产中的三大决策：生产什么（产品品种决策）、生产多少（产品组合决策）、如何生产（生产组织决策），这将决定生产产品的成本和最终效益。

产品品种决策旨在解决生产什么产品的问题，包括：生产何种新产品，亏损产品是否停产，零部件是自制还是外购，半成品（或联产品）是否需要进一步加工等。

5.2.1 生产何种新产品

如果企业有剩余生产能力可供使用，或者可以利用过时产品释放出来的生产能力，在有几种新产品可供选择时，一般采用贡献毛益分析法进行决策。

贡献毛益分析法是在成本性态分类的基础上，通过比较各备选方案贡献毛益的大小来确定最优方案的分析方法。传统会计认为，只有当收入大于完全成本时才形成贡献；而管理会计则认为，只要收入大于变动成本就会形成贡献。因为固定成本总额在相关范围内并不随业务量（产销量）的增减变动而变动，因此，收入减去变动成本后的差额（即贡献毛益）越大，则减去不变的固定成本后的余额（即利润）也就越大。也就是说，贡献毛益的大小反映了备选方案对企业利润目标所做贡献的大小。

运用贡献毛益分析法时，应注意以下几点：

（1）在不存在专属成本的情况下，可以通过比较不同备选方案的贡献毛益总额，进行择优决策（见例5－3）。

（2）在存在专属成本的情况下，首先应计算备选方案的剩余贡献毛益总额（贡献毛益总额减专属成本后的余额），然后通过比较不同备选方案的剩余贡献毛益（或贡献毛益）总额，进行择优决策（见例5－4）。

（3）在企业的某项资源（如原材料、人工工时、机器工时等）受限制的情况下，可以通过计算、比较各备选方案的单位资源贡献毛益来进行择优决策（见例5－5）。当然，根据贡献毛益总额同样也能做出正确的选择。

（4）由于贡献毛益总额的大小既取决于产品单位贡献毛益的大小，也取决于产品的产销量，所以应该选择贡献毛益总额最大的产品。这是因为单位贡献毛益大的产品提供的贡献毛益总额未必也大，也就是说，在决策中不能只根据单位贡献毛益的大小来进行择优决策。

例5－3①

某企业原来生产甲、乙两种产品，现有丙、丁两种新产品可以投入生产，但剩余生产能力有限，只能将其中一种新产品投入生产。企业的固定成本为1 800元，且并不因为新产品投产而增加。各种产品的资料如表5－6所示。

表5－6　基础数据表　　金额单位：元

项目	甲产品	乙产品	丙产品	丁产品
产销数量（件）	300	200	180	240
售价	10	8	6	9
单位变动成本	4	5	3	5

① 模拟实验参见：马元驹，李百兴．管理会计学模拟实验教程．3版．北京：中国人民大学出版社，2016：103.

这时，只要分别计算丙、丁产品能够提供的贡献毛益总额（见表 5－7），加以对比，便可做出决策。

表 5－7　贡献毛益计算表　　金额单位：元

项目	丙产品	丁产品
预计销售数量（件）	180	240
售价	6	9
单位变动成本	3	5
单位贡献毛益	3	4
贡献毛益总额	540	960

以上计算表明，丁产品的贡献毛益总额比丙产品的贡献毛益总额多 420 元（960－540）。可见，生产丁产品优于生产丙产品。

这种决策的正确性可以通过表 5－8 和表 5－9 计算两个方案的公司利润额加以证明。

表 5－8　利润计算表（新投产丙产品）　　单位：元

项目	甲产品	乙产品	丙产品	合计
销售收入	3 000	1 600	1 080	5 680
变动成本	1 200	1 000	540	2 740
贡献毛益总额	1 800	600	540	2 940
固定成本				1 800
利润	—	—	—	1 140

表 5－9　利润计算表（新投产丁产品）　　单位：元

项目	甲产品	乙产品	丁产品	合计
销售收入	3 000	1 600	2 160	6 760
变动成本	1 200	1 000	1 200	3 400
贡献毛益总额	1 800	600	960	3 360
固定成本				1 800
利润	—	—	—	1 560

例 5－4

如果例 5－3 中丙产品有专属固定成本（如专用设备的折旧）180 元，丁产品有专属固定成本 650 元，则有关分析如表 5－10 所示。

表5-10　剩余贡献毛益计算表　　单位：元

项目	丙产品	丁产品
贡献毛益总额	540	960
专属固定成本	180	650
剩余贡献毛益总额	360	310

在这种情况下，丁产品的剩余贡献毛益总额比丙产品的剩余贡献毛益总额少50元（360－310），因此生产丙产品优于生产丁产品。

例5-5

某企业现有设备的生产能力是40 000个机器工时，利用程度为80%。现准备利用剩余生产能力开发新产品甲、乙或丙，有关资料如表5-11所示。

表5-11　基础数据表

项目	甲产品	乙产品	丙产品
单位产品定额工时（小时）	2	3	4
单位销售价格（元）	30	40	50
单位变动成本（元）	20	26	30

由于现有设备加工精度不足，在生产丙产品时，需要增加专用设备5 000元。在甲、乙、丙产品市场销售不受限制的情况下，采用贡献毛益分析法进行方案选择。

该企业现有剩余机器工时8 000小时。根据已知数据编制分析表，如表5-12所示。

表5-12　贡献毛益计算表

项目	生产甲产品	生产乙产品	生产丙产品
最大产量（件）	8 000/2=4 000	8 000/3=2 666	8 000/4=2 000
单位销售价格（元）	30	40	50
单位变动成本（元）	20	26	30
单位贡献毛益（元）	10	14	20
专属成本（元）	—	—	5 000
贡献毛益总额（元）	40 000	37 324	40 000
剩余贡献毛益总额（元）	—	—	35 000
单位产品定额工时（小时）	2	3	4
单位工时贡献毛益（元）	5	4.67	4.375

从计算结果可知，开发新产品甲最有利。首先，甲产品的贡献毛益总额为40 000元，比乙产品的贡献毛益总额多2 676元，比丙产品的剩余贡献毛益总额

多 5 000 元；其次，甲产品的单位工时贡献毛益为 5 元，比乙产品高 0.33 元，比丙产品高 0.625 元。可见，无论从贡献毛益总额（或剩余贡献毛益总额）来判断，还是从单位工时贡献毛益来判断，均为生产甲产品的方案最优。

此外，尽管甲产品的单位贡献毛益最低，但由于其产量的影响，其贡献毛益总额仍然最大。可见，单位贡献毛益的大小不是进行方案择优决策的唯一标准。

贡献毛益分析法适合收入成本型（收益型）方案的择优决策，尤其适用于多个方案的择优决策。

5.2.2　亏损产品的决策

企业进行不同方案的比较、选择的过程，实质是选择最大收益方案的过程，最大收益方案是在各个备选方案收入、成本的比较中产生的。当两个备选方案具有不同的预期收入和预期成本时，根据这两个备选方案间的差量收入、差量成本计算的差量损益进行最优方案选择的方法，就叫差量分析法。

运用差量分析法时，首先应明确以下几个概念：

（1）差量，是指两个备选方案同类指标之间的数量差异。

（2）差量收入，是指两个备选方案预期收入之间的数量差异。

（3）差量成本，是指两个备选方案预期成本之间的数量差异。

（4）差量损益，是指差量收入与差量成本之间的数量差异。当差量收入大于差量成本时，其数量差异为差量收益；当差量收入小于差量成本时，其数量差异为差量损失。差量损益实际是两个备选方案预期收益之间的数量差异。

当差量损益确定后，就可以进行方案的选择：如果差量损益为正（即为差量收益），说明比较方案可取；如果差量损益为负（即为差量损失），说明被比较方案可取。

差量分析法的决策过程如表 5-13 所示。

表 5-13　差量计算表

A 方案	B 方案	差量
预期收入	预期收入	差量收入
预期成本	预期成本	差量成本
预期损益	预期损益	差量损益

当差量损益>0 时，A 方案可取；

当差量损益<0 时，B 方案可取。

对亏损产品绝不能简单地将其予以停产，必须综合考虑企业各种产品的经营状况、生产能力的利用及有关因素的影响，在成本性态分类的基础上采用差量分析法进行计算后，做出停产、继续生产、转产或出租等最优决策。

例 5-6①

光华公司生产甲、乙、丙三种产品，其中甲产品是亏损产品。有关盈亏计算如表 5-14 所示。

表 5-14 盈亏计算表 单位：元

项目	甲产品	乙产品	丙产品	合计
销售收入	1 800	2 900	7 300	12 000
销售成本	2 100	2 400	4 900	9 400
营业利润	−300	500	2 400	2 600

仅仅从表 5-14 的资料来看，停止甲产品的生产是有利的（利润将上升至 2 900 元）。但是否真正有利，还应参考其他资料才能确定。假设按变动成本法分解销售成本，如表 5-15 所示。

表 5-15 销售成本分解表 单位：元

项目	甲产品	乙产品	丙产品
直接材料	800	600	2 500
直接人工	400	200	400
制造费用	200	400	700
管理费用	192	340	360
财务费用	220	380	420
销售费用	288	480	520

从表 5-15 可以看出，甲产品 2 100 元的销售成本中，期间费用分摊额共计 700 元（其中：管理费用 192 元、财务费用 220 元、销售费用 288 元），而在变动成本法下，这部分费用均应在本期全数扣除，因此，在甲产品尚能提供贡献毛益总额 400 元（1 800−800−400−200）的情况下，停止生产甲产品不但不会增加 300 元利润，反而会减少 400 元利润（利润将降至 2 200 元）。表 5-16 的分析可以证明这一点。

表 5-16 差量分析表 单位：元

项目	继续生产甲产品	停止生产甲产品	差量
销售收入	12 000	10 200	1 800
生产成本			
直接材料	3 900	3 100	800

① 模拟实验参见：马元驹，李百兴．管理会计学模拟实验教程．3 版．北京：中国人民大学出版社，2016：106.

续表

项目	继续生产甲产品	停止生产甲产品	差量
直接人工	1 000	600	400
制造费用	1 300	1 100	200
期间费用			
管理费用	892	892	0
财务费用	1 020	1 020	0
销售费用	1 288	1 288	0
利润	2 600	2 200	400

亏损产品的决策是一个复杂的综合考虑多因素的过程，一般应注意以下几点：

（1）如果亏损产品能够提供贡献毛益，弥补一部分固定成本，除特殊情况（如存在更加有利可图的机会），一般不应停产。但如果亏损产品不能提供贡献毛益，通常应考虑停产。

（2）亏损产品能够提供贡献毛益，并不意味着该亏损产品一定要继续生产。如果存在更加有利可图的机会（如转产其他产品或将停止亏损产品生产而释放出的固定资产出租），能够使企业获得更多的贡献毛益，那么该亏损产品应停产。

例 5－7

承例 5－6，假定光华公司在停止甲产品生产后可转产丁产品，其销售单价为 150 元，单位变动成本（单位直接材料、单位直接人工与单位制造费用之和）为 110 元，通过市场销售预测，丁产品一年可产销 500 件。转产丁产品需追加机器投资 12 000 元。问是否应停止甲产品生产而转产丁产品？

在转产决策中，只要转产的丁产品提供的贡献毛益总额（在有专属固定成本时应计算剩余贡献毛益总额）大于亏损的甲产品提供的贡献毛益总额，就应做出转产的决策。丁产品剩余贡献毛益总额的计算如下：

丁产品销售收入＝500×150＝75 000(元)

丁产品变动成本＝500×110＝55 000(元)

丁产品贡献毛益总额＝75 000－55 000＝20 000(元)

丁产品专属固定成本＝12 000(元)

丁产品剩余贡献毛益总额＝20 000－12 000＝8 000(元)

从上述计算可以看出，丁产品提供的剩余贡献毛益总额比甲产品提供的贡献毛益总额多 7 600 元（8 000－400），说明转产丁产品比继续生产甲产品更加有利可图，此时企业利润将增至 10 200 元，利润增加 7 600 元，如表 5－17 所示。

表5-17　差量分析表　　单位：元

项目	生产甲产品	转产丁产品	差量
销售收入	12 000	85 200	73 200
变动成本	6 200	59 800	53 600
贡献毛益总额	5 800	25 400	19 600
固定成本总额	3 200	15 200	12 000
（其中：专属固定成本）		（12 000）	
利润	2 600	10 200	7 600

在亏损产品停产后，闲置的厂房、设备等固定资产可以出租时，只要出租净收入（指租金收入扣除合同规定的应由出租者承担的某些费用后的余额）大于亏损产品所提供的贡献毛益，就应考虑停止亏损产品生产而采用出租的方案。

综上所述，在不改变生产能力的短期决策中，固定成本一般不变，因而可以把固定成本排除在决策考虑因素外（但专属固定成本必须考虑），只需要比较各方案的贡献毛益即可选择最优方案。

（3）在生产、销售条件允许的情况下，大力发展能够提供贡献毛益的亏损产品，也会扭亏为盈，并使企业的利润大大增加。

例5-8

承例5-6，假定光华公司将甲产品的销售收入由1 800元提高到3 600元（假设固定成本分摊额不变），则企业将盈利3 000元（其中甲产品将盈利100元），有关计算如表5-18所示。

表5-18　盈亏计算表　　单位：元

项目	产品			
	甲	乙	丙	合计
销售收入	3 600	2 900	7 300	13 800
减：变动成本	2 800	1 200	3 600	7 600
贡献毛益	800	1 700	3 700	6 200
减：固定成本	700	1 200	1 300	3 200
利润	100	500	2 400	3 000

（4）对不提供贡献毛益的亏损产品，不能不加区别地予以停产。首先，应在努力降低成本上做文章，以期转亏为盈；其次，应在市场允许的范围内通过适当提高售价来扭亏为盈；最后，应考虑企业的产品结构和社会效益的需要。

总之，亏损产品的决策涉及的因素很多，需要从不同角度设计方案并采用恰当的方法优选方案。

5.2.3　自制还是外购的决策

具有加工能力的企业常常面临所需零配件是自制还是外购的决策。由于所需零配件的数量对自制方案或外购方案都是一样的，因而这类决策通常只需要考虑自制方案和外购方案的成本高低，在质量相当并保证供货及时的情况下，就低不就高。

1. 外购不减少固定成本的决策

如果企业可以从市场上买到现在由企业自己生产的某种零配件，而且质量相当、供货及时、价格低廉，这时一般都会考虑是否停止自产转为外购。在由自制转为外购，而且剩余生产能力不能利用（固定成本并不因停止自产转为外购而减少）的情况下，正确的分析方法是：将外购的单位增量成本，即购买零配件的价格（包括买价，单位零配件应承担的订购、运输、装卸、检验等费用），与自制时的单位增量成本相对比，单位增量成本低的即为最优方案。由于固定成本不因停止自产转为外购而减少，这样，自制时的单位变动成本就是自制方案的单位增量成本。所以，自制单位变动成本高于购买价格时，应该外购；自制单位变动成本低于购买价格时，应该自制。

例5-9

某公司生产甲产品每年需要58 000件A零件，由车间自制时每件成本为78元，其中单位变动成本为60元，单位固定成本为18元。A零件的市场购买价格为每件65元，而且质量更好、能够保证按时送货上门。该公司应该选择自制还是外购？

由于自制单位变动成本60元小于外购价格65元，所以，应选择自制。这时每个A零件的成本将降低5元，共降低290 000元。

2. 自制增加固定成本的决策

在企业所需零配件由外购转为自制时需要增加一定的专属固定成本（如购置专用设备而增加的固定成本），或由自制转为外购时可以减少一定的专属固定成本的情况下，自制方案的单位增量成本不仅包括单位变动成本，还应包括单位专属固定成本。由于单位专属固定成本随产量的增加而减少，因此自制方案单位增量成本与外购方案单位增量成本将在某个产量点出现优劣互换的现象，即产量超过某一限度时自制有利，产量低于该限度时外购有利。这时，就必须首先确定该产量限度点（即成本无差别点），并将产量划分为不同的区域，确定在何种区域内哪个方案最优。

在成本按性态分类的基础上，任何方案的总成本都可以用 $y=a+bx$ 表述。所谓成本无差别点，是指在该业务量水平上，两个不同方案的总成本相等，但当高于或低于该业务量水平时，不同方案则具有不同的业务量优势区域。利用不同方案的不同业务量优势区域进行最优方案选择的方法，称为成本无差别点分析法。

设 x 为成本无差别点业务量；a_1、a_2 为方案Ⅰ、方案Ⅱ的固定成本总额；b_1、b_2 为方案Ⅰ、方案Ⅱ的单位变动成本；y_1、y_2 为方案Ⅰ、方案Ⅱ的总成本，则

$$y_1=a_1+b_1x$$

$$y_2=a_2+b_2x$$

根据成本无差别点上两个方案总成本相等的原理，令

$$y_1=y_2$$

则

$$a_1+b_1x=a_2+b_2x$$

变形得

$$x=(a_1-a_2)/(b_2-b_1)$$

即 $$\text{成本无差别点业务量}=\frac{\text{自制增加的专属固定成本}}{\text{购买价格}-\text{自制单位变动成本}}$$

这时，整个业务量被分割为两个区域：$0\sim x$ 及 $x\sim\infty$，其中 y_1 与 y_2 相交点为成本无差别点，成本无差别点对应的业务量（x）为成本无差别点业务量（见图 5-1）。

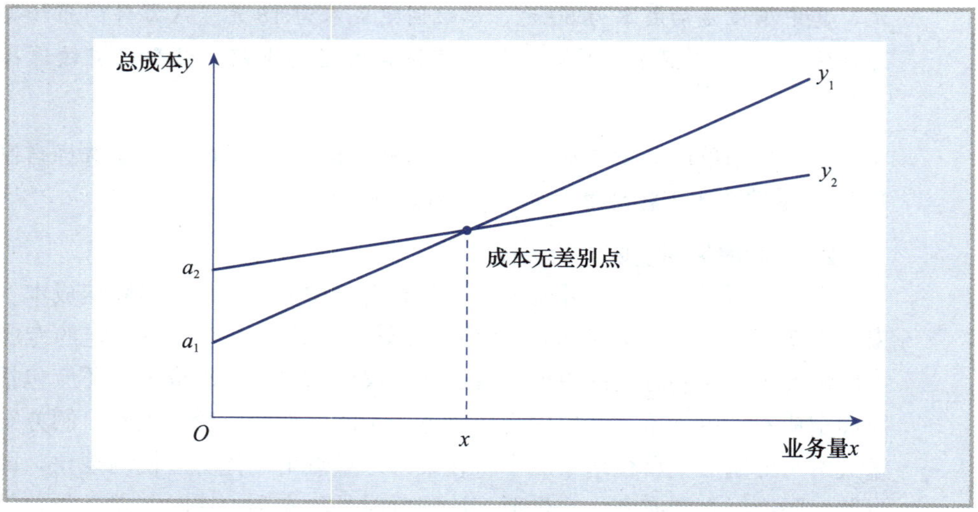

图 5-1　成本无差别点示意图

在成本无差别点上，方案Ⅰ和方案Ⅱ的总成本相等，也就是说两个方案都可取；而低于或高于该点，方案Ⅰ和方案Ⅱ就具有不同的选择价值。至于在哪个区域哪个方案更可取，则应通过选取数据代入 y_1、y_2 公式来确定。

例 5-10①

某公司每年需用 B 零件 860 件，以前一直外购，购买价格为每件 8.4 元。现该公司有无法移作他用的多余生产能力可以用来生产 B 零件，但每年将增加专属

① 模拟实验参见：马元驹，李百兴．管理会计学模拟实验教程．3 版．北京：中国人民大学出版社，2016：108.

固定成本 1 200 元，自制时单位变动成本为 6 元。

为便于了解两种方案的产量取舍范围，可将上述资料绘入直角坐标系内，如图 5－2 所示。

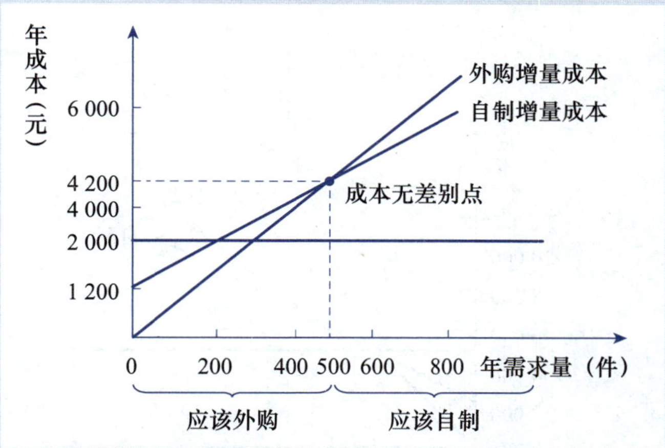

图 5－2　零件外购与自制的成本无差别点及优势区域

从图 5－2 可以看出，B 零件需求量在 500 件以内时，应该外购；而当需求量超过 500 件时，自制有利。由于该公司 B 零件的需求量为 860 件，因而应选择自制。

图 5－2 中的成本无差别点业务量也可以按下列公式计算。设 x 为 B 零件年需求量，则

外购增量成本 $y_1=8.4x$

自制增量成本 $y_2=1\ 200+6x$

外购增量成本与自制增量成本相等时的年需求量即为成本无差别点业务量：

$$8.4x=1\ 200+6x$$

$$x=\frac{1\ 200}{8.4-6}=500(\text{件})$$

利用公式法确定成本无差别点业务量只是将整个需求量划分为 500 件以内和 500 件以上两个区域，要确定这两个区域中哪个方案有利，还需将某一设定值代入 y_1 或 y_2 进行试算。假定产量为 100 件，则

$$y_1=8.4\times100=840(\text{元})$$

$$y_2=1\ 200+6\times100=1\ 800(\text{元})$$

可见，在 500 件以内时外购有利，在 500 件以上时自制有利。

为了促进产品销售，供应商常常采用一些促销方法，如折扣或折让。在这种情况下，外购方案就应考虑购买价格的变动，以做出正确的决策。

例 5-11

某公司生产需要一种零件，若自制，单位变动成本为 1 元，并需购置一台年折旧额为 2 200 元的设备；若外购，供应商规定，凡一次购买量在 3 000 件以下时，单位售价为 2 元，超过 3 000 件时，单位售价为 1.55 元。根据以上资料，可绘制图 5-3。

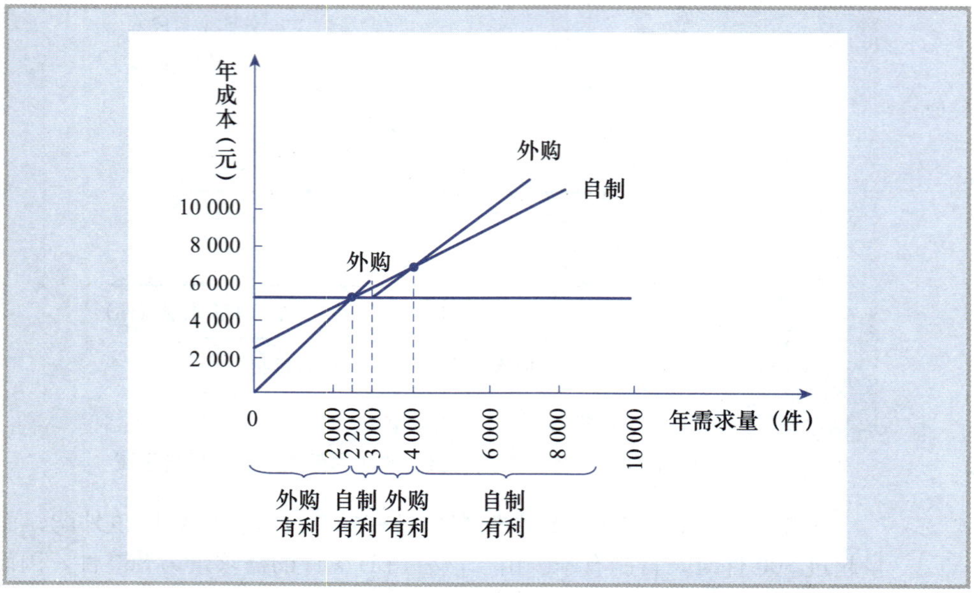

图 5-3 零件外购与自制决策图

图 5-3 形象地说明：当零件需要量低于 2 200 件或为 3 000～4 000 件时，外购成本低，外购比较有利；零件需要量为 2 200～3 000 件或在 4 000 件以上时，自制成本低，自制比较有利。

此决策也可采用公式法求解。设自制方案的成本与一次购买量在 3 000 件以下的成本分界产量为 x_1，则

$$2\ 200+x_1=2x_1$$

$$x_1=\frac{2\ 200}{2-1}=2\ 200(件)$$

设自制方案的成本与一次购买量在 3 000 件以上的成本无差别点产量为 x_2，则

$$2\ 200+x_2=1.55x_2$$

$$x_2=\frac{2\ 200}{1.55-1}=4\ 000(件)$$

于是，整个需求量被划分为四个区域：2 200 件以下、2 200～3 000 件、3 000～4 000 件、4 000 件以上。至于各个区域自制有利还是外购有利，可设值代入自制方案成本公式和外购方案成本公式进行计算来确定。

3. 外购时有租金收入的决策

在零配件外购并且释放出的剩余生产能力可以转移的情况下（如出租、转产其他产品），由于出租剩余生产能力能获得租金收入，转产其他产品能提供贡献毛益，因此将自制方案与外购方案对比时，必须把租金收入或转产产品的贡献毛益作为自制方案的一项机会成本，并构成自制方案增量成本的一部分。这时，应将自制方案的变动成本与租金收入（或转产产品的贡献毛益）之和与外购成本相比，择其低者。

例5-12

某公司每年需要C零件5 000件，若要自制，则自制单位变动成本为10元；若要外购，则外购单位价格为12元。如果外购C零件，则释放出来的生产能力可以出租，每年租金收入为3 200元。

在计算、比较外购和自制这两个方案的增量成本时，应将租金收入3 200元作为自制方案的机会成本，如表5-19所示。

表5-19 增量成本对比表 单位：元

项目	自制增量成本	外购增量成本
外购成本		12×5 000=60 000
自制变动成本	10×5 000=50 000	
外购时租金收入	3 200	
合计	53 200	60 000
自制收益	60 000-53 200=6 800	

计算结果表明，选择自制方案是有利的，比外购方案减少成本6 800元。

5.2.4 半成品（或联产品）是否进一步加工

当半成品可以对外销售时，存在一个将产品加工到什么程度（卖半成品还是产成品）的问题。对这类问题，决策时只需考虑进一步加工后增加的收入是否超过增加的成本，如果前者大于后者，则应进一步加工为产成品出售；反之，则应销售半成品。在此，进一步加工前的收入和成本都与决策无关，不必考虑。

1. 半成品是否进一步加工

产品作为半成品出售，其售价和成本都低于进一步加工后作为产成品出售的售价和成本。是否进一步加工，可按下列公式计算确定。

（1）应进一步加工的条件。

$$\begin{matrix}\text{进一步加工后}\\\text{产成品的销售收入}\end{matrix}-\begin{matrix}\text{半成品的}\\\text{销售收入}\end{matrix}>\begin{matrix}\text{进一步加工后}\\\text{产成品的成本}\end{matrix}-\begin{matrix}\text{半成品的}\\\text{成本}\end{matrix}$$

（2）应出售半成品的条件。

$$\text{进一步加工后产成品的销售收入}-\text{半成品的销售收入}<\text{进一步加工后产成品的成本}-\text{半成品的成本}$$

在上述公式中，左边是差异收入，右边是差异成本。另外，进一步加工后的产成品成本包括追加的变动成本和专属固定成本。

例 5－13

某企业每年生产、销售甲产品 3 800 件，每件变动成本为 16 元，每件固定成本为 1 元，售价为 24 元。如果把甲产品进一步加工成乙产品，售价可提高到 30 元，但单位变动成本需增至 20 元，另外需发生专属固定成本 800 元。

差异收入＝(30－24)×3 800＝22 800(元)

差异成本＝(20－16)×3 800＋800＝16 000(元)

由于差异收入大于差异成本 6 800 元（22 800－16 000），因而进一步加工是有利的。应注意的是，单位固定成本 1 元在计算中未予考虑，因为这部分固定成本在加工前、加工后均存在，属于与决策无关的沉没成本。

2. 联产品是否进一步加工

在同一生产过程中生产出来的若干种经济价值较大的产品，称为联产品。有些联产品可在分离后就出售，有的则在分离后继续加工再出售。分离前的成本属于联合成本，要按售价等标准分配给各种联产品。联产品在分离后继续加工的追加变动成本和专属固定成本，称为可分成本。联合成本是沉没成本，决策时不予考虑；可分成本是与决策相关的成本，决策时应予以考虑。联产品是否进一步加工，可按下列公式计算确定。

（1）应进一步加工。

进一步加工后的销售收入－分离后的销售收入＞可分成本

（2）分离后即出售。

进一步加工后的销售收入－分离后的销售收入＜可分成本

例 5－14

某企业生产的甲产品在继续加工过程中，可分离出 A、B 两种联产品。甲产品售价 200 元，单位变动成本 140 元。A 产品分离后即予以销售，单位售价 160 元；B 产品单位售价 240 元，可进一步加工成子产品销售，子产品售价 360 元，需追加单位变动成本 62 元。

（1）分离前的联合成本按 A、B 两种产品的售价分配。

$$\text{A 产品分离后的单位变动成本}=\frac{140}{160+240}\times160=56(\text{元})$$

$$\text{B 产品分离后的单位变动成本}=\frac{140}{160+240}\times240=84(\text{元})$$

（2）由于A产品分离后的售价大于分离后的单位变动成本（160＞56），故分离后销售是有利的。

（3）B产品进一步加工成子产品的可分成本为62元，进一步加工后的销售收入为360元，而分离后B产品的销售收入为240元，则

差异收入＝360－240＝120(元)

差异收入大于可分成本（120＞62），可见，将B产品进一步加工成子产品出售是有利的。

5.3　产品组合决策

5.3即测即评

在多品种产品的生产过程中，各种产品的生产都离不开必要的生产条件或生产要素，如机器设备、人工、原材料等。如果各种产品共用一种或几种生产要素，而这些生产要素又是有限的，做出的生产经营决策应使各种产品的生产组合达到最优，以便有效、合理地使用这些限制性生产要素。产品组合决策就是通过计算、分析进而做出各种产品应生产多少才能使各个限制性生产要素得到合理、充分的利用，并能获得最大利润的决策。

进行产品组合决策一般采用逐次测试法，即根据企业有限的各项生产条件、各种产品的情况及各项限制要素等数据资料，分别计算单位限制要素所提供的贡献毛益并加以比较，在此基础上经过逐次测试，使各种产品达到最优组合。

例5-15①

某企业生产A、B两种产品，两种产品共用设备工时总数为18 000小时，共用人工工时总数为24 000小时。生产A产品单位产品所需设备工时3小时，人工工时5小时，单位贡献毛益为42元；生产B产品单位产品所需设备工时5小时，人工工时6小时，单位贡献毛益为60元。预测市场销售量：A产品为3 000件，B产品为2 000件。

（1）计算并比较两种产品单位限制因素所提供的贡献毛益，如表5-20所示。

表5-20　贡献毛益计算表

项目	A产品	B产品	限制因素（小时）
单位设备工时贡献毛益（元）	14	12	18 000
单位人工工时贡献毛益（元）	8.4	10	24 000

① 模拟实验参见：马元驹，李百兴．管理会计学模拟实验教程．3版．北京：中国人民大学出版社，2016：113.

比较两种产品单位限制因素所提供的贡献毛益可知，A产品单位设备工时的贡献毛益多于B产品，而B产品单位人工工时贡献毛益多于A产品。

（2）进行第一次测试。试优先安排A产品的生产，剩余因素再安排B产品的生产。根据约束条件，A产品销售量预测为3 000件，则安排最大生产量3 000件。安排结果如表5-21所示。

表5-21 生产安排测试表

项目	产量（件）	所用设备工时（小时）		所用人工工时（小时）		贡献毛益（元）	
		总产量	单位产量	总产量	单位产量	总产量	单位产量
A产品	3 000	9 000	3	15 000	5	126 000	42
B产品	1 500	7 500	5	9 000	6	90 000	60
合计		16 500		24 000		216 000	
限制因素		18 000		24 000			
剩余因素		1 500		0			

以上测试结果表明，按照这种组合方式所确定的两种产品的生产量来进行生产，可获得贡献毛益总额216 000元，机器设备工时剩余1 500小时。考虑到生产单位B产品所用设备工时多于生产单位A产品所用设备工时，为充分利用各项因素，可再测试优先安排B产品的生产，即先满足B产品的生产，剩余因素生产A产品。由于B产品的市场销售量为2 000件，所以，所安排的最大生产量为2 000件。

第二次测试情况如表5-22所示。

表5-22 生产安排测试表

项目	产量（件）	所用设备工时（小时）		所用人工工时（小时）		贡献毛益（元）	
		总产量	单位产量	总产量	单位产量	总产量	单位产量
B产品	2 000	10 000	5	12 000	6	120 000	60
A产品	2 400	7 200	3	12 000	5	100 800	42
合计		17 200		24 000		220 800	
限制因素		18 000		24 000			
剩余因素		800		0			

将两次测试的结果进行分析比较可以看出，采用第二次测试的产品组合方式比采用第一次测试的产品组合方式多获贡献毛益4 800元（220 800－216 000），同时又提高了设备利用率，即减少了剩余设备工时，由原来的剩余设备工时1 500小时减少到剩余设备工时800小时。所以，第二次测试的产品组合，即生产A产品2 400件、B产品2 000件，是最优产品组合。

5.4 生产组织决策

5.4 即测即评

5.4.1 最优生产批量决策

就产品生产而言，并不是生产批量越大越好。在全年产量已定的情况下，生产批量与生产批次成反比，生产批量越大，生产批次越少；生产批量越小，生产批次越多。生产批量和生产批次与生产准备成本、储存成本相关，最优的生产批量应该是年生产准备成本与年储存成本总和最低时的生产批量。

生产准备成本是指每批产品生产开始前因进行准备工作而发生的成本，如调整机器、准备工卡模具、布置生产线、清理现场、领取原材料等发生的工资费用、材料费用等。在正常情况下，每次变更产品生产所发生的生产准备成本基本上是相等的，因此，年生产准备成本与生产批次成正比，与生产批量成反比。生产批次越多，年生产准备成本就越高；反之，就越低。

储存成本是指为储存零部件及产品而发生的仓库及其设备的折旧费、保险费、保管人员工资、维修费等费用的总和。储存成本与生产批量成正比，与生产批次成反比。

从上述生产准备成本、储存成本的特点可以看出：若要降低年生产准备成本，就应减少生产批次，但减少生产批次必然要增加生产批量，从而提高了与生产批量成正比的年储存成本；若要降低年储存成本，就应减少生产批量，但减少生产批量必然要增加生产批次，从而提高了与生产批次成正比的年生产准备成本。因此，如何确定生产批量和生产批次，才能使年生产准备成本与年储存成本之和最低，就成为最优生产批量决策需要解决的问题。

1. 一种零配件分批生产的最优生产批量决策

最优生产批量通常采用公式计算确定。设 A 为全年产量；Q 为生产批量；A/Q 为生产批次；S 为每批生产准备成本；X 为每日产量；Y 为每日耗用量（或销售量）；C 为每单位零配件或产品的年储存成本；T 为年储存成本和年生产准备成本之和（简称年成本合计）。

根据以上符号，年成本合计可计算如下：

$$\begin{array}{c}\text{每批生产终了时的}\\\text{最高储存量}\end{array}=\begin{array}{c}\text{生产}\\\text{批量}\end{array}-\begin{array}{c}\text{每批生产}\\\text{日数}\end{array}\times\begin{array}{c}\text{每日耗用量}\\\text{或销售量}\end{array}$$

$$=Q\left(1-\frac{Y}{X}\right)$$

$$\text{年平均储存量}=\frac{1}{2}Q\left(1-\frac{Y}{X}\right)$$

$$\text{年储存成本}=\frac{1}{2}Q\left(1-\frac{Y}{X}\right)C$$

$$\text{年生产准备成本}=\frac{AS}{Q}$$

$$年成本合计=\frac{1}{2}Q\left(1-\frac{Y}{X}\right)C+\frac{AS}{Q}$$

例 5-16

某公司生产 A 产品每年需用甲零件 7 200 件，专门生产甲零件的设备每日能生产 80 件，每日因组装 A 产品耗用甲零件 20 件，每批生产准备成本为 600 元，每件甲零件年储存成本为 8 元。最优生产批量的计算如表 5-23 所示。

表 5-23 最优生产批量测试表

生产批次	8	7	6	5	4	3
批量（件）	900	1 028	1 200	1 440	1 800	2 400
平均储存量（件）	337.5	385.5	450	540	675	900
年生产准备成本（元）	4 800	4 202	3 600	3 000	2 400	1 800
年储存成本（元）	2 700	3 084	3 600	4 320	5 400	7 200
年成本合计（元）	7 500	7 286	7 200	7 320	7 800	9 000

可见，最优生产批量为 1 200 件、最优生产批次为 6 次时年成本合计最低（7 200 元）。根据以上计算结果可绘出最优生产批量图，如图 5-4 所示。

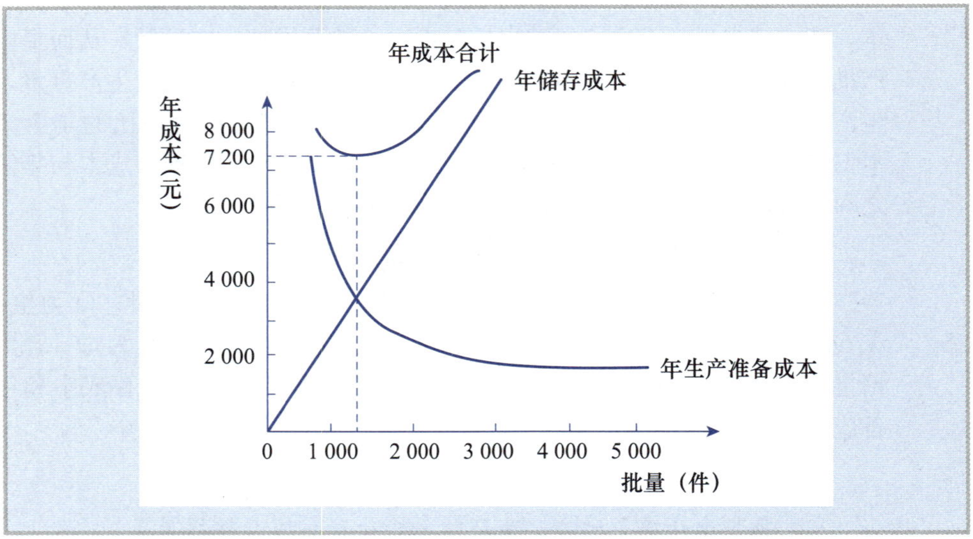

图 5-4 最优生产批量图

从图 5-4 可以看出：

（1）年成本合计表现为一条凹形曲线，当其变动率（一阶导数）为零时达到最低值。从该点向下引出一条虚线与横轴相交，交点即为最优生产批量（经济批量）；向左引出一条虚线相交于纵轴，其交点即为最低年成本合计数。

（2）年生产准备成本线与年储存成本线相交的点（此时年生产准备成本等于年储存成本）向下引出一条虚线，并由此确定最优生产批量和最低年成本合计。

最优生产批量的确定也可以利用数学模型计算求得（推导计算过程略），相关计算公式如下：

$$最优生产批量(Q^*)=\sqrt{\frac{2AS}{C\left(1-\frac{Y}{X}\right)}}$$

$$最优生产批次=\frac{A}{Q^*}=\sqrt{\frac{AC\left(1-\frac{Y}{X}\right)}{2S}}$$

$$最低年成本合计(T^*)=\sqrt{2ASC\left(1-\frac{Y}{X}\right)}$$

利用上述公式可以更简捷地确定最优生产批量、最优生产批次、最低年成本合计：

$$最优生产批量(Q^*)=\sqrt{\frac{2\times 7\ 200\times 600}{8\times\left(1-\frac{20}{80}\right)}}=1\ 200(件)$$

$$最优生产批次=\frac{A}{Q^*}=\frac{7\ 200}{1\ 200}=6(批)$$

$$最低年成本合计(T^*)=\sqrt{2\times 7\ 200\times 600\times 8\times\left(1-\frac{20}{80}\right)}=7\ 200(元)$$

最后需要强调的是，保险储存量部分的储存成本不包括在上述公式计算范围内，因为保险储存量对任何批量的方案都是一样的，决策时可不予考虑。

2. 几种零部件轮换分批生产的最优生产批量决策

上面介绍的是分批生产一种零部件或产品时最优生产批量的确定方法。但如果用同一台设备轮换生产几种零部件或产品时，就不能简单地采用上述方法计算，而应首先根据各种零部件或产品的年生产准备成本之和与年储存成本之和相等时年成本合计最低的原理，确定各种零部件或产品共同的最优生产批次，然后分别计算各种零部件或产品各自的最优生产批量。共同最优生产批次的计算公式如下：

$$共同最优生产批次(N^*)=\sqrt{\frac{\sum_{i=1}^{n}A_iC_i\left(1-\frac{Y_i}{X_i}\right)}{2\sum_{i=1}^{n}S_i}}$$

某种零部件的最优生产批量则可以按下列公式计算：

$$某种零部件的最优生产批量=\frac{该零件全年产量}{最优共同生产批次}=\frac{A_i}{N^*}$$

例 5-17

某公司用一台设备轮番分批生产甲、乙两种零件，有关资料如表 5-24 所示。

表 5-24 基础资料表

项目	甲零件	乙零件
全年产量（件）	5 400	16 200
每次调整成本（元）	400	600
每件零件年储存成本（元）	6	9
每日耗用量（件）	20	45
每日产量（件）	50	180

（1）计算甲、乙两种零部件的共同最优生产批次。

$$\text{共同最优生产批次}=\sqrt{\frac{5\ 400\times 6\times\left(1-\frac{20}{50}\right)+16\ 200\times 9\times\left(1-\frac{45}{180}\right)}{2\times(400+600)}}$$

$$=8(\text{批})$$

（2）根据共同最优生产批次分别计算甲、乙两种零件的最优生产批量。

$$\text{甲零件的最优生产批量}=\frac{5\ 400}{8}=675(\text{件})$$

$$\text{乙零件的最优生产批量}=\frac{16\ 200}{8}=2\ 025(\text{件})$$

此外，如果在一条生产线上分批轮番生产几种产品，而且销售合同规定各种产品应每日均衡发货，这时也可以运用上述方法计算各种产品的共同最优生产批次，进而确定各种产品的最优生产批量。

5.4.2 生产工艺决策

生产工艺是指加工制造产品或零件所使用的机器、设备及加工方法的总称。同一种产品或零件往往可以按不同的生产工艺进行加工。

一般而言，生产工艺越先进，其固定成本越高，单位变动成本越低；而生产工艺落后时，其固定成本较低，但单位变动成本较高。在固定成本和单位变动成本的消长变动组合（体现为单位成本）中，产量成为最佳的判断标准。这时，只要确定不同生产工艺的成本无差别点（不同生产工艺总成本相等时的产量点），就可以根据产量确定选择何种生产工艺最有利。

例 5-18①

某公司计划生产甲产品，共有 A、B、C 三个不同的工艺方案，其成本资料如表 5-25 所示。

① 模拟实验参见：马元驹，李百兴．管理会计学模拟实验教程．3版．北京：中国人民大学出版社，2016：119.

表5-25　基础数据表　单位：元

工艺方案	专属固定成本	单位变动成本
A	700	5
B	600	6
C	800	2

根据表5-25的资料，可以绘制不同工艺的成本图，如图5-5所示。

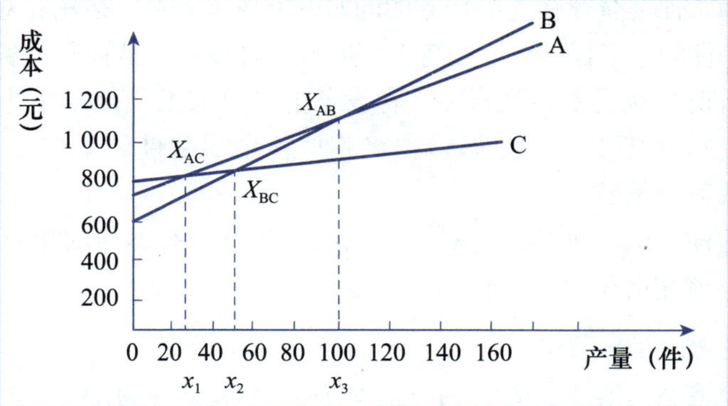

图5-5　不同生产工艺的成本图

由图5-5可知，X_{AC}点为A、C两方案的成本无差别点，X_{BC}点为B、C两方案的成本无差别点，X_{AB}点为A、B两方案的成本无差别点。设X_{AC}、X_{BC}、X_{AB}三个成本无差别点的产量分别为x_1、x_2、x_3，则三个成本无差别点的产量可计算如下：

$$\begin{cases}700+5x_1=800+2x_1\\600+6x_2=800+2x_2\\700+5x_3=600+6x_3\end{cases}$$

解得

$$\begin{cases}x_1=\dfrac{100}{3}=33(\text{件})\\x_2=\dfrac{200}{4}=50(\text{件})\\x_3=100(\text{件})\end{cases}$$

于是，整个产量区域被划分为0～33件、33～50件、50～100件、100件以上四个区域。从图5-5可以看出，在0～50件的区域内（含0～33件、33～50件两个区域），B方案成本最低，为最优方案；在50件以上的区域内（含50～100件、100件以上两个区域），C方案成本最低，为最优方案。

5.4.3　根据成本分配生产任务的决策

当一种零部件或产品可以由多种设备加工，或由多个车间生产时，就存在由哪种设备或哪个车间加工最为有利的问题。在面临多种选择的情况下，根据相对成本或单位变动成本分配生产任务，往往可以降低生产费用。

1. 根据相对成本分配生产任务

实际工作中，有些零部件可以在不同类型、不同精密度的设备上生产。于是，在更换品种、变更生产计划的情况下，常常会用比较先进、比较大型或比较精密的设备加工技术要求较低或较小的零部件，从而使相同的零部件在不同车间或设备上具有不同的单位成本。

为了保证企业在完成任务的同时降低成本，可以运用相对成本分析方法，将各种零部件的生产任务分配给各个车间或各种设备，从而降低各种零部件的总成本。

所谓相对成本，是指在一种设备上可以加工几种零部件时，以一种零部件的单位成本为基数（一般为1），将其他各种零部件的单位成本逐一与之相比而得到的系数（倍数）。

这样，同一种零部件对于不同的设备就会有不同的相对成本。一般而言，零部件应该交由相对成本较低的设备加工。

例5-19

设某公司有甲、乙、丙三种零件，本来全部由A小组生产，成本较低。市场需求扩张使这三种零件的需求量大增，因而必须将一部分生产任务交给B小组生产。A小组的生产能力为2 400工时，B小组的生产能力为1 500工时。其他资料如表5-26所示。

表5-26 基础数据表

零件种类	单位成本（元）		计划产量（件）	所需工时	
	A小组	B小组		单位零件	总计
甲	56	60	240	3	720
乙	83	88	480	4	1 920
丙	45	52	560	2	1 120
合计					3 760

分析时，首先应根据上述资料计算相对成本，如表5-27所示。

表5-27 相对成本表

零件种类	以甲零件的单位成本为基数		以乙零件的单位成本为基数		以丙零件的单位成本为基数		适宜的生产部门
	A小组 ①	B小组 ②	A小组 ③	B小组 ④	A小组 ⑤	B小组 ⑥	
甲	1	1	0.675	0.682	1.244	1.154	A，B小组
乙	1.482	1.467	1	1	1.844	1.692	B小组
丙	0.804	0.867	0.542	0.591	1	1	A小组

相对成本的计算方法，以表5-27中①和④栏为例说明如下：

①栏中相对成本的计算：

$$\frac{56}{56}=1 \qquad \frac{83}{56}=1.482 \qquad \frac{45}{56}=0.804$$

④栏中相对成本的计算：

$$\frac{60}{88}=0.682 \qquad \frac{88}{88}=1 \qquad \frac{52}{88}=0.591$$

就①栏的相对成本而言，表示在 A 小组：1 件乙零件的成本相当于 1.482 件甲零件的成本；而 1 件丙零件的成本相当于 0.804 件甲零件的成本。

下面在相对成本表上逐行观察比较，以确定各种零件的生产任务分配给哪个小组最好。

(1) 在第一行甲零件的相对成本中，A 小组的 0.675<B 小组的 0.682，A 小组的 1.244>B 小组的 1.154，可见，甲零件交给 A、B 小组均可以。但 A 小组的绝对成本低于 B 小组，所以应首先交给 A 小组生产。

(2) 在第二行乙零件的相对成本中，A 小组的 1.482>B 小组的 1.467，A 小组的 1.844>B 小组的 1.692，可见，乙零件应交给 B 小组生产。但是，由于 A 小组的绝对成本低于 B 小组，因此如果 A 小组有剩余工时，应尽量用完。

(3) 在第三行丙零件的相对成本中，A 小组的 0.804<B 小组的 0.867，A 小组的 0.542<B 小组的 0.591，可见，丙零件应交给 A 小组生产。

根据上述分析，可具体分配生产任务，如表 5-28 所示。在生产任务分配表基础上编制的成本计算表如表 5-29 所示。

表 5-28　生产任务分配表

零件种类	A 小组			B 小组			合计		
	产量（件）	单位工时	需用工时	产量（件）	单位工时	需用工时	产量（件）	单位工时	需用工时
甲	240	3	720				240	3	720
乙	140	4	560	340	4	1 360	480	4	1 920
丙	560	2	1 120				560	2	1 120
合计			2 400	合计		1 360	合计		3 760
生产能力			2 400	生产能力		1 500	生产能力		3 900
剩余生产能力			0	剩余生产能力		140	剩余生产能力		140

表 5-29　成本计算表　　金额单位：元

零件种类	A 小组			B 小组			合计
	产量（件）	单位成本	总成本	产量（件）	单位成本	总成本	
甲	240	56	13 440				13 440

续表

零件种类	A 小组			B 小组			合计
	产量（件）	单位成本	总成本	产量（件）	单位成本	总成本	
乙	140	83	11 620	340	88	29 920	41 540
丙	560	45	25 200				25 200
合计	—	—	50 260			29 920	80 180

成本计算表中的 80 180 元是生产甲、乙、丙三种零件在分配生产任务的各种方案中可能达到的最低总成本。

本例只有两个生产部门和三种零件，是一种比较简单的情况，不通过相对成本的比较也能做出最优的生产任务分配决策。但在生产部门较多尤其是零件种类较多时，采用相对成本分析能够更便捷地制订最优生产任务分配方案。

2. 根据单位变动成本分配增产任务

在实际工作中，生产同一种产品的各个车间（或分厂）的成本水平是有差异的，当生产任务增加而各车间的生产能力又有剩余时，就存在如何将增产任务在各车间分配的问题。为了达到使总成本最低的目的，应以单位变动成本作为判断标准，将增产任务分配给单位变动成本最低的车间。

需要强调的是，不应以单位成本作为判断标准，将增产任务分配给单位成本最低的车间。这是因为按全部成本法计算的单位成本中包括各车间的固定成本，作为与决策无关的成本不应予以考虑，否则可能导致错误的决策。

例 5-20

设某公司的 A、B 两个车间生产同一种产品，上年各生产了 1 800 件。本年计划增产 600 件，A、B 两个车间均有能力承担增产任务。A、B 两个车间的其他资料如表 5-30 所示。

表 5-30　A、B 两车间相关资料表　　金额单位：元

项目	A 车间	B 车间	全公司
产量（件）	1 800	1 800	3 600
单位变动成本	4	5	—
变动成本	7 200	9 000	16 200
固定成本	8 200	6 000	14 200
总成本	15 400	15 000	30 400
单位成本	8.56	8.33	8.44

从表 5-30 可以看出，如果以单位成本作为标准分配增产任务，则 B 车间应该承担增产任务的生产（B 车间单位成本 8.33 元＜A 车间单位成本 8.56 元）。增产 600 件产品前后的成本资料如表 5-31 所示。

表 5-31 B 车间成本资料表　　金额单位：元

项目	增产前	增产后	差额
产量（件）	1 800	2 400	600
单位变动成本	5	5	—
变动成本	9 000	12 000	3 000
固定成本	6 000	6 000	—
总成本	15 000	18 000	3 000

如果以单位变动成本作为标准分配增产任务，则 A 车间应承担增产任务的生产（A 车间的单位变动成本 4 元＜B 车间的单位变动成本 5 元）。增产 600 件产品前后的成本资料如表 5-32 所示。

表 5-32 A 车间成本资料表　　金额单位：元

项目	增产前	增产后	差额
产量（件）	1 800	2 400	600
单位变动成本	4	4	—
变动成本	7 200	9 600	2 400
固定成本	8 200	8 200	—
总成本	15 400	17 800	2 400

从 A、B 两个车间增产 600 件产品前后成本资料的对比可以看出，B 车间增产 600 件产品需要增加总成本 3 000 元，而 A 车间只需增加总成本 2 400 元，A 车间与 B 车间相比总成本减少 600 元。所以，应以单位变动成本的高低作为分配增产任务的标准，而不应以单位成本的高低作为标准，因为单位成本中的固定成本分摊额从总额来讲是固定不变的，属于无关成本。

5.4.4 赶工决策

对于某些工程项目或生产项目（如新产品研制、设备维修、小批单件订货）而言，缩短工作时间、提前完成任务，不仅能够降低固定成本（如制造费用）和变动成本（如直接人工），还可以获得额外收益（如提前完工的奖励）。但是，提前完工往往需要追加一定的费用，因此，如何在增加收益和增加成本之间寻找能给企业带来最大利益的结合点，这就是赶工决策必须解决的问题。

1. 成本计划评审法原理

美国海军特种计划局和洛克希德航空工业公司于 1958 年将以时间控制为重点的计划评审法引进北极星导弹的研制中。在此基础上，1962 年又发展出既控制时间又控制成本的成本计划评审法。目前，成本计划评审法广泛应用于各种赶工决策中。

成本计划评审法的基本要点是：将一项工程项目或生产项目分解为前后连接

的若干工作（或作业），并预计各项工作（或作业）所需的正常时间、赶工时间以及对应的正常成本和赶工成本，以求在赶工安排中提高经济效益。所谓赶工时间，是指提前完成某项工作（或作业）所需的全部时间；所谓赶工成本，是指能提前完成某项工作（或作业）所需的全部成本。

成本计划评审法要求运用符号、线条等画出表示工程项目（或生产项目）的工作和路径的网络图，以便在安排赶工过程中进行优化。图5-6就是最简单的网络图。

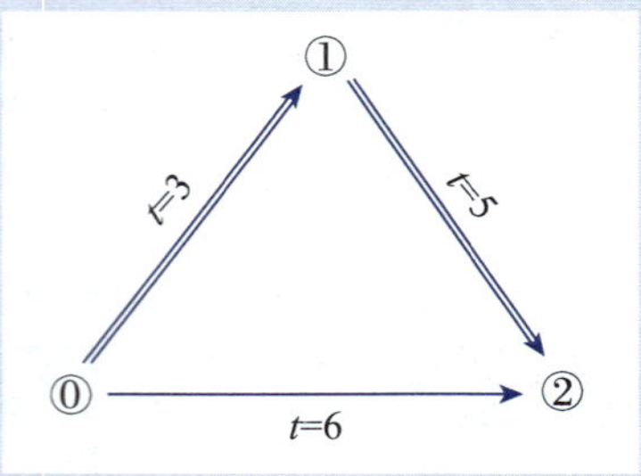

图5-6 网络图

在图5-6中，"→"或"⇒"表示某项工作；"○"表示工作起止的时间点，可将顺序号填入，表示工作的先后顺序；t 表示工作所需要的时间；"⓪⇒①⇒②"表示关键路线，即所有加工线路中所需时间最长的加工线路，稍有延误就会延长整个项目的完成时间，如果能赶工将会使整个项目提前完成。

绘制网络图时应注意以下几点：

(1) 根据工程项目或生产项目的内在工艺联系，合理安排各项工作（或作业）的先后顺序，如哪些工作（或作业）应先做，哪些工作（或作业）应后做，哪些工作（或作业）可以同时进行，务必使网络图真实反映整个工艺流程。

(2) 网络图不能出现闭环路线，即箭线不能从某点出发，又回到该点。

(3) 任何一条箭线的首尾都应有○点，不能从箭线中间引出另一条箭线。

2. 成本计划评审法的工作原则

成本计划评审法是以提前完工的时间与因赶工而增加的成本之间存在线性关系为前提的。所以，进行赶工安排时，需要计算每一项可以赶工的工作（或作业）的成本斜率，即提前一个单位时间（小时、天、周、月等）完成工作所需要增加的成本。其计算公式如下：

$$\text{成本斜率}=\frac{\text{赶工成本}-\text{正常成本}}{\text{正常时间}-\text{赶工时间}}$$

为了使赶工能够获得经济效益，安排赶工时应遵循以下几条原则：

(1) 应在关键路线上寻找需要赶工的工作（或作业），因为只有在关键路线上提前完工才能使整个项目提前完工。

(2) 如果同时存在几条关键路线，应在这几条关键路线上同时安排赶工，并且提前同样长的时间。这是因为如果不同时在几条关键路线上赶工且时间不同，则整个项目就不能提前完工，或提前的时间将由最短的赶工时间决定。

（3）安排赶工时，应优先安排成本斜率低的工作（或作业），后安排成本斜率较高的工作（或作业）。

（4）安排赶工的工作（或作业），其成本斜率原则上应低于提前完成整个项目一天的收益额。在特殊情况下（如赶工可以将人力、物力、财力转向其他更有利的工作），成本斜率可以等于提前完成整个项目一天的收益额。

3. 成本计划评审法的应用

例 5-21①

假定庆南公司接受客户的一项特殊订货，合同规定应在 20 天内交货，每提前一天可获得 600 元的奖励。经分析，该特殊订货的生产可以分解为 6 项工作，有关资料如表 5-33 所示。如果该公司希望通过赶工来增加利润，应如何安排赶工？在正常生产每天获利 1 000 元的情况下，是否应进一步安排赶工以增加公司总利润？

表 5-33　基础数据表

工作	需用时间（天）		成本（元）		成本斜率（元）
	正常	赶工	正常	赶工	
①→②	4	2	1 700	2 000	150
②→③	5	4	1 600	2 100	500
①→③	8	5	1 500	2 400	300
②→④	8	7	2 400	2 800	400
③→④	5	3	2 100	2 500	200
④→⑤	7	6	1 400	1 750	350
合计	—	—	10 700	—	—

根据表 5-33 中的资料，可画出网络图（如图 5-7 所示）。

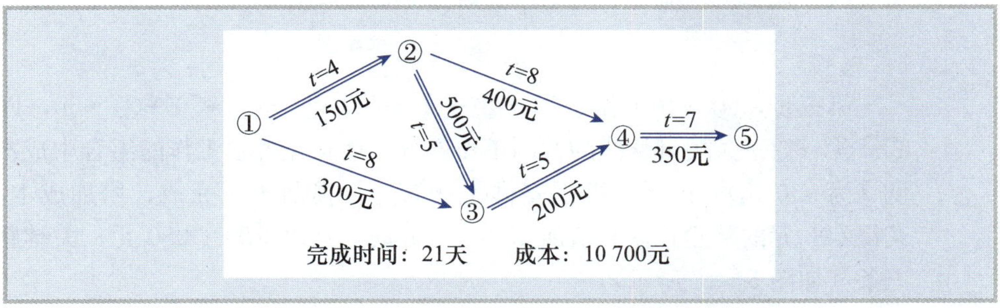

图 5-7　网络图

① 模拟实验参见：马元驹，李百兴. 管理会计学模拟实验教程. 3 版. 北京：中国人民大学出版社，2016：123.

第一步，从图5-7可以看出，①→②→③→④→⑤是关键路线，完成时间为21天，而其中①→②工作的成本斜率最低（为150元），可以提前2天完工，但由于次长路线①→③→④→⑤的完成时间为20天，因此①→②工作可先安排1天赶工，以便整个任务能提前1天完成（同时又可避免整个任务与某项工作提前时间不一致的成本浪费）。①→②提前完成1天，增加成本150元。①→②工作提前后，①→②→③→④→⑤和①→③→④→⑤均为关键路线，完成时间为20天，该项订单已能按计划完成（如图5-8所示）。

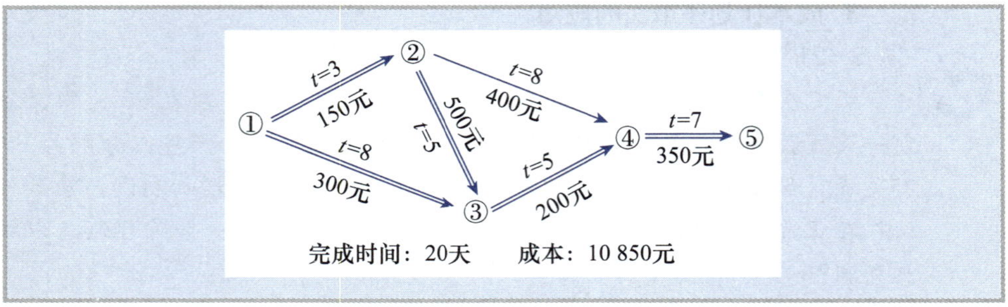

图5-8 网络图

第二步，在两条关键路线中，③→④为公共工作，成本斜率最低（为200元）。该工作每提前1天完成，两条关键路线均可缩短1天，从而使整个任务提前1天完成。因此，可安排③→④工作提前2天完成，增加成本400元，但可以获得1 200元的奖励。此时，公司盈利800元，关键路线变为三条（如图5-9所示）。

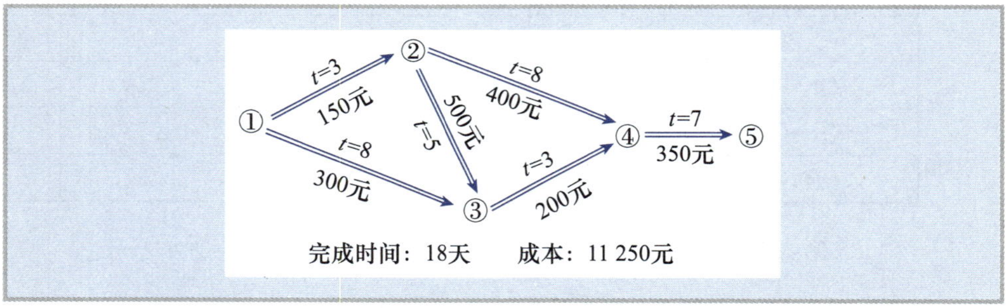

图5-9 网络图

第三步，④→⑤工作是①→②→④→⑤，①→②→③→④→⑤，以及①→③→④→⑤三条关键路线的共同工作部分，而且在各项工作的组合中成本斜率最低（为350元），因此，可以安排④→⑤工作提前1天完成，增加成本350元，获得600元的奖励，盈利增加250元。此时，公司盈利1 050元，关键路线变为三条（如图5-10所示）。

第四步，关键路线未变，但③→④，④→⑤两项工作已无赶工的可能，因此，只能在①→②，①→③与①→③，②→③，②→④两种组合中选择一种安排同时赶工。前者的成本斜率之和为450元（150+300），后者的成本斜率之和为1 200元（300+500+400），故应安排①→②和①→③同时提前1天完成（①→②

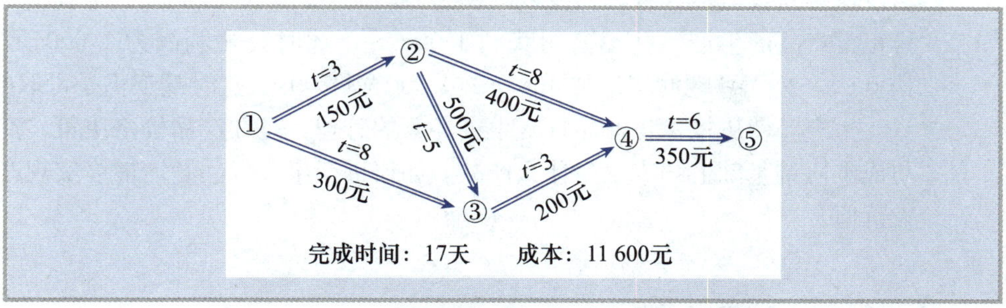

图5-10　网络图

工作只有一天的赶工富余量)，成本增加450元，盈利增加150元。此时，关键路线仍为三条（如图5-11所示）。

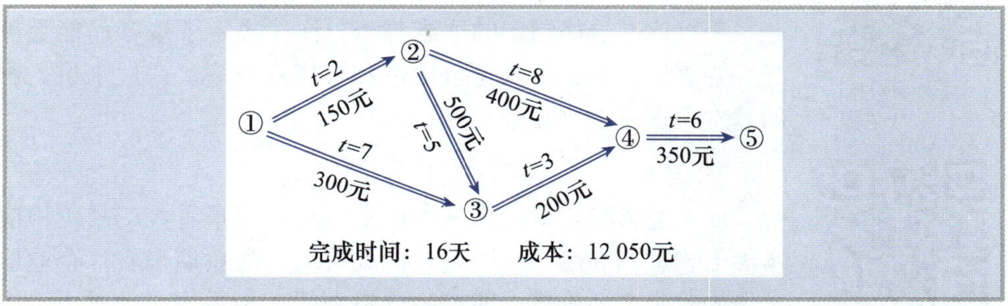

图5-11　网络图

虽然①→③，②→③，②→④还可同时安排赶工，但该种组合的成本斜率之和为1 200元，已超过1天的奖励600元，仅就该特殊订货而言，正常赶工安排到此结束。通过以上四步赶工安排，可以使整个任务提前4天完成，增加奖励收入2 400元，增加成本1 200元（400+350+450，而由21天到20天的赶工成本150元属于正常成本，不属于提前完工增加的成本），从而使公司盈利增加1 200元（2 400-1 200）。

在正常生产每天获利1 000元且生产能力不足时，从增加公司总利润的角度看，特殊订货任务还可以进一步安排赶工，即安排①→③，②→③，②→④同时赶工1天（因为②→④及②→③均只能提前1天），此时提前一天的奖励为1 600元（其中1 000元可以视为机会收益），增加成本1 200元（如图5-12所示）。

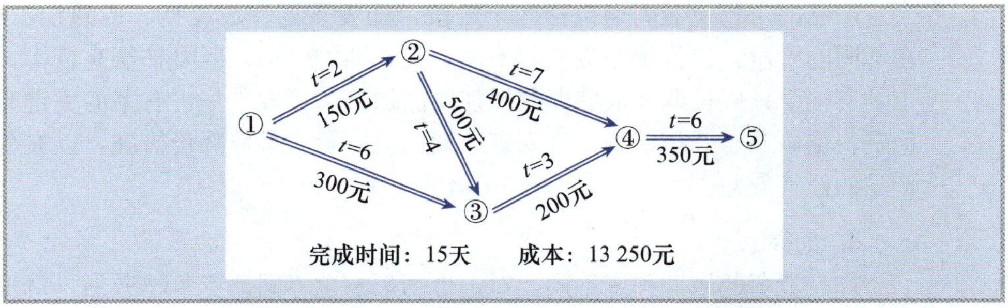

图5-12　网络图

这种安排虽然导致公司盈利减少为 600 元（3 000－2 400），但提前一天可安排正常产品的生产，并使公司获利 1 000 元，此时公司利润为 1 600 元（600＋1 000 ），公司总利润将增加 400 元（1 600－1 200），这时赶工仍是可取的。

生产经营决策是对产品日常生产经营的管理，是在产品价格决策、产品功能与成本协调基础上解决生产什么产品，如何进行生产等问题，最终实现产品的最大价值。

5.5 产品价格决策

5.5 即测即评

苹果手机定价的是是非非

5.5.1 影响产品价格的基本因素

一种产品价格制定的适当与否，往往决定了该产品能否被市场接受，并直接影响其市场竞争地位和市场占有率。一般来讲，影响价格的基本因素有以下几个。

1. 成本

成本是影响定价的最基本因素。从长期来看，产品价格应等于成本加上合理的利润，否则企业无利可图；从短期来看，企业应根据成本结构确定产品价格，即产品价格必须高于平均变动成本，以便掌握盈亏情况，减少经营风险。

2. 需求

市场需求是指在一定的价格水平下，产品销售可能达到的最高水平。市场需求既受该产品的功能特征和质量水平的影响，也受该产品价格的影响。一般来说，需求价格弹性大的商品，其价格的制定和调整受市场需求影响大；需求价格弹性小的商品，其价格的制定和调整受市场需求影响小。例如，消费品中的日常生活必需品，如粮食、食用油、水、电、煤气等，日常需求量大，但价格弹性较小，降低价格并不会带来销售量的较大增长；消费品中的奢侈品和耐用消费品，如高档化妆品、名贵首饰、高级照相机等，需求量小，但价格弹性较大，降低价格往往能够带来销售量的较大增长。

3. 产品的市场生命周期

产品的市场生命周期包括四个阶段，即投入期、成长期、成熟期、衰退期。在不同的阶段，定价策略应有所不同。投入期的价格，既要补偿高成本，又要为市场所接受；成长期和成熟期是增加产品销量、扩大市场占有率的关键时机，要稳定价格以利于开拓市场；进入衰退期后，一般应采取降价措施，以充分挖掘老产品的经济效益。

4. 竞争

产品竞争的激烈程度不同，对定价的影响也不同。竞争越激烈，对价格的影响越大。在完全竞争的市场中，企业几乎没有定价的主动权；在不完全竞争的市场中，企业的定价权主要取决于产品制造的难易程度和供求形势。因此，企业必须充分了解竞争者的情况：主要竞争对手来自何方，主要竞争对手的实力如何，以及主要竞争者的定价策略如何。

5. 科学技术

科学发展和技术进步在生产中的推广和应用必将导致新产品、新工艺、新材料代替老产品、老工艺、旧材料，从而形成新的产业结构、消费结构和竞争结构。例如，化纤工业的兴起和发展形成对传统棉纺织和丝绸工业的巨大竞争压力；高清彩电是对普通彩电的变革。

6. 相关工业产品的销售量

某些行业产品的销售量往往取决于相关行业产品的销售量，如纺织业与服装业、轮胎业与汽车业、玻璃业与建筑业等，基本上是后者的销售决定前者的销售。因此，前者的销售价格可以根据后者的预测资料制定。

5.5.2　以成本为基础的产品价格决策

成本是企业生产和销售产品所发生的各项费用的总和，是构成产品价格的基本因素，也是价格的最低限。以成本为基础制定产品价格，不仅能保证生产中的耗费得到补偿，而且能保证企业必要的利润。

1. 成本加成定价法

成本加成定价法是以单位产品目标成本为基础，加上一定数额的利润来确定产品价格的方法。一般有以下三种计算方式：

（1）目标成本定价法。

$$产品价格=单位产品目标成本+单位产品预测利润$$

其中，

$$单位产品预测利润=\frac{该产品预测利润总额}{该产品预测销售量}$$

（2）成本利润率定价法。

$$产品价格=单位产品目标成本\times(1+成本利润率)$$

其中，

$$成本利润率=\frac{该产品预测利润总额}{该产品预测总成本}\times 100\%$$

（3）销售利润率定价法。

$$产品价格=\frac{单位产品目标成本}{1-销售利润率}$$

其中，

$$销售利润率=\frac{该产品预测利润总额}{该产品预测销售收入}\times 100\%$$

例 5-22

某企业计划投资300万元生产甲产品，根据市场调查，甲产品预计每年销售50万件，此时总成本预计为500万元，该企业要求这项投资的利润率达到25%，有关预测指标可计算如下：

$$单位目标成本=\frac{500}{50}=10(元/件)$$

$$预测利润总额=300\times 25\%=75(万元)$$

$$单位预测利润=\frac{75}{50}=1.5(元/件)$$

$$成本利润率=\frac{75}{500}\times 100\%=15\%$$

$$销售利润率=\frac{75}{500+75}\times 100\%=13.04\%$$

产品定价如下：

（1）目标成本定价法。

$$10+1.5=11.5(元/件)$$

（2）成本利润率定价法。

$$10\times(1+15\%)=11.5(元/件)$$

（3）销售利润率定价法。

$$\frac{10}{1-13.04\%}=11.5(元/件)$$

上述三种方法中，大多数工业企业采用成本利润率定价法，商业企业一般采用销售利润率定价法。

成本加成定价法的优点在于：预测企业成本比预测市场需求更有把握，因而可以减少因需求变动对价格的调整次数；可以保证生产耗费得到补偿。但该方法也有缺点：一是很难适应市场需求的变化，导致定价过高或偏低；二是企业生产多种产品时，难以准确分摊间接费用，导致定价不准确。

2. 盈亏平衡法

盈亏平衡法是指运用盈亏平衡原理制定产品价格的方法，保本价格的计算公式如下：

$$P_0=\frac{a+bx}{(1-T_r)x}$$

式中，a 为固定成本；b 为单位产品变动成本；x 为预计销售量；T_r为销售税率。

保本价格确定后，企业可以以此为基础，在目标利润 E 已确定的情况下，计算产品价格：

$$P=\frac{a+E+bx}{(1-T_r)x}$$

例 5－23

某企业生产甲产品，固定成本为 40 000 元，目标利润为 60 000 元，单位变动成本为 5 元，销售税率为 10%，预计销售 50 000 件，则甲产品单位价格预计为：

$$保本价格=\frac{40\,000+50\,000\times5}{50\,000\times(1-10\%)}=6.44(元/件)$$

$$实现目标利润的产品价格=\frac{40\,000+60\,000+50\,000\times5}{50\,000\times(1-10\%)}=7.78(元/件)$$

从计算结果可知，甲产品的最低价格为每件 6.44 元，当每件价格为 7.78 元时可以实现目标利润。

盈亏平衡法简便易行，能向企业提供可获必要利润的最低价格。但由于销售量往往受价格影响，因而计算结果的准确性也受到一定的影响。

3. 非标准产品的定价

企业有时要按客户的需要生产一些非标准产品。由于没有市场价格可供参考，因而只能以成本为基础协商定价，并签订合同。

（1）固定价格合同。这种合同规定，产品价格固定不变，即不论产品的实际成本如何，完工后都按合同中规定的固定价格结算。因此，按这种合同定价，无论是买方还是卖方，恰当的成本估算最为关键。不论哪一方，如果做不到这点，采用此方法都将冒很大风险，会使自己遭受损失。因此，采用这种合同定价的条件是双方对产品成本的估计均有把握。

（2）成本加成合同。这种合同规定，成本在合理和允许的范围内实报实销，并根据实际和合理的成本利润率计算卖方应得利润。

例 5－24

假设合同规定的成本利润率为 9%，完工后的实际成本为 20 000 元，则

$$产品价格=20\,000+20\,000\times9\%=21\,800(元)$$

如果实际成本为 30 000 元，则

$$产品价格=30\,000+30\,000\times9\%=32\,700(元)$$

可见，按这种合同定价，风险基本上由买方承担，在一定范围内，实际成本

越高，卖方得利越多，因而会刺激卖方故意提高成本，使买方遭受损失。

（3）成本加固定费用合同。这种合同规定，价格由实际成本和固定费用两部分组成。如果成本只包括生产成本，则固定费用相当于毛利；如果成本包括生产成本和非生产成本，则固定费用只相当于营业净利。成本实报实销，固定费用数额由合同明确规定，与实际成本高低无关。

这种定价方法虽能保证卖方取得一定的利润，也克服了刺激卖方提高成本的弊病，但不能促使卖方努力降低成本。

（4）奖励合同。这种合同明确规定了预算成本和固定费用的数额，并说明如果实际成本超过预算成本，可以实报实销；如果成本有节约，则按合同规定的比例，由双方分享。这种定价方法可以鼓励卖方尽量降低成本。

例 5－25

假定合同规定的预算成本为 5 000 元，固定费用为 700 元。如果实际成本超过预算成本，可以实报实销；如果实际成本低于预算成本，则二者差额的 70％作为卖方的额外利润，剩余 30％归买方。

如果实际成本为 5 100 元，则

产品价格＝5 100＋700＝5 800(元)

如果实际成本为 4 800 元，则

产品价格＝4 800＋(5 000－4 800)×70％＋700＝5 640(元)

4. 特别订货定价

有时企业在满足正常渠道的销售需要后，生产能力尚有富余，此时遇到一些出价比较低的订货，要考虑能否接受。这种利用企业暂时闲置的生产能力而接受的临时订货，称为特别订货。具体方法主要有以下几种。

（1）只利用暂时闲置的生产能力而不减少正常销售。这种情况按以下要求定价，即可增加利润。

特别订货价格＞变动成本

因为无论是否接受订货，固定成本都不会发生变动，特别订货所提供的贡献毛益（价格减变动成本）将直接转化为利润，从而增加企业的利润总额。于是，在这里固定成本属无关成本，决策时不必考虑。

增加的利润＝特别订货单位贡献毛益×特别订货数量

例 5－26①

假设某厂只生产甲产品，生产能力为 200 件，正常产销量为 160 件，固定成

① 模拟实验参见：马元驹，李百兴．管理会计学模拟实验教程．3 版．北京：中国人民大学出版社，2016：129.

本为 1 600 元，单位变动成本为 40 元，正常销售价格为 70 元。现有某客户欲订购 40 件，但最高出价为每件 45 元。

因为特别订货单位价格 45 元大于单位变动成本 40 元，所以这项特别订货可以接受。此结论也可通过表 5－34 得到验证。

表 5－34　利润计算表

单位：元

项目	正常销售	特别订货	合计
销售收入	11 200	1 800	13 000
变动成本	6 400	1 600	8 000
贡献毛益	4 800	200	5 000
固定成本	1 600	—	1 600
营业净利润	3 200	200	3 400

从表 5－34 可以看出，这项特别订货能使企业增加贡献毛益 200 元，由于固定成本全部由正常销售负担，因此新增的 200 元贡献毛益全部转化为利润，即这项特别订货可使企业增加利润 200 元。

（2）利用闲置的生产能力，并暂时减少部分正常销售以接受特别订货。这种情况按以下要求定价，才能使企业增加利润。

$$\text{特别订货价格} > \text{单位变动成本} + \frac{\text{因减少正常销售而损失的贡献毛益}}{\text{特别订货数量}}$$

这里，因为特别订货冲击了正常销售，减少了正常销售的贡献毛益，所以，要想使特别订货为企业增加利润，就必须使特别订货价格在补偿单位变动成本以及因减少正常销售所损失的贡献毛益后仍有富余，在这种情况下，新增利润的计算公式为：

$$\begin{matrix}\text{增加的}\\\text{利润}\end{matrix} = \begin{matrix}\text{特别订货}\\\text{单位贡献毛益}\end{matrix} \times \begin{matrix}\text{特别订货}\\\text{数量}\end{matrix} - \begin{matrix}\text{因减少正常销售}\\\text{而损失的贡献毛益}\end{matrix}$$

例 5－27

如果例 5－26 中某厂接到的甲产品订货必须是 50 件，最高出价仍为每件 45 元，那么能否接受订货呢？

要想接受这项特别订货，正常销售就必须减少 10 件。因此，要想增加利润，就必须使

$$\text{特别订货价格} > 40 + \frac{(70-40)\times 10}{50} = 46(\text{元/件})$$

但是，客户的最高出价仍为每件 45 元，因此不能接受这项订货。也可以将两种方案的结果编表对比得出此结论，如表 5－35 所示。

表 5-35　贡献毛益计算表

单位：元

项目	不接受特别订货			接受特别订货		
	正常销售	特别订货	合计	正常销售	特别订货	合计
销售收入	11 200	0	11 200	10 500	2 250	12 750
变动成本	6 400	0	6 400	6 000	2 000	8 000
贡献毛益	4 800	0	4 800	4 500	250	4 750

通过表 5-34 和表 5-35 的比较可以看到，如果接受订货，将会使企业贡献毛益减少 50 元（4 800－4 750）。因为企业的固定成本没有发生变动，所以企业的利润总额也将下降 50 元。

（3）利用暂时闲置生产能力转产其他产品，需增加专属固定成本。这种情况按以下要求定价，即可增加企业利润。

$$转产产品价格>单位变动成本+\frac{新增专属固定成本}{转产产品数量}$$

在转产其他产品需增加专属固定成本的情况下，要想使转产产品为企业增加利润，转产产品的价格必须在补偿单位变动成本和因转产而新增的固定成本后仍有富余。这里，由于联合固定成本不变，因此它属于无关成本，不必加以考虑。这种情况下，增加利润的计算公式为：

$$增加的利润=\begin{matrix}转产产品\\单位贡献毛益\end{matrix}\times\begin{matrix}转产产品\\数量\end{matrix}-\begin{matrix}新增专属\\固定成本\end{matrix}$$

例 5-28

某客户向例 5-26 中的某厂订购乙产品 30 件，出价每件 45 元，该厂利用闲置生产能力并增加专属固定成本 240 元后即可生产，乙产品的变动成本为 30 元。

由于

$$45>30+\frac{240}{30}=38(元/件)$$

因此可以接受此项订货，这将使企业增加利润 210 元，即

$$(45-30)\times30-240=210(元)$$

5.5.3　产品生命周期与价格策略

竞争与价格策略

选择适当的方法进行产品价格的预测固然十分重要，但还应结合产品所处的不同生命周期，采取不同的价格策略予以调整和修正，才能确定最终价格，从而保证企业销售目标的实现。

1. 产品生命周期及其测定方法

所谓产品生命周期，是指某种产品从投入市场开始直到退出市场

为止的整个过程。产品生命周期一般可以分为投入期、成长期、成熟期和衰退期四个阶段，如图 5-13 所示。

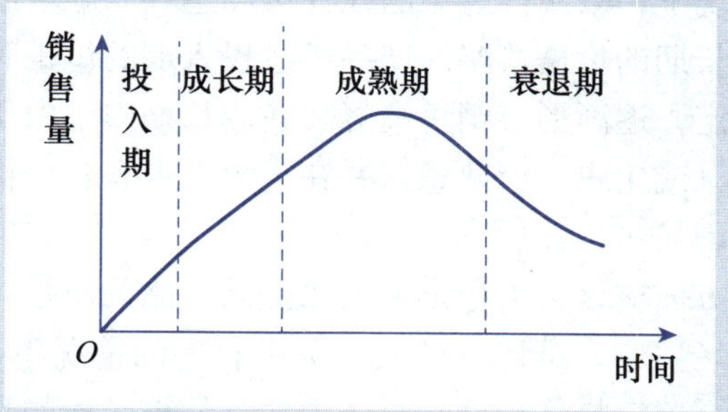

图 5-13 产品生命周期图

在不同生命周期，产品的质量、成本、产销量、竞争情况及需求者的评价等都存在差异，对价格的确定会产生不同的影响，因而应该采用不同的价格策略，使价格能够准确反映价值和供求关系，从而增强产品的竞争力，使企业获得最佳经济效益。

产品生命周期可以采用销售增长率测定法进行预测。产品生命周期不同阶段的基本区别在于各阶段销售增长率的变化不同。在投入期，销售量增长缓慢，销售增长率较小；在成长期，销售量急剧上升，销售增长率较大；在成熟期，销售量增长趋缓，销售增长率较小；而在衰退期，销售量开始减少，销售增长率出现负数。因此，通过计算比较销售增长率的大小，即可粗略判断产品的生命周期不同阶段。销售增长率的计算公式如下：

$$销售增长率=\frac{本期销售量-上期销售量}{上期销售量}$$

一般而言，0＜销售增长率＜0.1 时，为投入期或成熟期；当销售增长率≥0.1 时，为成长期；当销售增长率＜0 时，为衰退期。

2. 产品生命周期的价格策略

(1) 投入期的价格策略。刚刚投入市场的新产品虽然具有一定的技术、经济优势，甚至独家生产经营，但由于结构和工艺尚未定型，质量不太稳定，消费者(或用户) 对新产品缺乏了解和信任，因而销路有待打开。

为尽快打开局面，可采取以下价格策略：

1) 撇脂策略。即在投入期以高价投放新产品，并辅以高促销手段，从而保证获得初期高额利润，以后随产品销路的扩大逐渐降价。采取该策略可以迅速收回投资，并为以后产品降价促销提供条件。但会引来竞争，并对及时打开销路产生影响。因此，只适用于市场上没有类似替代物，在短期内居垄断地位并容易开辟市场的新产品。

2) 渗透策略。即在投入期以低价投放新产品，并辅以高促销手段，其目的在于尽快打开销路，夺取更大的市场份额。在有效占领市场后逐渐提高价格水平。该策略能有效地排斥竞争者，使企业长期占有市场，从而持久地获得利润。但由于定价水平低，企业投资回收速度慢。在产品市场规模大、竞争激烈、价格弹性大的情况下，采用渗透策略往往可以达到以廉取胜、薄利多销的目的。

（2）成长期的价格策略。产品经过投入期的试销和改进，技术日趋成熟，质量也基本稳定，逐渐形成销售高峰。在成长期内，由于广告宣传等促销作用，产品为消费者（或用户）所熟悉，并在竞争中占有较大优势，市场需求量扩大，利润开始迅速增长。

企业一方面应该努力稳定和适当提高产品的质量，扩大生产能力；另一方面应在保证市场供应，维持、扩大市场占有率的情况下，通过采取目标价格策略，修正预测值，确定最优价格。具体做法是使该阶段的目标利润率高于整个生命周期的平均利润率，这样可以使产品的成长期成为企业获利最多的时期。此外，企业采取降价促销的手段，在销售困难时期可以以多补少，使整个生命周期内的产品利润最大化。

（3）成熟期的价格策略。产品进入成熟期，随着大量竞争者进入市场，竞争日益激烈，市场需求量接近饱和，销售增长率逐渐下降。

为了延长产品的成熟期，提高产品的经济效益，企业一方面应该继续加强广告宣传和用户服务工作，在维系老用户的同时，努力开发新用户；另一方面则应努力加强内部管理，大幅降低产品成本，为今后采用竞争价格策略创造条件，维持原有的市场占有率。

竞争价格策略因竞争者的情况而异。对于竞争条件（如成本、质量、性能等）差的对手，可以采用低价倾销的方法，在价格政策允许的范围内挤走竞争者或趁机扩大己方市场占有率；对于竞争条件强的对手，可以采用“你提我也提，你降我也降”的办法，努力维持原有市场占有率；对于竞争条件相当的对手，为了避免竞争可能形成的两败俱伤的局面，可以采用非价格竞争的办法，即在维修、供应备品备件、代培人员等方面提供更优越的条件，以维持原有的市场占有率。

采用竞争价格策略，确定降价幅度时，必须注意以下三点：1）降价幅度必须考虑产品的价格弹性，凡价格弹性大的产品，降价幅度应该小些，价格弹性小的产品，降价幅度应该大些；2）降价幅度应能引起消费者（或用户）的注意，如果同时辅以各种宣传措施，效果将更好；3）降价幅度不能太大，必须保证产品盈利，并消除降价幅度过大形成的不良影响。

（4）衰退期的价格策略。新技术的出现预示着品质更优越、性能更卓著的新产品将替代市场上的老产品，于是原有产品进入衰退期。衰退期产品的特点是，由于消费者（或用户）转向购买新产品，原有产品销售增长率和利润急剧下降，甚至出现负增长的情况，市场需求逐渐缩小。

对处于衰退期的产品，企业应积极转移产品市场，努力在新地区开拓对该产品的需求，并开发新产品，创造新的需求。此外，企业还应配合不同的价格策略，充分发挥原有产品的创利潜力。

1）维持价格策略。即对该种产品不做较大幅度的降价，基本维持原有价格水平，以保持该产品在消费者心目中的地位。当然，也应辅之以其他手段，如数量折扣、金额折扣、馈赠礼品等，以尽量延长产品生命周期。

2）变动成本价格策略。即以单位变动成本作为最低价格，防止产品销售量减少，从而以该产品提供的贡献毛益（销售收入超过变动成本的部分）来弥补一部分固定成本，为整个企业盈利增加做出贡献。

思考题

1. 价值系数等于功能评价系数除以成本系数，其中功能是使用价值指标，成本是价值指标，请问管理会计是如何解决功能评价的价值计量问题的？
2. 什么是亏损产品？亏损产品就要停产吗？为什么？
3. 贡献毛益分析法决策的本质是什么？运用贡献毛益分析法决策时应注意哪些问题？
4. 差量分析法决策的本质是什么？运用差量分析法决策时应注意哪些问题？
5. 成本无差别点分析法的运用方法及特点是什么？
6. 简述成本计划评审法的基本要点。
7. 影响价格的基本因素有哪些？
8. 如何根据产品生命周期不同阶段的特点进行价格决策？

练习题

1. 某公司计划生产甲产品，有 A、B、C 三个不同的加工方案可供选择，有关资料如表 5-36 所示。

表 5-36 基础数据表 单位：元

方案	固定成本		单位变动成本
	联合成本	专属成本	
A	500	700	4
B	500	500	6
C	500	900	3

要求：

（1）确定 A、B、C 三个方案各自的最优产量区间。

（2）如果预计生产甲产品 160 件，哪个加工方案为最优方案？

2. 某企业现有员工的计划工作时间为 64 000 个工时，按现有生产任务计算工作时间富余 20%，因而准备利用剩余生产能力开发新产品甲、乙或丙。新产品甲、乙、丙的有关资料如表 5-37 所示。

表5-37　基础数据表

项目	甲产品	乙产品	丙产品
单位产品定额工时（小时）	3.2	4.8	6.4
单位销售价格（元）	30	40	50
单位直接材料（元）	7	13	15
单位直接人工（元）	8	6	8
单位制造费用（元）	5	7	9

由于现有设备加工能力所限，在生产丙产品时，需要增加专属设备8 000元。

要求：在甲、乙、丙产品市场销售不受限制的情况下，应如何做出方案选择？

3. 英豪公司生产乙产品，年设计生产能力为60 000件，单位售价为650元，其正常的单位成本如表5-38所示。

表5-38　乙产品单位成本构成　　单位：元

项目	单位成本
直接材料	125
直接人工	100
制造费用	
其中：变动制造费用	75
固定制造费用	110
合计	410

根据目前的生产状况，企业尚有40%的剩余生产能力未被充分利用，可以继续接受订货。现有一客户要求再订购一批乙产品，每件出价320元。

要求：试就以下情况进行决策：

(1) 客户要求订购的乙产品为24 000件，且对这批订货有某些特殊要求，需另行购置一台价值为100 000元的专用设备，是否接受该批订货？

(2) 如果不接受该批的订货，剩余生产能力可用于为其他企业代加工某零件，可获得加工收入250 000元，是否接受该批订货？

(3) 如果该批订货的数量是26 000件，接受订货不需用增加专属设备，剩余的生产能力也不可转作他用，是否接受该批订货？

4. 某企业本年计划生产甲产品2 000台，销售单价为200元，单位变动成本为140元，现有一公司向企业发出订单，要求订货500台，订单报价为170元/台。

要求：就以下各种情况分别做出是否接受此订货的决策。

(1) 如果企业的最大生产能力为3 000台，剩余生产能力不能转移，且追加订货不需要追加专属成本。

(2) 如果企业的最大生产能力为2 200台，且追加订货不需要追加专属成本。

（3）如果企业的最大生产能力为 2 500 台，但追加订货需要使用某专用设备，该设备的使用成本为 2 000 元；若不接受追加订货，则该部分生产能力可以出租，可得租金 5 000 元。

（4）如果企业的最大生产能力为 2 400 台，追加订货需要追加 3 000 元的专属成本；若不接受追加订货，则该部分生产能力可以承揽零星加工业务，预计可获贡献毛益总额为 4 000 元。

5. 明尼唐公司决定生产并向批发商出售一种非常成功的滑雪板。公司决定在一年中开展多元化经营，以使收入更稳定。公司正在考虑生产越野滑雪板。

经过大量研究，越野滑雪板生产线终于开发成功。由于公司管理层比较保守，总裁决定今冬只引进一种新型滑雪板。如果产品经营比较成功，再开始进行其他扩张计划。

被选中的是一种大众化的有特殊绲边的滑雪板，批发价为每副 80 美元。由于现有的生产能力可以利用，生产滑雪板无须发生额外的固定费用。生产滑雪板总的固定费用为 125 000 美元，其中很大一部分将分配给新产品。

用估计的生产和销售数量 10 000 件作为预期产量，会计部门制定的每副滑雪板及绲边的成本数据见表 5-39。

表 5-39　基础数据表　　单位：美元

直接人工	35
直接材料	30
间接费用总额	15
合计	80

明尼唐公司与一家分包商联系，商讨向其购买绲边的事宜。从分包商处购买，每条绲边的价格为 5.25 美元，即每副 10.50 美元。如果明尼唐公司接受这个购买建议，那么估计直接人工和变动间接费将减少 10%，直接材料成本将减少 20%。

要求：通过对上述资料的分析，回答如下问题：

（1）明尼唐公司应当自制还是外购绲边？

（2）明尼唐公司可承受的绲边的最高购买价格是多少？对你的答案进行适当的解释。

（3）调整估计后的销量是 12 500 副，而非 10 000 副。在新的产量水平上，为生产所需的绲边，必须以 10 000 美元的租金租用额外的设备。即使销量增加至 30 000 副（30 000 是第三年的生产目标），上述增量成本也是唯一的新增固定成本。在这种情况下，明尼唐公司应当自制还是外购绲边？

（4）何种非定量因素会影响明尼唐公司对自制或外购绲边的选择？

第6章 Chapter 6 存货决策

第6章思维导图

素养提升

1. 对处于转型中的中国企业而言，尤其重要的是在坚持供给侧改革的过程中去库存（产成品库存、在产品库存和原材料库存），树立资金循环、周转的管理思维。

2. 充分发挥存货对企业的保障和促进作用，能够从物流优化的角度进行不同行业、不同生产条件、不同维度的存货最优化管理。

学习目标

1. 了解存货决策需要考虑的成本因素并掌握不同成本与决策的相关性。

2. 掌握经济订货批量模型及其应用。

3. 在了解有关因素影响的基础上，掌握经济订货批量模型的扩展，以解决不同状况下的存货决策问题。

4. 了解适时制对存货规划及存货周转期的影响，掌握存货周转期控制的路径和方法。

6.1 存货成本与基本存货模型

存货是企业为销售和耗用而储存的各种资产。制造企业的存货通常包括原材料、在产品、产成品、委托加工材料、包装物、低值易耗品等，商业企业的存货主要是待售商品。

存货对制造企业等大部分企业来说是必需的：首先，是为了保证企业不间断生产对原材料等的需要；其次，是为了满足产品销售批量化、经常化的需要；再次，是为了保证企业均衡生产并降低生产成本；最后，是为了避免或减少经营中可能出现的失误和意外事故对企业造成的损失。

6.1 即测即评

6.1.1 存货成本

存货决策的任务在于如何恰当地控制存货水平，在保证正常销售和耗用的情况下，尽可能节约资金、降低存货成本。与存货决策相关的成本主要包括以下几项。

1. 采购成本

采购成本是指由购买存货而发生的成本（购买价格或发票价格）和运杂费用（运输费用和装卸费用等）构成的成本，其总额取决于采购数量和单位采购成本。由于单位采购成本一般不随采购数量的变动而变动，因此，采购成本通常属于无关成本，但当供应商为扩大销售而采用数量折扣时，采购成本就成为相关成本了。

2. 订货成本

订货成本是指为订购存货而发生的各种成本，包括采购人员的工资、采购部门的一般性费用（如办公费、水电费、折旧费、取暖费等）和采购业务费用（如差旅费、邮电费、检验费等）。订货成本通常分为两部分：为维持一定的采购能力而发生的各期金额比较稳定的成本（如折旧费、水电费、办公费、取暖费等），称为固定订货成本；与订货次数成正比例变动的成本（如差旅费、邮电费、检验费等），称为变动订货成本。

3. 储存成本

储存成本是指为储存存货而发生的各种费用，包括支付给储运公司的仓储费、按存货价值计算的保险费、陈旧报废损失、年度检查费用以及企业自设仓库发生的水电费、库管人员工资等付现成本，以及存货占用资金而形成的机会成本和为购置存货而发生的银行借款利息。储存成本通常分为两部分：凡总额稳定，与储存存货数量的多少及储存时间长短无关的成本，称为固定储存成本；凡总额大小取决于存货数量的多少及储存时间长短的成本，称为变动储存成本。

订货成本、储存成本中的固定部分和变动部分，可依据历史成本资料，采用高低点法等方法进行分解。分解确定的固定订货成本和固定储存成本属于无关成本，决策时可不予考虑。

4. 缺货成本

缺货成本是指由于存货数量不能及时满足生产和销售的需要而给企业带来的损失。例如，因停工待料而发生的损失（如因无法按期交货而支付的罚款、停工期间的固定成本等），由于商品存货不足而失去的盈利额，因采取应急措施补足存货而发生的超额费用等。缺货成本大多属于机会成本，应采用一定的方法估算单位缺货成本（短缺一个单位存货一次给企业带来的平均损失），以供决策之用。

在允许缺货的情况下，缺货成本是相关成本，在不允许缺货的情况下，缺货成本是无关成本。

6.1.2 经济订货批量

存货决策的目的在于确定经济、合理的订货批量。所谓订货批量，是指每次订购存货（原材料、商品等）的数量。订货批量与订货批次呈负相关关系。在某种存货全年需求量已定的情况下，降低订货批量，将增加订货批次，因此储存成本（变动储存成本）随平均储存量的下降而下降，而订货成本（变动订货成本）随订货批次的增加而增加。反之，减少订货批次将增加订货批量，在减少订货成本的同时，将会增加储存成本。可见，存货决策的目的就是确定使年订货成本和年储存成本合计数最低时的订货批量，即经济订货批量（如图6-1所示）。

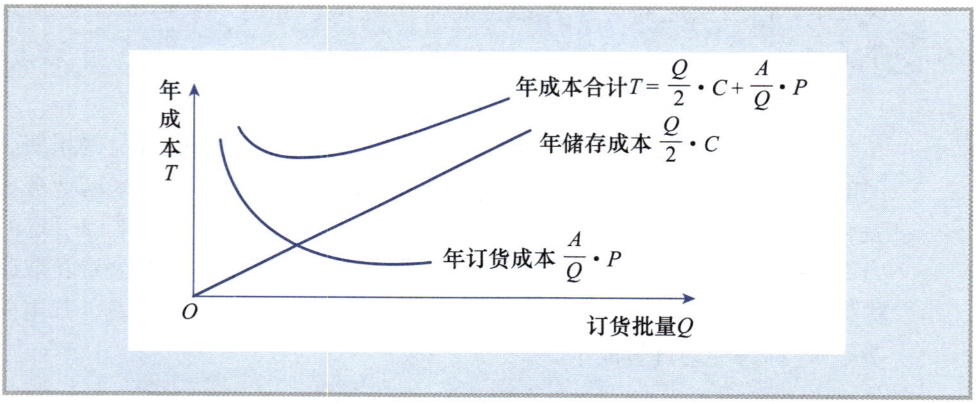

图6-1 经济订货批量模型图

为了建立经济订货批量的数学模型，设A为某种存货全年需要量；Q为订货批量；Q^*为经济订货批量；A/Q为订货批次；A/Q^*为经济订货批次；P为每批订货成本；C为单位存货年储存成本；T为年成本合计（年订货成本和年储存成本的合计）；T^*为最低年成本合计。

由于年成本合计等于年订货成本与年储存成本之和，因此有

$$T=\frac{Q}{2}\cdot C+\frac{A}{Q}\cdot P$$

从图6-1中可以看出，T（年成本合计）是一条凹形曲线，当其一阶导数为零时，其值最低。经济订货批量就是年成本合计最低时的订货批量，其计算公式为（推导过程略）：

$$经济订货批量(Q^*)=\sqrt{\frac{2AP}{C}}$$

$$经济订货批次\left(\frac{A}{Q^*}\right)=\sqrt{\frac{AC}{2P}}$$

$$年最低成本合计(T^*)=\sqrt{2APC}$$

例 6-1①

某公司每年甲材料的使用量为 7 200 吨，该材料储存成本中的付现成本为每吨 4 元，单位采购成本为 60 元。该公司的资本成本为 20%，订购一次该材料的成本为 1 600 元。该材料每吨储存成本为 16 元（4+60×20%），则经济订货批量为：

$$经济订货批量=\sqrt{\frac{2\times 7\ 200\times 1\ 600}{16}}=1\ 200(吨)$$

$$经济订货批次=\sqrt{\frac{7\ 200\times 16}{2\times 1\ 600}}=6(次)$$

或

$$=\frac{7\ 200}{1\ 200}=6(次)$$

$$年最低成本合计=\sqrt{2\times 7\ 200\times 1\ 600\times 16}=19\ 200(元)$$

上述各数学公式为基本存货模型，也能用于进行存货的金额控制，但必须对有关符号重新定义：A 为全年需要金额；Q^* 为经济订货批量金额，即经济订货批额；C 为每元存货年储存成本，即储存成本率。

例 6-2②

某公司全年需要某种商品 360 000 元，每次订货成本为 2 500 元，每元商品的年储存成本为 0.125 元，则

$$经济订货金额=\sqrt{\frac{2\times 360\ 000\times 2\ 500}{0.125}}=120\ 000(元)$$

$$经济订货批次=\sqrt{\frac{360\ 000\times 0.125}{2\times 2\ 500}}=3(次)$$

$$最低年成本合计=\sqrt{2\times 360\ 000\times 2\ 500\times 0.125}=15\ 000(元)$$

---

① 模拟实验参见：马元驹，李百兴．管理会计学模拟实验教程．3 版．北京：中国人民大学出版社，2016：138.

② 模拟实验参见：马元驹，李百兴．管理会计学模拟实验教程．3 版．北京：中国人民大学出版社，2016：149.

6.1.3 存货成本的计算

在经济订货批量决策中，关键是确定和计算与决策相关的成本。在为存货模型编制数据时，应观察所掌握的每一项成本是否随下列项目的数量变化而变化：（1）存货的数量；（2）购入的数量；（3）一年内发出的订单数。

例 6-3

某公司的会计资料如下：

购买价格	每单位	8 元
运入运费	每单位	0.6 元
电话订货费	每次	20 元
装卸费	每单位	0.25 元
固定装卸费	每订单	30 元
存货税	每单位每年	0.4 元
材料运达成本	每次	240 元
接货人员的工资	每月	800 元
库存保险费	每单位每年	0.1 元
仓库租金	每月	1 200 元
平均损失	每单位每年	1.2 元
资本成本	每年	18%
处理的订单数	每月	500 份

上述项目中，有的与决策相关，有的与决策无关，首先应加以区分。在此基础上，按上述三个方面区分项目。

接货人员的工资及仓库租金并不随购入量、储存量或订单数的变动而变动，属于固定订货成本或固定储存成本，与决策无关，可不予考虑。

随存货数量变动的成本项目有：

存货税	0.4 元
库存保险费	0.1 元
平均损失	1.2 元
合计	1.7 元

随购入数量变动的成本项目有：

购买价格	8 元
运入运费	0.6 元
装卸费	0.25 元
合计	8.85 元

发出一次订单而发生的成本有：

电话订货费	20 元
固定装卸费	30 元

材料运达成本	240 元
合计	290 元

上述三类成本按每次订货成本、单位材料年储存成本计算如下：

每次订货成本＝20＋30＋240＝290(元)

单位材料年储存成本＝1.7＋(8.85×18%)＝3.293(元)

如果该材料年需求总量为 6 000 单位，则

$$经济订货批量=\sqrt{\frac{2\times 6\,000\times 290}{3.293}}=1\,028(单位)$$

$$年最低成本合计=\sqrt{2\times 6\,000\times 290\times 3.293}=3\,385.21(元)$$

6.2　基本存货模型的扩展应用

在实际工作中，由于各种因素的影响，需要对基本存货模型进行扩展，以确定不同状况下的经济订货批量，从而降低存货成本。

6.2 即测即评

6.2.1　一次性订货，边进边出的决策

基本存货模型是假定一次性订购的存货一次全部到达后再陆续使用。但在实际工作中，也存在一次性订货后陆续到达入库并陆续领用的情况。这时，由于存货边进边出，进库数量多于出库数量，因此，存货的储存量低于订货批量（基本存货模型中的最高储存量）。其库存情况如图 6－2 所示。

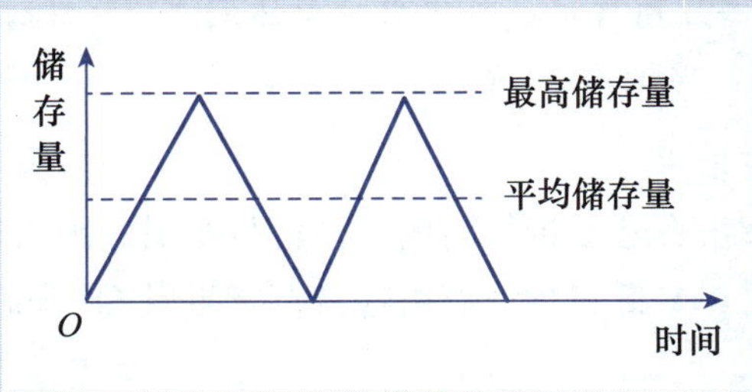

图 6－2　存货储存情况图

建立经济订货批量的扩展模型，需要补充设定几个符号（其他符号的含义仍同基本数学模型）：X 为每日送达存货的数量，Y 为每日耗用存货的数量，则一次性订货、边进边出时经济订货批量（Q^*）及年最低成本合计（T^*）的计算公

式为（推导过程略）：

$$经济订货批量(Q^*)=\sqrt{\frac{2AP}{C\left(1-\frac{Y}{X}\right)}}$$

$$年最低成本合计(T^*)=\sqrt{2APC\left(1-\frac{Y}{X}\right)}$$

例6-4①

某企业生产季节性产品甲产品，全季需要B材料12 000千克，每日送达300千克，每日耗用240千克，每次订货成本为100元，每千克B材料季储存成本为3元。

$$Q^*=\sqrt{\frac{2\times 12\ 000\times 100}{3\times\left(1-\frac{240}{300}\right)}}=2\ 000(千克)$$

计算结果表明，在B材料陆续到达并陆续使用的条件下，其经济订货批量为2 000千克。此时，季成本合计为：

$$T^*=\sqrt{2\times 12\ 000\times 100\times 3\times\left(1-\frac{240}{300}\right)}=1\ 200(元)$$

6.2.2 有数量折扣时的决策

为了鼓励购买者多购买商品，供应商常常给予大量购买商品者折扣价，即每次订购量达到某一数量时给予价格优惠。于是，购买者就可以利用数量折扣价格节约一定成本。在有数量折扣的决策中，订货成本、储存成本以及采购成本都是经济订货批量决策中的相关成本，上述三项成本年合计最低的方案才是最优方案。

例6-5②

某企业全年需用A零件2 400件，每件每年储存成本为0.6元，每次订货成本为80元。供应商规定：每次订货量达到1 200件时，可获2%的价格优惠；不足1 200件时，单价为50元。

决策分三步进行。

（1）计算没有数量折扣时的经济订货批量。因为按一般原则，当有可能获取数量折扣价时，最低订货量可由经济订货批量 Q^* 来确定：

$$Q^*=\sqrt{\frac{2\times 2\ 400\times 80}{0.6}}=800(件)$$

① 模拟实验参见：马元驹，李百兴．管理会计学模拟实验教程．3版．北京：中国人民大学出版社，2016：154.

② 模拟实验参见：马元驹，李百兴．管理会计学模拟实验教程．3版．北京：中国人民大学出版社，2016：157.

于是，最佳订货批量必然是800件或1 200件，没有其他订货数量比这两个数量更经济。

（2）计算不考虑数量折扣时的年成本合计。

$$采购成本=2\ 400\times 50=120\ 000(元)$$

$$订货成本=\frac{2\ 400}{800}\times 80=240(元)$$

$$储存成本=\frac{800}{2}\times 0.6=240(元)$$

$$年成本合计=120\ 000+240+240=120\ 480(元)$$

（3）计算考虑数量折扣时的年成本合计。

$$采购成本=2\ 400\times 50\times(1-2\%)=117\ 600(元)$$

$$订货成本=\frac{2\ 400}{1\ 200}\times 80=160(元)$$

$$储存成本=\frac{1\ 200}{2}\times 0.6=360(元)$$

$$年成本合计=117\ 600+160+360=118\ 120(元)$$

比较订购800件与1 200件A零件时的年成本合计可知，接受数量折扣可使存货成本降低2 360元（120 480－118 120），因此应该选择接受数量折扣的方案。

在实际工作中，需要考虑的因素较多，可采用的方法也较多，应灵活加以运用。

例6-6

某公司全年需用B零件12 000件，每次订货成本为1 140元，每件B零件年储存成本为5元，零售价每件70元，采购资金使用混合贷款，资本成本率为20%。供应商为扩大销售，规定数量折扣如表6-1所示。

表6-1　基础数据表

订货数量（件）	折扣（元/件）
0～999	无折扣
1 000～1 999	1
2 000～5 999	1.5
6 000～9 999	1.8
10 000及以上	2

在考虑资本成本率的情况下，如果把数量折扣看作机会成本（即放弃可获得的最大订货量折扣而形成的机会成本，其数额等于该最大订货量折扣与该公司拟选订货政策的折扣之间的差额），则应采用以下方法：

（1）计算没有数量折扣时的经济订货批量。

$$Q^* = \sqrt{\frac{2\times 12\ 000\times 1\ 140}{5+70\times 20\%}}=1\ 200(\text{件})$$

于是，该公司的最佳订货批量应是1 200件，或是2 000件、6 000件、10 000件。

（2）计算订货量为1 200件时的成本总额（该水平的折扣净额为69元）。

$$\text{储存成本}=\frac{1\ 200}{2}\times(5+69\times 20\%)=11\ 280(\text{元})$$

$$\text{订货成本}=\frac{12\ 000}{1\ 200}\times 1\ 140=11\ 400(\text{元})$$

$$\text{放弃折扣}=12\ 000\times(2-1)=12\ 000(\text{元})$$

$$\text{成本总额}=11\ 280+11\ 400+12\ 000=34\ 680(\text{元})$$

（3）计算订货量为2 000件时的成本总额（该水平的折扣净额为68.5元）。

$$\text{储存成本}=\frac{2\ 000}{2}\times(5+68.5\times 20\%)=18\ 700(\text{元})$$

$$\text{订货成本}=\frac{12\ 000}{2\ 000}\times 1140=6\ 840(\text{元})$$

$$\text{放弃折扣}=12\ 000\times(2-1.5)=6\ 000(\text{元})$$

$$\text{成本总额}=18\ 700+6\ 840+6\ 000=31\ 540(\text{元})$$

（4）计算订货量为6 000件时的成本总额（该水平的折扣净额为68.2元）。

$$\text{储存成本}=\frac{6\ 000}{2}\times(5+68.2\times 20\%)=55\ 920(\text{元})$$

$$\text{订货成本}=\frac{12\ 000}{6\ 000}\times 1\ 140=2\ 280(\text{元})$$

$$\text{放弃折扣}=12\ 000\times(2-1.8)=2\ 400(\text{元})$$

$$\text{成本总额}=55\ 920+2\ 280+2\ 400=60\ 600(\text{元})$$

（5）计算订货量为10 000件时的成本总额（该水平的折扣净额为68元）。

$$\text{储存成本}=\frac{10\ 000}{2}\times(5+68\times 20\%)=93\ 000(\text{元})$$

$$\text{订货成本}=\frac{12\ 000}{10\ 000}\times 1\ 140=1\ 368(\text{元})$$

$$\text{放弃折扣}=0$$

$$\text{成本总额}=93\ 000+1\ 368=94\ 368(\text{元})$$

但在计算订货量为10 000件的成本总额时，总需求量为12 000件时的采购批次为1.2次（12 000÷10 000），这在实际工作中是无法执行的，而这种情况又是经常发生的。于是，按就近原则确定采购批次成为共识。在本例中，重新计算如下：

（6）计算订货量为10 000件时的成本总额（该水平的折扣净额为68元）。

$$储存成本=\frac{12\ 000}{2}\times(5+68\times20\%)=111\ 600(元)$$

$$订货成本=\frac{12\ 000}{12\ 000}\times1\ 140=1\ 140(元)$$

放弃折扣=0

成本总额=111 600+1 140=112 740(元)

从上述计算可知，最优订货量就是成本总额最低的订货量，即 2 000 件（此时成本总额为 31 540 元）。

6.2.3　订单批量受限时的决策

实际工作中，许多供应商只接受整数批量的订单，如按打、百件、吨等单位来计量。在这种情况下，采用经济订货批量基本模型计算出来的 Q^*，如果不等于允许的订货量之一，就必须在 Q^* 的两边确定两个允许数量，通过计算各自的年度成本总额来比较优劣。

例 6-7

某供应商销售甲材料时，由于包装、运输原因，只接受 200 件的整数倍的订单（如 200 件、400 件、600 件等），不接受有零数或非 200 件整数倍的订单（如 500 件）。圆庆公司全年需用甲材料 1 800 件，每次订货成本为 120 元，每件甲材料的年储存成本为 2 元。

（1）计算不考虑订单限制时的经济订货批量。

$$Q^*=\sqrt{\frac{2AP}{C}}=\sqrt{\frac{2\times1\ 800\times120}{2}}=465(件)$$

由于经济订货批量为 465 件，不是供应商所要求的整数倍批量，因而只能在 465 件的左右选择 400 件或 600 件，通过比较这两个批量的年度总成本来确定最佳订货批量。

（2）订购 400 件时的年度总成本。

$$储存成本=\frac{Q}{2}\cdot C=\frac{400}{2}\times2=400(元)$$

$$订货成本=\frac{A}{Q}\cdot P=\frac{1\ 800}{400}\times120=540(元)$$

年成本合计=400+540=940(元)

（3）订购 600 件时的年度总成本。

$$储存成本=\frac{Q}{2}\cdot C=\frac{600}{2}\times2=600(元)$$

$$订货成本=\frac{A}{Q}\cdot P=\frac{1\ 800}{600}\times120=360(元)$$

年成本合计＝600＋360＝960(元)

可见，订货批量受限时的最佳决策是每次订购400件。上述情况也可通过画图予以反映，参见图6-3。

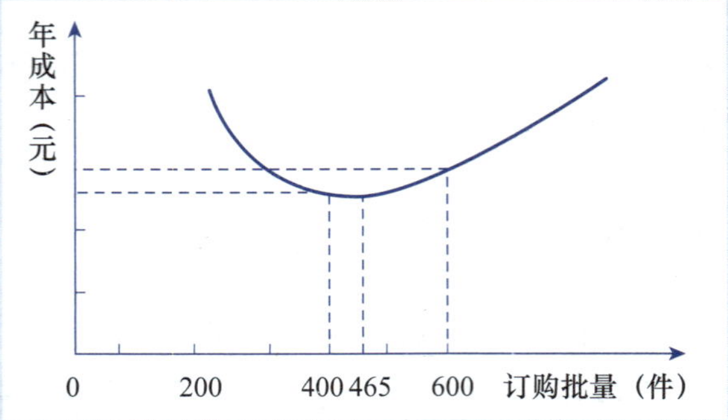

图6-3 订货批量最佳决策

6.2.4 储存量受限制时的决策

实际上，每个企业的仓库储存面积是有限的，因此储存量不能无限扩大。在这种情况下，如果计算确定的经济订货批量大于仓库储存约束性因素的数值（如仓库储存面积限制下的最大储存量），那么最佳的订货批量就是该约束性因素的值。图6-4可以说明这一点。

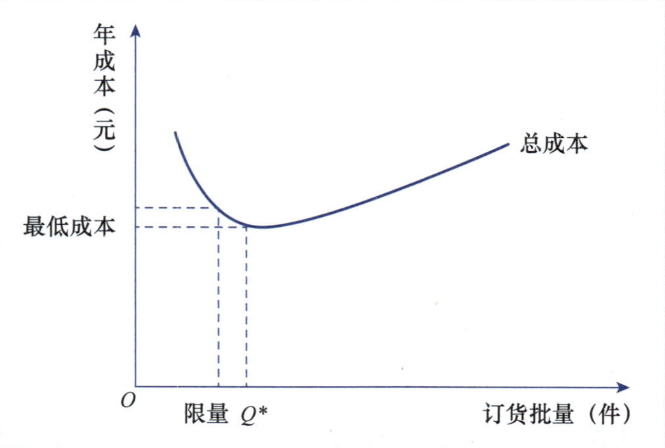

图6-4 储存量受限制时的决策

当储存量含有约束性因素时，也可以通过某些方法（如租用新的库房、建造新的仓库等）来增加储存量，以达到最佳储存量（经济订货批量）的要求。但这样做在经济上是否合算呢？

例 6 - 8

圆庆公司每年需要乙材料 360 000 千克，每次订货成本为 1 111 元，每千克乙材料年储存成本为 0.5 元。该公司目前仓库最大储存量为 30 000 千克，考虑到业务发展的需要，已与其他单位协商租用一个可储存 20 000 千克乙材料的仓库，年租金约为 4 000 元。应如何进行储存决策？

（1）计算不受任何限制时的经济订货批量和年成本合计。

$$Q^* = \sqrt{\frac{2AP}{C}} = \sqrt{\frac{2 \times 360\ 000 \times 1\ 111}{0.5}} \approx 40\ 000(\text{千克})$$

$$T^* = \sqrt{2APC} = \sqrt{2 \times 360\ 000 \times 1\ 111 \times 0.5} \approx 20\ 000(\text{元})$$

（2）由于圆庆公司目前仓库的最大储存量只有 30 000 千克，少于经济订货批量（40 000 千克），因此，需要在扩大仓储量和按目前最大储存量储存之间做出选择。

如果一次订购 30 000 千克（根据约束性因素的限制所能做的最佳选择），其年成本合计为：

$$\text{储存成本} = \frac{Q}{2} \cdot C = \frac{30\ 000}{2} \times 0.5 = 7\ 500(\text{元})$$

$$\text{订货成本} = \frac{A}{Q} \cdot P = \frac{360\ 000}{30\ 000} \times 1\ 111 = 13\ 332(\text{元})$$

$$\text{年成本合计} = 7\ 500 + 13\ 332 = 20\ 832(\text{元})$$

（3）比较选择。由于不受任何限制时的最佳存货年成本合计为 20 000 元，而不扩大仓储时的限制存货的年成本合计为 20 832 元，因此，从增加仓储方案角度看预期可以节约 832 元。但由于增加仓储需要多支付租金 4 000 元，比预期节约额高出 3 168 元，因而最好不要租赁，按 30 000 千克的批量分批订购。

当然，也可以采用差别成本的概念进行对比分析（见表 6 - 2），其结果是一样的。

表 6 - 2　成本计算表　　单位：元

项目	保持现有仓储量	租用仓库	差别成本
储存成本（不含仓租费）	7 500	10 000	2 500（+）
订货成本	13 332	10 000	3 332（−）
仓租费	0	4 000	4 000（+）
成本总额	20 832	24 000	3 168（+）

6.3 不确定情况下的存货决策

6.3 即测即评

迄今为止，存货决策建立在存货耗用率及发出订单到订货到达之间的时间（通常称采购间隔期）已确定的基础之上，但当存货耗用率因不可预见的情况发生变化，或采购间隔期由于客观事件而有所变化时，就应采用适当的方法进行决策。

6.3.1 安全库存量与库存耗竭成本

在存货耗用率和采购间隔期稳定不变时，企业可以及时发出订单，按照经济订货批量订货，在原有存货耗尽之时新的存货入库从而补足存货（见图 6-5）。

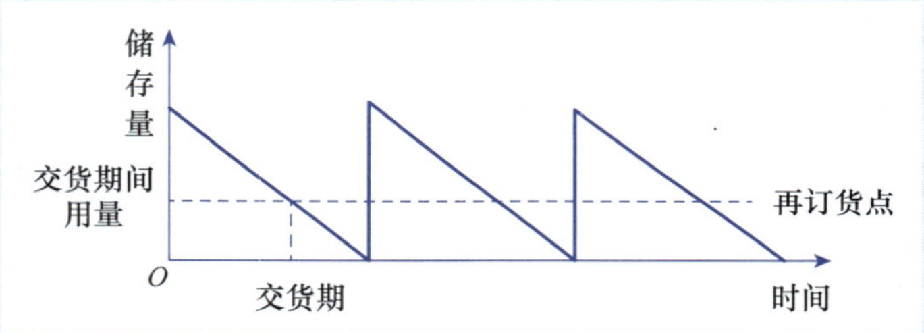

图 6-5 安全库存量

但如果某项存货的耗用量比预计快（见图 6-6），或者采购间隔期比预期时间长（见图 6-7），就有可能发生库存耗竭，从而出现停工待料的现象。

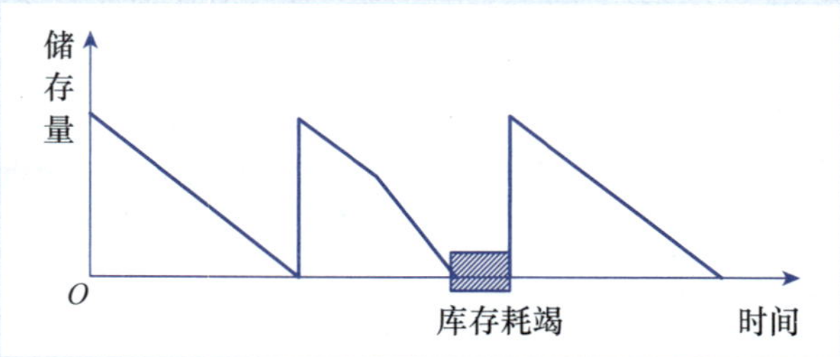

图 6-6 耗用量增加导致库存耗竭

在图 6-6 中，由于耗用量增加，在新存货到达前，库存存货已经耗尽；在

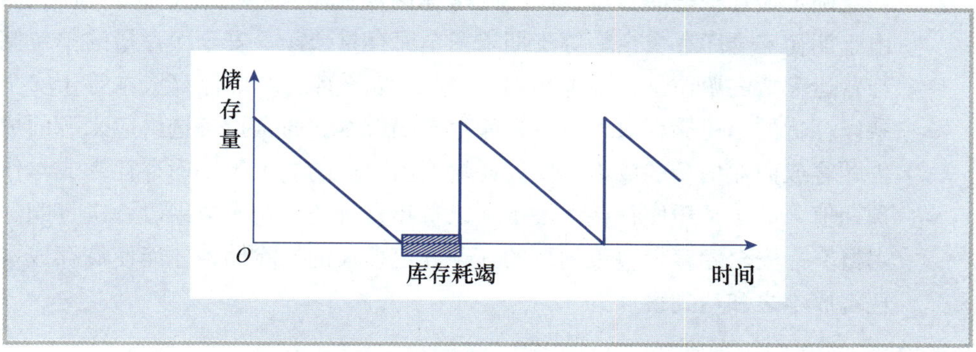

图 6-7 采购间隔期长导致库存耗竭

图 6－7 中，耗用量保持不变，但由于原订存货尚未运达，导致原库存存货耗尽。

库存耗竭的发生往往会给企业带来不利的影响：专程派人采购材料，停产等待新的材料运达，或者失去顾客。为避免上述不利影响，企业应建立保险储备并确定最佳安全库存量，从而将可能发生的额外成本降到最小。图 6－6、图 6－7 所示的库存耗竭现象在有充足的安全库存量时不会发生，增加的耗用量和供货间隔期变动而耗用的存货可以从安全库存量中得到满足，并在新的订货到达时补足安全库存量（见图 6－8、图 6－9）。

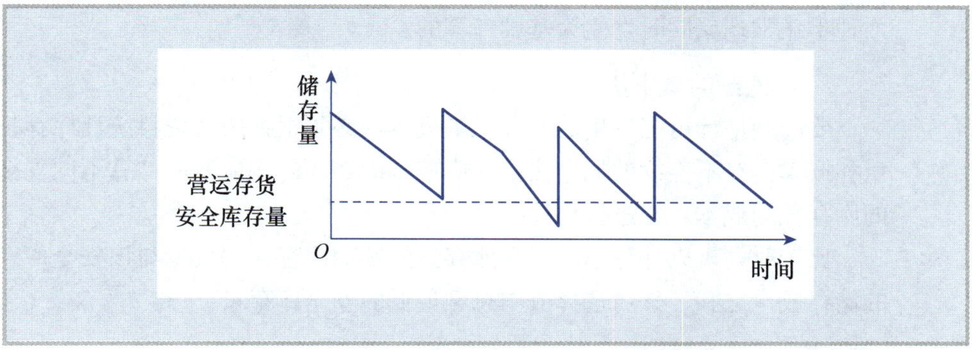

图 6-8 库存耗竭时安全库存量的作用

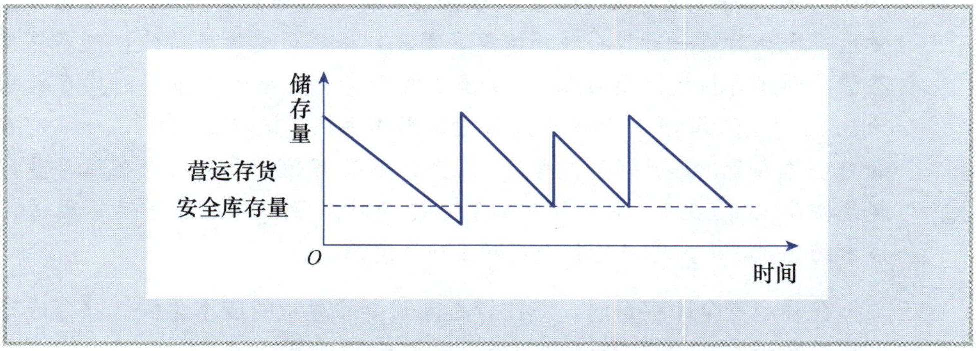

图 6-9 库存耗竭时安全库存量的作用

确定最佳安全库存量时，必须考虑两项成本：（1）安全库存量的储存成本。由于期初安全库存量余额等于期末安全库存量余额，安全库存量的单位储存成本与营运存货的单位储存成本相同，因此，安全库存量的储存成本等于安全库存量乘以存货的单位储存成本。（2）库存耗竭成本。通常指备选供应来源的成本、失去顾客或商业信誉的成本、库存耗竭期内停产的成本等。库存耗竭成本作为年度预期值，等于某项库存耗竭成本乘以每年安排的订购次数乘以一次订购的库存耗竭概率。安全库存量决策的目的在于确定多大的保险储备才能使储存成本和库存耗竭成本之和达到最低。

6.3.2 安全库存量的确定方法

1. 经验法

品种繁多、价值较小的存货的安全库存量由经验丰富的经理人员在安全库存量上限范围内加以规定的方法，称为经验法。其一般计算公式如下：

$$\text{安全库存量的上限}=\begin{matrix}\text{最长}\\\text{交货期}\end{matrix}\times\begin{matrix}\text{最高每天}\\\text{耗用量}\end{matrix}-\begin{matrix}\text{交货期}\\\text{正常天数}\end{matrix}\times\begin{matrix}\text{平均每天}\\\text{耗用量}\end{matrix}$$

可见，所谓安全库存量的上限，实际是按照交货期最长和每日耗用量最大这两种不正常现象同时发生为基础计算的。

2. 不连续的概率法

要准确估计可能发生的库存耗竭成本，必须根据历史资料统计库存耗竭的数量和概率。在不连续的概率法下，应按不同档次的相应概率计算不同安全库存量的库存耗竭成本，并进行比较。

比较时，可以计算不同安全库存量的预期库存耗竭成本与该安全库存量对应的储存成本之和，然后选择成本总额最低的安全库存量。

例 6-9

江威公司每年需用 C 材料 360 000 千克，每千克 C 材料的年平均储存成本为 16 元，每次订货成本为 648 元，最优订货批量为 5 400 千克。由于每种安全库存量水平均会对应一种库存耗竭概率，因此，根据历史资料估计：如不保持安全库存量，则库存耗竭概率为 0.6；如有 200 千克的安全库存量，则库存耗竭概率降为 0.3；如有 350 千克的安全库存量，则库存耗竭概率为 0.05；如果有 600 千克的安全库存量，库存耗竭概率为 0.015；如果有 800 千克的安全库存量，则库存耗竭概率只有 0.01。据估计，如果不能及时到货而动用备选供货渠道，需增加成本约 2 000 元，停产待料损失约 3 000 元。

在确定安全库存量时，应比较不同安全库存量的成本总额（储存成本与预期库存耗竭成本之和），并做出选择，如表 6-3 所示。

表 6-3　安全库存量的成本分析

安全库存量（千克）	储存成本（元）	预期库存耗竭成本（元）	成本总额（元）
0	0×16=0	$\frac{360\ 000}{5\ 400}\times 0.6\times(2\ 000+3\ 000)=200\ 000$	200 000
200	200×16=3 200	$\frac{360\ 000}{5\ 400}\times 0.3\times(2\ 000+3\ 000)=100\ 000$	103 200
350	350×16=5 600	$\frac{360\ 000}{5\ 400}\times 0.05\times(2\ 000+3\ 000)=16\ 666.67$	22 266.67
600	600×16=9 600	$\frac{360\ 000}{5\ 400}\times 0.015\times(2\ 000+3\ 000)=5\ 000$	14 600
800	800×16=12 800	$\frac{360\ 000}{5\ 400}\times 0.01\times(2\ 000+3\ 000)=3\ 333.33$	16 133.33

从表 6-3 可以看出，在这五种安全库存量中，最佳选择为 600 千克的安全库存量。但即使在最佳安全库存量水平上，仍然有 0.015 的库存耗竭概率，在该公司每年大约订购 67 次（360 000/5 400≈67）的情况下，预期 C 材料每年库存耗竭 1 次（67×0.015≈1）。即使如此，由此产生的库存耗竭成本也比增加安全库存量更为经济。事实上，完全消除库存耗竭是不可能的。存货决策旨在寻找安全库存量和库存耗竭二者的最低成本。

由于预期年度库存耗竭成本的变动与一年中安排的订货批次有关，因此，库存耗竭成本也是一项订货成本。于是，可以把不连续概率法与经济批量模型结合起来，确定安全库存量。

例 6-10

某公司全年需要 W 商品 36 000 件，平均每日耗用量 D 为 100 件，正常交货期 t 为 8 天，正常交货期平均用量 D_t 为 800 件（100×8），每批订货成本 P 为 200 元，年单位储存成本 C 为 2 元，每次单位库存耗竭成本 b 为 2.5 元。根据历史资料，交货期各档用量发生的概率如表 6-4 所示。

表 6-4　基础数据表

实际交货期用量（件）	概率
800 以下	0.75
850	0.10
900	0.07
950	0.05
1 000	0.03
1 000 以上	0

由于正常交货期用量为800件，因此，上述各档实际交货期用量减去800件，即为该档的缺货数量，其概率也就为该档缺货发生的概率。下面分步骤确定各种存货成本之和最低的安全库存量。

（1）按不同安全库存量S分别计算缺货数量E及其概率P。

$S=0$件，即将正常交货期平均用量800件作为再订货点，不设安全库存量时的缺货数量及其概率如表6-5所示。

表6-5 缺货数量及其概率计算

缺货数量E（件）	概率P
50	0.10
100	0.07
150	0.05
200	0.03

$S=50$件，即将再订货点确定为850件，缺货数量及其概率参见表6-6。

表6-6 缺货数量及其概率计算

缺货数量E（件）	概率P
50	0.07
100	0.05
150	0.03

$S=100$件，即将再订货点确定为900件，缺货数量及其概率参见表6-7。

表6-7 缺货数量及其概率计算

缺货数量E（件）	概率P
50	0.05
100	0.03

$S=150$件，即将再订货点确定为950件，缺货数量及其概率参见表6-8。

表6-8 缺货数量及其概率计算

缺货数量E（件）	概率P
50	0.03

$S=200$件，即将再订货点确定为1 000件时，发生缺货的概率为零。

（2）估计每次到货前各种安全库存量S的库存耗竭成本B，参见表6-9。

表6-9　库存耗竭成本计算表

安全库存量S（件）	缺货数量E（件）	概率P	每次到货前发生的库存耗竭成本（元）$B=Eb$	
0	50 100 150 200	0.10 0.07 0.05 0.03	50×0.1×2.5=12.5 100×0.07×2.5=17.5 150×0.05×2.5=18.75 200×0.03×2.5=15	63.75
50	50 100 150	0.07 0.05 0.03	50×0.07×2.5=8.75 100×0.05×2.5=12.5 150×0.03×2.5=11.25	32.5
100	50 100	0.05 0.03	50×0.05×2.5=6.25 100×0.03×2.5=7.5	13.75
150	50	0.03	50×0.03×2.5=3.75	3.75
200	0	0		0

（3）根据每次到货前的库存耗竭成本，计算与各种安全库存量相匹配的经济订货批量。

由于库存耗竭成本与订货成本性质相同，因而计算经济订货批量和年成本合计的基本模型，均应做相应的变动（推导过程略）：

$$Q^*=\sqrt{\frac{2AP}{C}}$$

应改为　$Q^*=\sqrt{\dfrac{2A(P+B)}{C}}$

$$T=\frac{A}{Q^*}\cdot P+\frac{Q^*}{2}\cdot C=\sqrt{2APC}=Q^*C$$

应改为　$T=(Q^*+S)C$

根据上述改动后的新公式，计算各种安全库存量下的经济订货批量和年成本合计如下。

$S=0$件时：

$$Q^*=\sqrt{\frac{2\times 36\,000\times(200+63.75)}{2}}=3\,081(\text{件})$$

$$T=(3\,081+0)\times 2=6\,162(\text{元})$$

$S=50$件时：

$$Q^*=\sqrt{\frac{2\times 36\,000\times(200+32.5)}{2}}=2\,893(\text{件})$$

$$T=(2\,893+50)\times 2=5\,886(\text{元})$$

S=100 件时：

$$Q^*=\sqrt{\frac{2\times36\ 000\times(200+13.75)}{2}}=2\ 774(件)$$

$$T=(2\ 774+100)\times2=5\ 748(元)$$

S=150 件时：

$$Q^*=\sqrt{\frac{2\times36\ 000\times(200+3.75)}{2}}=2\ 708(件)$$

$$T=(2\ 708+150)\times2=5\ 716(元)$$

S=200 件时：

$$Q^*=\sqrt{\frac{2\times36\ 000\times200}{2}}=2\ 683(件)$$

$$T=(2\ 683+200)\times2=5\ 766(元)$$

比较上述计算结果可以看出，年成本合计最低（5 716 元）时的安全库存量为 150 件。

6.3.3 再订货点的确定

为了保证生产和销售活动的连续性，企业应在存货用完或售完之前再一次订货。订购下一批货物的存货存量（实物量或金额，下同）叫再订货点。如何使各种存货的成本之和达到最低，是再订货点决策所要解决的问题。

一般来讲，当库存存货量降到采购间隔期的耗用量加上安全库存量的总和时，就应再次订购货物。在这种情况下，当存货量降到上述水平时即发出订单，在库存存货量等于安全库存量时，新的货物预计可运达。根据这一原理，再订货点的计算公式可确定如下：

$$再订货点=(采购间隔日数\times平均每日耗用量)+安全库存量$$

例 6-11

某种商品的安全库存量为 200 件，采购间隔期为 12 天，年度耗用总量为 12 000 件，假设每年有 300 个工作日，则

$$该商品的再订货点=\left(\frac{12\ 000}{300}\times12\right)+200=680(件)$$

如果该商品的年储存成本为 1.5 元，每次订货成本为 240 元，则其最佳订货批量为 1 960 件。结合以上计算结果，可以绘制如图 6-10 所示。

从图 6-10 可以看出，当存货降至 680 件时，即应按最佳订货批量（1 960 件）发出订单。在发出订单和收到订货的 12 天内，耗用速度是每天 40 件（12 000/300）。如果能够按计划进行，12 天后，当新采购货物到达企业时，存货大约还

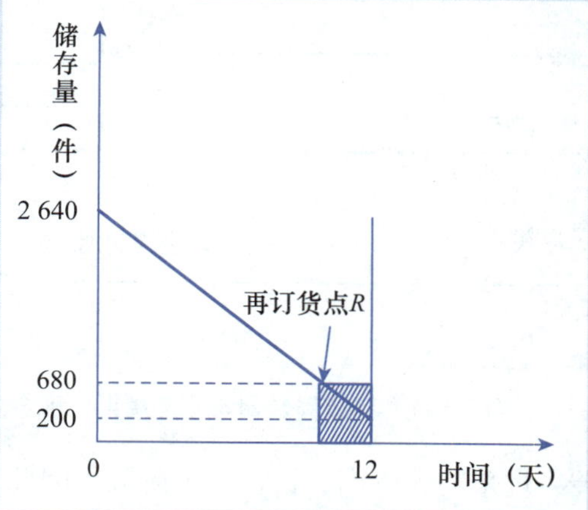

图 6-10 再订货点的确定

有 200 件。图中 R 为再订货点。

6.4 存货周转期控制

6.4 即测即评

存货管理的思维

6.4.1 存货周转期

对中国企业而言，在未来很长一段时间内，“去库存”都是一项重要任务。影响存货成本的因素主要有：存货数量、存货转移和停留的时间。基本存货模型及其扩展主要解决存货数量最优化的决策问题，而存货周转期控制则是解决存货转移和停留的有效性（转移对任何生产经营来说都是必需的，但有效率高低之分）以及存货停留的时间（由于停留会损害企业价值，因此对企业生产经营而言未必是必须的，理论上讲应该将停留的时间缩短至零）的问题。存货周转期是企业生产周期中最重要的组成部分，存货周转期控制也就成为存货决策的一项重要内容。

所谓存货周转期，是指存货周转一次所需要的时间，具体是指购买存货、支付货款开始到把存货卖出、形成应收账款为止的整个期间（如图 6-11 所示）。

图中显示，存货周转期为 50 天，应收账款周转期为 30 天时，资金周转一次需要 80 天，一年周转 4.5 次。如果 A 企业资金周转一次实现 1 800 万元的销售收入，年总收入为 8 100 万元。但如果存货周转期和应收账款周转期各缩短 10 天，则资金周转一次只需要 60 天，一年周转 6 次。此时，A 企业年总收入为 10 800 万元。从资金运营角度看，如果存货周转期缩短为 30 天，应付账款周转期仍为 20 天时，企业的现金周转期相应缩短为 40 天。可见，存货周转期的长短直接影响企业的销售收入、资金周转速度和资金占用。

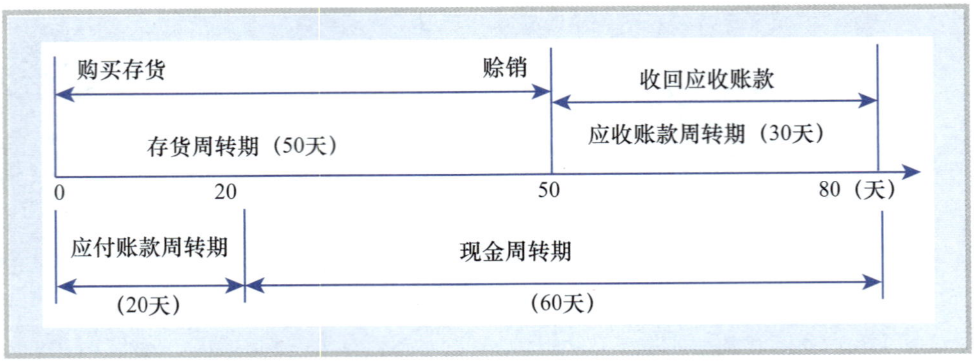

图6-11　存货周转期与生产周期、现金周转期的关系

存货周转经过采购、生产、销售三个阶段，因此，缩短存货周转期的任务主要由采购部门、生产部门和销售部门负责。

6.4.2　采购周期的控制

企业经营的连续性既要求企业持有尽可能低水平的存货，只在需要的时间购进需要的材料，又不允许因原材料供应中断影响生产。因此，企业和供货商之间应建立一种全新的利益伙伴关系，供需双方建立长期、紧密的合作关系且合作对双方都是有利的。建立这种关系的原则为：

（1）在原材料采购上，只与有限数量、比较了解的供应商发展长期合作关系。当企业提出原材料需求时，采购部门可以直接与长期合作的供货商联系，缩短订货时间，同时节约订货成本。由于供应商经过企业优选并长期合作，企业对供货商的信誉、原材料的质量及后续服务等都很了解，可以适当减少检验样本量，甚至取消检验，以降低检验成本。并且供货商多批次、小批量供应材料可以进一步降低储存成本。

（2）在选择供货商时既要考虑供货的价格，也要考虑服务的质量（即供应商能否在企业临时提出需求时快速交货）和原材料质量。

（3）在大数据和互联网＋的支持下，企业可以建立生产单元（如项目、车间）直接向经批准的供应商订购生产所需原材料。因为有些企业的各个生产单元分散在不同的地区，如果由企业集中采购，需经信息传递流程及物流过程，这可能会延长存货周转期。企业可以与供货商签订长期合作协议，供货商可以根据经授权的生产单元的订单组织多批次、小批量的供货，定期结算货款。

（4）供货商将原材料直接送至生产单元（如项目、车间），在经过必要的整理（如配料、下料）后直接投入生产，这样既缩短了从订货到投入生产的时间，保证了供货的及时性；又缩短了搬运距离，节约了搬运成本、储存成本和管理成本。

为达到缩减存货的效果，企业和供货商都需要付出努力。美国施乐公司从5 000家供货商中挑选出260家，经过几年的测试，1985年取消了3A级指定供货商提供材料的检验，这些免检的材料涉及公司 90%的产品。同年，该公司选择了 25 家质量合格且距公司不远的供货商进行适时制采购试验。公司每天用卡车从这 25 家供货商运来一天所需的原材料，取消检验环节，直接把原材料运至生产场所，消除了收货、入库等环节，减少了仓库占用。公司以盛装材料的塑料容器代替看板，容器送达供货商就起到了订单的作用，简化了订货程序。该公司实行上述措施后，原材料库存大幅下降，进货价格下降了 40%～50%。

6.4.3　生产周期的控制

随着生产自动化、智能化的发展以及对市场灵敏反应的需要，要求企业的产品按顾客要求的时间交货，原材料或部件按生产需要的时间送达，从而产生适应时间要求的敏捷制造（又称适时制生产）。

1. 根据市场供求状况，采用拉动式生产或推动式生产

企业面临两种市场环境：卖方市场和买方市场。在不同的市场环境下，企业应采用不同的生产模式以缩短生产周期。

市场环境、生产组织与存货管理

（1）在卖方市场环境中，由于产品供应量小于产品需求量，市场结构性矛盾是生产不出来，生产企业应采用推动式生产模式，通过提高生产效率、扩大生产规模来满足市场需求。

某汽车制造企业在 20×3 年采用推动式生产模式（如图 6 - 12 所示），因为企业处于卖方市场环境。为满足不断增长的市场需求，企业采取以下措施：第一，分设生产公司和销售公司，以专业化促进生产效率的提高。第二，生产公司生产的车辆一旦转入销售公司，销售公司必须按内部结算价格付款给生产公司，以保证生产公司有源源不断的资金组织再生产。第三，如果生产成本为 10 万元，市场销售价格为 18 万元，按内部结算价格计算的内部利润倾向生产公司（在内部结算价格为 15 万元时，生产公司内部利润为 5 万元），不仅可以使生产公司扩大生产规模，还可以在按内部利润计算员工奖金时起到激励作用。其结果是在扩大生产的同时扩大了销售，取得了非常好的业绩。

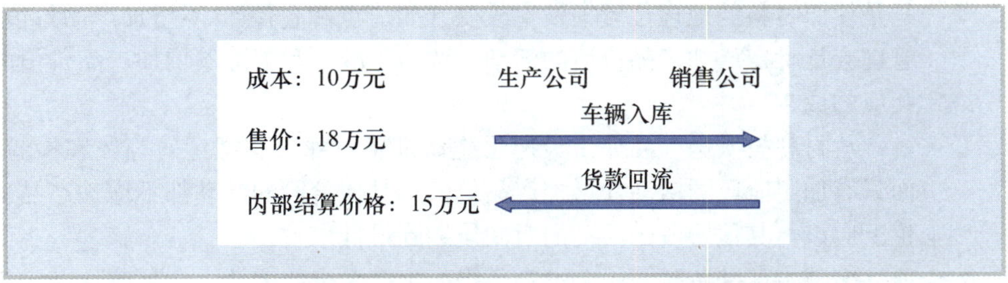

图 6 - 12　某汽车制造企业采用的推动式生产模式

（2）在买方市场环境中，由于产品供应量大于产品需求量，市场结构性矛盾是卖不出去，生产企业应采用拉动式生产模式，通过以销定产、控制规模，在满足市场需求的情况下提高效益。

该汽车制造企业在20×4年仍然采用推动式生产模式，造成生产出来的车辆卖不出去，大量车辆积压。原因在于市场环境已转为买方市场，但企业生产体系并没有随之改变。

20×5年企业针对性地采取了以下措施，转为采用拉动式生产模式（如图6-13所示）：第一，维持生产公司和销售公司的专业化设置，谋求进一步提高生产效率。第二，销售公司给生产公司下订单，生产公司按订单组织生产。第三，订单内生产的车辆转入销售公司，销售公司按内部结算价格付款给生产公司。第四，将内部结算价格降低，使内部利润倾向销售公司（在内部结算价格为12万元时，生产公司内部利润为2万元），不仅可以调动销售公司的积极性（按内部利润计算的奖金变多），还可以限制生产公司盲目生产（按内部利润计算的奖金变少）。其结果是在实现销售的同时能够最大限度地进行生产，也取得了非常好的业绩。

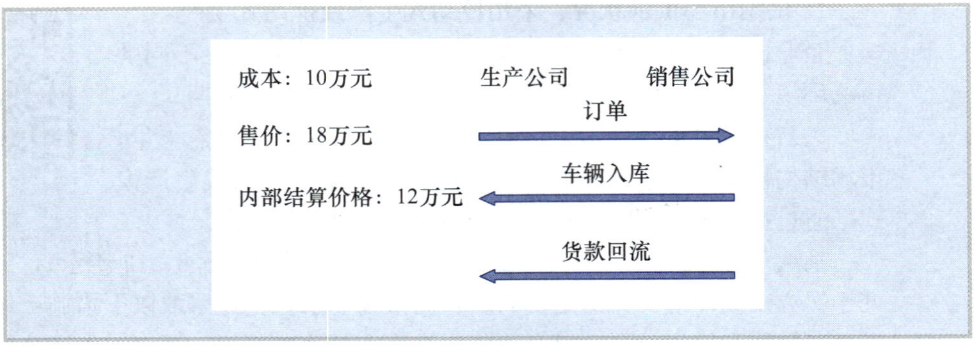

图6-13　拉动式生产模式

在本例中，内部结算价格的制定遵循效率原则，起到了利益导向和激励（或限制）作用。

2. 减少不增加价值的活动，缩短生产周期

企业的生产活动分为两种：一是使原材料的状态发生改变（如炼铁、炼钢、轧钢，将木材加工成家具等），增加产品价值的活动；二是不改变原材料的状态，只是使原材料的地理位置等发生改变（如清点和仓储），不增加产品价值的活动。管理会计肯定增加产品价值的活动，致力于减少和消除不增加产品价值的活动及相应的成本。

从材料投入至产品完工经历了生产准备、加工、搬运、等候和检验等阶段，而只有加工阶段的活动才增加产品价值，其他阶段的活动都不增加产品价值，理论上应该将其他阶段的活动的时间压缩到最低水平。

缩减生产准备时间的关键在于提高生产系统的柔性：一是改变劳动工具，购置更智能化的柔性加工设备体系，如数控机床、柔性制造单元等；二是改变劳动对象，运用成组技术进行加工。通过采用适时制生产模式，哈雷-戴维森公司在试验的机器上缩减了75%以上的生产准备时间，从几个小时降至不到一个小时。许多其他公司的实践也表明，生产准备时间一般可以缩减75%。

缩短生产周期还可以从改善企业与供应商的关系入手，把企业的生产过程与供应商的生产过程联系起来。迈克尔·波特在《竞争优势》一书中讲了个故事：一个糖果厂生产低附加值的传统糖果，利润率低。有人建议，能不能在某些糖果（如核桃仁）外面包裹一层巧克力来提高附加值呢？这一建议被采纳后，糖果厂就从巧克力供应商处购买了包装好的 10 磅一块的固态巧克力，生产流程进行了相应调整（如图 6－14 所示）。

存货管理与供应商、顾客、竞争者关系的重新构建

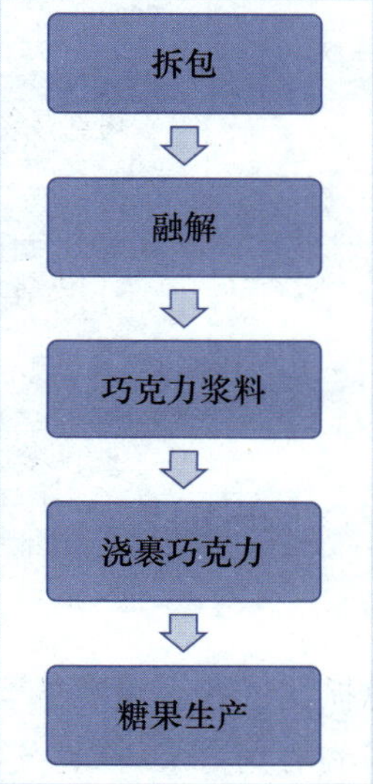

图 6－14 糖果生产流程

以拆包工序为例，传统上降低成本的第一个措施是：变无用为有用。具体讲，糖果厂将原来闲置的工人集中到拆包工序，这时闲置资源开始创造价值。但后来糖果厂发现，闲置员工的劳动效率不一样。例如，男性员工的效率比女性员工低，因为女性员工的耐性好；年轻员工的效率比年龄大的员工高，因为年轻员工的协调性好。针对上述情况，传统上降低成本的第二个措施是：变低效率为高效率。具体讲，糖果厂将老、弱、病、残员工解聘，雇用了 20 岁左右的女性员工，从而提高了效率。当管理层把视野局限在企业内部时，降低成本的潜力挖掘殆尽。但如果把视野放到企业与企业的关系上，又将如何呢？糖果厂老总在与巧克力供应商见面时问道：你的巧克力为什么是 10 磅一块而不是 20 磅一块？言外之意是，如果能 20 磅一块就可以减少拆包的次数，进而降低成本。供应商回答：10 磅一块有两个好处，一是包装纸可以充分利用，二是搬运的效率最高。糖果厂虽然可以通过价值链的优势地位要求供应商把 10 磅一块改为 20 磅一块，但这样做的结果是损人利己，而损人利己的最终结果不是双赢而是损人不利己。糖果厂老总接着又问：你的巧克力是怎么生产出来的？供应商对生产流程做了详细描

述（如图 6－15 所示）。

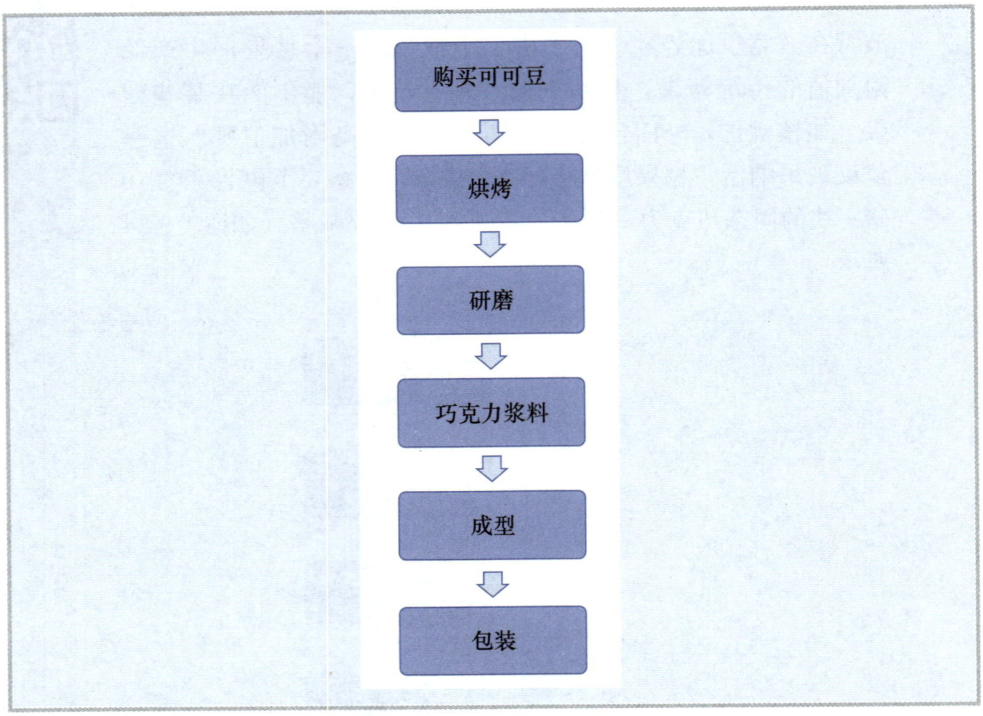

图 6－15　巧克力生产流程

这时，糖果厂老总抓住了一个重要的契机：既然供应商生产出巧克力浆料，我们为什么不能直接采购巧克力浆料呢？这个想法得到供应商的积极响应。因为供应商可以减少成型、包装两道工序，而糖果厂可以减少拆包、融解两道工序（如图 6－16 所示）。

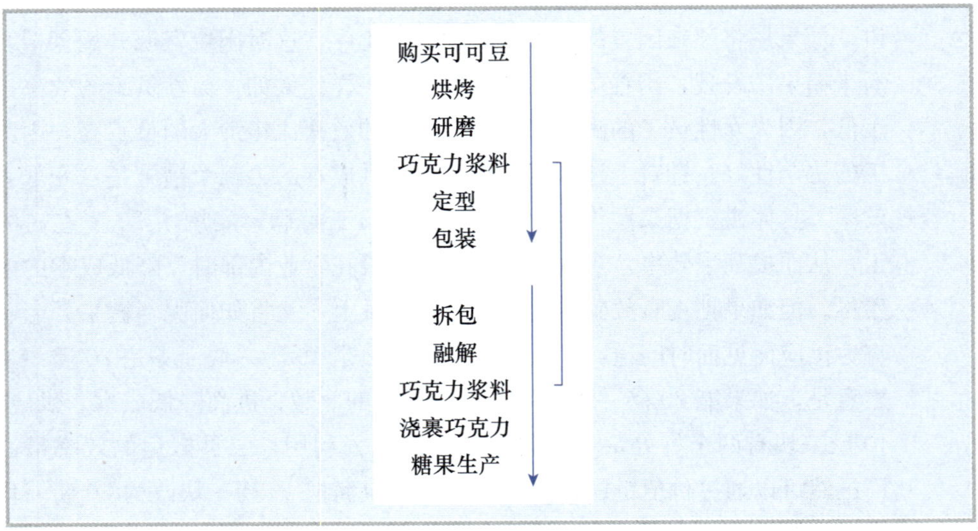

图 6－16　糖果厂和供应商的流程整合

对每个企业来说的必要工序，在价值链的角度看则可能成为不必要工序（不增值活动），可予以消除。双赢的结果是：如果维持原来糖果的价格，成本降低额转变为利润增加额；如果维持原来的利润额，成本降低就会导致价格降低，从而使竞争者产生压力。

6.4.4　销售周期的控制

客户订单是整个企业生产的原始动力和指令。企业收到客户订单，就要按照交货的时间，开始最后一道工序生产的规划，并使生产向前道工序展开，直至原材料和零部件的采购环节。

因此，企业销售部门必须了解市场，了解客户，形成顾客忠诚度和黏性。

思考题

1. 请说明在不同情况下存货成本与存货决策的关系。
2. 储存成本包括付现成本，为什么不包括非付现成本（即沉没成本）？
3. 经济订货批量确认的基本原理是什么？
4. 在有数量折扣的决策中，相关成本包括哪些？如何进行最优化决策？
5. 建立最佳安全库存量政策必须考虑的成本是什么？
6. 对企业而言，存货是必需的吗？我们应把零存货作为管理方法还是作为管理理念？
7. 经济订货批量决策与零存货管理是否矛盾？为什么？
8. 加速存货周转、缩短生产周期的基本方法是什么？

练习题

1. 某公司全年需要甲零件 12 500 件，为保证零件质量，在 A 市专设采购中心。该采购中心每年固定资产折旧 50 000 元，每次订货成本为 1 050 元，甲零件单位运输费用为 200 元，单位年储存成本为 50 元/件，零售价为 170 元/件，购置甲零件的贷款利率为 10%。

要求：请根据以上资料计算经济订货批量、最优订货批次、最低总成本。

2. 长海公司每年使用 A 材料 56 000 千克，单位采购成本为 150 元，单位变动储存成本为 20 元，每次订货成本为 1 400 元。

要求：

(1) 计算 A 材料的经济订货批量及相应总成本。

(2) 如果 A 材料是边送边用，每日送货量为 250 千克，每日耗用量为 200 千克，计算 A 材料的经济订货批量及相应总成本。

(3) 若供应商规定，当企业每次采购A材料3 200千克以上可享受2%的折扣，材料能够按采购量一次送达。确定企业应如何进行A材料的采购。

(4) 长海公司对A材料的耗用量正常为每天200千克，订货提前期为10天，计算其再订货点。

3. 某厂需从青岛购进102橡胶帆布750吨，每次订货成本为50元（不包括铁路运输费），每吨单价为6 250元，储存成本率为12%。

该厂距青岛2 000千米，若通过铁路整车发货，则每吨运输费为31.4元；若作为零担发货，则每吨运输费为124.5元。按铁路运输规定，不足30吨的货物均作零担处理。现制定出不同的订货批量，如表6-10所示。

表6-10 订购次数与订货批量

全年订购次数	150	75	50	25	15	10
订货批量（吨）	5	10	15	30	50	75

管理人员甲运用基本经济订货批量模型确定每次订货批量应为10吨，而管理人员乙却持有不同意见。

要求： 在不考虑铁路运输费对储存成本影响的前提下，提出你的意见。

4. 某公司购进一批化学制剂，价值85 000元，该化学制剂受潮后即失去效能。由于公司库房十分紧张，保管部门提出三个备选方案：一是短期内露天存放，估计小雨时将损失50%，大雨时将损失100%；二是购买篷布苫盖，篷布价格为1 800元，估计小雨时将不受损失，大雨时将损失20%；三是搭建简易料棚，造价4 600元，估计小雨时将不受损失，大雨时将损失5%。根据近期天气预报，半月内无雨的概率为0.4，小雨的概率为0.5，大雨的概率为0.1。

要求： 计算并选择最优方案。

5. Geneva公司生产煤矿工人使用的安全护目镜。护目镜按照型号和大小进行批量生产。每一型号护目镜的生产准备时间和生产时间不尽相同，最短的交付时间为6天。SG4型护目镜是最流行的型号，它的生产准备时间为2天，生产速度为每天750副，预测年需求量为36 000副。实际上，该型号护目镜的年需求量可以达到45 000副，持有一副SG4型护目镜存货的成本为每年3美元。生产准备成本为6 000美元。Geneva公司依照经济订货批量标准选择批量大小。该公司用预测年需求量计算经济订货批量。

近来，Geneva公司面临严峻的竞争，特别是来自国外公司的竞争。有些国外竞争对手能够以少于Geneva公司一半的生产时间将护目镜生产出来并送至零售商手中。例如，一家大零售商最近要求Geneva公司生产12 000副SG4型护目镜，并在7个工作日内交货。Geneva公司的库存有3 000副。它告知这家潜在客户，可以立即交付3 000副，余下9 000副大约在14个工作日内交付，在此期间可以交付部分订货。客户回绝了这一条件，指出全部订货必须在7个工作日内交付，以便客户能从当地的一些特殊条件中获得好处。客户同时表达了遗憾之情，并表示将从另一个能满足其要求的竞争对手处订货。

资料来源：唐·R. 汉森，玛丽安娜·M. 莫温. 管理会计：第 8 版. 陈良华，杨敏，译. 北京：北京大学出版社，2010.

要求：

(1) 利用经济订货批量模型，计算 SG4 型护目镜的最优生产批量。该公司对客户要求所做出的反应恰当吗？公司能否按照客户要求的时间生产出相关数量的产品？通过计算加以说明。

(2) 得知订单丧失后，营销经理开始抱怨该公司的存货政策。“我们失去这批订单是因为存货不足。我们需要储存更多的存货以应对此类预料之外的订单。”你同意这种说法吗？为了满足客户的要求，还要储存多少存货？将来 Geneva 公司应该储存更多的存货吗？你能想出其他方案吗？

(3) 工业设计部负责人加里则对订单的丧失做出了另一种反应。“我们面临的问题比存货不足更为复杂。我了解到国外竞争对手的存货比我们少得多。我们需要做的是缩短交付时间。我研究了这个问题，我的手下已经找到一种方法，能将 SG4 型护目镜的生产准备时间从 2 天减至 1.5 小时。采用这种新方法，生产准备成本能下降到 94 美元左右。另外，通过对生产该产品的工厂布局进行重新调整——建立制造单元，我们能将生产速度从每天 750 副提高到每天大约 2 000 副。只要消除大量材料转移时间和待料时间——这些都是非增值作业，我们就可以做到这一点。”

假设该工程师的分析切合实际，请计算新的最优生产批量（使用经济订货批量公式）。新的交付时间为多少？按照这一新的计算结果，该公司能满足客户的时间要求吗？假设每个工作日都有 8 小时可供使用。

(4) 假设生产准备时间和成本分别降至 0.5 小时和 10 美元。最优生产批量将是多少？生产准备时间接近于 0 以及生产准备成本变得微不足道意味着什么？例如，假设每次生产准备只要占 5 分钟，付出的成本仅需 0.864 美元。

第 7 章

Chapter 7

投资决策

第 7 章思维导图

素养提升

1. 企业投资是企业获得利润的基本条件、是企业生产发展的必要手段、是企业降低经营风险的重要方法。在市场经济条件下，企业能否把资金投放到报酬高、回报快、风险小的项目上去，对其生存和发展至关重要。

2. 在战略日益重要的今天，企业在做出投资决策时往往需要具备战略性思维和长远眼光，战术性投资和战略性投资相互配合，才能助力企业的可持续发展。

3. 现实中诸多客观因素会导致企业投资决策失败，然而，决策毕竟是由人做出的，一些主观因素也会导致企业投资决策失败，比如决策者的理性和非理性行为偏差，应认识到行为偏差对投资决策的危害并采取管控策略。

学习目标

1. 理解时间价值的概念，熟练掌握时间价值计算方法并能够灵活应用。

2. 了解现金流量的构成，掌握现金流量的计算方法。

3. 了解投资决策指标的经济意义，掌握各投资决策指标的计算方法并能够准确应用。

4. 了解战略性投资的内涵和重要性，并能进行投资决策应用。

5. 了解企业投资决策失败的行为因素和分析管理策略。

7.1 投资决策的基础和指标

投资决策一般需要在若干备选方案中进行分析、评价和选择，最终确定最优方案。在具体选择过程中，首先需要对项目各个时点的现金流量做出预测，选择恰当的资本成本，然后依据投资决策指标来对投资方案做出评判。投资决策指标一般分为两类：一类是静态投资指标，指的是没有考虑时间价值因素的指标，又称非贴现指标，主要包括投资回收期和投资报酬率；另一类是动态投资指标，指的是考虑了时间价值因素的指标，又称贴现指标，主要包括净现值、获利指数、内部报酬率等。此外，在公司实际进行投资决策时，还会考虑实物期权的价值。

7.1 即测即评

7.1.1　投资决策的基础

1. 货币时间价值

（1）货币时间价值的概念。货币时间价值是指货币经过一定时间的投资与再投资后所增加的价值。

经济生活中，人们往往会发现，今天的 1 元钱与 1 年后的 1 元钱相比，其数值并不相同，前者一般总是大于后者。这除了通货膨胀和风险因素的影响外，还有“时间”这个影响因素的作用。比如我们把 100 元钱存入银行，1 年后便可得到 110 元（假定银行年利率为 10%）。也可以说，100 元经过 1 年的投资增长到 110 元，这多出来的 10 元就是货币的时间价值，也叫资金的时间价值。人们习惯用相对数字来表示货币的时间价值，即用所增长的价值占原价值的百分数来表示。因此，上述货币的时间价值为 10%。

如果将这 110 元再次存入银行继续投资，它仍旧会以 10%的比例递增。如此循环反复，货币价值将随着时间的延续，按几何级数的方式不断增长。

（2）货币时间价值的计算。由于货币价值随时间的推移呈几何级数增长，与银行复利的增长方式相同，因此，通常采用复利的计算方法来计算货币的时间价值。按照这种方法，每经过一段固定的时间，就要将所产生的利息加入本金中，再计算下一段时间的利息，如此循环下去。这里的“一段固定的时间”为计息期，如果不做特别说明，计息期通常指 1 年。

货币时间价值的计量形式主要有：复利终值、复利现值；年金终值、年金现值。

1）复利终值。复利终值指的是一定量的资金经过一段时间后，按复利计算的最终价值。复利终值的一般计算公式为：

$$F=P(1+i)^n=P(F/P,i,n)$$

式中，$(1+i)^n$是 1 元的复利终值，称作复利终值系数，用（F/P，i，n）表示，其含义为：当利率为 i，经过 n 期后，1 元本金的最终价值。例如，（F/P，10%，5）表示当利率为 10%，经过 5 期后，1 元本金的终值。计息期 n 可以以年计算，也可以以季或月等计算，只要式中的 i 是同期的利率即可。在实际应用中，不需要自己计算复利终值系数，可以查阅复利终值系数表（参见本书附录 1）。利用该表可以在已知利率 i 和计息期 n 的情况下，查找 1 元的复利终值，也可以在已知利率 i 和 1 元复利终值 F 时查找计息期 n，或在已知 n 和 F 时查找利率 i。

2）复利现值。复利现值是指为取得将来某一时点的本利和，现在所需要的本金，即未来一定时间的特定资金按复利计算的现在的价值。

复利现值计算实际上是复利终值的逆运算，即

$$P=\frac{F}{(1+i)^n}=F(1+i)^{-n}=F(P/F,i,n)$$

式中，$(1+i)^{-n}$是复利终值系数的倒数，称作复利现值系数，用符号（P/F，i，n）表示，其含义为：当利率为 i 时，为取得 n 期后的 1 元，现在需要多少本金。例如，（P/F，10%，5）表示当利率为 10%时，为取得 5 期后的 1 元，现在需要本金多少元。为便于计算，同样也可查阅复利现值系数表（参见本书附录 2）。

3）名义利率与实际利率。前面提到复利的计息期不一定是 1 年，也可以是季或月等，即在 1 年内可以复利若干次，此时的年利率为名义利率。实际利率则是指按照复利计算的年利息与本金的比值。

实际利率与名义利率的关系是：

$$1+i=\left(1+\frac{r}{M}\right)^M$$

式中，i 为实际利率；M 为每年复利次数；r 为名义利率。

例 7-1

已知年利率为 8%，一年复利 4 次，计算实际利率为多少？

$$1+i=\left(1+\frac{r}{M}\right)^M$$

$$i=\left(1+\frac{r}{M}\right)^M-1=\left(1+\frac{8\%}{4}\right)^4-1=1.082\ 4-1=8.24\%$$

4）普通年金。年金是指等额、定期的系列收入或支出。普通年金是在每期期末收入或支出的年金，所以又叫后付年金。

①普通年金终值。普通年金终值是指自第一次收入或支出到最后一次收入或支出时，全部收入或支出金额按复利计算的最终本利和。即已知每期收入或支出金额 A，收付期 n，利率 i，求复利终值 F。用图形表示，如图 7-1 所示。

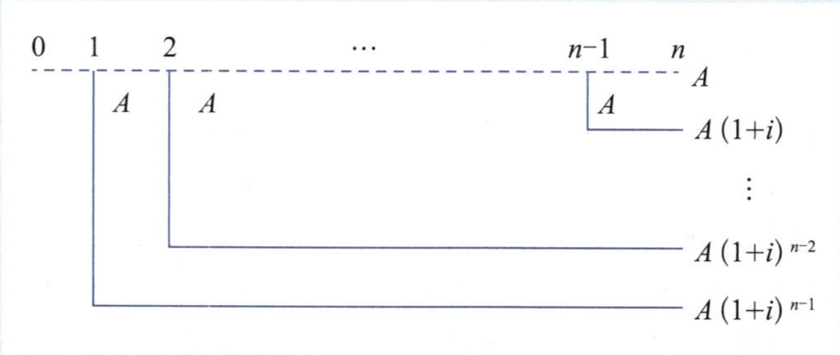

图 7-1 普通年金终值计算示意图

因此普通年金终值的一般计算公式为：

$$F=A\frac{(1+i)^n-1}{i}=A(F/A,i,n)$$

式中，$[(1+i)^n-1]/i$ 称作普通年金终值系数，用（F/A，i，n）表示，其含义为：每期期末收入或支出的普通年金1元，当利率为 i，经过 n 期后的最终价值。例如，（F/A，10%，5）表示普通年金1元，当利率为10%，经过5期后的最终价值。为便于计算，可以查阅普通年金终值系数表（参见本书附录3）。

利用该表可以在已知利率 i，收付期 n 和年金 A 的情况下，计算年金的终值；也可以在已知 i，n 及终值 F 时，计算年金 A。

由于 $F=A\times[(1+i)^n-1]/i$，因此

$$A=\frac{F}{\frac{(1+i)^n-1}{i}}=F\frac{i}{(1+i)^n-1}=F(A/F,i,n)$$

式中，$i/[(1+i)^n-1]$ 实际上就是普通年金终值系数的倒数，称为偿债基金系数，用（A/F，i，n）表示。

②普通年金现值。普通年金现值是指为在将来若干期内的每期期末支取相同的金额，按复利计算，现在所需要的本金数。即已知支付期 n，利率 i，年金 A，求本金 P。用图形表示，如图7-2所示。

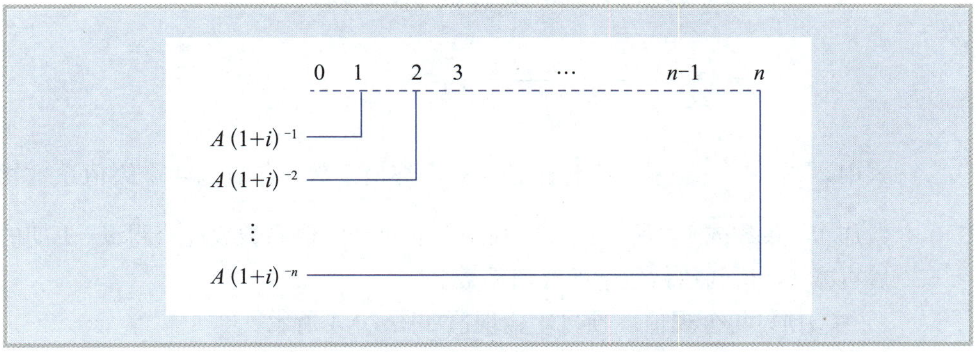

图7-2 普通年金现值计算示意图

因此，本金（即普通年金现值）为：

$$P=A\frac{1-(1+i)^{-n}}{i}=A(P/A,i,n)$$

式中，$[1-(1+i)^{-n}]/i$ 又称普通年金现值系数，用（P/A，i，n）表示，其含义为：当利率为 i 时，n 期普通年金1元的现值数额，为便于计算，可以查阅普通年金现值系数表（参见本书附录4）。

由于 $P=A[1-(1+i)^{-n}]/i$，因此

$$A=P\frac{i}{1-(1+i)^{-n}}=P(A/P,i,n)$$

式中，$i/[1-(1+i)^{-n}]$ 又称投资回收系数，用 $(A/P, i, n)$ 表示，其含义为现在投资 1 元，当利率为 i 时，在今后的 n 期内每期期末可得到的投资报酬（即年金）。投资回收系数在数额上是普通年金现值系数的倒数。

5）预付年金。预付年金是指每期期初支付的年金，它与普通年金的区别在于其支付期比普通年金提前了一期。

①预付年金终值。预付年金终值如图 7－3 所示。

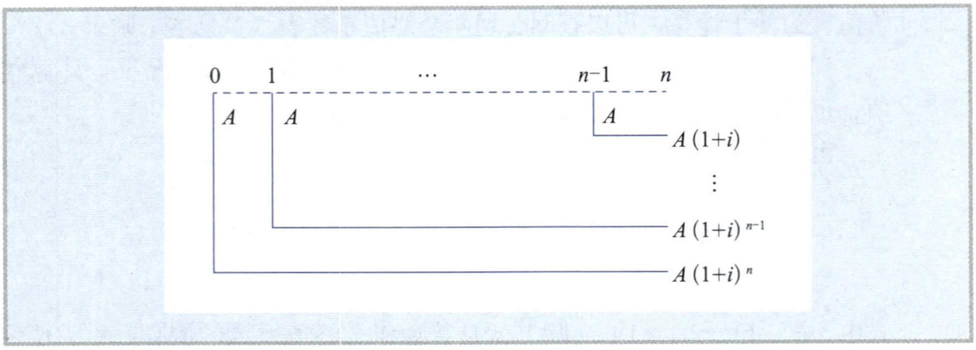

图 7－3　预付年金终值计算示意图

与普通年金终值相比，它多了一个第 1 期期初支付的年金终值，少了一个第 n 期期末支付的年金，因此预付年金终值的一般计算公式为：

$$F=A\frac{(1+i)^n-1}{i}+A(1+i)^n-A$$
$$=A\left[\frac{(1+i)^{n+1}-1}{i}-1\right]$$

式中，$\frac{(1+i)^{n+1}-1}{i}-1$ 称作预付年金终值系数。与普通年金终值系数相比，期数加 1，系数减 1，所以也可以利用普通年金终值系数表先查得 $n+1$ 期的值，然后再减 1，得到预付年金的终值系数。

②预付年金现值。预付年金现值如图 7－4 所示。

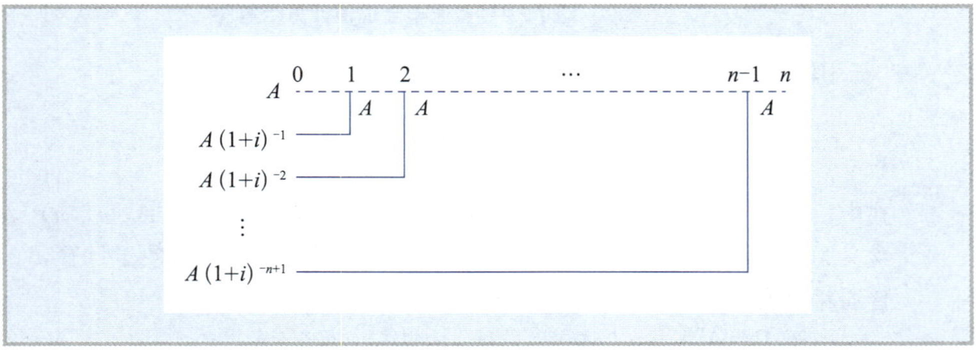

图 7－4　预付年金现值计算示意图

与普通年金的现值相比，它多了一个第 1 期期初支付的年金 A，少了一个第 n 期期末支付的年金 A 的现值，因此预付年金现值的一般计算公式为：

$$P = A\times\frac{1-(1+i)^{-n}}{i}+A-A(1+i)^{-n}$$

$$=A\times\left[\frac{1-(1+i)^{-(n-1)}}{i}+1\right]$$

式中，$\frac{1-(1+i)^{-(n-1)}}{i}+1$ 称作预付年金现值系数。与普通年金现值系数相比，期数减 1，系数加 1，所以也可以利用普通年金现值系数表先查得 $n-1$ 期的值，然后加 1，得到预付年金的现值系数。

6）递延年金。递延年金是指首期支付发生在第 2 期或以后某期的年金，如图 7－5 所示。

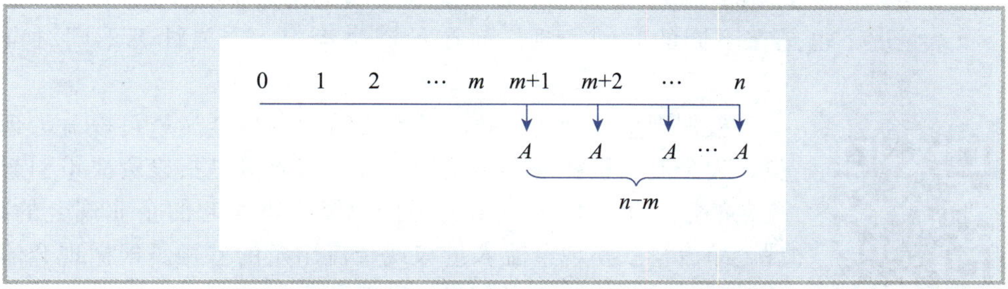

图 7－5　递延年金示意图

与普通年金相比，递延年金在前 m 期未发生支付，其实际支付期为 $n-m$ 期，因此，递延年金的终值计算与普通年金的终值计算方法相同，只要按其实际支付期计算即可，即

$$F=A(F/A,i,n-m)$$

递延年金的现值与普通年金现值相比，由于没有前 m 期的年金支付，因此递延年金的现值 P 为：

$$P=A(P/A,i,n)-A(P/A,i,m)$$

或者先按普通年金的计算方法计算出第 m 期期末的年金现值，再将其折算成第 1 期期初的现值，即

$$P=A(P/A,i,n-m)(1+i)^{-m}$$

7）永续年金。永续年金指的是无限期支付的年金。由于它没有终止支付的时间，因此没有终值。永续年金的现值可通过普通年金现值的计算公式求导来计算。

$$P= A\frac{1-(1+i)^{-n}}{i}$$

当 $n\to\infty$ 时，$(1+i)^{-n}\to 0$，因此

$$P=\frac{A}{i}$$

利用上述各种计算货币时间价值的方法，就可以将不同时间的资金统一在同一个时点上进行比较，从而消除由于时间不同而导致的不可比因素。这些方法在投资决策中都有广泛的应用。

2. 现金流量

（1）现金流量的概念。现金流量是指与长期投资决策有关的现金流入和流出的数量。它是评价投资方案是否可行的基础数据，绝大部分投资决策指标的计算都以投资项目的现金流量为基础。之所以在投资决策中使用现金流量而非利润，原因在于现金流量是项目价值的最终衡量指标，而反映企业经营成果的利润指标是权责发生制的产物。账面利润未必能够全部变成现金，即便能够变现，大多数情况下也是在不同的时间变现。而在投资决策中，需要计算不同时点的现金流量。

投资项目计算期的确定

根据现金流动的方向，投资决策中的现金流量可以分为现金流入量、现金流出量和现金净流量。现金流入量是指投资决策引起的企业现金的增加量，现金流出量是指投资决策引起的企业现金的减少量，现金净流量就是现金流入量与现金流出量的差额。根据现金流量发生的时间，投资决策中现金流量可以分为初始现金流量、经营现金流量和终止现金流量。在计算投资决策指标时，需要各个时间点（一般以年为单位）的现金流量数据。一个项目从准备投资到项目结束，要经历项目准备及建设期、生产经营期及项目终止期三个阶段，与初始现金流量、经营现金流量和终止现金流量这一分类相对应。项目净现金流量的基本计算公式为：

$$\text{净现金流量}=\text{初始现金流量}+\text{经营现金流量}+\text{终止现金流量}$$

（2）现金流量的计算。从现金净流量的基本计算公式中可以看到，有关项目的现金净流量包括初始现金流量、经营现金流量和终止现金流量。

1）初始现金流量。初始现金流量包括投资在固定资产上的资金和投资在流动资产上的资金两部分。其中，投资在流动资产上的资金一般假设当项目结束时将全部收回，故也称垫支的流动资金。

投资在固定资产上的资金有时是以企业的旧设备进行投资的，在计算初始现金流量时，一般以设备的变现价值作为其现金流出量（但是该设备的变现价值通常与其账面价值不相等）。另外，还必须注意将这个投资项目作为一个独立的方案进行考虑，即假设企业将该设备出售可能得到的收入（设备的变现价值），以及企业由此而可能将支付或减免的所得税，即

$$\begin{matrix}\text{初始现金}\\\text{流量}\end{matrix}=\begin{matrix}\text{垫支的}\\\text{流动资金}\end{matrix}+\begin{matrix}\text{设备的}\\\text{变现价值}\end{matrix}-\left(\begin{matrix}\text{设备的}\\\text{变现价值}\end{matrix}-\begin{matrix}\text{设备的}\\\text{账面价值}\end{matrix}\right)\times\begin{matrix}\text{所得税}\\\text{税率}\end{matrix}$$

2）经营现金流量。经营现金流量一般以年为单位计算。经营现金流入量是指经营现金收入。经营现金流出量是指经营现金支出和缴纳的税金。经营现金净流量就是经营现金流入量与经营现金流出量的差额。具体公式如下：

经营现金净流量＝年营业收入－年付现成本－所得税

或　　　　　＝税后净利润＋折旧等

上述公式体现了计算经营现金净流量的两种不同思路，一种是直接法，即用现金流入量减去现金流出量；一种是间接法，即把权责发生制下的净利润调节为经营现金净流量，具体是依据那些影响利润但不影响现金流量的非付现成本对净利润进行调整。两种方法计算的结果是一致的。需要指出的是，上述公式存在一些假设前提。具体包括：假设营业收入全部为现金收入；所得税会及时足额缴纳；非付现成本主要为折旧。在实际中，非付现成本除了折旧，还包括各种摊销（如无形资产摊销、长期待摊费用的摊销）等。

3）终止现金流量。终止现金流量包括固定资产的最终残值（或称处理/回收成本）和收回垫支的流动资金两部分。

终止现金流量＝实际固定资产残值收入＋垫支的流动资金

例 7－2

某企业正在考虑生产一种新产品，为此需购置一套价值为 45 万元的新设备，并一次性支付 4 年期的厂房租赁费 40 万元。该设备使用期为 4 年，按 4 年平均计提折旧，该设备 4 年后的残值预计为 5 万元。此外，配套投入的流动资金为 10 万元。企业所得税税率为 25%。在不考虑所得税的情况下，各年年末营业收入减直接营业成本后的净营业现金收入如表 7－1 所示。

表 7－1　各年年末净营业现金收入　　单位：万元

年份	第 1 年年末	第 2 年年末	第 3 年年末	第 4 年年末
净营业现金收入	30	40	50	30

根据上述资料计算该项目各期的现金流量。

（1）初始现金流量。

初始现金流量＝垫支的流动资金＋厂房租赁费＋设备购置费
＝10＋40＋45
＝95（万元）

（2）经营现金流量。

经营现金流量＝税后净利润＋折旧等
＝（净营业现金收入－折旧－厂房租赁费摊销）
×（1－所得税税率）＋折旧＋厂房租赁费摊销

因此，各年经营现金流量为：

第1年经营现金流量=(30−10−10)×(1−25%)+10+10=27.5(万元)
第2年经营现金流量=(40−10−10)×(1−25%)+10+10=35(万元)
第3年经营现金流量=(50−10−10)×(1−25%)+10+10=42.5(万元)
第4年经营现金流量=(30−10−10)×(1−25%)+10+10=27.5(万元)

（3）终止现金流量。

终止现金流量=垫支的流动资金+固定资产最终残值
=10+5=15(万元)

因此，项目各期预期现金流量如表7－2所示。

表7－2　各期预期现金流量　　单位：万元

年份	第1年年初	第1年年末	第2年年末	第3年年末	第4年年末
预期现金流量	(95)	27.5	35	42.5	42.5

3. 资本成本

资本成本是指企业筹集和使用资金必须支付的各种费用。包括：（1）用资费用，是指企业在使用资金中支付的费用，如股利、利息等，其金额与使用资金的数额多少及时间长短成正比，它是资本成本的主要内容；（2）筹资费用，是指企业在筹集资金中支付的费用，如借款手续费、证券发行费等，其金额与资金筹措方式有关，而与使用资金的数额多少及时间长短无关。

由于存在筹资费用，企业计划筹资额与实际筹资额是不相等的，实际筹资额等于计划筹资额减筹资费用，因此企业使用资金的实际代价高于名义代价。如果不考虑所得税因素，资本成本应按如下公式计算：

$$资本成本=\frac{每年的用资费用}{筹资数额-筹资费用}$$

如果考虑货币时间价值，资本成本的计算会复杂些。筹资方案的现金流入量是指实际筹集到的资金，等于企业计划筹资额减筹资费用，它发生在筹资时。筹资方案的现金流出量是指用资费用，它发生在筹资后的不同时间点。资本成本就是使得筹资方案现金流出量折现后等于筹资方案现金流入量的折现率。如果不考虑筹资费用，那么筹集资金方的资本成本就是资金提供方的回报率。企业将筹集的资金运用于投资项目，必然要求所获得的回报能够弥补筹资成本，因此资本成本就成为筹集资金后投资于项目所要求的最低报酬率，即必要报酬率。

（1）个别资本成本。个别资本成本就是各种长期资本的使用成本，在数额上等于每种长期资金的年实际用资费用与其筹资净额的比值，即

$$K=\frac{D}{P-f}$$

或 $$K=\frac{D}{P(1-F)}$$

式中，K 为资本成本率；D 为资金年实际用资费用；P 为该资金的筹资总额；f 为资金筹集费用；F 为筹资费用率，即 f/P。

常用的个别资本成本包括：长期借款的资本成本 K_l，债券的资本成本 K_b，普通股的资本成本 K_s，优先股的资本成本 K_p 和未分配利润的资本成本 K_r。

1）长期借款的资本成本。与长期借款相关的成本包括借款利息和筹资费用两部分。由于借款利息可以计入税前成本费用，因此其资金年实际用资费用为 I_l（$1-T$），即长期借款的资本成本公式为：

$$K_l=\frac{I_l(1-T)}{L(1-F_l)}$$

式中，K_l 为长期借款资本成本率；I_l 为长期借款年利息；T 为所得税税率；L 为长期借款本金；F_l 为长期借款筹资费用率。

长期借款的筹资费用一般很小，常忽略不计，并且 I_l/L 即为长期借款的利率 R_l，因此上述公式也可以简写为：

$$K_l=R_l(1-T)$$

2）债券的资本成本。与债券发行相关的成本包括债券利息和筹资费用两部分。其中债券利息与长期借款利息相同，也计入税前成本费用，但是债券的筹资费用一般较高，在计算资本成本时不可忽略。债券资本成本的计算公式为：

$$K_b=\frac{I_b(1-T)}{B(1-F_b)}$$

或 $$K_b=\frac{R_b(1-T)}{1-F_b}$$

式中，K_b 为债券资本成本率；I_b 为债券年利息；T 为所得税税率；B 为债券筹资总额；F_b 为债券筹资费用率；R_b 为债券利率。

如果债券发行采用溢价或折价的方式，为精确计算债券的资本成本，债券的筹资额要以实际的发行价格计算。

3）普通股与优先股的资本成本。与前面提到的借入资金不同，普通股与优先股属于权益资金，其资金用资费用指的是向股东发放的股利，它是用税后净利支付的，因此在计算时不必考虑所得税的影响。一般情况下，计算普通股资本成本率，还需加上普通股股利年增长率。普通股资本成本率的计算公式为：

$$K_s=\frac{D_c}{P_c(1-F_c)}+G$$

式中，K_s 为普通股资本成本率；D_c 为预期年股利额；P_c 为普通股筹资总额；F_c 为普通股筹资费用率；G 为普通股股利年增长率。

上面这种方法假设股利可预测，而且按照固定增长率逐年增加。其逻辑就是用资费用与实际筹资额的比较。普通股资本成本还有其他的计算方法，其逻辑是投资者要求的回报就是筹资者的资本成本，而投资者要求的回报由两部分组成，一个是无风险报酬率，另一个是承担风险后要求的风险报酬率。风险报酬率等于单位风险的要求回报乘以风险的大小。典型方法如资本资产定价模型法，计算公式为：

$$K_s=R_F+\beta(R_m-R_F)$$

式中，R_F为无风险报酬率；β为股票的贝塔系数；R_m为市场报酬率。β反映了风险的大小，即单只股票与市场组合相比的风险大小。（R_m-R_F）反映了市场组合的风险回报。

在一般情况下，优先股的年股利维持不变，因此，优先股资本成本的计算公式与普通股资本成本的计算公式相似，所不同的是其成长率为零，并且年股利额固定，因此，优先股资本成本的计算公式为：

$$K_p=\frac{D}{P(1-F_p)}$$

式中，K_p为优先股资本成本率；D为年股利额；P为优先股筹资总额；F_p为优先股筹资费用率。

4）未分配利润的资本成本。未分配利润属于股东权益的一部分，它虽然是企业内部的资金，但同样也有资本成本，这种资本成本体现为机会成本，计算方式与普通股资本成本相似，只是不考虑筹资费用。在实践中一般认为未分配利润的资本成本等于普通股的资本成本。

（2）综合资本成本。企业的筹资方式往往不是单一的，因此，企业总的资本成本应是各类资本成本的综合——综合资本成本。综合资本成本是以各类资本在全部资本中所占的比重为权数，对各类资本成本进行加权平均后得到的，其计算公式为：

$$K_W=\sum_{j=1}^{n}K_jW_j$$

式中，K_W为综合资本成本；K_j为第j类个别资本成本；W_j为第j类个别资本占全部资本的比重。

在计算综合资本成本时，关键是如何确定各类资本成本的权数。各类资本成本权数的确定通常有三种方法，即账面价值权数法、市场价值权数法和目标价值权数法。其中，账面价值权数法的主要优点是资料容易获取，但是由于资本的账面价值常常与市场价值差别较大，特别是股票、债券等的市场价格变动较大，如果用账面价值作为权数进行计算，其结果与实际将会有很大的差别。市场价值权数法以股票、债券的市场价格为基础，确认各类资本的权数，用此方法计算出的综合资本成本与实际较为接近。但由于股票、债券的市场价格变动频繁，因此有时也采用它们的平均市场价格作为确认权数的基础。账面价值权数法和市场价值权数法计算权数的基础是资本过去或现在的价值，有时为了反映企业将来预期的资本结构，也可以采用股票、债券未来预计的目标市场价值计算权数，这种确定权数的方法就叫目标价值权数法。不过，这种方法的最大问题是很难客观合理地确定股票、债券的目标价值，因此很难推广使用。

下面以资本的账面价值为基础，举例说明个别资本成本和综合资本成本的计算过程。

例 7-3

某公司资本总额为 1 000 万元，其中，长期借款 200 万元，年利息 20 万元，手续费忽略不计；企业发行总面值为 100 万元的 10 年期债券，票面利率为 12%，发行费用率为 5%；普通股 500 万元，预计第 1 年的股利率为 15%，以后每年增长 1%，筹资费用率为 2%；优先股 150 万元，股利率固定为 20%，筹资费用率为 2%；公司未分配利润总额为 68 万元。该公司所得税税率为 25%。

（1）长期借款资本成本为：

$$K_l=\frac{I_l(1-T)}{L(1-F_l)}=\frac{20\times(1-25\%)}{200}=7.50\%$$

（2）长期债券资本成本为：

$$K_b=\frac{R_b(1-T)}{1-F_b}=\frac{12\%\times(1-25\%)}{1-5\%}=9.47\%$$

（3）普通股资本成本为：

$$K_s=\frac{D_c}{P_c(1-F_c)}+G=\frac{500\times15\%}{500\times(1-2\%)}+1\%=16.31\%$$

（4）优先股资本成本为：

$$K_p=\frac{D}{P(1-F_p)}=\frac{150\times20\%}{150\times(1-2\%)}=20.41\%$$

（5）未分配利润资本成本为：

$$K_r=\frac{D_c}{P_c}+G=\frac{68\times15\%}{68}+1\%=16\%$$

（6）综合资本成本为：

$$\begin{aligned}K_W&=\sum_{j=1}^{n}K_jW_j\\&=7.50\%\times\frac{200}{1\,000}+9.47\%\times\frac{95}{1\,000}+16.31\%\times\frac{490}{1\,000}\end{aligned}$$

$$+20.41\%\times\frac{147}{1\,000}+16\%\times\frac{68}{1\,000}$$
$$=14.48\%$$

7.1.2 投资决策指标

1. 静态投资指标

（1）投资回收期。投资回收期指的是自投资方案实施至收回初始投入资本所需的时间，即使与此方案相关的累计现金流入量等于累计现金流出量的时间，即满足公式：

$$\sum_{t=1}^{n} I_t=\sum_{t=1}^{n} O_t$$

式中，I_t为在项目实施第t年的净现金流入值；O_t为在项目实施第t年的净现金流出值。投资回收期一般以年为单位。

例7-4[①]

现有三个投资机会，有关数据如表7-3所示。

表7-3 基础数据表 金额单位：万元

	时间（年）				
	0	1	2	3	4
方案A：净收益		500	500		
净现金流量	(10 000)	5 500	5 500		
方案B：净收益		1 000	1 000	1 000	1 000
净现金流量	(10 000)	3 500	3 500	3 500	3 500
方案C：净收益		2 000	2 000	1 500	1 500
净现金流量	(20 000)	7 000	7 000	6 500	6 500

投资回收期的计算一般可以用列表的方式进行，如表7-4所示。

表7-4 投资回收期计算表 金额单位：万元

方案	时间（年）	净现金流量	回收额	未收回额	回收时间（年）
方案A	0	(10 000)		10 000	
	1	5 500	5 500	4 500	1
	2	5 500	4 500	—	0.82
	合计回收时间（投资回收期）=1+4 500/5 500=1.82(年)				

① 模拟实验参见：马元驹，李百兴. 管理会计学模拟实验教程. 3版. 北京：中国人民大学出版社，2016：183.

续表

方案	时间（年）	净现金流量	回收额	未收回额	回收时间（年）
方案 B	0	(10 000)		10 000	
	1	3 500	3 500	6 500	1
	2	3 500	3 500	3 000	1
	3	3 500	3 000	—	0.86
	合计回收时间（投资回收期）=1+1+3 000/3 500=2.86(年)				
方案 C	0	(20 000)		20 000	
	1	7 000	7 000	13 000	1
	2	7 000	7 000	6 000	1
	3	6 500	6 000	—	0.92
	合计回收时间（投资回收期）=1+1+6 000/6 500=2.92(年)				

从表 7-4 可知，方案 A 的投资回收期最短，能最快收回投资；方案 B 次之；方案 C 的投资回收期最长。

投资回收期的主要优点是计算简便，同时投资回收期的长短也是衡量项目风险大小的标志之一，因此在实务中也常常被视为选择方案的标准之一。但是，投资回收期最大的缺点在于它既没有考虑货币的时间价值，也没有考虑投资回收期后的现金流量。

（2）投资报酬率。投资报酬率也叫投资利润率，它表示年平均利润占投资总额百分比，即

$$投资报酬率=\frac{年平均利润}{投资总额}$$

根据表 7-3 的资料，方案 A、B、C 的投资报酬率分别为：

$$投资报酬率(A)=\frac{(500+500)/2}{10\ 000}=5\%$$

$$投资报酬率(B)=\frac{(1\ 000+1\ 000+1\ 000+1\ 000)/4}{10\ 000}=10\%$$

$$投资报酬率(C)=\frac{(2\ 000+2\ 000+1\ 500+1\ 500)/4}{20\ 000}=8.75\%$$

虽然方案 A 的投资回收期最短，方案 B 次之，方案 C 的投资回收期最长，但我们仍然无法用投资回收期来判断它们的优劣。如果按照投资报酬率法来判断，通过计算可知，应是方案 B 最优，方案 C 次之，方案 A 最差。

投资报酬率与投资回收期相比，虽然考虑了投资回收期后的收益，但它仍然忽略了货币的时间价值。这一指标主要优点在于计算简便，并且使用的是普通会计学上的收益和成本的概念，易于接受和掌握。

2. 动态投资指标

与静态投资决策指标不同，动态投资决策指标是在考虑货币时间价值的基础

上，对方案的优劣取舍进行判断。动态投资决策指标主要有净现值、获利指数和内部报酬率指标。

净现值相等的方案具有同样的可选择性吗？

（1）净现值。净现值（NPV）指的是在方案的整个实施过程中，所有现金净流入年份的现值之和与所有现金净流出年份的现值之和的差额。即

$$净现值=\sum_{t=1}^{n}\frac{I_t}{(1+i)^t}-\sum_{t=1}^{n}\frac{O_t}{(1+i)^t}$$

式中，n 为项目实施运行的时间（年份）；I_t、Q_t 含义同前；i 为预定的贴现率，一般选择资本成本率。

如果第 t 年的净现金流量为正值，即表示该年有净现金流入 I_t，反之则表示有净现金流出 O_t。

用净现值指标评价方案时，首先要将各年的净现值流量按资本成本率折算成现值，然后再计算出它们的和。若净现值大于或等于零，表明该项目的报酬率大于或等于资本成本率，方案可取；反之，则方案不可取。

贴现率的确定方法

根据表7-3的资料，假设贴现率 $i=10\%$，则三个方案的净现值为：

$$\begin{aligned}净现值(A)&=5\,500\times(P/A,10\%,2)-10\,000\\&=5\,500\times1.736-10\,000\\&=-452(万元)\end{aligned}$$

$$\begin{aligned}净现值(B)&=3\,500\times(P/A,10\%,4)-10\,000\\&=3\,500\times3.170-10\,000\\&=1\,095(万元)\end{aligned}$$

$$\begin{aligned}净现值(C)&=7\,000\times(P/A,10\%,2)+6\,500\times(P/A,10\%,2)\\&\quad\times(P/F,10\%,2)-20\,000\\&=7\,000\times1.736+6\,500\times1.736\times0.826-20\,000\\&=1\,472.584(万元)\end{aligned}$$

方案A的净现值小于零，说明该方案的报酬率小于资本成本率10%，该方案无法给企业带来收益，因此应该放弃该方案。方案B和方案C的净现值均大于零，表明这两个方案都可取。但是，我们需要做一些假设才能对方案B和方案C进行优劣比较。方案C比方案B需要多投资10 000万元。假设选择方案B后，另外的10 000万元也可以复制一个与方案B净现值相同的项目，则20 000万元实际是投资了两个方案B。其净现值为2 190万元（1 095+1 095），优于方案C。假设选择方案B后，另外的10 000万元只能获得等于资本成本率的报酬率，则方案C优于方案B。一般认为，第二个假设更合理。

（2）获利指数。获利指数（PI）也叫现值指数，是指在整个方案的实施过程中，所有现金净流入年份的现值之和与所有现金净流出年份的现值之和的比值，即

$$获利指数=\frac{\sum_{t=1}^{n}\frac{I_t}{(1+i)^t}}{\sum_{t=1}^{n}\frac{O_t}{(1+i)^t}}$$

式中，n、I_t、O_t和 i 的含义与净现值公式中的相同。获利指数的经济意义是每 1 元投资在未来获得的现金流入量的现值与投资额的净现值之比。获利指数是一个相对数，解决了不同投资额方案间的净现值缺乏可比性的问题。

根据表 7-3 的资料，假定贴现率仍为 10%，则三个方案的获利指数如下：

$$\begin{aligned}获利指数(A)&=5\,500\times(P/A,10\%,2)/10\,000\\&=5\,500\times1.736/10\,000\\&=0.95\end{aligned}$$

$$\begin{aligned}获利指数(B)&=3\,500\times(P/A,10\%,4)/10\,000\\&=3\,500\times3.170/10\,000\\&=1.11\end{aligned}$$

$$\begin{aligned}获利指数(C)&=[7\,000\times(P/A,10\%,2)+6\,500\times(P/A,10\%,2)\\&\quad\times(P/F,10\%,2)]/20\,000\\&=[7\,000\times1.736+6\,500\times1.736\times0.826]/20\,000\\&=1.07\end{aligned}$$

方案 A 的获利指数小于 1，表明其报酬率没有达到预定的贴现率；方案 B 和方案 C 的获利指数均大于 1，说明它们的贴现率均已超过预定的贴现率，两个方案都可以接受。另外，方案 B 的获利指数大于方案 C，表明方案 B 的报酬率高于方案 C。

净现值和获利指数的计算都是在假定贴现率的基础上进行的，但如何确定贴现率有一定的难度，而且选择不同的贴现率，还会使净现值和获利指数发生变化，有时甚至会影响判断结果。

（3）内部报酬率。内部报酬率（IRR）反映的是方案本身实际达到的报酬率，它是在整个方案的实施过程中，所有现金净流入年份的现值之和与所有现金净流出年份的现值之和相等时方案的报酬率，即项目净现值为零时的报酬率。即满足方程：

$$\sum_{t=1}^{n}\frac{I_t}{(1+i)^t}=\sum_{t=1}^{n}\frac{O_t}{(1+i)^t}$$

内部报酬率的计算比较复杂，通常采用逐次测试法，经过多次运算才能求得其近似值。下面仍然以表 7-3 的数据为例，求三个方案的内部报酬率。

假设方案 A 的贴现率为 7%，此时它的净现值为：

$$\begin{aligned}净现值(A)&=5\,500\times(P/A,7\%,2)-10\,000\\&=5\,500\times1.808-10\,000\\&=-56(万元)\end{aligned}$$

再假设贴现率为 6%，此时它的净现值为：

$$
\begin{aligned}
\text{净现值(A)} &= 5\,500\times(P/A,6\%,2)-10\,000\\
&=5\,500\times1.833-10\,000\\
&=81.5\text{(万元)}
\end{aligned}
$$

以上计算说明方案 A 的内部报酬率大于 6%，小于 7%。为了更精确地求取方案 A 的内部报酬率 *IRR*(A)，可采用内插法：

$$
\frac{IRR(\text{A})-6\%}{81.5-0}=\frac{7\%-6\%}{81.5-(-56)}
$$

$$
IRR(\text{A})=6\%+(7\%-6\%)\times\frac{81.5}{81.5+56}=6.59\%
$$

用同样的方法，可以确定方案 B 的内部报酬率 *IRR*(B) 和方案 C 的内部报酬率 *IRR*(C)。

上述计算假设贴现率与净现值之间是线性关系，而贴现率与净现值之间显然是非线性的。但假设在非线性曲线上非常近的两点之间，贴现率与净现值之间是线性关系，这样误差要小些。这就是内插法需要反复测算，确定相邻的两个点，然后再假设贴现率与净现值为线性关系进行计算的缘由。在实践中，通过办公软件 Excel，选择财务公式中的内部报酬率，输入相关参数就可以获得准确的内部报酬率值。

7.1.3　投资决策的实物期权法

如何进行选择互斥的决策?

在对投资项目进行价值评估时，不仅需要考虑投资项目直接带来的现金流量，还需要考虑投资项目可以提供灵活性和提供有用信息的可能性，进而能够创造出一些新的投资机会，这种灵活性就叫实物期权。例如企业投资的设备可使用多种能源，那么企业便可根据未来市场上的能源价格变动，灵活地选择物美价廉的能源以满足生产，这使得企业的投资决策具有一定的灵活性。在今天评价未来决策时，许多信息仍有待发现，公司将其投资决策延后至信息披露的能力就是一种期权。

传统的净现值法评估投资项目的价值忽略了项目执行期间可能出现的新机遇。所以，引入实物期权的概念后，项目价值＝净现值＋实物期权价值。实物期权大致可分为五类：（1）投资延迟期权，在投资环境不佳、项目状况不好时，可推迟投资时间，持观望态度；（2）投资缩减期权，在项目运营状况出现问题时，可减少投资；（3）投资撤销期权，在项目运营状况极差时，可退出投资；（4）投资转换期权，当新情况出现时，可将原投资转换为合适的新状态；（5）投资扩展期权，当项目出现利好状况并且市场预期较乐观时，可以扩大投资。实物期权是一种新的投资理念，是价值创造的新源泉。

例 7-5

某公司正考虑购买 A 公司急于出售的一套价格为 10 000 元的新产品生产专利权。购置生产线并顺利生产新产品的初始投资成本为 500 000 元，预计公司之后每年可以生产并销售新产品 10 000 件，公司将新产品销售的现金流量视为永续年金。每件产品售价为 50 元，单位成本为 46 元，预计每件产品的净利润为 4 元。预计折现率为 10%，不考虑税费和折旧。公司是否应购买这项生产专利权？

$$\text{新产品的净现值}=-10\,000-500\,000+4\times 10\,000/10\%=-110\,000(\text{元})$$

按照净现值决策指标，公司不应购买新产品的生产专利权。

然而，国家和市场对这种新产品的态度尚不明朗，未来新产品的价格会有较大波动。有可能上涨到 65 元，也有可能下跌到 35 元，关于新产品价格的情况将在一年后明朗。

若价格涨至 65 元：

$$\text{净现值}=-10\,000-500\,000+(65-46)\times 10\,000/10\%=1\,390\,000(\text{元})$$

若价格跌至 35 元：

$$\text{净现值}=-10\,000-500\,000+(35-46)\times 10\,000/10\%=1\,610\,000(\text{元})$$

实际上，出于公司战略性投资的考量，在实物期权的框架下，公司应该花费 10 000 元先购买这种新产品的生产专利权，而具体要不要购入生产线启动生产，要待第二年新产品相关价格信息发布以后再决定。倘若价格并未按预期上涨，那么公司的成本也仅为 10 000 元，而一旦新产品价格上涨，公司将获得巨大的收益，显然，这种潜在的高收益是值得公司冒险的。寻找隐藏在项目中的实物期权，企业就不易错失好项目。

7.2 战略投资决策

上节介绍的净现值等投资决策指标，忽略了现实中的企业在投资时所具有的战略性和灵活性。在公司战略日益重要的今天，企业在做出投资决策时往往需要具备战略性思维和长远眼光，而不仅仅是基于投资决策指标分析项目是否可行。为寻求可持续发展，企业不仅要做好当下的战术性投资，还要做好未来的战略性投资。此外，在不同的财务状况下，企业进行投资决策所要考虑的侧重点也会有所变化。在投资决策指标无法给出明确回答时，企业可以进行敏感性分析和场景分析，为进一步投资决策分析提供依据。

7.2 即测即评

7.2.1 投资决策的战略性思维

投资是企业发展动能持续增长的关键驱动力，然而，投资决策并不是一件容易的事。与一般的经营活动相比，投资活动往往投入更大、周期更长、投资结果不易改变，因此更需要和企业的发展战略相契合，更应符合企业未来的发展方向。若企业投资决策有悖于企业的长期发展战略，即使该业务能够暂时获利，也可能由于缺少长期资源的支撑而走向失败。相反，若企业投资决策顺应了企业的长期发展方向，即使该业务暂时不能获利，甚至大幅亏损，也应该得到企业的大力支持，因为其未来将助力企业可持续增长。投资决策和企业发展战略具有内在一致性。

投资决策的战略性思维一方面指公司在做出投资决策时应站在公司整体经营战略的高度，使各种项目投资之间相互耦合，甚至能产生投资协同；另一方面指公司在做出投资决策时应具备持续经营发展的长远眼光，不过分在乎一朝一夕、一城一池的得失。

例7-6

20世纪80年代后期，由于国内乙烯生产能力明显不足，广州市投资建设一座年产15万吨的乙烯项目。设计总投资46.96亿元，预期每吨售价1.2万元。该乙烯项目的投资单位有两家：广州市政府占90%，中石化占10%。实施中出现了让人费解的地方：广州乙烯项目建在广州石化总厂旁边，按道理，乙烯是石化的下游产业，双方有很大的互补性，比如动力、运输、水、电、气等设施都可以共用，从而减少建设成本。但不知为何，广州乙烯项目重新建设了一切辅助设施，连污水处理厂也要新建。按照国际惯例，每吨乙烯的建设成本应为2万元，15万吨乙烯的概算为30亿元。国家对广州乙烯项目批复的总投资为27.4亿元，而实际建设投资支出达72.98亿元！广州乙烯项目的资本金只有13.5亿元，借贷高达20多亿元，贷款利息提高了建设成本。

该项目从1988年批准立项到1997年8月投料试车，历时10年，若按正常工期计算只需3年。投料试车时发现乙烯市场价格从每吨12 000元降到了5 000元左右。

截至1998年底，广州乙烯项目总资产为75.85亿元，总负债为75.13亿元。经营情况如下：每天需付出200万元的债务利息；如果停产，每月要支出700多万元的维护保养费用；如果开工生产，年均销售收入14.9亿元（不含税），而年均生产成本高达26.7亿元，也就是说每年亏损11.8亿元，平均每月亏损近1亿元。

如何解决这一问题呢？广州市政府希望中石化能“收编”这个项目，与距离广州乙烯只有百米之遥的广石化原料互供，用广石化的技术盘活广州乙烯项目。1999年9月11日，双方就广州石化总厂兼并广州乙烯项目达成一致。广州市政府承诺承担25亿元的巨额债务，广州石化总厂则以承担剩余债务的形式兼并广州乙烯项目；广州市政府对广州乙烯前期12.2亿元的投资，将转化为重组后

30%的利润收益权。

这一案例说明：

（1）广州乙烯项目与广州石化总厂彼此相邻，乙烯又是石化的下游产业，双方有很大的互补性，实际操作中却没有利用各种项目之间相互耦合产生投资协同效应；

（2）投资过高，对项目产生长期、持续和不可逆的影响；

（3）债务过高和庞大的利息导致项目负担大，投资效益降低；

（4）缺乏风险意识，没有考虑价格变动对项目效益的影响，从而未能在成本控制、数量设计等方面做出积极应对预案。

例 7－7

企业在收购兼并中，除了采用传统的投资分析方法，还必须基于资源进行深度整合，才能取得 1+1>2 的效果。整合，首先是整合思维，在此基础上考虑整合资源、整合渠道、整合方法。

1. 背景介绍

某乙烯项目经过近十年的反复施工建设终于建成并交付使用，但投产后即开始亏损，每年亏损额达 6 000 万元。无奈之下，投资人计划将该项目盘出，并向意向投资人提供了相关资料（见图 7－6）。

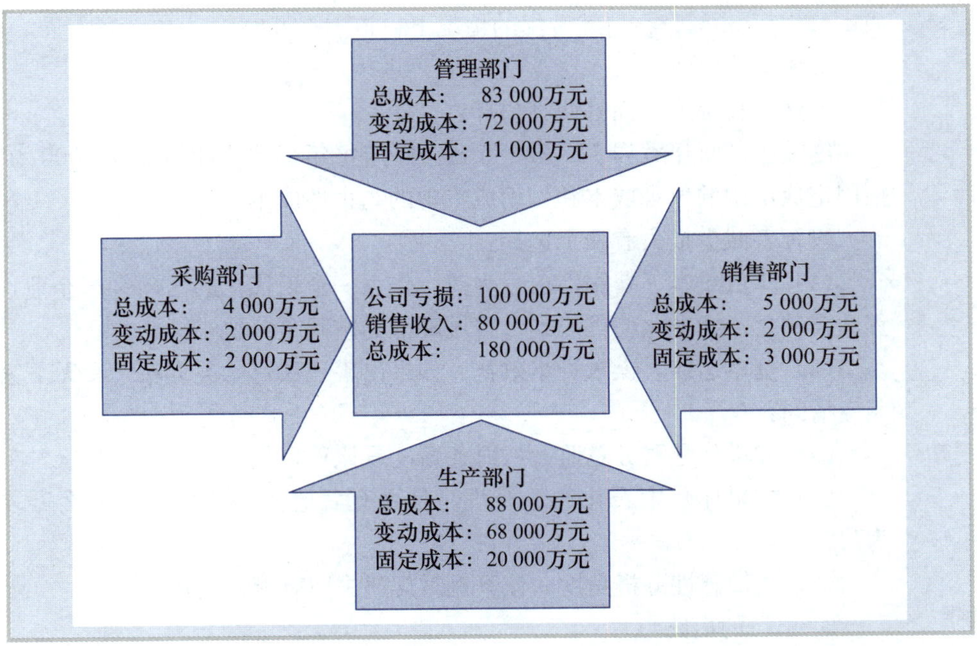

图 7－6　某乙烯项目的财务情况

该项目生产乙烯，乙烯是以轻油为原料，生产三大合成材料及有机化工产品的基础原材料。该项目处于整个石油化工产业链的中间（如图 7－7 和图 7－8 所示）。

由于设计原因，该项目 15 万吨的产能已被限制，无法变化；产品市场产大

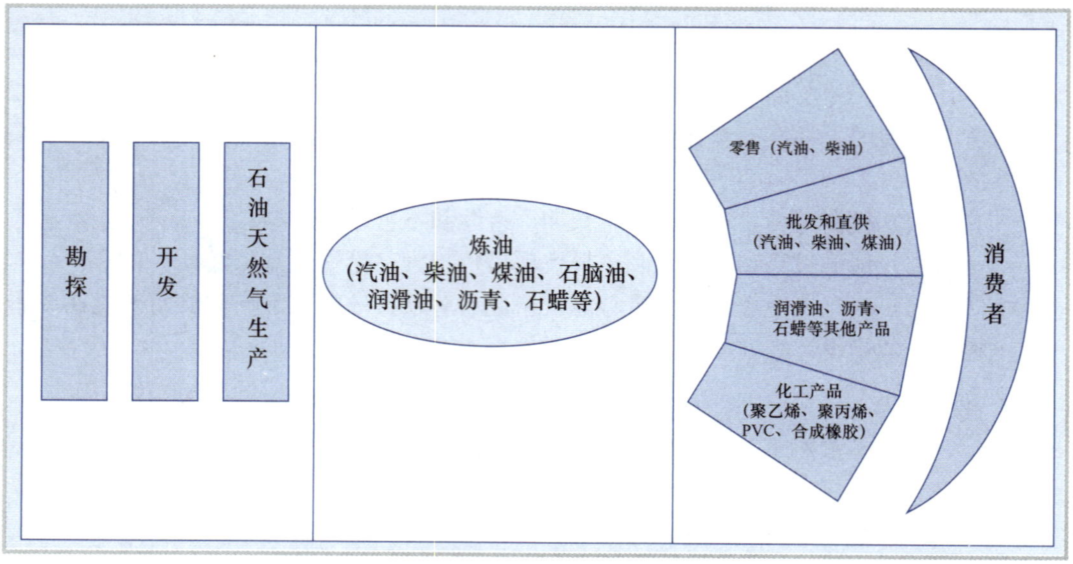

图7-7　石油化工产业链示意图

资料来源：中金公司研究部。

于销，价格从每吨12 000元降到了5 000元左右，几年前盈利的企业也陷入了艰难的挣扎中；在3.6亿元固定成本中，付现成本占40%，而变动成本中约束性成本又占了60%。在持续亏损的情况下，该怎么办？

2. 尴尬的项目

显然，投资人已面临两难抉择：

继续生产每年亏损100 000万元；停产每年仍要支出现金73 000万元（包括固定成本中的付现成本和变动成本中的约束性成本）。

投资者减少损失有两个选择：

（1）降低成本、费用，扭亏为盈。作为一个现代化的乙烯生产企业，生产流程的自动化、标准化使得成本、费用降低的空间十分狭小。

（2）资本运作，谋求资本效益。如果出售该项目，关键在于有无下家接手。

请问：

（1）如果你是财务总监，从财务角度看该项目是否可取？为什么？

（2）如果你是中石化的总经理，是否有意愿接手该项目？怎么做才能扭亏为盈？

（3）从敏感性分析角度，该案例对规避失败有哪些启示？

3. 项目的出路

显然，寻求项目的出路不能只站在项目角度去考虑，而必须站在战略角度以及企业与企业间的关系的角度去考虑。

（1）收购企业或项目在经营上有许多原因，如延伸价值链以获得超额收益、扩展生产规模或市场规模以获得规模效益、改变经营方向以实现转型升级，等等。但从财务角度看，收购该项目只有两个原因，一是能够实现利润增长，二是

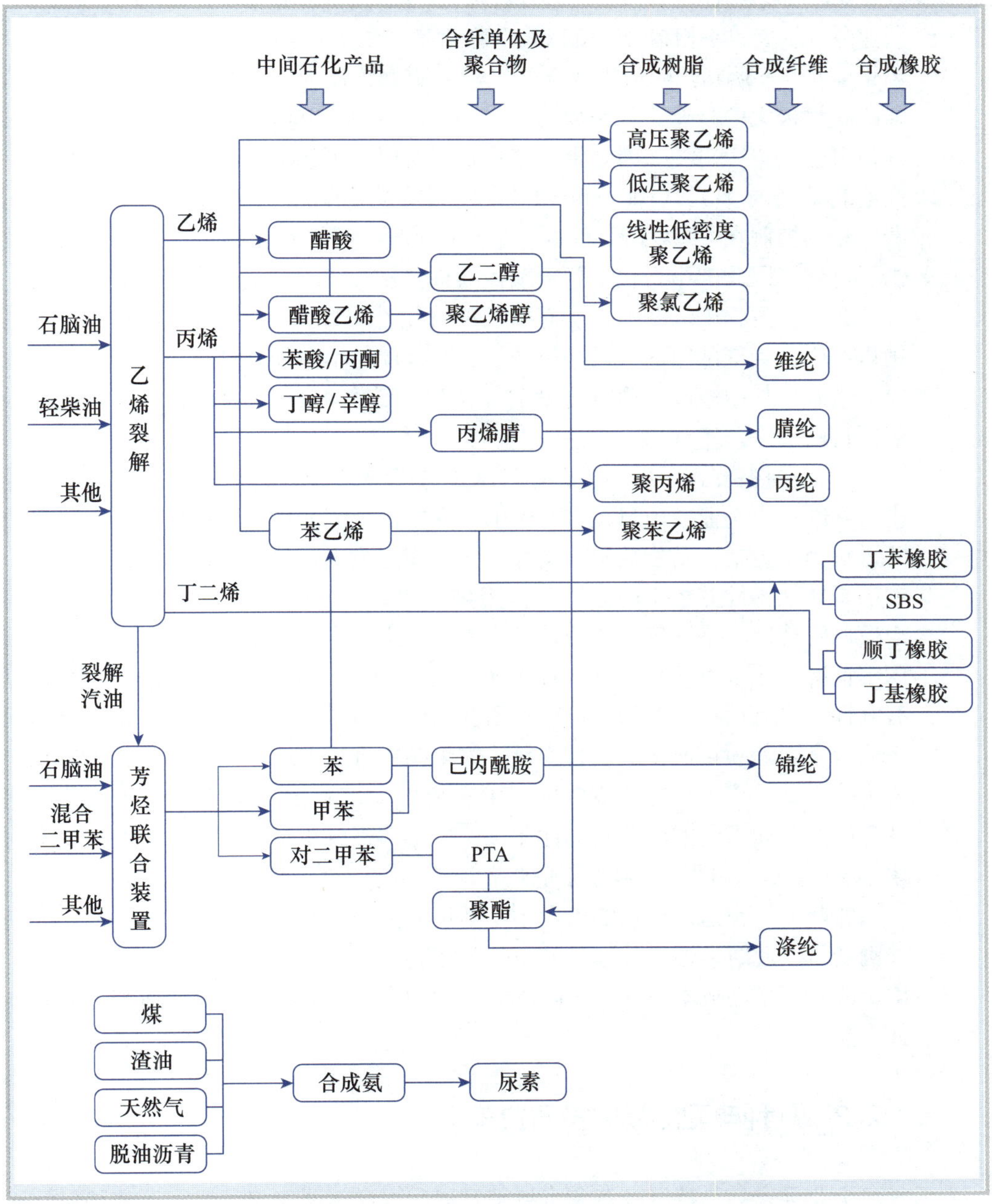

图 7－8　乙烯生产过程示意图

能够增加现金流。总之，通过整合能够实现 1＋1＞2 的效果。由于该项目目前处于亏损状态，因此，收购该项目的财务理由只有一个：增加现金流。该项目亏损每年将减少资金 100 000 万元；固定成本中的沉没成本（即固定资产折旧、无形资产摊销）将增加资金 21 600 万元，亏损抵税将增加资金 25 000 万元，共增加资金 46 600 万元。计算结果显示：该收购项目不仅亏损，还会导致现金减少 53 400 万元。也就是说，从财务角度看该项目自身是没有价值的，其价值可能来源于对该项目的深度整合。

（2）如果泛泛地、孤立地去分析该项目的可行性是错误的，必须和收购方的主营业务及发展战略相结合。就像武钢养猪是个绝对错误，其效果最多是 1+1=2，更可能是 1+1<2，因为收购方的经验、能力、技术、资源、渠道等往往无法覆盖跳跃性极大的行业。但该项目如果被中石化所收购，并基于价值链进行整合，往往可能获得 1+1>2 的效果。该项目之所以有可能被中石化收购的前提是有生产毛利 12 000 万元（100 000－88 000），只要采购部门、销售部门、管理部门的费用总额控制在 12 000 万元内将会产生利润，而中石化的全产业链布局为此提供了可能。因此，中石化收购该项目的整合核心在于：变企业为车间。

在整合过程中，并不是所有事项的费用都可以降为零，如裁掉的采购部门、销售部门、管理部门的人员补偿费用以及借款的本金和利息等，就需要有相应的应对措施（如由被收购项目的股东负责安置裁撤的员工、将一部分借款转由被收购项目的股东负担等）。

（3）在投资分析中，应该动态地考虑风险及其应对措施，并进行敏感性分析。判断一个企业或项目是否有价值，在于其盈利能力和发展速度，其中最重要的影响因素包括：销售数量、销售价格、固定成本、单位变动成本。但这四个影响因素在敏感性分析中的地位和作用是不同的：销售数量（如 15 万吨）在设计规模确定情况下是固定不变的，具有刚性；固定成本和单位变动成本在设计规模确定情况下通常也是不变的（如果不考虑原材料价格、人工工资的调整），也具有刚性；只有销售价格随市场变动而变动，具有弹性。由此确定，销售价格属于敏感因素，是项目成功的观察变量。如果销售价格上涨，该项目的价值增加；销售价格下跌，该项目的价值减少，甚至亏损。此时，盈亏临界点、安全边际率的计算以及由此进行的经营安全性测试就显得顺理成章且十分重要，如果安全边际率小于 30%，说明该项目处于危险阶段，风险很大，是不值得投资的。

实际上，在这四个影响因素中，销售数量属于控制变量，是项目能否成功的关键变量。此时，通过计算不同设计产能时（如 15 万吨、20 万吨、25 万吨）的固定成本、变动成本、安全边际率以及利润率，就可以确定风险适当时的最佳设计产能。

7.2.2 几种典型的战略投资决策

企业寻求的是持续经营和可持续发展，因此不能仅仅关注当下的得失，而应同时关注当下和未来。正如麦肯锡咨询公司曾提出不断保持增长的大公司的共同特点是保持三层面业务的平衡发展：第一层面是拓展和守卫核心业务，第二层面是建立新兴业务，第三层面是创造有生命力的候选业务。这里的前两个层面更多的是指本章所说的战术性投资，而第三层面更多的是指战略性投资。比如一些企业的种子业务，播下种子需要企业现在投入的更多，然而需要等其茁壮成长之后才能实现回报，这期间可能需要企业更多的资源投入和更长的耐心等待，其价值发现和价值捕获也许不是同一批人，也有可能进行用户锁定。简言之，战术性投资和战略性投资相互配合，才能助力企业走得更远。

1. 企业种子业务的投资决策

风险投资界存在种子投资赛道和种子期企业，相应的企业在进行自己的投资决策时，也会面临种子业务。种子业务的特点是未来具有垄断机会，增长潜力大，然而其风险也大，不仅需要持续投入大量的资金，还面临一定的市场风险。企业投资于种子业务不是为了当下赚钱，而是为了以后有机会赚钱。比如疫情期间大放异彩的在线会议，腾讯会议的开发与推广成本巨大，而维护日常使用也需要其源源不断地投入人、财、物等资源。当其宣布免费时代终结时，并未让人感到意外，当用户熟悉了这种产品并且在一定程度上离不开这种产品时，腾讯会议终于开始了价值捕获。

然而对企业种子业务进行投资决策分析时，传统的净现值等投资决策指标也许就没那么精准了，因为我们很难衡量种子业务未来的现金流量和折现成本，但我们可以确定的是种子业务给企业带来了未来赚钱的机会。出于企业未来持续经营和可持续发展的战略考虑，企业会选择进行投资种子业务，当企业无法明确给出投资项目的净现值时，在定性分析和定量分析相结合的基础上，企业可以进行敏感性分析和场景分析，以指出在哪些方面需要收集更多的信息。敏感性分析用来衡量项目评价指标对特定假设条件变化的敏感度，如果某假设条件在较小范围内变动，项目评价指标却发生了较大变动，表明该假设条件的敏感性强；反之，某假设条件发生较大的变动才对项目评价结果产生较小影响，则表明该假设条件的敏感性弱。

例 7-8

某公司正准备投资一项种子项目，项目周期为十年，期初需要公司投入 10 万元的研发启动资金，之后的九年中每年需要投入 3 万元的运营维护调试成本。三年后进行用户锁定开始产生现金流入，然而具体年销售收入达到多少主要基于公司对未来市场的垄断程度。乐观情况下年销售收入为 8 万元，正常情况下为 6 万元，悲观情况下为 4 万元。公司的资本成本率为 10%。试判断公司是否应该投资该种子项目。

$$
\begin{aligned}
NPV_{乐} &= -100\,000-30\,000\times(P/A,10\%,9)\times(P/F,10\%,1)+80\,000\\
&\quad\times(P/A,10\%,7)\times(P/F,10\%,3)\\
&= -100\,000-30\,000\times5.759\times0.909+80\,000\times4.868\times0.751\\
&= 35\,421.51(元)
\end{aligned}
$$

$$
\begin{aligned}
NPV_{正} &= -100\,000-30\,000\times(P/A,10\%,9)\times(P/F,10\%,1)+60\,000\\
&\quad\times(P/A,10\%,7)\times(P/F,10\%,3)\\
&= -100\,000-30\,000\times5.759\times0.909+60\,000\times4.868\times0.751\\
&= -37\,695.85(元)
\end{aligned}
$$

$$
\begin{aligned}
NPV_{悲} &= -100\,000-30\,000\times(P/A,10\%,9)\times(P/F,10\%,1)+40\,000\\
&\quad\times(P/A,10\%,7)\times(P/F,10\%,3)\\
&= -100\,000-30\,000\times5.759\times0.909+40\,000\times4.868\times0.751\\
&= -110\,813.21(元)
\end{aligned}
$$

仅依据净现值很难做出判断，因为不知道公司对未来市场的垄断情况的具体概率，正常情况下和悲观情况下公司都无利可图，乐观情况下可以盈利。但出于种子业务对公司整体发展的战略性，公司应该进行投资，因为公司种子业务在未来极有可能形成垄断地位，给公司带来净现金流入的同时，能够稳固公司的市场竞争地位。同时计算销售收入的敏感系数：

$$\text{销售收入的敏感系数}=[(-110\ 813.21-35\ 421.51)/35\ 421.51]/[(40\ 000-80\ 000)/80\ 000]=8.26$$

可见本投资项目的净现值情况对销售收入极度敏感，公司应投入更多的精力来收集更多的市场需求信息和竞争对手信息，以尽可能地降低公司风险。

2. 不同风险承担水平时的投资决策

风险承担水平是指企业承担风险的程度，具体包括承担经营风险的程度和财务风险的程度。不同公司的风险承担水平是不同的，因此对其投资决策的影响也不同。经营风险承担程度较高的公司在投资决策时很有可能减少固定资产类的投资，而财务风险承担程度较高的公司在投资决策时很有可能选择低风险的投资项目，这些都内含在公司的投资决策和整体经营战略的内在一致性中。

然而，在市场竞争日益激烈的情况下，当公司面临经营困境或财务困境时，更有可能放手一搏，投资高风险项目以期获得超额回报来渡过危机，抑或是当发现一个投资风口时也有可能会提高自己的风险承担意愿。此时在对投资项目进行决策时，不应简单地从净现值等投资决策指标出发，而应根据公司的战略调整和经营状况做出相应的变化。当公司到了不破不立，被对手和市场逼到绝境的地步时，则必须要冒险，因为一旦成功，公司就可以顺利渡过危机，相反，不做出大的改变，公司只能被慢慢淘汰，此时高收益的投资项目应该成为企业投资决策的首选。

例 7-9

某公司面临甲、乙两个投资项目的选择，两个项目的年净现金流量和发生概率情况如表 7-5 所示，公司的资本成本率为 16%。公司的资金状况仅供支持开展一个投资项目，且公司三年后需要 20 000 万元的流动资金渡过财务困境。试判断应该选择哪个项目。

表 7-5 项目基本情况表

单位：万元

项目	第 0 年		第 1 年		第 2 年		第 3 年	
	概率	NCF_0	概率	NCF_1	概率	NCF_2	概率	NCF_3
甲	1	−50 000	1	20 000	1	25 000	1	30 000
乙	1	−50 000	0.4	30 000	0.2	30 000	0.3	35 000
			0.2	20 000	0.5	25 000	0.4	30 000
			0.4	10 000	0.3	20 000	0.3	25 000

$$NPV_{甲} = -50\ 000 + 20\ 000 \times 0.862 + 25\ 000 \times 0.743 + 30\ 000 \times 0.641$$
$$= 5\ 045(万元)$$
$$NCF_{1乙} = 0.4 \times 30\ 000 + 0.2 \times 20\ 000 + 0.4 \times 10\ 000 = 20\ 000(万元)$$
$$NCF_{2乙} = 0.2 \times 30\ 000 + 0.5 \times 25\ 000 + 0.3 \times 20\ 000 = 24\ 500(万元)$$
$$NCF_{3乙} = 0.3 \times 35\ 000 + 0.4 \times 30\ 000 + 0.3 \times 25\ 000 = 30\ 000(万元)$$
$$NPV_{乙} = -50\ 000 + 20\ 000 \times 0.862 + 24\ 500 \times 0.743 + 30\ 000 \times 0.641$$
$$= 4\ 673.5(万元)$$

通过计算可知，甲项目的净现值大于乙项目，常规来看，公司应该选择甲项目进行投资。然而，考虑到公司的实际财务状况，公司急需投资高风险项目，以期获得超额回报来渡过危机，而四平八稳的甲项目是无论如何都不可能帮助公司渡过危机的。但乙项目还有一线生机（公司寄希望于此后三年 NCF 都能最大），$NPV_{乙顺} = -50\ 000 + 30\ 000 \times 0.862 + 30\ 000 \times 0.743 + 35\ 000 \times 0.641 = 20\ 585$ 万元。因此，出于公司风险承担水平的战略调整，公司应该选择高风险的乙项目。

3. 存在投资协同效应时的投资决策

协同效应是指企业生产、营销、管理的不同环节或不同阶段，或不同方面共同利用同一资源而产生的整体效应。会计领域常见的协同效应是并购后产生的经营协同效应、管理协同效应和财务协同效应。经营协同效应主要是指并购使企业生产经营活动的效率提高所产生的来源于并购产生的规模经济、优势互补和市场势力等的效益。并购可以使得公司的经营活动达到实现规模经济的潜在要求；并购可以实现公司产品线的优势互补，并分享彼此的营销网络及研发成果；并购还能够迅速提高公司的市场份额，增强自身的垄断力量，从而获得较高的利润。管理协同效应主要是指并购使企业管理活动的效率提高所产生的效益。如果两个公司的管理效率不同，并购使得目标公司非管理性的组织资源与收购公司过剩的管理资源有机结合起来，从而使企业管理活动效率得到提升，产生管理协同效应。财务协同效应主要是指在企业兼并发生后，公司会根据各个部门的未来收益前景对资本进行重新配置，可以实现资本从边际利润较低的生产活动向边际利润较高的生产活动转移，从而提高公司的资本分配效率，实现财务协同效应。

公司在投资决策时，如果选择得当，也可以实现投资协同效应。简单来说，并购协同效应是指两家公司的综合价值和业绩大于各个单独部分的总和，类似地，投资协同效应可以理解为企业两项或多项投资项目的综合价值和净现值大于各个单独部分的总和。并购协同效应更多发生在企业与企业间，投资协同效应更多发生在企业内部各投资项目间。企业各投资项目之间可以存在品牌、渠道、产品、服务、技术和研发等方面的共通或互补，多个投资项目间如果存在可以发挥协同效应的公共资源，如技术、营销或分销渠道等，就可以节省大笔成本或增加销售收入，抑或是公司的投资布局有利于实现公司整体经营战略，以各投资项目间的协同效应为基点，既有可能实现当期投资收益，又有可能实现后续更高的战略目标，这就实现了投资协同效应。

例 7-10

某公司面临甲、乙、丙三个项目的投资决策，各项目的年现金流量情况如表7-6所示，已知，公司的资本成本率为16%，公司的资金限额为10亿元，乙、丙两项目因为生产产品的互补性，一起面世的话可以使销量翻倍，进而使每年的净现金流入增加三成。试判断应该选择哪个项目。

表 7-6　可选项目基本情况表　单位：万元

项目	NCF_0	NCF_1	NCF_2	NCF_3
甲	−100 000	50 000	50 000	50 000
乙	−40 000	21 000	21 000	21 000
丙	−60 000	26 000	26 000	26 000

$$NPV_{甲}=-100\ 000+50\ 000\times 2.246=12\ 300(万元)$$
$$NPV_{乙}=-40\ 000+21\ 000\times 2.246=7\ 166(万元)$$
$$NPV_{丙}=-60\ 000+26\ 000\times 2.246=-1\ 604(万元)$$
$$NPV_{乙+丙}=-40\ 000-60\ 000+(21\ 000+26\ 000)\times 1.3\times 2.246$$
$$=37\ 230.6(万元)$$

可以看出，如果单独投资某一项目的话，公司应选择投资甲项目或乙项目，放弃选择丙项目。然而在乙、丙两项目存在投资协同效应的情况下，公司应该选择同时投资乙、丙两个项目。

总之，当公司可选择的投资项目间存在关联时，公司不应割裂开计算各项目单独的净现值等投资决策指标，而应站在公司整体经营战略的高度，考虑不同投资项目之间的耦合性，从而使公司收益最大化。

7.3　投资决策的行为因素和分析管理策略

7.3 即测即评

“投资有风险，入行需谨慎”道出了投资的真谛，现实中往往有诸多因素导致企业投资决策失败，除了外部环境和内部资源等客观因素，一些主观因素也会导致企业投资决策失败。本节简要介绍影响投资决策的行为因素，并提出投资决策的分析管理策略。

7.3.1　投资决策的行为因素

1. 基于心理偏差的行为因素

偏差是产生谬误的一种诱因，投资决策中常见的心理偏差有过度自信和证真偏差。

（1）过度自信。过度自信是指个体对自身实际或相对于他人的能力和控制水平的过高估计。通常与过分乐观同时存在，但二者并不代表同一种含义，过分乐观是指个体高估有利结果的可能性或频繁度，区别二者的关键在于过度自信的个体都极度相信自己的观点是正确的。过度自信和过分乐观是由许多心理偏差引起的，如控制幻觉偏差和自我归因偏差，控制幻觉是指人们认为自己对局面的控制能力通常比他们的实际能力大得多，自我归因是指人们将理想结果的出现认为是其能力使然，而将不利结果的出现归因于运气不佳。反映在投资决策中就是管理层往往高估投资项目回报、低估投资项目风险与成本，过分依赖自有信息和过往经验，过度自信的管理层通常高估投资项目的盈利前景，如果企业有充足的自由现金流，即便他们忠诚于股东也会投资一些净现值为负的项目，从而引发过度投资，损害企业价值。

（2）证真偏差。证真偏差是指个体期望去寻找与他们持有观点一致的信息，而忽视那些不支持他们看法的信息，甚至还会花费更多的时间和资源贬低与他们看法相左的观点。反映在投资决策中就是管理层对投资项目的预期和调整出现较大的偏误，拒不接受其他人的调整性建议。在做投资决策的时候，一旦做了某项决定，就会找各种理由支持这个决定，而对反对这个决定的人或者信息视而不见，进而会导致投资决策失败。

2. 基于有误推断的行为因素

许多管理层都直接依靠经验推断来做决策，投资决策中常见的有误推断有锚定效应和易获得性推断。

（1）锚定效应。锚定效应是指个体在对不确定事物做出定量估计时，通常会将某些特定的数值设定为初始值，然后根据进一步获取的信息对其进行修正，以得到最终估计的结果，就像是为了防止船飘远而抛锚一样。反映在投资决策上就是管理层在进行投资决策时往往过分依赖过去的信息和经验，陷入先入为主的境地，会锚定他们的判断，从而对新信息反应不足。比如管理层一开始对投资项目有较高的预期，那么即使将来他们会下调预期，也会在心理上倾向于不充分地调整，这种提前锚定的效应就会导致对投资项目的预期过度乐观。

（2）易获得性推断。易获得性推断是指个体评判事情发生的概率或可能性是依据那些容易获得的信息，而忽视那些相对不易获得的信息。由于受记忆力或知识的局限，人们进行决策时大多利用自己熟悉的或能够凭想象构造而得到的信息，导致赋予那些易见的、容易记起的信息以过大的比重，但这只是应该被利用的信息的一部分，还有大量其他必须考虑的信息，它们对于做出正确决策同样有着重要的影响，但人们的直觉推断却忽略了这些因素。反映在投资决策上就是管理层容易关注一些“热点”投资项目，或者在某一投资项目上过分关注某些吸引注意力的信息，而忽视了对自身或客户更重要的信息，也可能表现为简单易行的模仿倾向。

3. 基于框架效应的行为因素

“框架”是期望理论中一个很重要的方面，个体决策很容易受决策目标表述方式的影响，比如以肯定或否定的方式来表述，投资决策中常见的框架效应有损失厌恶和模糊规避。

（1）损失厌恶。损失厌恶是指个体在同时面对具有收益和损失可能性的选择时，会采取风险规避行为。相对于某一参照点，个体对于损失的厌恶程度要远大于相同量的所得带来的高兴程度。反映在投资决策中就是管理层可能会错过一些不太保守但具有战略意义的投资项目，或者当投资项目的损失累计扩大时，决策者通常选择继续追加项目投资，而不是及时止损，不愿意承认已有的损失，而愿意冒更大的风险赌一赌。这可能使公司在投资决策上再次犯同样的错误，这种不理智的行为因素会损害企业价值。

（2）模糊规避。模糊规避是指个体在所有伴随风险的不确定性中进行选择时，倾向于选择已知的不确定类型，而不是未知类型。人们特别害怕所处的形势陷入模糊的境地，比如在一项随机从口袋中抓取一枚球的实验中，相对于口袋中装有 100 只蓝色和红色混合球但分布概率未知的口袋，人们更愿意参加装有蓝色球和红色球的比例为 50∶50 的口袋的赌局。反映在投资决策中就是管理层对他们不了解的投资项目非常谨慎，反过来说，管理层对他们知道或熟悉的项目则较为偏爱，这可能使公司错过一些未来有发展前景但收益概率不明确的种子业务，从而不利于公司的持续经营和可持续发展。

7.3.2 投资决策的分析管理策略

1. 强化约束机制

企业的投资决策总是在多重因素制约下做出的，这些因素既有企业内部的，也有企业外部的，既包括经济方面的，也包括非经济方面的，如资金约束、时间约束、风险约束、市场约束、法律约束等。投资决策一定要强化约束机制，避免盲目投资，不受约束的权力，无论对企业外部还是企业自身，都可能产生严重影响。

2. 严格可行论证

投资决策要增强投资风险意识，特别是要建立一套严格且科学的投资论证体系，为避免主观性和盲目性，要组成专门的人才队伍或委托专门的咨询机构来进行投资项目的可行性论证，运用科学的方法，比如 SWOT 分析法和敏感性分析法，来增强投资决策的科学性。

3. 注重全过程管控

投资决策的成功与否不仅包括事前的充分论证，也包括事中的监督控制，还包括事后的评价反馈。项目实施环节运行的好坏同样影响投资目标的实现，企业应对项目实施进行全过程管控，发现决策问题或其他不妥之处，应及时纠正，避免出现更大的损失。同时，应加强投资决策后续的评价和反馈，为未来新项目的投资决策做好准备。强调全过程管控看似与投资决策无关，但现实中往往存在投资决策是正确的，由于执行中出了问题，导致投资失败的情况，因此应加强投资决策的全过程管控。

4. 明确权责统一

企业的投资决策必须以企业整体发展战略为依据，结合企业的资金现状和未来发展，在对投资方案综合评价的基础上做出最优选择。然而投资决策也面临诸多行为因素的干扰，如短视倾向和过度自信等，企业要在投资决策上强化问责制，做到权力与责任相统一、奖罚分明，强化制度建设，形成闭环管理，从而降低投资失败的风险。

思考题

1. 在进行投资决策分析时，为什么要考虑货币时间价值？

2. 为什么在进行投资决策分析时，要以现金流量而不是会计利润作为项目取舍的衡量标准？

3. 从本质上讲，资金时间价值是如何产生的？这对管理而言有何意义？

4. 从计算上讲，资金时间价值的大小取决于哪些因素的影响？这对管理而言有何意义？

5. 如果投资期间不同，或者投资额不等，根据净现值能否得出正确的结论？如何才能得出正确的结论？

6. 净现值投资决策指标有何缺陷？如何克服？

7. 企业为什么要重视战略性投资？战术性投资和战略性投资如何配合才能使企业更好地发展？

8. 何谓敏感性分析？它是如何在投资决策中发挥作用的？

9. 投资决策的行为因素有哪些？如何规避投资决策风险？

练习题

1. 为使晚年幸福，老王计划从现在起的 30 年间，每年拿出 24 万元用于补充社会养老金账户，如果未来期间平均收益率为每年 6%。

要求：

(1) 老王要有多少钱才能满足幸福养老的愿望？

(2) 老王的儿子小王为此计划在未来 10 年内每年等额存入银行一笔钱，小王每年应存多少？

2. 某投资项目的初始投资为 5 000 元，第 1 年年末和第 2 年年末均有现金流入 3 000 元（假设该项投资现金流入均为账面投资收益）。

要求：

(1) 计算该项目在投资回收前 2 年的平均报酬率。

(2) 计算该项投资的内部报酬率。

(3) 如果资本成本率为10%，该项投资的净现值为多少？获利指数为多少？

3. 根据表7-3提供的数据，计算出三个方案的动态投资决策指标，如表7-7所示。

表7-7 指标数据表

	净现值（i=10%）	获利指数（%）（i=10%）	内部报酬率（%）
方案A	−454.75	0.95	6.6
方案B	1 094.65	1.11	15.93
方案C	1 470.91	1.07	13.43

要求： 请分析比较上述三个方案，并讨论因决策目的的不同，企业应如何评价和选择方案。

4. Hunter是犹他大学商学院大二学生，主修会计，辅修西班牙语，将在两年后毕业。Hunter正要确定这个暑假去哪工作，他有两个选择：在制瓶厂做全职，或者在肉制品包装厂的会计部门做兼职。他下个暑假可能会在同一个地方工作，暑假期间能工作12周。

制瓶厂今年每周支付给Hunter 380美元，下个暑假工资会增长7%。在肉制品包装厂，Hunter可以每周工作24小时，每小时工资是8.75美元。做这份兼职工作，他还可以在这个暑假上两门会计课程，学费是每小时225美元，每门课程都是4小时。Hunter认为在这个暑假的工作经验可以让他有资格在下个暑假得到在肉制品包装厂的会计全职工作，每周将获得550美元。

Hunter认为这个暑假做兼职工作还有两个好处：第一，可以减轻在秋季和春季学期的学习负担，每个学期可以只上一门课程；第二，他在15周的秋季学期有时间在大学的会计部门做评级员的工作，这份工作每周将获得50美元。

要求：

(1) 假设Hunter在做短期决策时不考虑货币时间价值，同时假设他唯一的目标就是在这两个暑假尽量多赚钱，他应该怎么做？Hunter会考虑哪些非定量的因素？如果你面对这两种选择，你会怎么做？

(2) 现在假设Hunter考虑货币时间价值（该期间社会平均收益率为5%），所有的现金流预计会在1年或更长的时间被收回，他会偏好哪一种选择？为什么？

5. 从2009年被誉为“中国影视娱乐第一股”，到2019年亏损40亿元，面临退市风险，华谊兄弟经历了一场十年大败局。在这场大败局中，电影小镇“扮演”了关键的角色。

谈到华谊的“迪士尼”梦，王中军和王中磊兄弟在2014年放出豪言：“4到5年落地20个城市，每年为华谊贡献180亿美元收入。”2015年，华谊兄弟相继落地华谊兄弟电影世界（苏州）、华谊兄弟（长沙）电影小镇和建业华谊兄弟电影小镇三个实景娱乐项目。

但从整体来看，华谊兄弟的实景娱乐项目，在口碑和客流量上不尽如人意。翻阅华谊兄弟年报发现，华谊电影世界（苏州）2018年净亏损1.34亿元，2019

年净亏损1.62亿元。“拿来主义”并不那么美好，首先，文旅地产的投资回收预期比住宅地产更长，很容易跨越房地产景气高峰，直至房地产下降阶段，若还没有实现良性循环，就会陷入恶性循环之中，实景娱乐也正是如此。其次，华谊兄弟不仅没有比肩迪士尼的IP能力，更别提有“持续为IP原型注入时代新价值”的创造力了。在业态难以突围、定位不清、过于依赖地产等尴尬状况下，华谊兄弟的实景娱乐项目也只是拍照胜地而已。

要求：

（1）电影小镇的投资决策为什么会失败？公司出现了哪些行为偏差？

（2）如果让你来进行电影小镇的投资决策，你会怎么做？怎样才能更好地规避失败风险？

第 8 章

Chapter 8

成本管理：目标、责任与标准

第 8 章思维导图

素养提升

1. 勤俭经营应当是一切经济事业的方针。要引导企业突出主业、降低成本、提高效率，形成自己独有的比较优势，增强产品竞争力。企业要着力降成本、提质量、增效益，真正使企业成为市场主体。

2. 勤俭经营并不是简单地降低成本、节约费用，更不能演变为不干事情、少干事情。而是在多干事、干好事情的基础上节约成本、费用，充分发挥成本对价值的贡献作用。

3. 没有规矩，不成方圆。目标成本是成本的事先规划，责任成本是目标成本的落实，标准成本是各种资源最佳使用的消耗尺度，三者构成完整的成本控制体系。

学习目标

1. 了解目标成本、责任成本、标准成本的概念，掌握目标成本、责任成本、标准成本的制定方法。

2. 理解目标成本、责任成本、标准成本之间的逻辑关系。

3. 掌握目标成本的确定和分解方法，为目标成本管理奠定基础。

4. 掌握责任成本确定和归集的原则、方法，为标准成本管理奠定基础。

5. 掌握标准成本制定及各种成本差异计算的方法，了解成本差异产生的原因，并能在成本控制中有效使用。

8.1　目标成本管理

8.1 即测即评

目标成本管理是在产品功能和质量水平确定的情况下对产品（或工程项目）成本的事先规划，是成本控制在起始阶段从生产、技术角度的管理。

8.1.1　目标成本

目标成本是企业在生产经营活动开始之前为产品（或工程项目）制定的预期成本，是企业在预算时期内必须达到的成本水平。

根据目标成本进行成本控制，本质上是对企业未来成本的战略管理。其基本原理是根据企业的竞争战略和经营目标，从满足市场需求及客户对产品性能、质量和价格的要求入手，确定目标销售收入，然后减去企业期望的目标利润最终得到目标成本，即

目标成本＝目标销售收入－目标利润

目标成本确定之后，需要按一定的原则和方法在企业内部进行分解，编制成本预算。如果经过计算发现目标成本不能实现，就要通过功能成本分析、质量成本管理、改进生产技术等方法优化成本，以达到目标成本的要求。确定目标成本是一个“设定→分解→达成”反复循环的过程，每次循环都是对成本的一次挤压。

8.1.2　目标成本管理的作用

成本企划与目标成本管理

目标成本管理将成本的战略思考与战术安排有机结合，具有传统成本管理无可比拟的作用。

1. 目标成本管理是成本的战略管理

战略成本管理所追求的是在不损害企业竞争地位前提下的成本降低，是与市场竞争要求相适应的成本控制（不是单纯的降低成本）。如果成本降低的同时削弱了企业的竞争地位，则这种成本策略不可取；反之，如果成本的增加有助于增强企业的竞争实力，这种成本策略应该予以鼓励。目标成本管理改变了传统成本管理只注重自身实际消耗，不考虑外部市场需求的事后控制观念。只有建立在客户能够接受的价格和企业能够实现目标利润基础上的成本开支才是必要的。

2. 目标成本管理是产品生命周期的成本管理

产品的生命周期是指每件产品从其形成直至消亡的历程，包括开发、设计、制造到顾客使用、废弃的完整循环。在这一过程中，不仅有生产方产生的开发成

本、设计成本和制造成本等，还有消费者购入产品后发生的使用成本、废弃成本等。企业为了取得竞争优势，一方面要改变只注重制造成本而忽视开发成本、设计成本的传统做法，将成本降低的重心从生产阶段转移到开发、设计阶段，避免后续制造过程中的大量无效作业耗费无谓成本；另一方面又要考虑尽可能降低消费者的使用成本。因此，为实现企业的战略和经营目标，必须将传统的成本管理范围予以扩展，建立产品生命周期成本管理体系，从全流程的角度实施成本跟踪与控制。

8.1.3 目标成本的确定

目标成本的确定是目标成本管理的起点，其科学性和合理性直接影响到目标成本控制的有效性。

1. 收集成本信息

确定目标成本需要的信息：一是预测销售量和销售价格。以新产品来说，要进行市场调查、预测和分析，并与同类产品比较，确定消费者对销售价格的接受程度；对已有产品而言，要对现行销售价格进行分析，特别是结合产品生命周期和产品竞争能力，预测价格上下波动的趋势和幅度。二是取得先进企业的成本资料，作为确定目标成本的重要依据。

2. 确定目标利润

将企业经营目标规定的目标利润进行分解，确定某一产品在计划期内应实现的目标利润。目标利润的调整应考虑该产品预测销售量和销售价格。

3. 初步确定目标成本

目标成本可采取倒算的方式进行匡算，即

目标总成本＝预测销售收入－预测销售税金－目标利润

目标单位成本＝预测销售价格×(1－销售税率)－预测单位目标利润

4. 确定目标成本

在目标成本初步确定后，要发动员工进行讨论，提出降低成本的路径和方法，根据汇总的降低成本的主要措施再次对目标成本进行测算，经过综合平衡确定目标成本。

确定目标成本的技术方法主要有：

（1）加算法。以基准成本为出发点，加上追加新功能所必需的成本，减去可去除功能及可消除作业涉及的成本，从而得到新产品的成本。所谓基准成本，是指企业根据其技术水平和作业能力估算得到的成本。在应用加算法时，有关因素导致成本变动的数额要合理估算，所能预计的成本降低额必须明确。加算法的特征是：依据设计思路及其采纳的可能性，对按产品各个功能分别确定的目标成本进行加总，再据以设定。

（2）倒算法。它是以产品销售收入减去产品销售税金和目标利润来确定目标成本的方法。其公式如下：

$$目标成本=产品销售收入-产品销售税金-目标利润$$

$$单位产品目标成本=产品单价\times(1-产品销售税率)-\frac{目标利润}{销售量}$$

（3）对比法。就是将本企业的成本水平与先进企业的成本水平进行比较来确定目标成本，该方法主要用于老产品。比较的对象可以是国内外同种产品的先进成本水平或历史最好水平，或按平均先进水平确定的标准成本、定额成本。

例8-1

某企业甲产品的单位成本如下：直接材料36.54元，直接人工10.27元，制造费用21.2元。同类先进企业的产品单位成本如下：直接材料34.14元，直接人工8.16元，制造费用17.42元，则甲产品的目标成本为：

$$目标成本=34.14+8.16+17.42=59.72\ (元)$$

（4）回归分析法。该方法适用于系列产品目标成本的确定。系列产品中各规格产品的成本与某种功能特性或技术参数有一定线性关系。根据线性关系可以预测出新产品的成本，然后根据功能设计予以修正，最终确定目标成本。

基本原理是：在 $y=a+bx$ 中，只要计算确定单位变动成本 b 和固定成本 a ，则一定业务量 x 下的目标成本 y 就可确定出来。a 和 b 的计算公式是：

$$\begin{cases} a=\overline{y}-b\overline{x} \\ b=\dfrac{\sum x_i y_i-\overline{x}\sum y_i}{\sum x_i^2-\overline{x}\sum x_i} \end{cases}$$

例8-2

某产品系列的规格、成本与功率存在线性关系，资料如表8-1所示。现在要设计一种功率为40千瓦的产品，其目标成本应该是多少？

表8-1　某产品系列的规格、成本与功率相关数据表

规格	1	2	3	4	5
成本 y（元）	700	800	850	950	1 100
功率 x（千瓦）	10	15	20	25	30

运用回归方程，得

$$b=\frac{92\ 750-20\times 4\ 400}{2\ 250-20\times 100}=19(元/千瓦)$$

$$a=880-19\times 20=500(元)$$

则　$y=500+19x$

当 $x=40$ 时，有

$$目标成本(y)=500+19\times 40=1\ 260(元)$$

（5）公式法。就是根据目标成本的计算公式确定目标成本，该方法一般用于新产品。由于消费者可以接受的价格及销售量不可能预测得十分准确，因此用公式法确定目标成本时，应把目标成本与产品的设计成本联系起来，用目标成本校正设计成本，用设计成本调整目标成本。用公式法确定目标成本时，可采用以下公式：

$$目标成本=\frac{有竞争力的市场价格}{销售单价}\times 实际成本$$

例 8-3

某企业生产A产品，实际成本为350元，销售单价为520元，有竞争能力的市场价格为460元。

$$目标成本=\frac{460}{520}\times 350=309.62(元)$$

这样，销售单价降低到460元以后，企业仍可获得相同的成本利润率。

8.1.4 目标成本的分解

为了落实成本控制任务，目标成本确定后要进行分解，落实到单位和个人。分解目标成本时，应与单位和个人的岗位责任、经济责任结合起来，同时应给予岗位相应的管理权力和经济利益，做到权责利统一。不仅要自上而下地分解目标成本，还要自下而上地提出保证措施；不仅要结合企业工艺技术过程分解目标成本，还要根据企业组织结构特点分解目标成本。

1. 按组织结构分解目标成本

首先，把企业的目标成本分解给各个车间和职能部门，成为这些车间和职能部门的目标成本。其次，各个车间和职能部门再将其目标拆开分解给各个班组和职能板块，成为该班组和职能板块的目标成本。最后，各个班组和职能板块将其负责的目标成本分解落实到个人，形成岗位目标成本。个人对岗位目标成本提出个人实施措施，班组和职能板块对各自负责的目标成本提出实施措施，车间和职能部门对车间和职能部门实现目标成本提供保障措施，全厂对总的目标成本提出总的保障措施，从而形成自上而下的层层分解和自下而上的层层保证的目标成本控制体系。

2. 按产品结构分解目标成本

在机械制造企业中，首先要对材料进行加工，制成各种零件，然后组装成部件，最后对部件进行装配形成产成品。在这种情况下，目标成本的分解可以按产品的结构进行，即把产品的目标成本分解到零件、部件和产成品上去，从而形成零件的目标成本、部件的目标成本和产成品的目标成本，然后将零件、部件和产成品的目标成本按责任中心再分解。

3. 按成本形成过程分解目标成本

由于产品成本的形成要经过供应过程、生产过程和销售过程，在每一过程中成本都有不同的表现形式，因此目标成本可以按成本的形成过程进行分解。这种分解方法有利于按成本形成过程来控制成本。

4. 按成本项目和成本特性分解目标成本

这种分解方法以成本项目为主并参照成本特性来分解目标成本。具体方法是：将目标成本分解为直接材料、直接人工和制造费用。其中，直接材料又具体分为由生产中耗用量引起的成本和由供应中价格变动引起的成本；直接人工又具体分为由定额工时变动引起的成本和由小时工资率变动引起的成本；至于制造费用，则按其与产量的关系分为变动制造费用和固定制造费用。

8.2 责任成本划分

在目标成本按组织结构、产品结构、成本形成过程、成本项目和成本特性等进行分解的过程中，必须将其与责任的履行结合起来。责任成本划分是对产品（或工程项目）目标成本按责任进一步进行分解和落实，是成本控制起始阶段从管理角度开展的管理。

8.2 即测即评

8.2.1 责任中心

目标成本的实现需要借助于责任的落实，责任成本管理旨在确定企业内部各个单位的责任归属。分解时应注意：分解给各个单位和个人的目标成本必须是该单位和个人可以控制的成本。

责任中心是按既定职责范围和权力确定责任的内部单位，按照分权管理的原则可以分为成本中心、利润中心和投资中心三类。

图 8－1 显示了一个石油化工企业的责任组织结构，从中可以清楚地了解企业责任中心的划分。

1. 成本中心

成本中心是按成本水平评价、考核其工作成果的内部责任单位。成本中心一般没有收入来源，故只对成本负责而无须对收入、利润及投资负责。一般来说，凡是企业内部有成本发生、需要对成本负责并能实施成本控制的单位都可以成为成本中心，例如集团下属的子公司、车间、工段、班组甚至个人都可以成为成本中心。

企业的职能部门实质上是费用中心，因为在履行管理职责时只发生费用而没有生产产品，责任管理中一般把费用中心归为成本中心。

2. 利润中心

利润中心是既要对成本、费用负责，又要对收入和利润负责的内部责任单位。利润中心一般下辖若干成本中心，处于企业内部较高层级，是对产品生产或

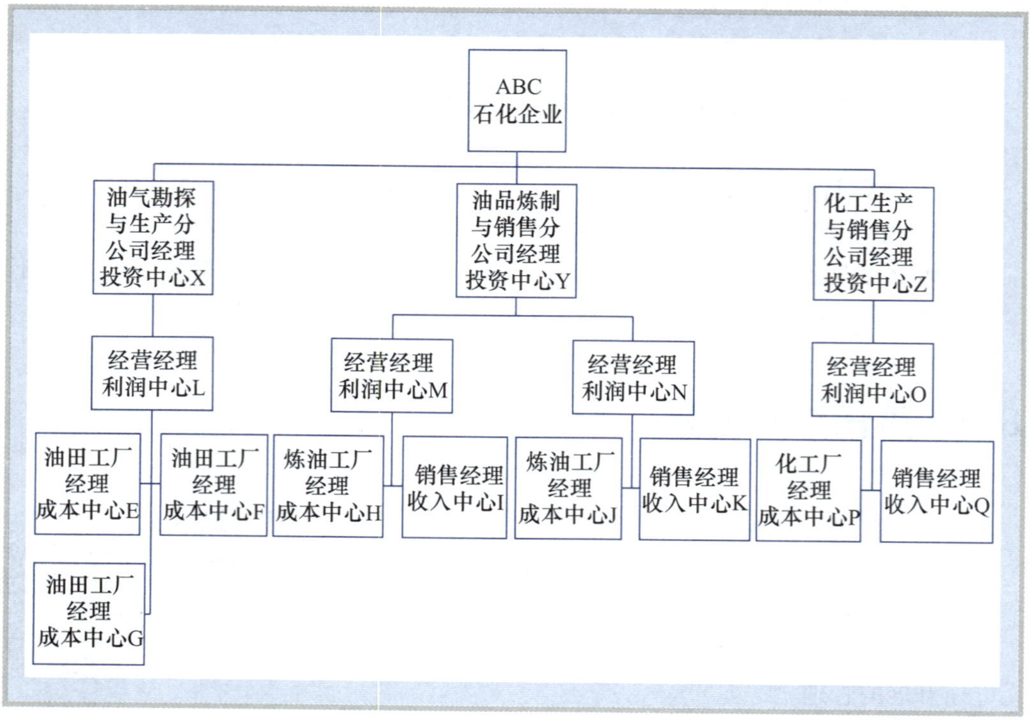

图 8-1　责任组织结构图

劳务提供独立经营权的内部单位（如分厂、分店、分公司等）。

利润中心分为自然的利润中心和人为的利润中心。前者是指能够独立生产完整的产品，因而可以单独计算产品损益的内部责任单位，如按产品设置的车间；后者是指不能独立生产完整的产品，只能生产零部件，但可以通过内部结算价格计算零部件损益的内部责任单位，如按工艺设置的车间。

3. 投资中心

投资中心是既要对成本和利润负责，又要对投资及投资收益负责的内部责任单位。投资中心一般下辖若干利润中心和成本（费用）中心，不仅在产品生产和销售上享有自主权，还能够独立地运用其所掌握的资金进行投资。

尽管成本中心、利润中心和投资中心在权责范围的大小等方面存在差别，但它们都对发生在各自中心的成本负有责任。从责任成本管理角度看，都属于广义的成本中心。

8.2.2　成本中心的层次性

较大的成本中心根据管理需要可以进一步划分为若干较小的成本中心，从而形成多层次的成本中心结构。如分厂可以作为成本中心，也可以按车间划分成较小的成本中心。

成本中心的层次不同，其责任成本的内容也会有所不同，对成本的控制能力也不一样。层次高的成本中心，其责任成本的构成内容多，控制面广，协调能力强，但对具体耗费项目的控制能力相对较弱。层次低的成本中心，其责任成本内容少，但控制的项目较为具体，对具体耗费项目有较强的控制能力。

成本中心的划分应考虑企业的生产特点和组织特点，以有独立履行特定职责的能力、有利于进行成本控制、便于进行责任成本的核算与考核为原则确定，要发挥不同层次具有不同控制能力的优势，建立多层次的成本中心体系，实行责任成本分级控制。

除了纵向多层次的成本中心外，企业还应按职能部门设立横向多元化的成本（费用）中心，如采购管理、生产管理、设备管理、技术开发等成本中心，销售、人力资源、财务等费用中心。

8.2.3　责任成本

责任成本是以责任中心为成本计算对象的可控成本，是考评各责任中心经营业绩和职责履行的重要依据。

1. 可控成本

可控成本是指成本中心可以控制的成本，需要同时符合以下三个条件：（1）责任中心能够通过一定的方式了解将要发生的成本；（2）责任中心能够对成本进行计量；（3）责任中心能够通过自己的行为对成本加以调节和控制。不能同时符合上述三个条件的成本通常为不可控成本，一般不在成本（费用）中心的责任范围之内。

2. 责任成本的归集

各成本中心的可控成本分为两种情况：一是各成本中心直接发生的责任成本；二是发生在其他成本中心，而根据责任归属原则应该由该成本中心承担责任的成本。如供水部门、供电部门未能保证正常水电供应而导致生产部门的停工损失、废品损失等，尽管成本发生在其他部门，但责任应该由供水部门、供电部门承担。于是，相关损失应该通过责任转账方式追溯到供水部门、供电部门。被追溯的责任成本主要有：本中心产生的废品在后续生产步骤中被发现而应负担的损失，包括该废品在本中心的生产成本及后续生产部门生产过程中追加的成本；本中心造成的在其他成本中心发生的损失；未能按生产计划均衡生产致使半成品或产成品供应中断，而导致后续生产部门发生的停工损失或产品销售的违约损失；设备使用不当而造成的各方面的损失等。

因此，某责任中心通过自己的行动能够有效影响一项成本的数额，它就应对这项成本负责；某责任中心有权决定是否使用某种资产或劳务，它就应对这些资产或劳务的成本负责；某管理人员虽然不能直接决定某项成本，但是上级要求他参与有关事项，从而对该项支出施加了重要影响，则他对该项成本也要承担责任。

各成本中心之间相互提供原材料、劳务和半成品供应的，为正确划分成本责任，应确定恰当的内部结算价格，以排除各成本中心之间成本超支或节约的相互影响。

3. 生产部门的责任成本

生产部门责任成本的内容与制造成本的内容比较接近，但有些项目需要调整，包括：(1) 直接材料及半成品成本需要按内部结算价格计价，以便分清不同部门之间的责任。(2) 制造费用中的固定资产折旧费、大修理费等项目需要根据不同情况处理。生产部门的固定资产折旧费主要由企业以往的投资活动及政策选择决定，大修理费取决于固定资产的性质，从成本可控性看，不应由生产部门承担责任。但固定资产（特别是生产设备）在生产部门使用得合理与否，对固定资产需求总量、使用年限、大修理费等均有影响；固定资产与其他生产要素（如人工等）之间存在某种替代关系，如果不将固定资产折旧费与大修理费作为固定资产使用部门的责任成本，难免会出现设备配置过剩或拼设备等弊端。在实际工作中，可以将固定资产折旧这一固定成本变换为生产部门的弹性预算，当生产部门按正常生产能力完成产品生产量时，其负担的折旧费不发生变化。当生产部门的实际产量超过（或低于）正常生产能力时，其折旧费的相对节约（或超支）差异表现为生产部门对折旧费承担的责任，即生产部门不负责折旧费的预算差异，但对其产量差异负责。固定资产大修理费可以比照折旧费的处理方法进行处理，固定资产的日常修理费作为生产部门的责任成本。

4. 采购部门的责任成本

采购部门的责任成本包括：材料物资的采购成本；采购部门发生的各项费用；材料物资盘盈、盘亏、毁损等；材料储存成本；因材料质量问题而造成的废品损失；因未按计划时间供应材料而造成生产部门的停产损失等；因材料不符合规定的型号、标准等而造成的浪费。由于企业调整生产计划等原因造成材料报废、超时储存，以及为保证特殊需要而进行紧急订货等所追加的成本或增加的损失，应从采购部门责任成本的相关项目中扣除。

生产部门、采购部门以外的其他职能部门，应对其在管理或业务活动过程中发生的各种费用负责。这些职能部门的责任成本包括其在执行职能时发生的各项费用，以及由于管理不当等原因导致其他部门发生的损失。

8.3 标准成本管理

8.3 即测即评

标准成本管理既是对产品（或工程项目）成本在目标成本确定与分解、责任成本确定与分解基础上的度量规划，也是成本控制过程阶段的管理。

8.3.1　标准成本及成本差异

标准成本管理是指通过制定标准成本，将标准成本与实际成本进行比较计算成本差异，并对成本差异进行因素分析，据以加强成本控制的成本计算和管理方法。

1. 标准成本的种类

标准成本是在正常生产经营条件下应该实现的，作为控制成本开支、衡量工作效率、评价成本效益的依据和尺度的一种目标成本。在制定标准成本时，根据要求达到的效率的不同，有理想标准成本、正常标准成本和现实标准成本。

（1）理想标准成本。理想标准成本是在最佳工作状态下可以达到的成本水平，是排除了一切失误、浪费和资源闲置等因素，根据理论耗用量、价格以及满负荷生产能力制定的标准成本。理想标准成本是影响成本的所有因素都在最佳状态时的成本水平，而这种情况实际是不存在的，因而只是“理想成本”，它指出了企业努力的方向和目标。

（2）正常标准成本。正常标准成本是在正常生产经营条件下应该达到的成本水平，是根据正常的耗用水平、正常的价格和正常的生产经营能力利用程度制定的标准成本。正常标准成本通常反映过去一段时期实际成本水平的平均值，反映该行业平均的生产能力和技术能力，在生产技术和经营管理条件变动不大的情况下，是一种可以在较长时间采用的标准成本。

（3）现实标准成本。现实标准成本是在现有的生产条件下应该达到的成本水平，是根据现在的价格水平、生产耗用量以及生产经营能力利用程度制定的标准成本。现实标准成本最接近实际成本，最切实可行，通常认为是员工经过努力可以达到的标准，并为管理层提供衡量的依据。与正常标准成本不同的是，它需要根据现实情况的变化不断进行修改，而正常标准成本则可以在较长一段时间内固定不变。

2. 标准成本的制定

采用标准成本法的前提和关键是标准成本的制定。为了便于进行成本控制、成本核算和成本差异分析工作，标准成本可以按车间、产品、成本项目分别反映。标准成本的成本项目与会计日常核算所使用的成本项目应当一致，直接材料可以按材料的不同种类或规格详细列出标准，直接人工可以按不同工种列出标准，制造费用应按固定制造费用和变动制造费用分项列出标准，将各个成本项目的标准成本加总，即构成产品标准成本。

各个成本项目的标准成本，通常是由数量标准和价格标准两个因素决定的，即某成本项目的标准成本＝数量标准×价格标准，直接材料标准制定中，数量标准表现为材料定额消耗量（即材料标准消耗量），价格标准表现为材料的预算价格（即标准价格），于是

$$\text{单位产品直接材料标准成本}=\text{单位产品材料定额消耗量}\times\text{单位材料预算价格}$$

直接人工标准制定中，数量标准表现为工时定额消耗量，价格标准表现为预算小时工资率，于是

$$\text{单位产品直接人工标准成本}=\text{单位产品工时定额消耗量}\times\text{预算小时工资率}$$

制造费用标准制定中，数量标准是指工时定额消耗量，价格标准是指制造费用标准分配率，于是

$$\text{单位产品制造费用标准成本}=\text{单位产品工时定额消耗量}\times\text{制造费用标准分配率}$$

式中，制造费用标准分配率一般以制造费用预算数除以按预算产量计算的定额工时来确定，即

$$\text{制造费用标准分配率}=\frac{\text{制造费用预算数}}{\text{工时定额消耗量}\times\text{预算产量}}$$

制造费用预算数一般按固定制造费用和变动制造费用分别确定，固定制造费用的预算数按以往年度（一般是前三年）的平均值确定，变动制造费用按成本动因及年度经营目标的要求确定。原则上，制造费用＝变动制造费用＋固定制造费用。

标准成本一旦制定，就应在一个固定时期内保持相对稳定，通常在企业的组织结构、外部市场、产品品种和生产规模等发生较大变化时才有必要进行修订。所以，标准成本法通常适用于大批量稳定生产的企业或产品，可以通过提高效率来降低成本。

成本差异为负就是节约吗？——成本的本质理解和把握

3. 成本差异的种类

成本差异是指实际成本与标准成本之间的差额，也称标准差异。成本差异按成本的构成，分为直接材料成本差异、直接人工成本差异和制造费用差异。其中，制造费用差异按其形成的原因和分析方法的不同，又可分为变动制造费用差异和固定制造费用差异两部分。

直接材料成本差异、直接人工成本差异和变动制造费用差异都属于变动成本差异，决定变动成本数额的因素是价格和耗用数量。因此，直接材料成本差异、直接人工成本差异和变动制造费用差异按其形成原因，可分为价格差异和数量差异。

固定制造费用不随业务量的变动而变动，其差异分为开支差异、生产能力利用差异和效率差异。

4. 标准成本的作用

由于事先确定标准成本、事中计算成本差异、事后进行成本差异分析，因而标准成本主要有以下作用。

（1）便于企业编制预算和进行预算控制。事实上，标准成本本身就是单位成本预算。例如，在编制直接人工成本预算时，首先要确定每生产一件产品所需耗

费的工时数以及每小时的工资率，用它乘以预算产量，就可以确定人工成本预算总数。

（2）可以有效控制成本支出。在领料、用料、安排工时和人力时，均以标准成本作为事前和事中控制的依据。

（3）可以为企业的例外管理提供数据。标准成本与实际成本进行比较产生的差异，是企业进行例外管理的必要信息。

（4）可以帮助企业进行产品的价格预测和决策。例如，在给新产品定价时，通常可以在标准成本的基础上加一定的利润来确定其价格。

（5）可以简化存货的计价以及成本核算工作。标准成本法下，原材料、在产品、产成品均以标准成本计价，所产生的差异均可由发生期负担，这样一来，可以大大减少成本核算的工作量。

8.3.2　变动成本差异的计算、分析和控制

1. 直接材料成本差异

直接材料成本差异是指实际产量下的直接材料实际成本总额与直接材料标准成本总额之间的差异：

$$\begin{aligned}\text{直接材料成本差异} &= \text{直接材料实际成本总额} - \text{直接材料标准成本总额} \\ &= \left(\text{单位产品材料实际消耗量} \times \text{单位材料实际价格} - \text{单位产品材料定额消耗量} \times \text{单位材料预算价格}\right) \\ &\quad \times \text{实际产量}\end{aligned}$$

如前所述，直接材料成本属于变动成本，其成本差异形成的原因（即成本动因）包括价格差异和数量差异。其中，材料价格差异是实际价格脱离预算价格所产生的差异：

$$\begin{aligned}\text{材料价格差异} &= \left(\text{实际价格} - \text{预算价格}\right) \times \text{材料实际消耗总量} \\ &= \left(\text{实际价格} - \text{预算价格}\right) \times \text{单位产品材料实际消耗量} \times \text{实际产量}\end{aligned}$$

材料数量差异是单位产品材料实际消耗量脱离单位产品材料定额消耗量所产生的差异：

$$\begin{aligned}\text{材料数量差异} &= \left(\text{材料实际消耗总量} - \text{实际产量下的材料定额消耗总量}\right) \times \text{预算价格} \\ &= \left(\text{单位产品材料实际消耗量} - \text{单位产品材料定额消耗量}\right) \times \text{预算价格} \times \text{实际产量}\end{aligned}$$

现将以上公式综合如下：

实际价格×单位产品材料实际消耗量×实际产量(1)
预算价格×单位产品材料实际消耗量×实际产量(2)
预算价格×单位产品材料定额消耗量×实际产量(3)

材料价格差异＝(1)－(2)
材料数量差异＝(2)－(3)
直接材料成本差异＝(1)－(3)

例8-4[①]

中盛公司生产甲产品需使用一种直接材料A。本期生产甲产品200件，耗用A材料总计900千克，A材料的实际价格为每千克100元。假设A材料的预算价格为每千克110元，单位甲产品的材料定额消耗量为5千克（A材料），则A材料的成本差异为：

材料价格差异＝(100－110)×900＝－9 000(元)
材料数量差异＝110×(900－5×200)＝－11 000(元)
材料成本差异＝100×900－110×5×200＝－20 000(元)

或 ＝－9 000＋(－11 000)＝－20 000(元)

连环替代法与成本差异的综合列示

从计算结果看，材料价格方面的原因使材料成本下降了9 000元，材料用量的节约使材料成本下降了11 000元。

分析成本差异应注意以下几点：

(1) 不能简单依据成本差异的方向（节约或超支）来判断优劣和好坏，如节约就好，超支就不好。因为成本的发生是为了满足预期目标或目的，进而实现价值增值，所以，在实现预期目标时成本的达成或节约才是有利的（也是有价值的）；反之，如果不能实现预期目标，则成本的节约是不利的（也是没有价值的）。例如，从北京到广州出差，如果任务紧急，坐飞机显然是最优选择；而如果任务不紧急，坐火车显然也是可以选择的。任务与成本相比，任务第一，成本第二，成本是为了保证任务实现。

(2) 要确定成本差异的责任部门。材料价格差异通常应由采购部门负责，因为影响材料采购价格的因素（如采购批量、供应商的选择、交货方式、材料质量、运输工具等）一般由采购部门控制并受其决策影响。材料数量差异通常应由生产部门负责，因为影响材料用量的因素（如任务安排、人员调配、设备使用、现场组织等）一般由生产部门控制并受其决策影响。

(3) 要明确成本差异产生的原因并确定责任。虽然材料价格差异通常应由采购部门负责，但有些因素是采购部门无法控制的。例如，通货膨胀因素的影响、市场对原材料价格的调整等。因此，一定要对材料价格差异做进一步的分析研究，查明产生差异的真正原因，分清各部门的责任。只有在科学分析的基础上，才能进行有效控制。同理，影响材料用量的因素也是多种多样的，包括生产工人的技术熟练程度和对工作的责任感、材料的质量、生产设备的状况等。一般来

① 模拟实验参见：马元驹，李百兴．管理会计学模拟实验教程．3版．北京：中国人民大学出版社，2016：211.

说，用量超过标准大多是工人粗心大意、缺乏培训或技术素质较低等原因造成的，应由生产部门负责，但用量差异有时也会由其他部门造成。例如，采购部门购入了低质量的材料，导致生产部门用料过多，由此而产生的材料用量差异应由采购部门负责；再如，由于设备管理部门的原因致使生产设备不能完全发挥其生产能力，造成材料用量差异的，则应由设备管理部门负责。找出和分析造成差异的原因是进行有效控制的基础。

2. 直接人工成本差异

直接人工成本差异是指实际产量下的直接人工实际成本总额与直接人工标准成本总额之间的差额：

$$\text{直接人工成本差异}=\text{直接人工实际成本总额}-\text{直接人工标准成本总额}$$

$$=\left(\text{单位产品工时实际消耗量}\times\text{实际小时工资率}-\text{单位产品工时定额消耗量}\times\text{标准小时工资率}\right)\times\text{实际产量}$$

同样，直接人工成本属于变动成本，其成本差异包括直接人工工资率差异和直接人工工时消耗量差异。直接人工工资率差异也称直接人工价格差异，类似于材料价格差异；直接人工工时消耗量差异类似于材料数量差异。直接人工工资率差异是指实际工资率脱离标准工资率所产生的差异：

$$\text{直接人工工资率差异}=\left(\text{实际小时工资率}-\text{标准小时工资率}\right)\times\text{单位产品工时实际消耗量}\times\text{实际产量}$$

直接人工工时消耗量差异是指实际工时消耗量脱离标准工时消耗量所产生的差异：

$$\text{直接人工工时消耗量差异}=\left(\text{单位产品工时实际消耗量}-\text{单位产品工时定额消耗量}\right)\times\text{标准小时工资率}\times\text{实际产量}$$

现将以上公式综合如下：

$$\text{实际小时工资率}\times\text{单位产品工时实际消耗量}\times\text{实际产量}\ (1)$$

$$\text{标准小时工资率}\times\text{单位产品工时实际消耗量}\times\text{实际产量}\ (2)$$

$$\text{标准小时工资率}\times\text{单位产品工时定额消耗量}\times\text{实际产量}\ (3)$$

$$\text{直接人工工资率差异}=(1)-(2)$$

$$\text{直接人工工时消耗量差异}=(2)-(3)$$

$$\text{直接人工成本差异}=(1)-(3)$$

例 8-5

中盛公司本期生产甲产品 200 件，实际消耗人工工时 8 000 小时，实际工资总额 80 000 元，平均每工时工资 10 元。标准小时工资率为每工时 9 元，单位甲产品工时定额消耗量为 28 小时，则直接人工成本差异计算如下：

直接人工工资率差异＝(10－9)×8 000＝8 000(元)

直接人工工时消耗量差异＝9×(8 000－28×200)＝21 600(元)

直接人工成本差异＝10×8 000－9×28×200＝29 600(元)

或　　＝8 000＋21 600＝29 600(元)

从上例计算可以知道，由于实际小时工资率高于标准小时工资率造成直接人工成本上升 8 000 元，单位实际人工工时消耗量超过单位标准人工工时消耗量所产生的直接人工工时消耗量差异为 21 600 元。

实际小时工资率高于标准小时工资率可能是由于生产过程中工资级别较高、技术水平较高的工人从事了要求较低的工作，从而造成了工资费用的超支。如果这种超支导致生产效益提高（如产量增加、质量提高），从而产生了价值增值，显然应该予以好评；如果这种超支并没有导致生产效益提高，只是保证既定任务的完成，没有产生价值增值，则应进行检讨。

直接人工工时消耗量差异是考核每个工时生产能力的重要指标，降低单位产品成本的关键在于不断提高单位工时的生产能力。影响直接人工工时利用的因素是多方面的，包括生产工人的技术水平和熟练程度、生产过程的安排和组织、生产工艺的选择、原材料的质量以及设备的使用状况等。

因此，在找出差异的同时要分析产生差异的具体原因，分清不同的责任部门，才能采取有效的控制措施。

3. 变动制造费用成本差异

变动制造费用成本差异是指实际产量下的实际变动制造费用总额与标准变动制造费用总额之间的差额：

$$\begin{aligned}\text{变动制造费用成本差异} &= \text{实际变动制造费用总额} - \text{标准变动制造费用总额}\\ &= \left(\text{实际分配率} \times \text{单位产品工时实际消耗量} - \text{标准分配率} \times \text{单位产品工时定额消耗量}\right) \times \text{实际产量}\end{aligned}$$

$$\text{实际分配率} = \frac{\text{实际变动制造费用总额}}{\text{实际工时总额}}$$

变动制造费用是变动制造费用分配率与直接人工工时的乘积，因此变动制造费用差异包括变动制造费用分配率差异和变动制造费用效率差异。变动制造费用分配率差异类似于材料价格差异和直接人工工资率差异，变动制造费用效率差异类似于材料数量差异和直接人工工时消耗量差异，所以其计算公式如下：

$$\begin{aligned}\text{变动制造费用差异} &= \text{实际变动制造费用总额} - \text{标准变动制造费用总额}\\ &= \text{变动制造费用分配率差异} + \text{变动制造费用效率差异}\end{aligned}$$

$$\text{变动制造费用分配率差异} = \left(\text{实际分配率} - \text{标准分配率}\right) \times \text{单位产品工时实际消耗量} \times \text{实际产量}$$

变动制造费用效率差异＝(单位产品工时实际消耗量－单位产品工时定额消耗量)×标准分配率×实际产量

现将以上公式综合如下：

实际分配率×单位产品工时实际消耗量×实际产量(1)

标准分配率×单位产品工时实际消耗量×实际产量(2)

标准分配率×单位产品工时定额消耗量×实际产量(3)

变动制造费用分配率差异＝(1)－(2)

变动制造费用效率差异＝(2)－(3)

变动制造费用差异＝(1)－(3)

例8-6①

中盛公司本期生产甲产品200件，实际消耗工时8 000小时，实际发生变动制造费用20 000元，变动制造费用实际分配率为每工时2.5元。假设变动制造费用标准分配率为3元，定额消耗工时6 000小时。那么，变动制造费用差异计算如下：

变动制造费用分配率差异＝(2.5－3)×8 000＝－4 000(元)

变动制造费用效率差异＝3×(8 000－6 000)＝6 000(元)

变动制造费用差异＝20 000－3×6 000＝2 000(元)

或 ＝－4 000＋6 000＝2 000(元)

由于变动制造费用是由许多明细项目组成的，并且与一定的生产水平相联系，因而仅通过上例的计算来反映变动制造费用差异总额，并不能达到日常控制与考核的要求。

(1) 按照“二八”原则，对数量占20%但金额占80%的项目，应逐一进行分析，以确保重点控制的有效性。

(2) 按照成本动因找出关联因子，如车间范围内属于照明用电的电费，取决于照明灯具的总功率、照明时间和每度电的价格。

(3) 按成本效益原则对差异进行评价。如果某车间本日工作时间为8小时，而实际照明时间为9小时，显然存在成本浪费问题。

(4) 将变动制造费用各明细项目的弹性预算与实际发生数进行对比分析，并采取必要的控制措施。

---

① 模拟实验参见：马元驹，李百兴．管理会计学模拟实验教程．3版．北京：中国人民大学出版社，2016：217.

8.3.3 固定制造费用成本差异的计算、分析和控制

1. 固定制造费用成本差异的计算

固定制造费用成本差异是指一定期间的实际固定制造费用总额与标准固定制造费用总额之间的差额。其中：

$$\text{固定制造费用成本差异}=\text{实际固定制造费用总额}-\text{标准固定制造费用总额}$$

$$\text{标准固定制造费用总额}=\text{固定制造费用标准分配率}\times\text{标准工时}$$

$$\text{固定制造费用标准分配率}=\frac{\text{固定制造费用预算总额}}{\text{预算工时}}$$

根据固定制造费用不随业务量的变动而变动的特点，为了计算固定制造费用标准分配率，必须设定一个预算工时，实际工时与预算工时之间的差异造成的固定制造费用差异为固定制造费用生产能力利用差异。因此，固定制造费用差异包括开支差异、生产能力利用差异和效率差异，其计算可以用下列公式表示：

实际分配率 × 实际工时 (1)
标准分配率 × 预算工时 (2)
标准分配率 × 实际工时 (3)
标准分配率 × 标准工时 (4)

固定制造费用开支差异 =(1)−(2)
固定制造费用生产能力利用差异 =(2)−(3)
固定制造费用效率差异 =(3)−(4)
固定制造费用差异 =(1)−(4)

例 8-7[①]

中盛公司本期预算固定制造费用为 2 400 元，预算工时为 1 000 小时，实际消耗工时为 1 200 小时，实际固定制造费用为 2 600 元，标准工时为 1 100 小时。

（1）根据公式求出标准分配率和实际分配率。

$$\text{固定制造费用标准分配率}=\frac{2\ 400}{1\ 000}=2.4$$

$$\text{固定制造费用实际分配率}=\frac{2\ 600}{1\ 200}=2.17$$

（2）根据上述公式求出开支差异、效率差异和生产能力利用差异。

固定制造费用开支差异＝2 600－2 400＝200（元）
固定制造费用效率差异＝2.4×（1 200－1 100）＝240（元）
固定制造费用生产能力利用差异＝2.4×（1 000－1 200）＝－480（元）
标准固定制造费用＝2.4×1 100＝2 640（元）
固定制造费用差异＝2 600－2 640＝－40（元）

① 模拟实验参见：马元驹，李百兴．管理会计学模拟实验教程：3 版．北京：中国人民大学出版社，2016：219.

或　　　　　　　　　　＝200＋240－480＝－40(元)

2. 固定制造费用成本差异的分析和控制

在一定的业务范围内，固定制造费用不随业务量的变动而变动，表现出相对的固定性。对固定制造费用的分析和控制通常是通过编制固定制造费用预算以及将实际发生数与预算数对比来进行的。

由于固定制造费用是由各个部门的众多明细项目构成的，因此，固定制造费用预算应就每个部门及明细项目分别编制。于是，固定制造费用应该按每个部门及明细项目分别记录，固定制造费用成本差异的分析和控制也应该就每个部门及明细项目分别进行。

(1) 与变动制造费用成本差异分析同理，按照“二八”原则对数量占 20%但金额占 80%的项目逐一进行分析，以确保重点控制的有效性。

(2) 根据经验数据、预算数据和管理要求确定各明细项目的标准，编制预算、进行控制。如按定岗、定员、定编的要求确定员工的类别、数量、工资标准等，为工资费用的控制提供依据。

目标成本法、责任成本法、标准成本法的结合应用

(3) 将固定制造费用各明细项目的固定预算与实际发生数进行对比分析，按成本效益原则对差异进行评价，并采取必要的控制措施。就预算差异来说，其产生的原因可能是：资源价格的变动（如办公用品价格的变动、工资率的增减、电价和水价的提高等），某些固定成本（如职工培训费、折旧费、办公费等）因管理决定而有所增减，资源数量比预算有所增减（如职工人数的增减），为了完成预算而推迟某些固定成本的开支等。所有这些都应分不同情况进行分析和控制。

思考题

1. 如何基于企业战略及经营目标制定目标成本？
2. 目标成本的分解、责任的落实、标准成本控制之间如何才能有效结合？
3. 责任成本应该如何确认和归集？
4. 成本差异是越大越好还是越小越好？
5. 说明变动成本差异产生的原因，阐述分析成本差异应注意的事项。
6. 材料数量差异永远是生产主管的责任。你是否同意这句话？为什么？
7. 试述固定制造费用成本差异产生的原因，阐述分析成本差异应注意的事项。
8. 目标成本、责任成本、标准成本如何结合才能构成有效的成本控制系统？

练习题

1. 中经公司本月的预算固定制造费用为 84 000 元，预算工时为 33 600 工时，实际耗用工时为 33 800 工时，实际固定制造费用为 85 880 元，标准工时为

31 200工时。

要求：请根据以上资料计算以下指标：

(1) 固定制造费用开支差异；

(2) 固定制造费用生产能力利用差异；

(3) 固定制造费用效率差异；

(4) 固定制造费用差异。

2. 华伦公司采用标准成本系统计算成本，其存货也按标准成本计价。表8-2是华伦公司的一种产品“智宝”的标准成本卡。华伦生产的多种产品使用原材料L，智宝是其中一种。①

表8-2 产品标准成本卡：智宝

截至2×23年12月31日

	原材料	直接人工	变动制造费用	固定制造费用	合计
用量	5	4	4	4	
单价	7	9	3	5	
小计	35	36	12	20	103

智宝2×23年12月的预算产量是1 000件，实际转移至存货的制成品共965件。

2×23年12月的实际数据如下：购入原材料L共4 800千克，成本36 480元；发至生产工序的原材料L为4 840千克；直接人工4 000小时，每小时9.20元；变动制造费用11 900元；固定制造费用19 800元。

要求：

(1) 计算2×23年12月的下列差异：直接材料价格差异（原材料L）、直接材料数量差异（原材料L）、直接人工工资率差异、直接人工工时消耗量差异、变动制造费用分配率差异、变动制造费用效率差异、固定制造费用开支差异、固定制造费用生产能力利用差异和固定制造费用效率差异。

(2) 指出直接材料数量差异和直接人工工资率差异的可能原因。

(3) 解释固定制造费用数量差异的意义及对管理人员的用处。

(4) 你如何向管理层解释各种差异之间的相互关系和意义？

3. 中盛公司打算解雇采购员小刘，因为公司发现小刘以大量采购的方式来获得价格优惠，造成大量资金被存货占用。而小刘认为，公司的要求是达到标准，至于如何达到标准并不重要。他还强调，只有通过大量采购才能达到价格标准，否则就会出现不利价格差异。

要求：

(1) 小刘为什么大量购进原材料？你认为这种行为是以价格优惠为目标吗？如果不是，目标又是什么？

(2) 小刘应该被解雇吗？请解释原因。

① 黄纬勤，张纯义，朱建国．管理会计．北京：中国人民大学出版社，2011.

第 9 章

Chapter 9 作业成本计算法

第 9 章思维导图

素养提升

1. 中国企业转型中面临市场趋于饱和、成本压力增大的严峻局面，为完成“三去一降一补”的任务，必须在坚持供给侧改革的过程中有效控制成本、提升盈利能力、增加经营安全性，这就对成本计算和成本管理提出了更新、更高的要求。

2. 适应成本信息决策有用性要求，在完善传统成本计算的同时，企业应科学地确认作业和进行作业分类，通过理解和运用资源动因和成本动因，更好地明晰成本变动的原因，掌握成本控制的路径和方法。

3. 夯实价值创造的全局观，根据资源动因、成本动因，基于作业优化和流程优化设计多层次、多维度的成本管理体系，满足多目标的成本管理需要。

学习目标

1. 了解成本计算与成本管理的关系，并基于决策有用性理解和掌握作业成本计算法的相关内容。

2. 理解和掌握作业、作业分类、作业动因、资源动因等重要概念，把握作业成本计算法的理论脉络，为作业成本管理奠定基础。

3. 了解作业成本计算的程序，掌握作业成本计算的基本方法，在此基础上进一步熟练掌握作业成本计算法的应用。

9.1 传统成本计算与决策有用性

9.1 即测即评

9.1.1 传统成本计算

传统成本计算以产品品种为基本计算对象，根据生产特点和管理要求也可以以生产步骤或生产批别为辅助计算对象，计算产品成本、步骤成本和批别成本。传统成本计算的目的是确定产品损益和企业损益，以反映企业的经营业绩。

因此，在生产环节（如车间、门店、项目范围内）将成本按经济用途分为制造成本和非制造成本，制造成本又按与特定成本计算对象（如产品、步骤、批别）的关系分为直接成本（能够直接确定成本计算对象的直接材料、直接人工、直接制造费用）和间接成本（由若干成本计算对象共同承担的共同性费用）。在成本计算时，直接成本直接计入该成本计算对象，间接成本需要按照某种标准在几个成本计算对象之间进行分配，最终形成各成本计算对象的成本。

间接费用分配虽然强调分配标准应与被分配费用具有关联关系，但往往采用单一的分配标准（如产品产量、人工工时、机器工时等）。因此，当间接费用包含若干项目而各个项目又具有不同行为特征时，必然会导致间接费用分配不合理，甚至扭曲成本信息。

9.1.2 决策有用性

决策有用性是指成本信息与企业经营决策的相关性，即成本信息有助于企业做出正确的经营决策。

案例 9-1 决策有用性的提出

甲公司有A、B、C三种主要产品。其中B产品是公司产量最高的产品，让CEO纳闷的是，竞争对手B类产品的价格总比甲公司的低。CEO疑惑道："不知为何，我们的竞争对手总可以压低B类产品的价格，让我们处于被动的局面。按理说，我们的生产效率未必比竞争对手低，而且我们刚上了一套计算机控制的制造系统。"

此外，C产品是公司获利的重要来源，"但从市场情况看，我们已经多次提高了C产品的价格，但客户依然络绎不绝！难道竞争对手对这个市场不感兴趣？"

整个市场让人感到迷惑：B产品产量大，价格却上不去；C产品的价格很高了，但好像还有提价的空间。

公司新上任的CFO通过数周的工作解开了这个谜：该公司的间接费用并不是按照A、B、C三种产品进行区分和归集，单独计算每种产品的直接费用和间接费用，而是把公司的生产部门整体当作成本中心来归集间接费用，每种产品负担的间接费用是基于公司整体的生产能力（即产量）平均分配的。由于公司按产量为标准分配间接成本，因而高估了产量高但工艺相对简单的 B 产品的成本，却大大低估了产量低但工艺相对复杂的 C 产品的成本。具体讲，工艺简单、产量高的 B 产品承担了过多的成本份额，而工艺复杂、产量低的 C 产品却没有承担应该承担的成本份额。

可见，当 A、B、C 三种产品的复杂程度、制造工艺等不相同时，采用平均分摊间接费用的方法是非常不合理的。CFO 强调："这就是问题所在！我们被扭曲的成本信息所误导，实际上是在用 C 产品的盈利来弥补 B 产品的亏损。公司在制定价格的过程中，依据了错误的成本信息！将 B 产品的价格定得偏高，而 C 产品的价格则偏低。这样一来，竞争对手总可以把 B 类产品的竞争价格压得很低；而由于 C 产品的成本估计偏低，竞争对手没有太多的盈利空间，所以不跟进，偏低的价格又使得 C 产品的市场销售异常火爆。"

CFO 建议："既然我们建立了 ERP 系统，完全有条件在更细致的层面上对产品成本进行归集，以得到更加准确的成本信息。"

可见，传统成本计算简单按产量分配间接成本破坏了成本信息的决策有用性，对间接成本分项目、按成本变动的原因（即成本动因）进行分配成为必然。

9.1.3 成本信息多元化与传统成本计算的缺陷

传统成本计算的基本目的是确定损益、对外报告。但随着管理由事后转向事前和事中，成本计算也由事后单一财务成本计算转向事前多维度管理成本规划。成本信息多元化要求：

（1）成本信息能够相对准确地确定期末存货的价值，从而有助于提供企业的财务状况信息；

（2）成本信息能够相对准确地确定已销售商品成本，从而有助于核定企业的期间损益；

（3）在企业按照不同需求层次组织多品种产品生产时，成本信息应有助于确定不同需求层次的产品价格、不同的产品价格以及某些特殊用户订货产品的价格；

（4）成本信息能够揭示成本变动的原因，有助于针对原因为进一步优化产品成本提供依据。

前述案例说明传统成本计算虽然可以满足前两点要求，但无法满足后两点要求，造成成本信息的扭曲甚至使成本信息完全丧失决策有用性，主要表现在：

（1）以企业为主体、以产品为对象反映企业整体业绩（尽管某些企业也以步骤或批别为对象，但最终目的是反映企业整体业绩），无法满足企业内部不同责任单元（如不同部门、不同过程、不同层次、不同工序和环节）多元化、对象化的管理要求。在竞争日趋激烈的今天，不仅要求企业更多地组织、协调产品生产，还要求企业内部不同单元、不同工序和环节紧密衔接和配合，这势必会发生更多的支持资源耗费，增加企业的间接成本。这一切都要求成本管理深入到作业层次，把企业工序和环节视为对最终产品提供服务的作业，把企业看成为最终满足顾客需要而设计的一系列作业的集合。以作业为基本对象计算成本就成为必然。

（2）在将间接成本计入最终产品（或服务）时采用单一的分配标准，（产量、销售量、人工工时、机器工时等）并假定间接成本的支出有助于产品生产。当企业的间接成本逐渐增加甚至超过直接成本的情况下，由于各个间接成本项目成本发生的动因不同，按任何单一分配标准（无论是产量、销售量，还是人工工时、机器工时等）进行分配，都会导致成本信息的扭曲。这种情况在现代制造业中已发生，并且伴随人工智能、区块链、大数据等的广泛运用会愈加明显。

（3）将间接成本按产量（或直接人工工时、机器工时等）分配给最终产品（或服务），必然会导致生产数量多的产品要负担较多的间接成本，生产数量少的产品则负担较少的间接成本。这种分配方式在间接成本随产量变动而变动的前提下是合适的。但在现代制造业中，产量只是引起间接成本变动的一个原因而不是唯一原因，甚至不再是主要原因，再简单按产量分配就不合适了。

于是，基于作业和成本动因而产生的作业成本法能够满足决策有用性的多元化要求，其广泛应用成为必然。

9.2 作业的确认与分类

9.2 即测即评

9.2.1 作业的确认

作业是汇集资源耗费、分配计算成本的对象。

从技术角度看，作业是企业生产经营过程中的各工序和环节；从管理角度看，作业是基于一定的目的、以人为主体、消耗一定资源的特定范围内的工作。作业应具备如下特征：

（1）作业是以人为主体的特定工作。例如教学中的“教”与“学”就是两项作业，“教”“学”相长才能完成某一特定课程的教学任务（对学生来说是学习任务）。当然，“教”又可以细分为备课、准备教义、讲授三项作业，“学”也可以细分为预习、听课、反思三项作业。这样，每一个行为人（学生或教师）都可以从各自进行的作业上思考如何提高效率、学有所得（教有所成）。又如传统冶金企业的炼铁、炼钢、轧钢是三项重要作业，尽管现代冶金企业的机械化、自动化甚至智能化的程度更高，炼铁、炼钢、轧钢仍然是基本作业，但人作为作业执行者的重要性更高了。

（2）作业消耗一定数量的特定资源。作业以人为主体，要消耗一定的人力资源；作业是人力作用于物的工作，因而也要消耗一定种类、一定数量的物质资源。例如，炼铁过程中要消耗铁矿石、焦炭、石灰石等原材料以及发生炼铁工人工资、高炉折旧等费用，生产出铁锭（或铁水）；炼钢过程中要消耗铁锭（或铁水）、废钢铁等原材料以及发生炼钢工人工资、转炉（或电炉）折旧、氧气、电能消耗等费用，生产出钢锭；轧钢过程中要消耗钢锭以及发生轧钢工人工资、轧机折旧、电力等，最终生产出钢板，带钢，线材以及各种型钢。在这一过程中，作业成本法要研究资源是如何被消耗的（即资源动因）。例如，在传统生产条件下，炼钢车间生产的钢锭冷却后运到轧钢车间，再经过加热才能轧制钢材。在冷却和再加热（资源被消耗的原因，即资源动因）过程中，能源和时间被浪费，增加了成本。采用连铸连轧工艺时，把液态钢倒入连铸机中铸造出钢坯（称为连铸坯），不经过冷却，在均热炉中保温一定时间后直接进入热连轧机组中将钢铁轧制成型。这种连轧简化了制作工艺、提高了金属收得率、节约了能源、提升了连铸坯的质量、减少了环境污染。

（3）区分不同作业的标志是作业目的。企业生产经营过程按照每一部分工作的特定目的可以分为若干作业，每个作业负责该作业职权范围内的工作，这些作业互补并且互斥，共同构成完整的生产经营过程。如采购作业不同于销售作业，其目的是为生产（或销售）提供原材料（或商品）。而采购作业内部包括若干项具体作业：有人负责与供应商建立固定联系，有人负责处理款项结算与材料交接，有人负责材料运输等。之所以把上述作业确定为一项作业是因为同属于采购活动，有共同的目的，是作业中心下属的作业。

（4）对于任何企业而言，作业按价值贡献可以分为增值作业（增值作业可以进一步分为低增值作业和高增值作业）和不增值作业。虽然不增值作业也消耗资源，但其消耗不是有效消耗，对制造产品本身并无直接贡献。如企业内部材料、半成品、产成品的搬运作业，以搬运数量和搬运距离为动因消耗资源，作业成本法认为这种搬运作业属于不增值作业，可以采用缩短搬运距离的方式逐步予以消除。

从上述分析中可以看出，作业作为成本计算对象，不仅有利于相对准确地计算产品（或服务）成本，还有利于成本的考核分析和降低成本。既然作业吸纳了资源，那么搞清作业状况就搞清了资源耗费状况，减少作业就减少了资源消耗，这就为降低产品成本提供了基本依据。

9.2.2 作业的分类

1. 按是否增加价值区分作业

区分作业最基本的方法是按是否增加价值分为增值作业和不增值作业，其中增值作业是指能给顾客带来附加价值的作业，而不增值作业是指不能给顾客带来附加价值的作业。例如车间领用钢材 10 吨，其中 6 吨经过加工形成产品对外销售，另外4吨退回仓库。此时，6吨钢材的领用就是增值作业，而4吨钢材的领退就是不增值作业。作业管理的目的之一是保留增值作业，减少和消除不增值作业。

增值作业按作业的增值效率进一步分为低增值作业和高增值作业。相对来说，低增值作业具有改善的必要性和急迫性，高增值作业在短期内不必急于改善。例如，某企业对外销售的产品是用自营车队运输的，由于车辆空驶返回，利用率只有50%，此时的车辆使用属于低增值作业；如果将自营车辆卖掉，将这笔资金用于生产，对外销售的产品由社会上的运输公司运输，即使单程运输费用比自营贵30%，但总体依然比自营节约20%，此时，外包就属于高增值作业。

低增值作业是否一定要被消减呢？例如，员工培训对产品制造而言是不增值作业，但对企业长期的战略发展具有重要意义，不具有消减的余地，应该与其他可以直接消减的不增值作业进行区分。

2. 按与产品联系的紧密程度区分作业

为满足多层次管理的需要，作业还可以按与产品联系的紧密程度分为以下四类：

（1）产品单位层次的作业，即能使单位产品受益的作业。这种作业的成本往往与产品的产量或销售量成比例变动，例如机器的折旧等。

（2）产品批量层次的作业，即能使一批产品受益的作业。这种作业的成本往往与产品的批别成比例变动，例如对每批产品的检验、机器准备、原材料处理、批量采购、设备调试、订单处理等。

（3）产品种类层次的作业，即能使某种产品的每个单位都受益的作业。这种作业的成本与产品的产量或批次无关，但与产品项目成正比例变动，例如产品设计开发、生产流程确定、对产品编制数控规划及材料清单等。

（4）产品工序层次的作业，也叫过程作业，是为制造产品和提供服务做出贡献，但与产品或服务的数量无关的作业成本。

前三个层次的作业成本向最终成本对象的归集，是由其所处的层次决定的。因此，认识作业的层次也是作业成本计算的一个基本要求。

此外，许多学者对作业做了不同的分类：特尼教授将小型公司的作业分为成本目标作业和维持性作业；詹姆斯·A. 布林逊将作业分为重复性作业和不重复作业、一级作业和二级作业、必需的作业和酌量性作业；杰弗·米勒和汤姆·沃尔曼则将作业分为逻辑性作业、平衡性作业、质量作业、变化作业。

9.2.3 作业确认与分类的作用

作业成本法是集成本计算与成本管理为一体的成本管理方法，其最终目的是提高成本信息的决策有用性。在作业成本计算中，作业的确认和分类是一个非常基础和重要的环节：

（1）区分增值作业和不增值作业，通过消除不增值作业以使不增值作业成本为零。

（2）引入效率与效果，促使低增值作业向高增值作业转换，将低增值作业成本降到最低。

（3）确定成本动因和资源动因，发现成本有效控制的路径和方法。

（4）根除由不合理假设与错误的成本分配造成成本信息的扭曲，提高成本信息的决策有用性。

9.3 成本动因

所谓成本动因，是指导致成本变动的原因。从影响层次划分，成本动因可分为作业性成本动因和战略性成本动因。

9.3 即测即评

9.3.1 作业性成本动因

作业性成本动因是指在微观战术层面上导致某一特定作业成本变动的原因。传统上往往把业务量（如产量、销售量）看作成本变动的原因甚至是唯一原因，至少认为它对成本分配起着决定性的作用，而忽略其他因素（动因）。

然而，业务量并不是驱动成本的唯一因素。例如，在企业成本管理中，可以通过实现适度经营规模来有效地控制成本，因为通常较大规模比较小规模更有利于降低单位产品成本。再如，采购费用支出不单纯受采购数量制约，还与采购次数有关，大量采购能降低单位采购成本；营销费用支出不单纯受销售量制约，还与销售批次有关，大量销售能降低单位产品负担的营销费用。对这类问题，若能分析出各动因（自变量）与成本（因变量）之间的关系，建立起成本函数的具体模型，就可以进一步运用数学方法确定最优经济规模。最优订货批量决策模型就是一个具体例子。

不同作业有不同的成本动因，确定成本动因时应注意以下两点：

（1）成本动因的选择不必求全，但应该找到最重要的、与主要成本相关的关键因子。试图找出与所有成本耗用均相关的成本动因往往是不可能的，因为在一个独立的作业中，不可能所有的耗费都与同一个成本动因成正比。正确的做法是先选择出相对独立的、对产品的形成影响较大的主要作业，然后再确定作业中与主要的成本消耗相关性较大的成本动因。

（2）成本动因的选择采取多元化的方式，并注意与传统成本核算相结合。事实上，在将更多的间接成本直接化的过程中，作业成本法往往是在解决传统成本计算方法存在问题的基础上对传统成本计算方法的发展，有助于提高成本核算的准确性和合理性。

案例9-2　决策有用性的应用①

波特兰电力公司（PPC）为公用事业公司，公司开单部为两类主要客户——居民账户和商业账户提供账户查询和账单打印服务。目前有120 000个居民账户和20 000个商业账户。

现有两个因素影响公司获利：一是行业竞争加剧，收费降低，要想获利必须降低成本；二是市场规模扩大，预计居民账户上升50%，商业账户上升10%。

但公司目前正在满负荷运转，要获得更多的盈利需有良策应对。

良策一：通过投资，扩大规模，增加利润。

良策二：通过外包，调整品种，增加利润。

现有某地方劳务局愿按每户3.5美元的价格（不分客户类型）接受PPC公司的客户并为客户提供账户查询和账单打印服务。

PPC公司经分析认为，通过投资扩大规模有两个不确定因素：一是增加的市场规模使本公司所占份额的提升，能否达到规模经济的要求；二是增加的产能能否达到保本点的要求。因而公司决定通过外包调整品种、增加利润。

PPC公司对两类客户的自营单位成本按查询次数为分配标准进行了测试（见图9-1）和计算，结果如表9-1所示。

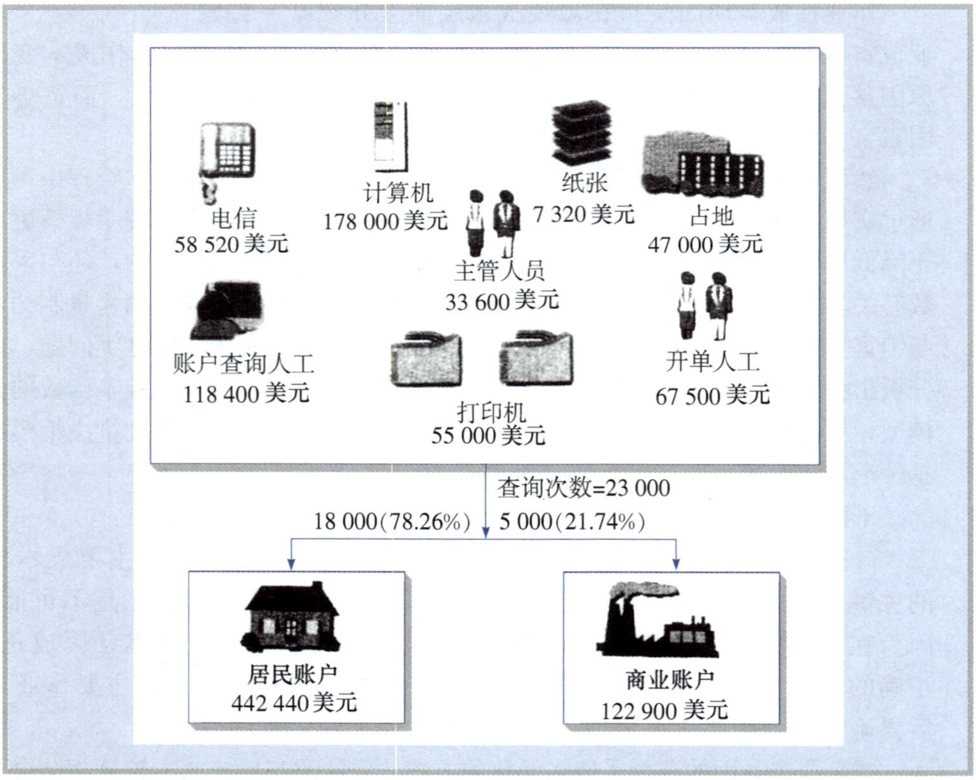

图9-1　两类客户自营单位成本测试

① 查尔斯·T.亨格伦，格里·L.桑顿，威廉姆·斯特尔顿．管理会计教程：第10版．北京：华夏出版社，1999.

表9-1 以查询次数为分配标准进行的客户单位成本计算 单位：美元

	成本/查询 (442 440+122 900)/23 000 (1)	查询 (2)	总成本 (1)×(2)	账户 (3)	成本/账户 (1)×(2)÷(3)
居民账户	24.58	18 000	442 440	120 000	3.69
商业账户	24.58	5 000	122 900	20 000	6.15

但管理层认为上述计算结果存在问题。一是按此结果进行决策，由于两类客户的自营单位成本均高于地方劳务局的出价，因而将两类客户全部移交给地方劳务局将使公司获得最大利益，但公司经营将空心化；二是由于业务的复杂性，商业账户实际消耗的支持资源远远高于21.74%。如商业账户平均每张账单50行，而居民账户平均每张账单只有12行。

因此，管理当局认为应采用作业成本法提高成本信息的决策有用性。

首先，管理层为开单部确定了四项作业，并确定了相关成本动因（见表9-2）。

表9-2 作业及相关成本动因

作业	成本动因
账户开单	行数
单据审核	账户数
账户查询	人工小时数
通信	发信数量

所谓成本动因，是指导致成本变动的原因。应强调的是，成本动因按两个标准选择：

(1) 成本动因与资源消耗及（或）支持业务之间必须具有合理的因果关系。

(2) 有关成本动因的数据必须是可获得的。

其次，制作一个描述作业流程、资源及其相互关系的流程图（见图9-2）。

再次，收集关于成本和成本动因在资源和作业实物流动中的相关数据。

各作业成本收集情况如图9-3所示（其中只对商业账户进行单据审核）。每一作业所收集的成本数据包括可追溯成本和成本动因的实物流量。图9-3显示，账户开单作业的可追溯成本为235 777美元，包括打印机成本（55 000美元）和支持开单活动的其他资源成本（纸张、占地、计算机、开单人工）。图9-3中可追溯成本总额为565 340美元（205 332+35 384+235 777+88 847），等于图9-1中的间接成本总额。

最后，通过对成本的重分类和计算，形成作业成本计算研究的关键结果（见表9-3和表9-4）。

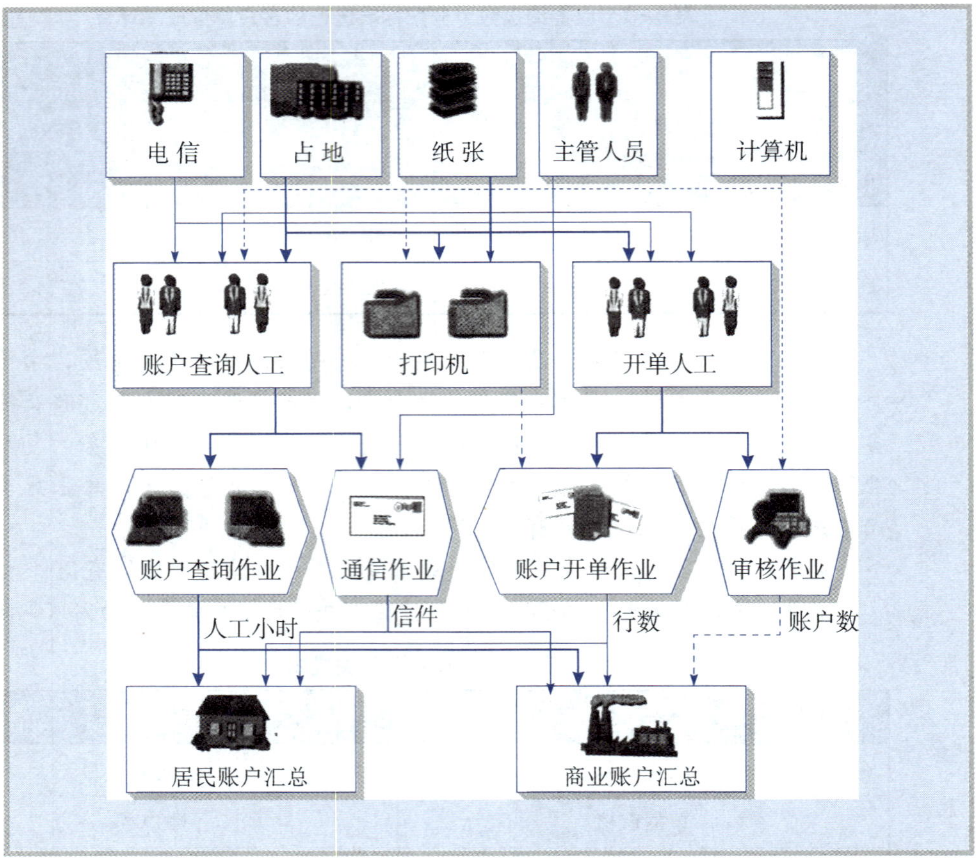

图9-2 作业流程、资源及其相互关系流程图

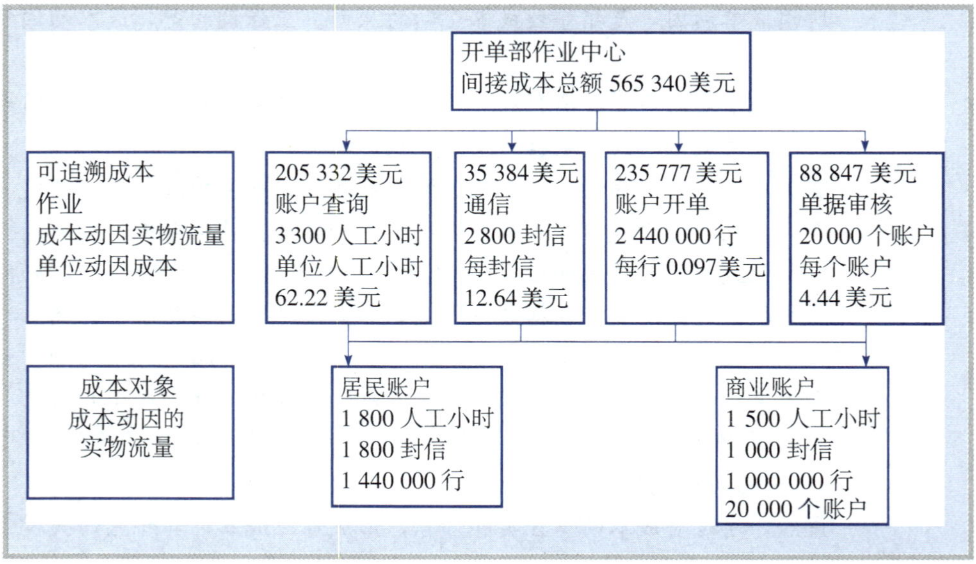

图9-3 各作业成本收集情况

表 9-3　成本重分类和成本计算

成本动因 作业/资源（动因量）	可追溯成本 （美元）	成本动因 总实物流量	单位动因成本 （美元）
账户查询（人工小时）	205 332	3 300	62.22
通信（信件）	35 384	2 800	12.64
账户开单（行数）	235 777	2 440 000	0.097
单据审核（账户）	88 847	20 000	4.44

表 9-4　不同成本计算结果比较

项目	单位动因成本（美元）	居民账户		商业账户	
		成本动因实物流量	成本（美元）	成本动因实物流量	成本（美元）
账户查询（人工小时）	62.22	1 800	111 996	1 500	93 336
通信（信件）	12.64	1 800	22 752	1 000	12 632
账户开单（行数）	0.097	1 440 000	139 680	1 000 000	96 097
单据审核（账户）	4.44	0		20 000	88 847
成本总额			274 428		290 912
账户数量			120 000		20 000
单位账户成本			2.29		14.55
传统单位账户成本			3.69		6.15

从表 9-3 和表 9-4 的计算结果中可以看出，居民账户单位账户成本 2.29 美元比传统单位账户成本 3.69 美元低 1.4 美元，而商业账户单位账户成本 14.55 美元比传统单位账户成本 6.15 美元高 8.4 美元。管理层认为，传统方法低估商业账户成本的想法得到了证实。

可见，作业成本计算法纠正了由于不合理假设与错误分配造成的成本扭曲，使得收入与成本能够更好地配比，所提供的信息能够更好地对其产品和服务进行定价。

9.3.2　战略性成本动因

战略性成本动因是指在宏观战略层面上对企业成本产生影响的因素，具有以下特点：（1）与企业的战略密切相连。（2）对成本的影响更长期、更持久、更深远。（3）与作业性成本动因相比，其形成与改变都较为困难。

1. 结构性成本动因

结构性成本动因是指决定企业基础结构（如规模、地理位置等）的成本动因。其形成往往需要较长时间，而且一旦确定就很难变动；同时，这些因素往往发生在生产开始之前。

（1）规模。是指一个企业的产品（或服务）生产能力（通常用生产数量表示）。当一个企业生产规模扩大时，因生产效率提高或固定成本分摊于较大规模的业务量将使单位成本降低，从而形成规模经济。规模经济对企业生产成本的作用主要表现在：1）规模经济使企业可以不同的方式或更高的效率进行更大范围的价值活动。2）规模经济的更大销售量增强了分摊无形成本如广告费用和科研费用的能力。3）规模经济使得支持企业生产经营所需要的基础设施或间接费用的增长低于企业规模扩大的速度。

（2）整合程度。规模经济与同一产业内的竞争相关联，而整合程度是指纵向一体化的程度。整合是企业为了使业务更广泛、更直接，而从本企业业务活动的两端向外的延伸，向前延伸到供应商（甚至是供应商的供应商），向后延伸到销售商（甚至是销售商的顾客）。整合程度的提高带来效率的提高或成本的降低：1）可避免使用市场所带来的交易成本，如采购费用和销售费用。2）把供应商或销售商的利润转移到企业，使企业获得更多的附加值。3）可使企业减少对供应商或销售商的依赖程度，确保材料供求和产品市场的稳定。4）可以带来联合作业的经济性，例如直接将铁水从炼铁车间（而非炼铁厂）用铁水包直接运送到炼钢车间，省略了重新加热环节。5）可能带来各种无形资源的积累。包括直接面向消费者的情报、售后服务的各方面情报、支配力和影响力的确立、技术知识的积蓄等。6）建立专卖店及送货政策，可以减少假冒伪劣商品对企业的冲击。

（3）学习与溢出。企业价值活动可以通过学习来提高效率从而降低成本：1）随着时间的推移用户反馈对企业的促进作用，表现为根据市场反应改善产品设计、提高优质品率等。2）通过改善厂房布置、生产排程、作业进度来降低成本。3）通过工人活动量的累积提高劳动熟练程度。4）通过向同业和外部专家学习不断改善生产技术水平和管理水平。

（4）地理位置。企业所处的地理位置可以通过若干种方式影响成本：1）工资水平和税率在不同国家、不同城市存在差异，从而影响企业的工资成本和纳税支出。2）企业所处环境的交通便利程度及可利用基础设施的状况都会影响企业的生产经营成本。3）气候、文化、观念等人文环境，不仅会影响产品的需求，而且会影响企业经营的观念和方式。4）地理位置可能在很大程度上决定人才的流入或流出。企业如果处于拥有优越的生活环境、良好的文化氛围和较高的生活水平和创新能力的城市（如北京、上海、深圳、杭州等），往往能吸引更多和更高水平的人才。5）地理位置对营运成本也有重要影响，离能源和原材料供应商的远近会影响订货成本，而离买方的远近会影响促销成本和销售成本（如运费）。

地理位置对几乎所有价值活动成本均有影响，企业在进行厂址（或店址）的选择、工业或商业的布局时应慎重行事。

（5）技术。技术是影响企业成本的又一重要因素，技术包含于企业的每一价值活动中，任何企业生产都涉及大量技术，它对成本产生重要的影响：一方面，它可以独立于其他成本动因作用于成本；另一方面，它可以通过改变或影响其他成本动因间接地影响成本。只有那些能使企业保持成本领先地位的技术变革才能带来持久的成本优势。

2. 执行性成本动因

执行性成本动因是指决定企业作业程序的成本动因，它是在结构性成本动因确定以后才成立的。

（1）生产能力运用模式。生产能力运用模式是指生产能力的利用效率和运用方式，主要通过固定成本影响企业的成本水平。当企业的生产能力利用率提高、产量上升时，单位产品所分担的固定成本相对较少，从而使企业的单位成本降低。对于固定成本占比较大的企业而言，生产能力运用模式将使单位成本明显下降。例如，一个企业在正常条件下一天开 1 个工作班次，工作时间为 8 小时，甲产品最大年产量为 8 000 件。如果该企业甲产品预计年销售量在 8 000～13 000 件之间，应如何安排生产能力？如果甲产品市场需求增加到 15 000 件，在年产量为 8 000 件时通过改变生产能力运用模式（即一天安排 2 个工作班次）比通过投资提升年产量到 15 000 件更合理和有效。

（2）联系。所谓联系，是指各种价值活动之间的关联关系，这种关联关系可分为两类：一类是企业内部联系；另一类是企业与供应商（上游）、客户（下游）间的垂直联系。

1）企业内部联系。企业内部各种价值活动之间的联系遍布整条价值链。例如，采购、生产、销售之间的联系；生产作业和内部后勤之间的联系；广告宣传和直接上门推销之间的联系；品质控制和售后服务之间的联系。针对相互联系的活动，企业可以采取协调和最优化两种策略来提高效率或降低成本。所谓协调，是指通过改善企业内部各车间、各部门之间的关系，使各项活动配合融洽，信息沟通充分，从而使整体作业效率最高。例如，改善生产和采购协调可以降低库存和库存成本。最优化则是通过工作流程的重整和工作品质的提高，提高工作效率，进而降低成本。

2）垂直联系。垂直联系反映的是企业活动与供应商、销售渠道之间的相互依存关系，这些联系会影响企业的成本结构和成本水平。

（3）全面质量管理。全面质量管理强调质量管理的范围应是全过程的质量控制，每名员工都要承担质量责任。全面质量管理的宗旨是以最低的质量成本获得最优的产品质量。最低的质量成本可以在产品缺陷为零时达到，因为对错误的纠正成本是递减的，所以总成本会保持下降的趋势，直至差错被消除。对于质量成本较高的企业来说，全面质量管理是一个重要的成本动因，能给企业带来降低成本的重大机会。

（4）员工对企业的向心力。企业的生产活动和管理活动是众多员工个人行动的总和，每名员工都与成本直接相关。员工向心力对成本的影响主要有两个方面：一是显性的成本，例如物耗高、设备利用率低、废品率高；二是隐性的成本，例如人员不团结，员工情绪低落、对企业漠不关心。

9.4 作业成本计算

9.4 即测即评

案例 9.1 提出了决策有用性问题（即传统成本计算方法中

对间接成本按单一标准分配的缺陷)，案例9.2则提出了解决决策有用性问题的方法（即按成本动因将更多的间接成本转为直接成本，以减少成本分配误差和成本信息扭曲)，本节对作业成本法在企业的完整应用进行系统阐述。

9.4.1 作业成本计算的基本步骤

作业成本法的理论基础是“成本驱动因素”理论：生产经营导致作业发生，作业消耗资源形成作业成本，产品消耗作业形成产品成本 。于是，作业成本法认为，企业的全部生产经营活动是由一系列相互关联的作业组成的，企业进行每一项作业都要耗用一定种类和一定数量的资源，企业生产的产品（或服务）需要通过一系列相互关联的作业来完成。因此，产品成本就是企业为生产该产品的全部作业所消耗资源的总和。

作业成本计算的基本步骤如下：

（1）确认和识别作业。作业是企业生产经营中以人为主体的最小管理单元，因此，一般企业是在设置制造中心、作业中心后确认和识别具体作业的。例如，某制笔厂按产品大类设置铅笔、钢笔、圆珠笔三个制造中心（同时也是三个生产车间)，在铅笔制造中心内按照笔芯中石墨的分量设置H、HB、B三大作业中心，在每一作业中心内按铅笔的构成设置铅笔芯、铅笔帽和铅笔杆三个作业。当然，根据管理需要还可以对作业进一步细分，如铅笔帽按制作工艺分为制模、胶印、组装三个工序（即作业)。作业的确认和识别具有灵活性，可粗可细，主要考虑生产特点和管理需要。但应该选出相对独立的、对产品的形成影响较大的主要作业，并确定与作业主要成本消耗相关性较大的成本动因。作业确认后，一般不得轻易发生变动。

（2）将各种资源耗费归集、分配到相同性质的作业成本库中。产品生产过程中的资源耗费首先按制造中心进行归集（如分别归集到铅笔、钢笔、圆珠笔三个制造中心)，然后将归集到各制造中心（如铅笔制造中心）的资源耗费分配、归集到各作业中心成本库（如HB铅笔作业中心成本库）按资源类别设立的资源库（如木材、黏土、石墨、聚酯材料、人工、动力、设备折旧等）中，将归集到各作业中心成本库中的资源耗费再分配、归集到生产作业成本库（如铅笔芯生产）按资源类别设立的资源库（如黏土、石墨、人工、动力、设备折旧等）中，以此类推。于是，可以从资源耗费的最初形态上把握各种资源归集到作业中心、各作业的状况。

这样在对资源库的资源耗费进行分配时，面临的是已确定的作业种类。我们为每一项作业设立一个成本库，该成本计算步骤就演化为如何将资源库的资源耗费结转到作业库这一具体分配问题。解决这一分配问题的基本规则是：作业量的多少决定着资源的耗用量（资源耗用量的高低与最终产出量没有直接关系)。这种资源量与作业量的关系称为资源动因。可见，所谓资源动因，是指资源被各作业消耗的方式和原因。资源动因反映了作业对资源的消耗状况，因而是把资源耗费价值分解到各作业的依据。

确立资源动因的原则是：1）某一项资源耗费能直观地确定为某一特定产品

所消耗，则直接计入该特定产品成本，此时资源动因也是作业动因，材料费用的分配往往适用于该原则。2）如果某项资源耗费可以从发生领域划为各作业所耗费，则可以直接计入各作业成本库，此时资源动因可以认为是“作业专属耗费”。当各作业本身发生的办公费、各作业按实付工资额核定应负担工资费时适用这一原则。3）如果某项资源耗费在最初消耗时呈混合耗费形态，则需要选择合适的量化依据将资源分解并分配给各作业，这个量化依据就是资源动因，如动力费一般按各作业实际使用的千瓦时数分配等。

在成本分配过程中，各资源库的资源耗费价值要根据资源动因逐项分配到各作业库中。将分配至每个作业库的各种资源要素价值相加就形成了作业成本库价值。

（3）选择科学、合理的成本动因作为成本分配率（即单位作业成本）的基准。成本动因是指导致成本变动的原因，而每一项成本变动的原因是不一样的。例如，导致计时工资变动的原因是工作小时和小时工资率，导致计件工资变动的原因是计件数量和计件单价。选择成本动因既要考虑成本动因资料是否易于获得，又要考虑成本动因和消耗资源之间的相关程度，相关程度越高则成本被歪曲的可能性就越小。

（4）计算作业成本库的成本分配率。将该作业成本库归集的费用除以该作业的数量，即可计算成本分配率（即单位作业成本）。

（5）计算成本计算对象（如产品或服务）的成本。与传统成本计算一样，作业成本法为制造中心投产的每一种（或批）产品设立成本计算单，成本计算单中按该产品生产所涉及的作业种类设立作业成本项目。这样，该成本计算步骤就是要把各作业成本库的价值结转到各产品成本计算单上，成本计算的规则是：产出量的多少决定作业的耗用量。这种作业消耗量与产出量之间的关系称为作业动因。所谓作业动因，是指各个作业被最终产品或服务消耗的方式和原因。

可见，作业动因是将作业库成本分配到产品或服务的标准，也是将作业耗费与最终产出相连接的中介。既然作业是依据作业动因确认的，那么就每一项作业而言，成本计算就简单了。如订单作业是一种批别动因作业，只需将该作业成本除以当期订单份数即可得到分配率；将此分配率乘以某批产品所用订单份数即可得到应计入该批产品成本计算单中“订单”这个成本项目的价值。

最终，把作业库归集的成本按每一成本计算对象（如产品或服务）使用作业的数量分配到成本计算对象（如产品或服务）上去，形成成本计算对象（如产品或服务）的成本。如果成本计算对象是产品，则

$$产品成本=\sum(作业\times 该作业的数量\times 该作业的单位作业成本)$$

9.4.2 作业成本计算体系

在作业成本计算法下，资源耗费的价值通过作业、作业中心、制造中心逐级确认，归集到产品上，最终形成产品成本（如图9-4所示）的过程中，作业中心和制造中心起到了归集、分配的桥梁作用。

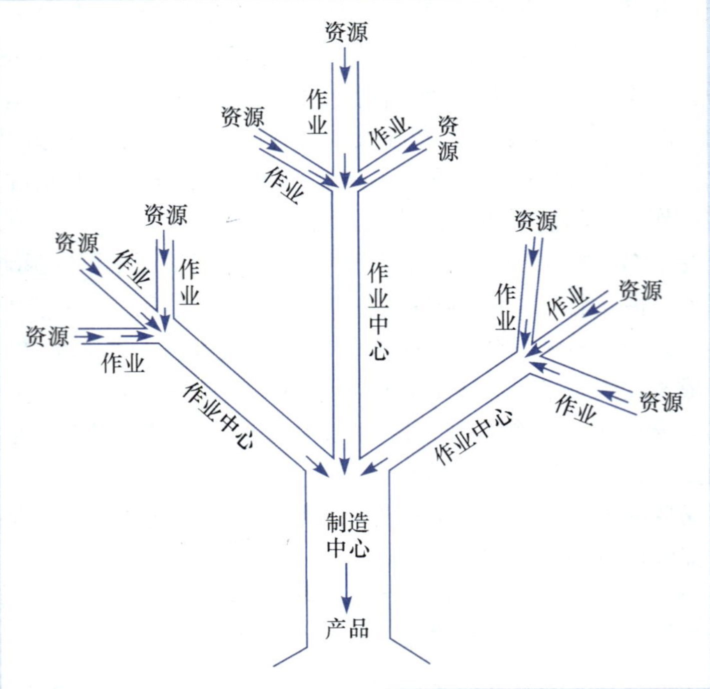

图 9-4 作业成本计算体系

1. 作业中心

作业中心是负责完成一项特定产品制造功能的一系列作业的集合。传统制造企业的采购、生产和销售三大环节，从作业成本计算的角度看都可以称为作业中心。当然，一级作业中心（如生产作业中心）可以细分若干二级作业中心（如冶金企业的炼铁、炼钢、轧钢车间），甚至再细分若干三级作业中心（如钳工车间下设的车、铣、刨、铣、磨）。作业中心是相同或相似工作的分类，例如车工车制零部件的工作称为作业中心，车工车制不同种类的零部件称为作业。设置作业中心，一是为了寻找相同或相似工作的共性和规律，提供管理效率；二是方便对资源耗费价值进行归集，正确计算资源成本。

2. 制造中心

制造中心是指能够独立完成一种产品或一个系族多种产品生产的中心，由一系列作业中心集合而成。一般一个大型制造企业可以划分为若干制造中心，划分制造中心的依据是各制造中心只生产一种产品或一个系族多种产品。如制笔厂按照产品类别，可以划分为铅笔、钢笔、圆珠笔等制造中心；机床生产厂可以按照机床种类划分制造中心（车床生产中心、铣床生产中心、刨床生产中心、铣床生产中心、磨床生产中心等）；纺织总厂可以划分为纺纱、织布、印染等制造中心。制造中心的产品是相对于该制造中心而言的（即该阶段的完工产品，如纱锭），未必是企业的最终产品（即完成全部加工的产成品，如花布）。此时，这些制造中心前后相接，共同构成完整的制造过程，前一个制造中心只是为后一个制造中心生产可供进一步加工的半成品而已。

由某制造中心生产同一系族的产品往往更加合理、有效。所谓同一系族产品，是指生产工艺相似、制造手段一致而产品结构和用途又有明显差别的各种产品。如制笔厂的圆珠笔制造中心，其所生产的圆珠笔可以认为是同一系族产品。该制造中心又包含笔壳和笔芯两个作业中心。按照作业成本计算理论，要计算各种圆珠笔的成本，就要在该制造中心追踪由这两个作业中心生产组合形成的每一型号圆珠笔的生产状况，进而计算产品成本。

9.4.3 作业成本计算举例

1. 资料

某服装厂现有定编员工 50 人，按缝纫、平整两个中心组织生产。缝纫中心每月可提供 4 000 机时，平整中心每月可提供 2 000 机时。

假设该厂生产规划作业资料如表 9-5 至表 9-8 所示。

表 9-5 本月生产作业规划

产品批别	名称	件数（件）	单位材料（主料）定额（元）	需用工时定额（工时）		完工状况
				缝纫	平整	
001	衬衣	4 000	40	1	0.5	本月完工 3 000 件
002	纯毛大衣	10	500	6	3	本月完工

表 9-6 本月资源耗费计算表

资源项目	材料		工资费	动力费	折旧费	办公费	合计
	主料	辅料					
金额（元）	170 000	10 000	40 000	7 000	50 000	18 000	295 000

表 9-7 主要参数及专属费用表

参数或费用	订单	生产规划	采购	剪裁	缝纫	平整	生产协调	厂部	编外	合计
人员定编（人）	4	6	3	2	10	8	7	8	2	50
耗电度数（度）	400	1 000	100	1 000	2 500	3 000	500	1 500		10 000
001 批未完工状态（件）					200	800				1 000
未完工产品本作业完工率（%）					0	0				
折旧费（元）	2 000	5 000	1 000	5 000	14 000	10 000	6 000	7 000		50 000
办公费（元）	3 000	3 000	2 000	1 000	500	500	2 500	5 500		18 000
材料费	本月实耗主料 170 000 元；实耗辅料 10 000 元，其中，专属 001 批 9 500 元，专属 002 批 500 元									

表 9-8　作业衡量参数表（作业动因量化表）

作业名称	量化单位（作业动因）	衡量参数	产品消耗		
			001 批	002 批	其他批
订单	订单份数	40	1	1	38
生产规划	规划次数	30	1	1	28
采购	采购次数	82	80	2	0
剪裁	剪裁次数	82	80	2	0
缝纫	缝纫工时（定额）	3 860	3 800	60	0
平整	平整工时（定额）	1 530	1 500	30	0
生产协调	协调次数	50	30	20	0
厂部	价值				

2. 用作业成本法计算产品成本

（1）将本月资源耗费分别计入各资源户。即将本月所耗各类资源（材料费180 000元，动力费7 000元，工资费40 000元，折旧费50 000元，办公费18 000元）分别计入各资源户。

（2）将各资源户归集的价值按资源动因分配计入各作业户。

1）材料费用的分配。由于材料直接用于特定产品，因而按各产品定额耗费价值计入各产品成本户，材料费用超定额差异计入期间费用。分配计算表如表 9-9 所示。

表 9-9　材料费用分配计算表　　单位：元

资源项目 作业户	材料费用	
	主料	辅料
生产成本——001 ——002 期间费用	40×4 000=160 000 500×10=5 000 170 000−165 000=5 000	9 500 500
合计	170 000	10 000

2）其他费用的分配。其他费用按资源动因分配计入各作业户，其中，动力费按各单位耗电度数分配计算，工资费按各作业人员数分配计算，折旧费、办公费按前述表中所列专属费用计算。分配计算表如表 9-10 所示。

表 9-10　其他资源耗费分配计算表　　单位：元

资源项目	总耗费额	分配率	订单	生产规划	采购	剪裁	缝纫	平整	生产协调	厂部	期间费用
工资费	40 000	800 元/人	3 200	4 800	2 400	1 600	8 000	6 400	5 600	6 400	1 600
动力费	7 000	0.7 元/度	280	700	70	700	1 750	2 100	350	1 050	0
折旧费	50 000	专属	2 000	5 000	1 000	5 000	14 000	10 000	6 000	7 000	
办公费	18 000	专属	3 000	3 000	2 000	1 000	500	500	2 500	5 500	
合计	115 000		8 480	13 500	5 470	8 300	24 250	19 000	14 450	19 950	1 600

在表 9-10 中，工资费按定编人员数分配是假定每人工资一样，由于该厂有两名编外人员，作业成本计算法认为这两人工资费用系非增值资源耗费，故应计入期间费用，而不计入产品成本。其他资源耗费如有类似情况也应类似处理。

（3）将各作业汇集费用分配计入各批别产品的成本户。

1）订单作业。订单作业的作业动因是订单份数，本月该作业争取到 40 份订单，则每份订单取得成本为：

每份订单成本＝8 480÷40＝212(元/份)

于是记入“生产成本——001”的费用为 212 元（212×1），记入“生产成本——002”的费用为 212 元（212×1），记入“生产成本——其他批别”的费用为 8 056 元（212×38）。

生产规划作业、采购作业、剪裁作业、生产协调作业均可比照订单作业的原理计算和分配有关费用。

2）缝纫作业。由于在做生产规划时，为每批产品确定了单件产品缝纫工时定额，因此，应按此定额确定各批产品实耗工时数。

001 批产品在缝纫作业有 200 件未完工，且完全未经缝纫作业处理，共耗工时数为：

(4 000－200)×1＝3 800(工时)

002 批产品全部经由该作业处理，共耗用工时数为：

10×6＝60(工时)

由于该作业实际生产能力为 4 000 工时，有理由认为有 140 工时（4 000－3 800－60）是未使用资源耗费工时。则

分配率＝24 250÷4 000＝6.062 5

应计入 001 批产品的成本＝3 800×6.062 5＝23 037.5(元)

应计入 002 批产品的成本＝60×6.062 5＝363.75(元)

应计入期间费用的成本＝140×6.062 5＝848.75(元)

3）平整作业。同样，平整作业也是该服装厂的主要作业，生产规划部门为每批产品设定了单件工时定额。

001 批产品定额消耗工时＝(4 000－200－800)×0.5＝1 500(工时)

002 批产品定额消耗工时＝10×3＝30(工时)

平整中心可供工时为 2 000 工时，未使用工时为 470 工时（2 000－1 500－30），则

分配率＝19 000÷2 000＝9.5

应计入 001 批产品的成本＝9.5×1 500＝14 250(元)

应计入 002 批产品的成本＝30×9.5＝285(元)

应计入期间费用的成本＝470×9.5＝4 465(元)

4）厂部作业。厂部作为一项作业进行的是价值管理，其职能是对可控范围内的费用开支负责。对于本厂所产产品而言，已纳入生产规划的定额材料费用投入可认为是厂部不可控费用，其他费用均可认为是可控费用，其价值投入均与厂部管理有关。根据前面的计算，每批产品成本和期间费用厂部可控部分分别为：

001 批产品成本＝212＋450＋5 336.59＋8 097.56＋23 037.5＋14 250＋8 670
＝60 053.65(元)

002 批产品成本＝212＋450＋133.41＋202.44＋363.75＋285＋5 780
＝7 426.6(元)

其他批别产品成本＝8 056＋12 600＝20 656(元)

期间费用＝5 000＋848.75＋4 465＋1 600＝11 913.75(元)

厂部费用分配率＝19 950÷(60 053.65＋7 426.6＋20 656＋11 913.75)
＝0.199 4

于是：

应计入 001 批产品成本的厂部费用＝0.199 4×60 053.65＝11 974.7(元)

应计入 002 批产品成本的厂部费用＝0.199 4×7 426.6＝1 480.87(元)

应计入其他批产品成本的厂部费用＝0.199 4×20 656＝4 118.81(元)

应计入期间费用的厂部费用＝19 950－11 974.7－1 480.87－4 118.81
＝2 375.62(元)

（4）列示各批别产品及期间费用成本计算单。根据上述计算，各批别产品的成本项目按作业列示，列示成本计算单如表 9－11 所示。

表 9－11　成本计算单　　单位：元

项目	材料		订单	生产规划	采购	剪裁	缝纫	平整	生产协调	厂部	其他	合计
	主料	辅料										
001 批	160 000	9 500	212	450	5 336.59	8 097.56	23 037.5	14 250	8 670	11 974.7		241 528.35
002 批	5 000	500	212	450	133.41	202.44	363.75	285	5 780	1 480.87		14 407.47
其他批			8 056	12 600						4 118.81		24 774.81
期间费用	5 000						848.75	4 465		2 375.62	1 600	14 289.37
合计	170 000	10 000	8 480	13 500	5 470	8 300	24 250	19 000	14 450	19 950	1 600	295 000

（5）期末将成本在在产品与完工产品之间进行分配，计算产成品成本。

1）001 批产品。001 批产品本月没有全部完工，按照表 9－7 资料，有 200 件产品滞留缝纫作业，且未经缝纫作业；有 800 件产品滞留平整作业，也未经平整作业。据此，不考虑材料投入，有 4 000 件产品经由订单、生产规划、采购、剪裁作业；有 3 800 件产品经由缝纫作业；有 3 000 件产品经由平整、生产协调作业。

完工3 000件产品作业成本 $=(212+450+5\ 336.59+8\ 097.56)\times3\ 000\div4\ 000$

$+23\ 037.5\times3\ 000\div3\ 800$

$+(14\ 250+8\ 670)\times3\ 000\div3\ 000$

$=51\ 679.61$(元)

未完工产品作业成本 $=(212+450+5\ 336.59+8\ 097.56)\times1\ 000\div4\ 000$

$+23\ 037.5\times800\div3\ 800$

$=8\ 374.04$(元)

由于厂部成本属于价值管理费用，因而要在完工产品和在产品之间进行分配：

分配率 $=11\ 974.7\div(51\ 679.61+8\ 374.04)=0.199\ 4$

完工产品应负担费用 $=51\ 679.61\times0.199\ 4=10\ 304.91$(元)

未完工产品应负担费用 $=11\ 974.7-10\ 304.91=1\ 669.79$(元)

由于主料和辅料在生产开始时一次投入，因而主料应按定额以及完工产品产量和在产品产量平均分配，辅料应按实际消耗金额、完工产品产量和在产品产量平均分配：

完工产品应负担的主料 $=3\ 000\times40=120\ 000$(元)

未完工产品应负担的主料 $=1\ 000\times40=40\ 000$(元)

完工产品应负担的辅料 $=9\ 500\div4\ 000\times3\ 000=7\ 125$(元)

在产品应负担的辅料 $=9\ 500\div4\ 000\times1\ 000=2\ 375$(元)

因此，完工产品及在产品的总成本计算如下：

完工产品的总成本 $=51\ 679.61+10\ 304.91+7\ 125+120\ 000$

$=189\ 109.52$(元)

在产品的总成本 $=8\ 374.04+1\ 669.79+2\ 375+40\ 000=52\ 418.83$(元)

2）002批产品。由于002批产品本月全部完工，因此生产成本明细账中归集的费用14 407.47元均为完工产品成本。

3）其他批别产品。由于只对已投产产品开设成本计算单，在以后成本计算期，对已投产产品应于投产时将相关成本按作业成本项目从“其他批别”明细账中转入各自成本计算单；如果某产品经研究不投产，则相关成本应转入“期间费用”账户。

4）期间费用。期间费用于月末直接转入“本年利润”账户的借方，用当期利润予以补偿。

思考题

1. 为什么说传统的成本计算方法丧失了决策的有用性？
2. 什么是作业？作业有什么特点？

3. 按照价值贡献，作业应该如何分类？
4. 什么是成本动因？成本动因的确定需要注意哪些问题？
5. 什么是资源动因？资源动因在作业成本计算法中有什么作用？
6. 作业成本计算法是如何将成本计算与成本管理相结合的？

练习题

1. 孙教授参观一家企业，听到总经理在和车间主任谈话。

总经理：车间领用钢材10吨，其中6吨经过加工作为产品对外销售，剩余4吨退回仓库，为什么？如果搬运费用为500元，每吨钢材的搬运成本就是35.71元（500/(6+4×2)），成本浪费285.68元。如何才能降低成本？

车间主任：因为改进产品设计和调整了生产流程，原来需要10吨，而现在只需要6吨，故而有4吨退回仓库。成本浪费也是没有办法的事情。

要求：根据上述资料请思考：

(1) 你对此有何看法？在完成改进产品设计和调整生产流程并满足生产需要的情况下，成本能不能降低？怎样降低？

(2) 如果4吨钢材退回仓库是因为材料质量不稳定，车间为保证生产任务完成而有意多领了4吨钢材。由谁负责？怎样才能降低成本？

2. 某企业专门制造和销售X110型打印机，采用作业成本计算法，其产品成本由直接成本（直接材料）和四个作业中心成本构成。这四个作业中心及其作业动因资料如表9-12所示。

表9-12 四个作业中心的作业动因资料

作业中心	作业动因	分配率
材料管理	部件数量	10元/个
机械制造	机器小时	65元/小时
组装	装配小时	80元/小时
检验	检验小时	105元/小时

A公司从该企业订购了50台X110型打印机，每台机器直接材料成本为2 500元，需要50个部件、10个机器小时、16个装配小时和5个检验小时。

要求：计算A公司订购的X110型打印机的总成本和单位成本。

3. 某企业为客户定制产品，企业现有员工40人，按加工和装配两个中心组织生产，加工中心月生产能力为1 000小时，装配中心月生产能力为1 200小时。企业本月生产规划作业资料如表9-13至表9-16所示。

表9-13 本月生产作业规划

名称	数量（件）	单位材料定额（元）	需用工时定额（小时）		完工状况
			加工	装配	
产品A	120	50	2.5	3	完工

续表

名称	数量（件）	单位材料定额（元）	需用工时定额（小时）		完工状况
			加工	装配	
产品 B	20	300	30	40	完工

表 9-14　本月资源耗费计算表

资源项目	材料费	工资费	动力费	折旧费	办公费	合计
金额（元）	12 500	12 000	500	4 000	3 000	32 000

表 9-15　主要参数及专属费用表

作业参数或费用	订单	计划	采购	加工	装配	搬运	厂部	合计
人员编制（人）	2	2	4	12	12	2	6	40
耗电度数（度）	20	50	30	400	200	200	100	1 000
折旧费（元）	200	300	500	900	900	600	600	4 000
办公费（元）	200	300	400	500	400	200	1 000	3 000

表 9-16　作业衡量参数表

作业名称	作业动因	衡量参数	产品消耗		
			产品 A	产品 B	其他
订单	订单份数	10	1	1	8
计划	计划次数	5	1	1	3
采购	采购次数	20	16	4	0
加工	加工小时	900	300	600	0
装配	装配小时	1 160	360	800	0
搬运	搬运次数	20	10	10	0
厂部	价值				

要求：

（1）将各项资源户归集的价值按资源动因分配计入各作业户。

（2）将各作业汇集费用分配计入各批别产品的成本户。

（3）列示各批别产品及期间费用成本计算单。

（4）期末将成本在在产品与完工产品之间进行分配，计算产品 A 和产品 B 的总成本和单位成本。

4. Sorensen 制造公司生产多种类型的飞机螺钉。螺钉是根据顾客订单分批生产的。虽然有很多不同的螺钉，但可以把它们分成三大产品家族。因为每一产品家族被用在不同的飞机上，可以根据客户购买的产品把客户分为三大类。销售给每类客户的产品数是相同的，三大产品家族的单位售价从 0.5 美元到 0.8 美元不等。过去，接受处理订单的成本都费用化了，没有追溯到各顾客群。这些成本并非小数目，一年的成本总额达 4 500 000 美元。另外，这些成本在逐渐增长。后来公司开始实施降低成本战略，任何成本的削减都必须有助于赢得竞争优势。

因为处理订单的成本巨大并且不断增加，管理层决定调查这些成本发生的原因。他们发现处理订单的成本受处理的顾客订单数量的驱动。进一步的调查表明处理订单作业有以下成本性态：

固定阶梯成本成分：50 000 美元/阶梯（2 000 份订单为一阶梯）。

变动成本成分：20 美元/订单。

Sorensen 公司有足够的阶梯来处理 100 000 份订单，本年预计客户订单数为 100 000 份。预计耗用的处理订单作业量和各类顾客的平均订单额如表 9－17 所示。

表 9－17　数据资料

项目	第一类	第二类	第三类
订单数（份）	50 000	30 000	20 000
平均订单额（美元）	600	1 000	1 500

成本性态分析得出的结论是：市场部经理建议向每份客户订单收取费用，公司总经理表示同意。收费的办法是把每份订单的成本加到该订单的产品价格中（利用预计订单成本和预计订单数计算）。这样，订单成本随订单规模增大而减少，当订单规模达到 2 000 份时就取消这一订单成本（市场经理指出，如果订单规模大于此数再收费，就会失去一些规模较小的客户）。在将这一新的价格信息通知到客户后，很短的时间内，三大产品家族的平均订单规模都上升到2 000 份。

要求：

(1) 计算每类顾客的单位订单成本。

(2) 计算定价战略的改变使订单处理成本降低了多少（假设尽量减少资源消耗量，同时总销售量不变）。说明利用客户作业信息是如何导致成本降低的。

第 10 章

Chapter 10 预算管理

第 10 章思维导图

素养提升

1. 凡事预则立，不预则废。预，既是对未来生产经营活动及其结果的预测，也是对生产经营过程的安排。掌握预算管理，也就掌握了由经验管理走向制度管理的有效工具和手段。

2. 在传统生产要素向现代生产要素转变的数字经济时代，提升预算管理水平，可以优化配置和协同各项生产要素，激发企业生产经营的活力。

3. 理解各类预算的概念，掌握具体预算编制方法，是实施有效预算管理的基础，也企业管理者综合素质和能力的体现。

学习目标

1. 理解预算的概念与预算管理的用途。

2. 掌握预算管理体系，了解全面预算的特点。

3. 掌握预算编制流程和编制方法，理解不同环境对预算编制流程和方法的影响。

10.1 即测即评

10.1 预算与预算管理体系

10.1.1 预算与预算管理

1. 预算的起源与概念

“预算”一词起源于法语 bougette（公文包），最初是政府部门规划和管理财政收支的专业手段，即财政预算。随着政府机构逐渐成熟地运用预算管理方法进行宏观资源配置，这些经验被企业吸收借鉴用于企业内部的资源配置，从而形成了微观意义上的预算管理。可以说，预算管理从诞生起就是宏微观经济中的“计划之手”。①

在概念的内涵上，企业预算是以经营目标和经营计划为指引，沿着业务流程和组织体系，对未来一定时期制定资源获取与使用规划，是资源配置过程与预计配置结果的完整反映。

在应用中，企业预算通常是由内部各部门立足于资源基础和经营目标，评估下一阶段经营计划的资源需求与预计资源供给，进而形成的一种资源配置计划。所以，预算要围绕如何实现目标进行资源供求的预测和估算，这是预算之名得来的缘由所在。

2. 预算管理的内涵与作用

预算管理是企业人、财、物等多种资源的统筹规划。企业的预算实践较为多样化，一部分企业将预算作为纯粹的财务管理手段，重在借助预算实现财务目标，例如实现利润目标、成本管控目标等，这类预算往往是作用范围相对狭窄的财务预算。另一部分企业在开展预算管理的过程中，将预算同企业的发展战略、经营计划紧密结合，使得预算管理成为统筹配置多种资源的综合管理手段。随着工业经济时代的到来，企业不断优化资源配置以更好应对市场竞争对管理要求的提高，预算管理更多走向了后一类，并逐渐发展为可以全方面覆盖企业各项经营管理活动的全面预算管理体系。在近来的实践发展中，预算管理逐渐提高精细化程度，更多地立足于企业的关键流程节点或作业环节，而非按照产品结构等较为粗线条的方式开展预算管理，这使得预算管理的理念和方法呈现同作业成本法相融合的趋势。在理论上，当预算管理同作业成本法相结合，也称为面向作业的预算管理（activity-based budgeting，ABB）。另外，现代的企业在预算管理的拓展中，也将预算管理用于年度预算管理或与更长时期的、与企业战略规划相结合的战略预算管理。

结合实践的发展，企业的预算管理在概念上是以战略和（或）经营目标为指引，以经营管理过程和权责划分为纽带，事先制定资源配置规划、事中开展全过程监控、事后进行考评的综合管理手段。这意味着预算管理从编制预算开始就不仅仅是预先计算一组数字，而是包含预算编制、预算执行监督以及事后决算考评的管理体系。从预算管理循环来看，通常情况下企业每个经营周期预算管理的起点是预算编制，具有事先控制的作用。以预算目标为指引，预算管理通过预算编制寻求达成目标、合理配置资源的路径。对编制好的预算的执行进行监控，是预算管理的事中控制职能。一年或在一定经营周期结束时对预算执行进行汇总和考核评价，即决算与考评，具有事后控制的作用。

由此可见，预算管理需要同业务的运营和其他管理职能紧密协作，即一直以来倡导的业财融合理念，是预算管理的应有之义。就一般意义而言，企业可以借

① 本章主要以制造业企业为背景，对企业预算管理进行介绍。

助预算管理识别价值创造或价值管理的重点领域、方向，将预算管理的事前、事中、事后环节同价值创造或价值管理相结合，使预算管理服务于企业的持续创收、创利或提高成本效率，从而为企业的价值创造提供直接或间接的助力。

总之，预算管理是具有多种管理职能的综合管理手段，是管理会计面向企业价值创造的重要手段。①

3. 预算管理与其他管理手段的关系

预算管理作为企业管理体系的重要组成部分，与其他管理手段存在衔接与协作的关系，这是预算管理行之有效的重要前提，有必要理清预算管理与其他管理手段的关系，从企业全局视角综合审视预算管理体系的构建和实施。当预算管理效果未达到预期时，可能不仅仅是预算管理手段单方面的问题；而当企业预算管理效果较好时，可能是预算管理与其他管理手段共同发挥良性作用的结果。

预算管理与其他管理手段的关系

（1）预算管理与战略规划。战略规划是在战略决策的基础上，为实现战略目标所拟定的行动路线和资源配置计划，是在企业长期经营方向的指导下配置及约束相关经营资源。预算则是对战略目标和战略规划的分解，它服务于战略规划，并以战略规划为起点。战略规划首先分解为各项详细的计划，如销售计划、资金计划等。而预算就是在这些计划的基础上，通过合理配置资源，制定各项详细预算，如成本费用预算、收入预算，最终形成预算报表。全面预算实际上是指导资源分配以实现战略目标的连续控制过程。

预算管理要承接、分解并实现整体战略，衔接经营目标，从而成为战略目标落实的重要管理机制。为此，预算管理体系在设计和实施上需要紧密结合战略目标及其年度分解、部门或流程节点分解，更精细化的架构预算目标体系。由于行业千差万别，预算目标体系的设计和实施需要充分依托行业场景和企业自身的经营管理场景，做到有的放矢，推动预算管理体系同战略管理的衔接。

总体上，预算是工作计划的量化体现，同时促进工作计划目标明确并且相互衔接。而要保持预算的合理性、可行性，就需要以战略目标为指引，开展科学预测。预算管理将企业内部的各种预测、计划与预算联结为一个整体，它们相互衔接并相互勾稽，共同组成了综合的预算管理体系。企业计划、预算、战略与目标间的关系如图 10－1 所示。

（2）预算管理与预测。如第 4 章所述，预测是运用一定的科学预测方法，对市场趋势和企业未来经济活动可能产生的经济效益和发展趋势进行预计与推测，它是计划的基础。预算作为一类企业全局性的管理工具，通常需要构建业财一体化的预测模型，综合运用各项经营预测，并同财务预测相结合。

预算管理则是在预测的基础上，对企业未来发展所提出的对策性方案和计划的数量表述，它是以货币的形式对企业未来的收入、现金流量和财务状况进行的量化。

---

① 在企业中，通常由企业的财务或会计部门作为预算管理职责的主要承担者，这使得预算管理成为管理会计领域的一个重要方法。

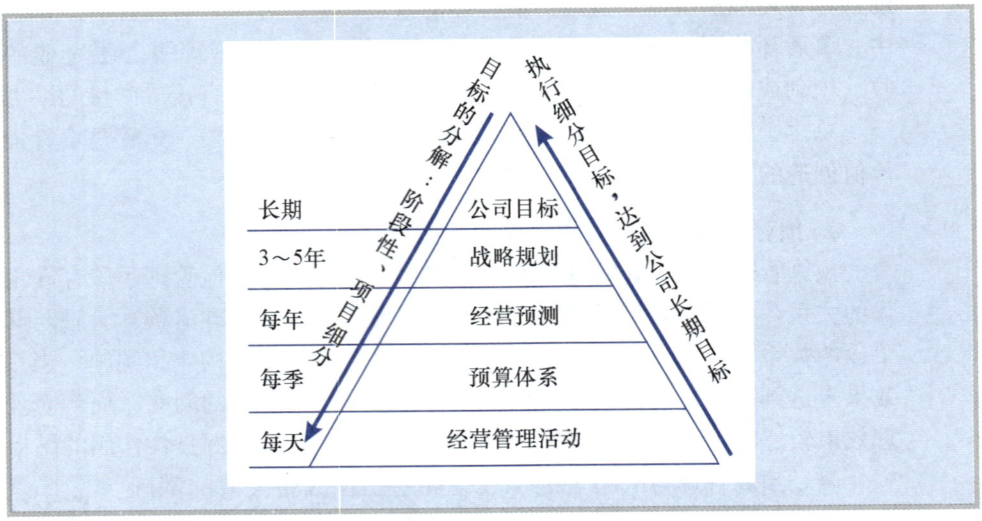

图10-1 企业计划、预算、战略与目标间的关系

预算管理与预测间的关系如图10-2所示。

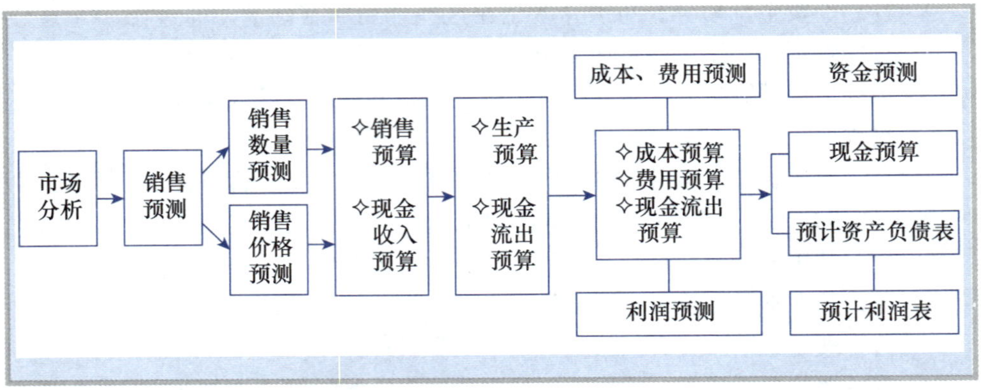

图10-2 预算管理与预测间的关系

（3）预算管理与经营计划。预算管理与经营计划关系密切。在制造业背景下，企业经营计划是对企业一定期间各种生产经营活动的一系列规划，包括以市场预测为依托的销售计划，以生产资源安排为主线的生产计划、材料采购计划、库存计划、薪酬计划、资金计划等。

计划是管理的基本要素，也是企业面向未来一定时期管理不确定性的重要手段。计划通常是企业预算管理的基础。计划通过对未来事件的预测，预先对企业的未来活动做出安排，包括对可能出现的问题做出应变对策等。好的计划工作首先要确定目标，然后就如何实现目标进行策划，包括根据目标设定明确的行动方向，寻找最为经济有效的行动路径与执行方法，并对资金、人员及设备等有限资源进行合理分配。

预算编制的过程就是依据经营计划，基于资源配置制定企业的各项预算，最后形成预计报表。可以说，预算是在计划可量化的基础上所做的价值量的表述和安排。

预算编制与经营计划的关系如图 10－3 所示。

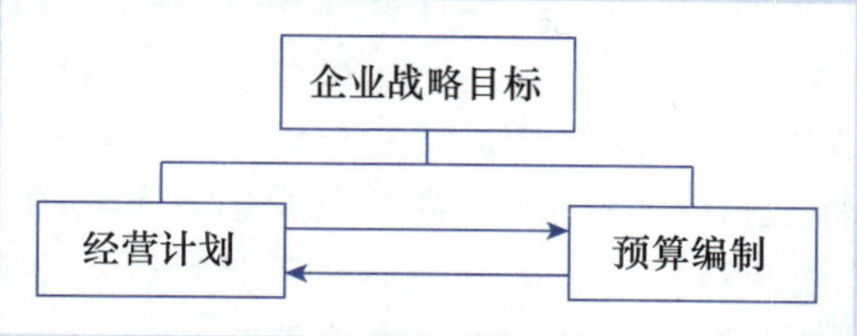

图 10－3　预算编制与经营计划的关系

10.2　全面预算管理体系

10.2.1　全面预算管理

健全的预算管理可以为企业获得竞争优势打造管理基础。企业可以最大限度地调动预算管理体系，使其深入、全面地覆盖企业的运营管理流程，科学合理地预计流程中每个关键环节的资源需求、资源耗费以及资源供应，从而令预算管理体系充分地融入企业的经营管理实践，促使企业实现其目标。这就是预算管理的一类最优实践——全面预算管理。

10.2 即测即评

美国著名管理学家戴维·奥利曾指出，全面预算是为数不多的能够将企业的资金流、实物流、业务流、信息流、人力流等相整合的管理控制方法之一。

以企业发展目标为驱动，以经营计划为前置条件，基于业财融合的理念，将预算管理全覆盖于企业经营流程各环节和各项管理职能。借助业财融合理念，全面预算可以全方位地衔接企业的经营计划，并承接、分解企业的战略目标。将业务发展目标、发展计划作为预算编制的关键依据，是全面预算的主要特点之一。

全面预算管理是基于预算管理的基本内容，将预算编制以及预算的执行、考核全面覆盖企业的主要流程与管理职能。全面预算在编制时要实现对业务流程的全覆盖，尽量完整充分地反映企业经营活动的主要内容与关键事项。

全面预算管理的全面性主要体现在以下三个方面：

第一，全面预算管理的全面体现在预算管理对象的全方位上，即预算编制全方位地覆盖企业的各项运营和管理活动，将企业的人、财、物等各类资源，以及供、产、销等各个环节均纳入预算管理范畴，而且通过预算的编制、分解、下达以及执行、分析、调整、考核及奖惩，对企业各项经营活动进行事前、事中和事后的全过程管理。

第二，全面预算管理的全面体现在预算管理对其他管理手段的全面运用上。

作为一种管理控制方法，全面预算管理将企业计划、协调、控制、激励、评价等综合管理功能融合到一起，整合和优化配置企业资源，提升企业运行效率，帮助企业实现发展目标。

第三，全面预算管理的全面体现在预算管理主体的全员参与上。全面预算管理要求企业所有部门、单位以及岗位都参与到预算的编制与实施过程中，共同进行管理，通过全员参与的方式促使企业的预算管理最大限度地吸收企业流程中的各项信息，保证预算编制的准确性，以及预算考核的合理性。

因此，全面预算管理是促进企业实现其发展战略和年度经营目标的有效管理方法，也是实现业务与财务融合的一个管理抓手。

全面预算管理包含预算管理的主体，即谁来负责预算的编制、执行、考核，以及预算管理的实际运转，即如何推动预算管理的实施，分别对应预算管理的组织体系以及运转体系。

10.2.2 预算管理的组织体系

为保证预算工作的有序进行和有效实施，在管理体制上一般要求企业在内部设立预算管理委员会来专门负责预算的编制并监督实施。预算管理委员会通常由企业全面管理工作的总经理和分管生产、销售、财务等各主要职能部门的负责人组成，其主要职责是制定和颁布有关预算制度的各项政策，审查和协调各部门的预算申报，调解并解决部门间在预算编制和执行过程中出现的争执和问题，批准预算，监督、检查预算的执行，分析并调整预算，促使各方协调运作，共同完成预算规定的目标和任务。

预算管理的基本架构包括决策机构、工作机构和执行单位三个层次。

1. 预算管理决策机构

预算管理决策机构在企业的组织架构中属于公司治理层，通常直接归属于公司董事会，其主要职责包括：

（1）制定企业全面预算管理制度，明确企业预算管理的政策、措施、办法和要求等。

（2）根据企业战略规划和年度经营目标拟定预算目标，并确定预算目标分解方案、预算编制方法和程序。

（3）组织编制、综合平衡预算草案，并下达经批准的正式年度预算。

（4）审议预算调整方案，并协调解决预算编制和执行过程中遇到的重大问题。

（5）审议预算考核和奖惩方案，并对企业全面预算的执行情况进行考核。

2. 预算管理工作机构

预算管理工作机构是企业预算管理工作的常设管理机构，其主要职责一般包括：

（1）按照预算管理决策机构的要求拟定企业全面预算管理制度，并负责检查预算管理制度的执行。

（2）根据预算管理决策机构拟定的预算目标，拟定年度预算总目标分解方案及有关预算编制程序、方法的草案，报决策机构审定。

（3）组织和指导各级预算单位开展预算编制工作，并预审各预算单位的预算初稿，综合平衡，提出修改意见和建议。

（4）汇总编制企业全面预算草案。

（5）负责跟踪、监控企业预算执行情况，定期对各预算单位的预算执行情况进行汇总、分析，将有关分析报告提交决策机构并提出决策建议。

（6）协调解决企业预算编制和执行中的有关问题，并审查各预算单位的预算调整申请，汇总后制定年度预算调整方案，提交决策机构审议。

（7）向决策机构提交预算考核和奖惩方案，并组织开展对预算执行单位的预算执行情况的考核，将考核结果和奖惩建议提交决策机构。

3. 预算管理执行单位

企业预算管理执行单位是指在实现预算总目标的过程中，能够按照其所起的作用和所负的职责，承担一定的经济责任并享有相应权力和利益的企业内部单位，如企业内部的职能部门以及所属分（子）公司等。企业内部预算责任单位的划分通常与企业的组织机构设置一致。

预算管理执行单位在预算管理决策机构及其工作机构的指导下开展工作，其主要职责一般为：

（1）提供编制预算的各项基础资料，并负责本单位全面预算的编制和上报工作。

（2）分解、落实本单位的预算指标，并监督、检查本单位的预算执行情况。

（3）及时分析、报告本单位的预算执行情况，解决预算执行中的问题。

（4）根据内外部环境变化及企业预算管理制度，提出预算调整申请。

（5）组织实施本单位内部的预算考核和奖惩工作。

（6）配合预算管理部门做好企业总预算的综合平衡、执行监控、考核奖惩等工作。

应当按照不相容职务相互分离的原则，划分各部门、各岗位在预算管理体系中的职责、分工与权限，明确预算编制、执行、分析、调整及考核等各环节的授权审批制度与工作程序。只有这样，才能做到分工明确、职责分明，通过层层分解将各项预算指标落实到每一个岗位和员工，并通过相互制衡、层层考核，加强预算的执行力，确保企业目标的实现。

10.2.3　预算管理的运转体系

预算管理的运转体系（即基本流程）一般包括预算的编制、执行和考核三个阶段。其中，预算编制在广义上涉及预算编制、审批与下达等环节；预算执行包括将预算层层分解、将责任落实到预算单位和个人、对预算的执行进行监控、对预算执行结果进行分析、根据环境等因素的变化调整预算等环节；预算考核则是对考核对象完成预算指标的情况进行决算，与企业事先制定的考核标准进行比对，然后按照企业的考核方案进行奖惩。

预算的编制、执行和考核三阶段及其中的各业务环节环环相扣、相互关联，在企业运营过程中不断地循环运转，达到对企业的经营活动进行全面控制的目的。图 10－4 列示了企业预算管理的基本流程。

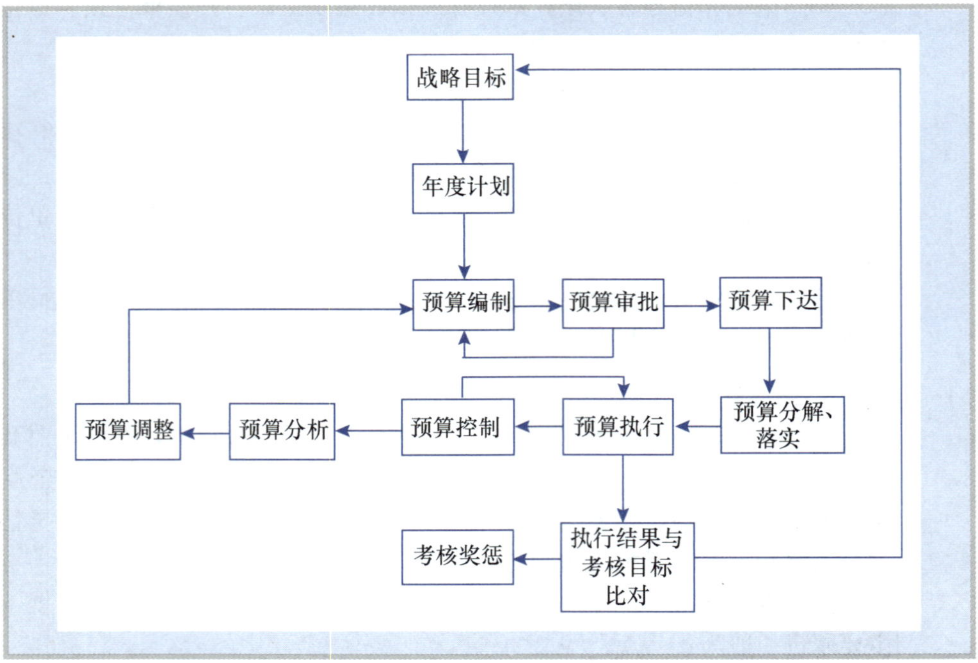

图 10-4　预算管理流程图

基于以上关系，预算编制通常围绕目标和计划开展，沿着预算管理的组织体系进行自下而上以及自上而下的反复调整，最终完成预算编制。预算编制一旦确定下来，即开始预算的执行，只有在一定条件下才会允许调整预算数字。预算调整往往是对客观因素导致的预算偏差进行调整，对主观因素造成的预算偏差通常不予以调整。预算的执行乃至必要的调整都要根据预算管理制度在预算组织体系内经由责任部门批准。

整个预算管理的运转还需要企业整体的管理制度提供支持，包括建立健全预算管理制度，明确预算组织体系的权责等。另外，良好的人事管理、采购管理、生产管理都是为准确编制预算，确定企业运营所需的人、财、物等各项资源奠定基础；健全的信息系统可以让企业关键的资源投入和资源运用信息得到及时、准确、完整的反馈，从而为预算的编制和考核提供必要的管理条件。

10.3　预算编制

预算编制是完整反映资源配置过程与预计配置结果的一种手段，也是预算管理的起点。预算编制过程以资源优化配置为原则，沿着业务和管理流程预计各项资源的需求和供给，从而完成资源供求匹配，并采用货币计量形成资源配置后的预计财务结果。预算编制效果是预算管理效果的关键因素。

10.3 即测即评

在企业实践中，预算编制往往由专门的预算组织体系（如预算管理委员会）统筹管理。通常情况下，预算编制由财务部门发起，由业务部门和其他职能部门共同完成。各预算编制主体之间的关系取决于预算管理体系对各部门的授权。

10.3.1　预算编制内容

预算编制在内容上包括经营预算（也称业务预算）、资本支出预算以及财务预算。这些预算的具体编制是以预算目标的设定和分解为起点的。企业会结合自身内外部情景设定战略的优先级、战略目标和一定周期的发展规划，确定年度经营目标和经营计划（如年度重点工作事项等），而后依据分解的战略目标和经营计划，开展预算编制，完成企业内部人、财、物上的资源分配，形成对企业未来一年经营计划的指导以及对企业未来一年运营活动的管理控制。由此，企业的预算目标一方面是与业务发展有关的目标，包括战略分解目标和年度具体经营目标；另一方面是财务目标，如利润等。不同的企业，对业务发展目标和财务目标的权衡取舍是不同的，使得预算目标体系的构建、分解和落实基于不同的管理理念和管理方法而开展。

1. 经营预算

对制造企业而言，经营预算是根据日常经营活动和管理活动编制的预算，具体包括销售预算、生产预算和销售及管理费用预算等。预算编制既包括权责发生制下的各项经营预算，也包括收付实现制下的各项经营预算。

销售预算是经营预算编制的起点，包括销量预测、销售收入预算以及销售活动取得现金流入的预算。

生产预算包括产量预算、生产成本预算以及期末产品存货预算。生产成本预算按制造企业产品成本的主要构成，分为直接材料预算、直接人工预算、制造费用预算。一方面需要基于权责发生制，对直接材料、直接人工以及制造费用的成本编制预算；另一方面需要基于收付实现制，对材料采购、人工工资支付以及制造活动中其他现金流出编制预算。

2. 资本支出预算

资本支出预算主要是企业围绕各项投资计划编制的长期投资预算以及相关的筹资预算。通常情况下，资本支出预算是跨期的，需要分解到各年度。

经营预算和资本支出预算汇总起来形成企业的资源需求和预计可用资源，二者相比较可以了解企业在预算中是存在资源缺口还是资源冗余，由此需要财务部门进一步编制财务预算，统筹资金安排。

3. 财务预算

财务预算是用货币形式综合反映企业未来一年（一个经营周期）内经营预算和资本支出预算对企业经营成果和财务状况的影响，以及企业做出的资金安排。

财务预算主要包括现金预算以及预计报表（预计利润表、预计现金流量表、预计资产负债表）。

（1）现金预算，包括预计经营活动现金流入流出、预计投资活动现金流入流出、预计筹资活动现金流入流出、预计利润分配相关的现金流出等。

（2）预计利润表，以财务会计的利润表及其编制原理为依据，预计各项经营收入、各项经营成本以及利润分配等。

（3）预计资产负债表，以财务会计的资产负债表及其编制原理为依据，预计各个资产负债项目。

10.3.2 预算编制流程

各预算间的关系是由预算编制流程形成的。在市场竞争环境下，企业采取以销定产的经营方式开展销售预算，据此配置资源和编制各项经营预算。如图 10－5 所示，预算编制中经营预算以销售预算为起点，进而对生产环节、采购环节编制预算，形成各项生产预算。在此基础上，各个职能部门编制各项期间费用预算，形成销售及管理费用预算。此外，资本支出预算是长期预算，需要在每年的预算编制中分解出当年的投资预算以及筹资预算。

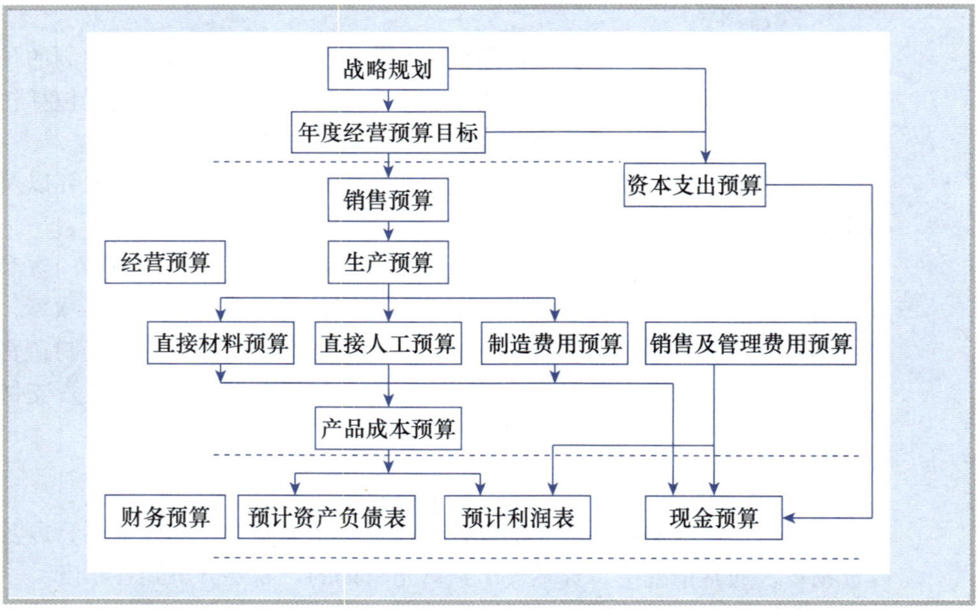

图 10－5 预算编制的基本流程

企业的财务预算是在上述经营预算和资本支出预算的基础上，按照一般会计原则和方法编制的。

在企业实践中，预算编制流程中各项预算编制由预算组织体系统筹协调，各业务部门和职能部门实际承担经营预算和资本支出预算，财务部门参与发起预算编制工作并形成财务预算，最终形成企业整体预算。

10.3.3　预算编制要点

围绕预算编制内容，本章重点介绍经营预算和财务预算的编制要点，资本支出预算中的投资预算相关内容已在第 7 章介绍。

1. 销售预算编制要点

销售预算是基于第 4 章所述的销售预测，预计下一年度的销售量和销售价格，进而得到预计销售收入，同时结合企业商业信用政策，预计销售活动取得的现金流入。

销售收入＝销售量×销售价格

销售预算作为预算编制的起点，编制的准确程度对整个企业的预算编制起着至关重要的作用。

2. 生产预算编制要点

基于销量预测和销售预算，企业遵循以销定产的逻辑编制生产预算。生产预算的编制通常先确定产量预算，随后根据生产流程中各项资源耗费和成本项目编制直接材料预算、直接人工预算和制造费用预算，最后形成产品成本预算和期末存货预算。而这些预算编制通常是依据企业内部的成本管理制度，如标准成本制度或目标成本管理制度①来确定预算期的各项成本耗费单位预算，例如，直接材料预算要将标准成本法设定的材料价格标准和材料用量标准作为预算编制的关键依据。再如，企业要依据材料采购优化的库存目标值来确定材料采购预算中的预计期末库存量和每季（每月）的计划材料采购量等。这些预算的编制过程表明，企业生产预算的编制也是同企业的成本管理紧密联系的。良好的成本管理制度，是企业预算编制行之有效的前提条件。

(1) 产量预算。产量预算是根据预计的销售量和预计的期初、期末产成品存货量，计算出每一个产品的预计产量，计算方法为：

预计产量＝预计销售量＋预计期末产成品存货量－预计期初产成品存货量

在编制产量预算时，不仅要考虑企业的销售能力，同时还要考虑预算期期初和期末的存货量，将存货纳入产量预算是要避免存货过多造成资金积压和浪费，或存货不足、无货销售导致收入下降。

(2) 直接材料预算。预计产量确定以后，将单位产品的直接材料消耗量乘以预计产量可得本期生产需要量，同时考虑预计期初、期末的材料存货量，便可得直接材料采购量，并据此编制直接材料预算。与产量预算相同，在编制直接材料预算时考虑期初、期末存货的目的在于避免因材料存货不足影响生产，或由于材料存货过多造成资金的积压和浪费。

作为生产成本的重要项目，可以对单位产品材料耗用量按照标准成本法确定

---

① 详见第 8 章的介绍。

材料耗用标准，并以此作为预算编制依据，从而通过直接材料预算编制实现事前的成本管控。

预计直接材料采购量＝预计产量×单位产品材料耗用量＋预计期末材料存货－预计期初材料存货

预计直接材料采购量不仅可以用于安排预算期内的材料采购计划，也可用于计算直接材料的采购预算。

直接材料采购预算＝预计直接材料采购量×直接材料预计单价

（3）直接人工预算。直接人工预算与直接材料预算相似，也是在生产预算的基础上编制的。

直接人工预算＝预计生产量×单位产品直接人工小时×小时工资率

（4）制造费用预算。制造费用预算是除直接材料和直接人工以外的其他产品成本预算。这些成本按照其与生产量的相关性（即成本性态）可分为变动制造费用和固定制造费用两类。不同性态的制造费用，其预算的编制方法不同。

变动制造费用与生产量之间存在线性关系，因此其计算方法为：

变动制造费用预算＝预计生产量×单位产品预定分配率

固定制造费用与生产量之间不存在线性关系，其预算通常都是根据上年的实际水平，经过适当的调整而得。此外，固定资产折旧作为一项固定制造费用，由于不涉及现金支出，在编制制造费用预算中计算现金支出时，需要从固定制造费用中扣除。

（5）产品成本预算。产品成本预算是在生产预算的基础上，按预计的各项产品成本归集计算得出的。

产品成本预算＝直接材料预算＋直接人工预算＋变动制造费用预算＋固定制造费用预算

结合产品生产周期，企业应该预计预算年度内的生产进度，将产品成本预算在完工产品和在产品之间进行分配，据此可得预算年度内的预计单位产品成本。

产品销售成本预算＝预计单位产品成本×预计销售量

（6）期末产成品存货预算。期末产成品存货不仅影响生产预算，其预计金额也关乎预计资产负债表和预计利润表。

期末产成品存货预算＝产成品的预计单位成本×预计期末产成品存货量

3. 销售及管理费用预算编制要点

销售及管理费用主要是销售部门、管理部门编制的各项费用，这些费用的预算编制方法在企业实践中不一而足，通常会按照目标成本法确定费用控制目标，据此编制预算，或者依据历史趋势编制费用预算，也可能完全依据未来发展计划逐一确定各项销售或管理计划的预算。

4. 财务预算编制要点

(1) 现金预算表（见表 10－10）是所有有关现金收支预算汇总而得的（如表 10－2、表 10－5、表 10－6、表 10－7、表 10－9 等），通常包括现金收入、现金支出、现金结余或不足，以及资金的筹集与安排等。

现金预算表是企业现金管理的重要工具，它有助于企业合理安排和运用资金，提高资金使用效率、降低资金使用成本。

(2) 预计利润表（见表 10－12）是在各项经营预算的基础上，按照权责发生制的原则和期末利润表的编制方法编制而成的。

预计利润表揭示的是企业未来的盈利情况。企业管理者可据此了解未来一期的盈利状况，以便安排或调整其经营策略。

(3) 预计资产负债表（见表 10－13）是在预算期初资产负债表（见表 10－11）的基础上，根据经营预算、资本支出预算和现金预算表等的有关结果，对有关项目进行调整后编制而成的。

预计资产负债表反映的是企业预算年度期末各资产负债账户的预计余额，企业管理者可以据此了解企业未来一期的财务状况，以便采取有效措施，防止企业出现不良财务状况。

10.3.4　预算编制方法及其应用

按年度编制预算时，如何开展各项预测是关键。不同的预测假设形成不同的预算编制方法。假定企业未来一期的预测具有较高实现可能性，则企业可以将近乎确定的销量预测、产量预测作为预算编制的基础，这一编制方法称为固定预算。如果企业未来一期的预测有若干可能的水平，则企业可以根据这些预测水平分别编制预算，这一编制方法称为弹性预算。以此类推，还有概率预算。

整体上，企业预算常用的编制方法包括固定预算、弹性预算、零基预算、滚动预算、概率预算等，以下将分别介绍。

1. 固定预算

固定预算是一种最基本的预算编制方法，所涉及的各项预定指标均为某一业务量（如产量、销售量、利润等）确定的预计数。

例 10－1①

A 公司只生产一种产品，销售单价为 200 元，预算年度内 4 个季度的销售量经测算分别为 300 件、600 件、400 件和 450 件。根据以往经验，销货款在当季可收到 70%，其余部分将在下一季度收到。预计预算年度第 1 季度可收回上年第 4 季度的应收账款 18 000 元。

根据上述资料，首先编制销售预算表，如表 10－1 所示。

---

① 模拟实验参见：马元驹，李百兴．管理会计学模拟实验教程．3 版．北京：中国人民大学出版社，2016：241.

表 10-1　A 公司销售预算表

2×××年　　　　金额单位：元

项目		第 1 季度	第 2 季度	第 3 季度	第 4 季度	全年
预计销售量（件）	①	300	600	400	450	1 750
销售单价	②	200	200	200	200	200
预计销售额	③=①×②	60 000	120 000	80 000	90 000	350 000

根据销售预算、前期应收账款的收回及预计收到当期销货款的情况，能够编制出预计现金收入计算表，如表 10-2 所示。该计算表是编制现金预算的依据。

表 10-2　A 公司销售活动预计现金收入计算表

2×××年　　　　单位：元

项目		第 1 季度	第 2 季度	第 3 季度	第 4 季度	全年
预计销售额	①	60 000	120 000	80 000	90 000	350 000
收到上季应收销货款	②=上季①×30%	18 000	18 000	36 000	24 000	96 000
收到本季销货款	③=①×70%	42 000	84 000	56 000	63 000	24 5000
现金收入合计	④=②+③	60 000	102 000	92 000	87 000	341 000

例 10-2

承例 10-1，A 公司期末存货量为下一季度销售量的 10%，预算年度第 1 季度期初存货量为 50 件，预算年度期末存货量为 40 件。

根据销售预算的预计销售量和上述有关数据，可编制预算年度的生产预算，如表 10-3 所示。

表 10-3　A 公司生产预算

2×××年　　　　单位：件

项目		第 1 季度	第 2 季度	第 3 季度	第 4 季度	全年
预计销售量	①	300	600	400	450	1 750
加：预计期末存货量	②=下季①×10%	60	40	45	40	40
减：期初存货量	③=上季②	50	60	40	45	50
预计生产量	④=①+②-③	310	580	405	445	1 740

生产预算的数据通常以实物计量，在多品种的情况下也可以采用货币单位来计量。

例 10-3

承例 10-1，A 公司所生产的产品只需要一种原材料，单位产品消耗原材料定额为 4 千克①，每千克成本为 12 元，每季度末的材料存量为下一季度生产用

① 依据标准成本法中材料消耗标准设定。

量的 30%，每季度的购料款当季支付 60%，其余款项在下一季度支付。预算年度第 1 季度应付上年第 4 季度赊购材料款 6 000 元，估计预算年度期初材料存量为 510 千克，期末材料存量为 500 千克。

生产预算确定后，就可以根据预计的生产量和上述单位产品的材料消耗定额，以及期初、期末的材料存量，编制材料采购预算表，如表 10－4 所示。

表 10－4 A 公司材料采购预算表

2×××年 数量单位：千克

项目		第 1 季度	第 2 季度	第 3 季度	第 4 季度	全年
预计生产量（件）	①	310	580	405	445	1 740
单位产品材料消耗定额	②	4	4	4	4	4
生产需要量	③＝①×②	1 240	2 320	1 620	1 780	6 960
加：期末存量	④＝下季③×30%	696	486	534	500	500
减：期初存量	⑤＝上季④	510	696	486	534	510
材料采购量	⑥＝③＋④－⑤	1 426	2 110	1 668	1 746	6 950

编制采购预算后，还要根据材料采购预算的预计材料采购量、单位成本和材料采购款的支付情况，编制材料采购现金支出计算表，如表 10－5 所示。

表 10－5 A 公司材料采购现金支出计算表

2×××年 金额单位：元

项目		第 1 季度	第 2 季度	第 3 季度	第 4 季度	全年
材料采购量（千克）	①	1 426	2 110	1 668	1 746	6 950
材料单位成本	②	12	12	12	12	12
预计材料采购额	③＝①×②	17 112	25 320	20 016	20 952	83 400
应付上季赊购款	④＝上季③×40%	6 000	6 844.8	10 128	8 006.4	30 979.2
应付本季现购款	⑤＝③×60%	10 267.2	15 192	12 009.6	12 571.2	50 040
现金支出	⑥＝④＋⑤	16 267.2	22 036.8	22 137.6	20 577.6	81 019.2

例 10－4

承例 10－3，A 公司在预算期内直接人工工资率均为 5 元，单位产品的定额工时为 3 小时，A 公司以现金支付的直接人工工资均于当期付款。

根据所给的直接人工工资率、单位产品的定额工时和产品的预计生产量，可以编制直接人工预算表，如表 10－6 所示。

表 10-6　A公司直接人工预算表

2×××年

项目		第1季度	第2季度	第3季度	第4季度	全年
预计生产量（件）	①	310	580	405	445	1 740
单位产品工时定额（小时）	②	3	3	3	3	3
总工时用量（小时）	③=①×②	930	1 740	1 215	1 335	5 220
单位工时工资率（元/小时）	④	5	5	5	5	5
预计直接人工成本（元）	⑤=③×④	4 650	8 700	6 075	6 675	26 100

例 10-5

预测A公司在预算期间的变动间接制造费用为31 320元（其中，间接人工10 000元，间接材料8 000元，水电费12 000元，维修费1 320元），固定间接制造费用46 980元（其中，管理人员工资12 000元，维护费4 980元，保险费10 000元，设备折旧费20 000元），其他条件同前例。A公司的变动间接制造费用分配率按产量计算，以现金支付的各项间接制造费用均于当期付款。

根据所给条件，可求出变动间接制造费用分配率：

$$\text{变动间接制造费用分配率}=\frac{\text{变动间接制造费用}}{\text{预算期生产总量}}=\frac{31\ 320}{1\ 740}=18$$

根据所求出的变动间接制造费用分配率可编制间接制造费用预计现金支出计算表，如表10-7所示。

表 10-7　A公司间接制造费用预计现金支出计算表

2×××年　　金额单位：元

项目		第1季度	第2季度	第3季度	第4季度	全年
预计生产量（件）	①	310	580	405	445	1 740
变动间接制造费用现金支出	②=①×18	5 580	10 440	7 290	8 010	31 320
固定间接制造费用	③=46 980/4	11 745	11 745	11 745	11 745	46 980
减：折旧	④=20 000/4	5 000	5 000	5 000	5 000	20 000
间接制造费用现金支出合计	⑤=②+③−④	12 325	17 185	14 035	14 755	58 300

根据表10-1至表10-7的内容，可编制产品单位成本及期末存货预算表，如表10-8所示。

表 10-8　A公司产品单位成本及期末存货预算表

2×××年　　金额单位：元

成本项目		价格标准	用量定额	合计金额
直接材料	①	12元/千克	4千克	48

续表

成本项目		价格标准	用量定额	合计金额
直接人工	②	5 元/工时	3 工时	15
制造费用	③=(31 320+46 980)/1 740			45
产品单位成本	④=①+②+③			108
期末存货量（件）	⑤			40
期末存货成本	⑥=④×⑤			4 320

例 10－6

预测 A 公司在预算期间的变动销售及管理费用总计 3 500 元，按销售量计算分配率。固定销售及管理费用为 13 600 元。

根据上述条件及前例的资料，可编制销售及管理费用预算表，如表 10－9 所示。

表 10－9　A 公司销售及管理费用预算表

2×××年　　金额单位：元

项目		第 1 季度	第 2 季度	第 3 季度	第 4 季度	全年
预计销售量（件）	①	300	600	400	450	1 750
变动销售及管理费用分配率	②=3 500/1 750	2	2	2	2	2
变动销售及管理费用现金支出	③=②×①	600	1 200	800	900	3 500
固定销售及管理费用现金支出	④=13 600/4	3 400	3 400	3 400	3 400	13 600
现金支出总额	⑤=③+④	4 000	4 600	4 200	4 300	17 100

例 10－7

A 公司预计在第 1 季度购置设备 94 000 元。期末现金余额不得少于 30 000 元，否则将向银行借款，借款年利率为 10%。预计预算期期初现金余额为 45 000 元。预算期按季度编制现金预算表。

根据上述资料和前例中各项预算的数据资料，可编制现金预算表，如表 10－10 所示。

表 10－10　A 公司现金预算表

2×××年　　单位：元

项目	第 1 季度	第 2 季度	第 3 季度	第 4 季度	全年
期初现金余额	45 000	35 201.55	76 123.5	113 119.65	45 000
加：现金收入（表 10－2）					
收回赊销款和现销收入	60 000	102 000	92 000	87 000	341 000
可动用现金合计	105 000	137 201.55	168 123.5	200 119.65	386 000

续表

项目	第 1 季度	第 2 季度	第 3 季度	第 4 季度	全年
减：现金支出					
直接材料（表 10－5）	16 267.2	22 036.8	22 137.6	20 577.6	81 019.2
直接人工（表 10－6）	4 650	8 700	6 075	6 675	26 100
间接制造费用（表 10－7）	12 325	17 185	14 035	14 755	58 300
销售和管理费用（表 10－9）	4 000	4 600	4 200	4 300	17 100
购置设备	94 000				94 000
支付所得税	8 556.25	8 556.25	8 556.25	8 556.25	34 225
现金支出合计	139 798.45	61 078.05	55 003.85	54 863.85	310 744.2
现金结余或不足	－34 798.45	76 123.5	113 119.65	145 255.8	75 255.8
筹措资金					
向银行借款	70 000				70 000
归还借款				70 000	70 000
支付利息				7 000	7 000
期末现金余额	35 201.55	76 123.5	113 119.65	68 255.8	68 255.8

注：在预算编制中所得税有关的预计现金支出应先编制企业预算年度预计利润表，按照适用的所得税税率预计应缴纳所得税现金支出，本题为简化分析，假定案例中每季度平均支付企业所需缴纳的所得税。

例 10－8

A 公司预算期期初资产负债表如表 10－11 所示。

表 10－11　A 公司期初资产负债表

2×××年 12 月 31 日　　单位：元

流动资产		流动负债	
现金	45 000	应付账款	6 000
应收账款	18 000	长期负债	
原材料存货	6 120	负债合计	6 000
产成品存货	5 400		
合计	74 520		
固定资产		所有者权益	
土地	60 000	实收资本	200 000
房屋及设备	240 000	盈余公积	128 520
减：折旧	40 000	所有者权益合计	328 520
合计	260 000		
资产总计	334 520	负债及所有者权益总计	334 520

注：不考虑利润分配和未分配利润项目。

根据表 10－11 和前面所有各例的资料，可编制预计利润表和预计资产负债表，如表 10－12、表 10－13 所示。

表 10－12　A 公司预计利润表

2×××年　　单位：元

销售收入	①	表 10－2	350 000
减：销售费用	②＝1 750×108	表 10－3，表 10－8	189 000
销售毛利	③＝①－②		161 000
减：销售及管理费用	④	表 10－9	17 100
营业净利润	⑤＝③－④		143 900
减：利息费用	⑥	表 10－10	7 000
税前利润	⑦＝⑤－⑥		136 900
减：所得税	⑧	表 10－10	34 225
净利润	⑨＝⑦－⑧		102 675

表 10－13　A 公司预计资产负债表

2×××年 12 月 31 日　　单位：元

流动资产			
现金	①	表 10－10	68 255.8
应收账款	②＝90 000×30％	表 10－1	27 000
原材料存货	③＝500×12	表 10－4，表 10－5	6 000
产成品存货	④	表 10－8	4 320
合计	⑤＝①＋②＋③＋④		105 575.8
固定资产			
土地	⑥＝60 000		60 000
房屋及设备	⑦＝240 000＋94 000	表 10－10，表 10－11	334 000
减：折旧	⑧＝40 000＋20 000	表 10－7，表 10－11	60 000
合计	⑨＝⑥＋⑦－⑧		334 000
资产总计	⑩＝⑤＋⑨		439 575.8
流动负债			
应付账款	⑪＝20 952×40％	表 10－5	8 380.8
长期负债			

续表

负债合计	⑫＝⑪		8 380.8
所有者权益			
实收资本	⑬	表10－11	200 000
盈余公积	⑭＝128 520＋102 675	表10－11，表10－12	231 195
所有者权益合计	⑮＝⑬＋⑭		431 195
负债及所有者权益总计	⑯＝⑫＋⑮		439 575.8

注：不考虑利润分配和未分配利润项目。

2. 弹性预算

以上介绍的固定预算具有较强的假设性，通常是假定企业未来一定期间预测的销售量、产量等预算的重要依据是相对可靠和固定的。但是在企业实际经营过程中，市场环境等外部因素存在较多的不确定性，企业内部也有许多不确定性因素，使得企业预测的销售量、产量等通常不是静态、固定的数值，而可能会发生变化，即预算期各项指标，如销售量、售价等都可能会发生变化。由此，企业在预算编制过程中要结合预算期的预计影响因素，充分考虑各预定指标在预算期可能发生的变化，而安排多水平下的预算，即形成弹性预算。从编制结果来看，弹性预算实际上是一套多水平下的固定预算组合。例如，弹性预算安排四个销售量预算水平，每个销售量水平下都可以编制一套固定预算，依据四个销售量水平编制的弹性预算，实际上是多水平固定预算组合。

弹性预算充分考虑预算编制期内各影响因素可能出现的变化，对需要编制预算的各预定指标可能发生的变化设置多种水平的预算组合，由此形成动态适应预算期各种变化的弹性预算。为简化说明，本章着重介绍产销量存在多种水平的弹性预算。

相较于固定预算，弹性预算在实施过程中会面临一定的管理挑战。固定预算在实施中每个预算指标就只有一个给定的预算目标值；弹性预算则不然，每个预算指标可能有多个预算目标值，那么在实施过程中企业需要有效甄别若销售量未达成较高的销售预算目标，反而接近较低的预算目标，是由客观环境造成的，还是因为多水平的弹性预算包含了较高和较低的预算目标，从而使企业内部无法调动起到较高目标的指挥棒作用造成的。因此，弹性预算尽管对环境的适应性较强，但在落实和区分预算责任方面面临一定的现实挑战。

弹性预算也可以在成本性态基础上开展。详见下面的例题。

例10－9①

A公司预算期产品销售单价为200元，单位变动成本为80元，固定成本总

① 模拟实验参见：马元驹，李百兴．管理会计学模拟实验教程．3版．北京：中国人民大学出版社，2016：258.

额为 46 600 元。A 公司充分考虑到预算期产品销售量发生变化的可能，编制出销售量为 1 550 件、1 650 件、1 750 件、1 850 件和 1 950 件时的弹性利润预算表，如表 10－14 所示。

表 10－14　A 公司弹性利润预算表

2×××年　　金额单位：元

预算指标	销量水平 1	销量水平 2	销量水平 3	销量水平 4	销量水平 5
销售量（件）	1 550	1 650	1 750	1 850	1 950
销售收入（单价 200 元）	310 000	330 000	350 000	370 000	390 000
减：变动成本（单位变动成本 80 元）	124 000	132 000	140 000	148 000	156 000
贡献毛益	186 000	198 000	210 000	222 000	234 000
减：固定成本	46 600	46 600	46 600	46 600	46 600
营业净利	139 400	151 400	163 400	175 400	187 400

3. 零基预算

零基预算的全称为以零为基础编制的计划和预算，其主要特点是各项费用的预算编制不受以往费用水平的影响，而是以零为起点，根据预算期企业的实际经营情况，按照各项开支的重要程度来编制预算。

零基预算不同于传统的预算编制方法。传统的做法是在上期预算执行结果的基础上，结合预算期的情况，加以适当的调整。这种预算方法比较简便，但是它以过去的水平为基础，在预算编制中因循沿袭，容易承袭过去的不合理之处，或者是安于现状，造成预算浪费。

零基预算针对传统预算的不足进行改革，它要求对各个业务项目需要多少人力、物力和财力逐个进行估算，并预计其经济效果，在此基础上，按项目的轻重缓急分配预算经费。

零基预算的编制步骤为：

（1）确定预算期的生产经营目标，如利润目标、销售目标或生产目标等，以便各部门制定各项固定费用的支出方案。

（2）对预算期各项费用的支出方案进行成本效益分析及综合评价，权衡轻重缓急，划分成不同等级并排出先后顺序。

（3）按照排出的等级和顺序，根据企业预算期可用于费用开支的资金数额分配资金，落实预算。

例 10－10①

A 公司采用零基预算编制预算期 2×××年度的销售及管理费用预算，基本编制程序如下。

首先，企业销售及管理部门根据预算期利润目标及销售目标等，经讨论研

① 模拟实验参见：马元驹，李百兴．管理会计学模拟实验教程．3 版．北京：中国人民大学出版社，2016：260.

究，确定2×××年发生的费用项目及支出数额为：

保险费	3 000元
广告费	5 000元
租金	1 500元
办公费	7 000元
差旅费	2 000元
培训费	5 000元
合计	23 500元

其次，参照历史经验，对各费用项目中可在决策中改变其支出的酌量性固定成本，如广告费、培训费，进行成本效益分析（如表10-15所示）。

表10-15 成本效益分析表

项目	成本（元）	收益（元）	成本收益率
广告费	1	40	40
培训费	1	25	25

再次，将所有费用项目按照性质和轻重缓急，排出开支等级及顺序。

第一等级：保险费、租金、办公费和差旅费，属于约束性固定成本，为预算期必不可少的开支，应全额得到保证。

第二等级：广告费，属于酌量性固定成本，根据预算期企业资金供应情况酌情增减，但由于广告费的成本收益率高于培训费，因而列入第二等级。

第三等级：培训费，也属于酌量性固定成本，根据预算期企业资金供应情况酌情增减，但由于培训费的成本收益率低于广告费，因而列入第三等级。

最后，如果A公司预算期可用于销售及管理费用的资金数额为21 000元，则可以根据所排列的等级和顺序分配落实预算资金。

第一等级的费用项目所需资金应全额满足：

保险费	3 000元
租金	1 500元
办公费	7 000元
差旅费	2 000元
合计	13 500元

剩余可供分配的资金数额为7 500元（21 000－13 500），按成本收益率的比例分配广告费和培训费，则

$$\text{广告费可分配资金}=7\ 500\times\frac{40}{40+25}=4\ 615(\text{元})$$

$$\text{培训费可分配资金}=7\ 500\times\frac{25}{40+25}=2\ 885(\text{元})$$

零基预算与传统预算方法相比，不是以承认现实的基本合理性为出发点，而是以零为起点，从而避免了原来不合理的费用开支对预算期费用预算的影响，具有能够充分、合理、有效地配置资源，减少资金浪费的优点，特别适用于那些较

难分辨其产出的服务性部门。但是，零基预算的方案评级和资源分配具有较大的主观性，容易引起部门间的矛盾。

4. 滚动预算

滚动预算也称连续预算，它与一般预算的重要区别在于预算期不是固定在某一期间（一般预算的预算期通常是一年，并且与会计年度保持一致），而是每执行完 1 个月的预算，就将这个月的经营成果与预算进行对比，从中找出差异及原因，并据此对剩余 11 个月的预算进行调整，同时自动增加 1 个月的预算，使新的预算期仍旧保持为一年（如图 10－6 所示）。

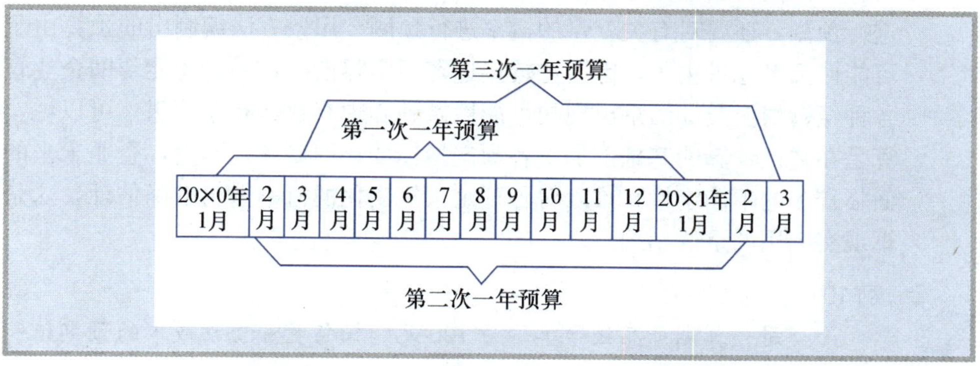

图 10－6　滚动预算示意图

滚动预算基本是按其他的预算方法进行编制的，但是它对近 3 个月内的预算比较详细具体，对后 9 个月的预算则较为笼统，因为远期的市场等因素较难预测。

滚动预算也可以用于战略预算与经营预算的衔接，从而促使企业战略目标落地，其应用原理如图 10－7 所示。

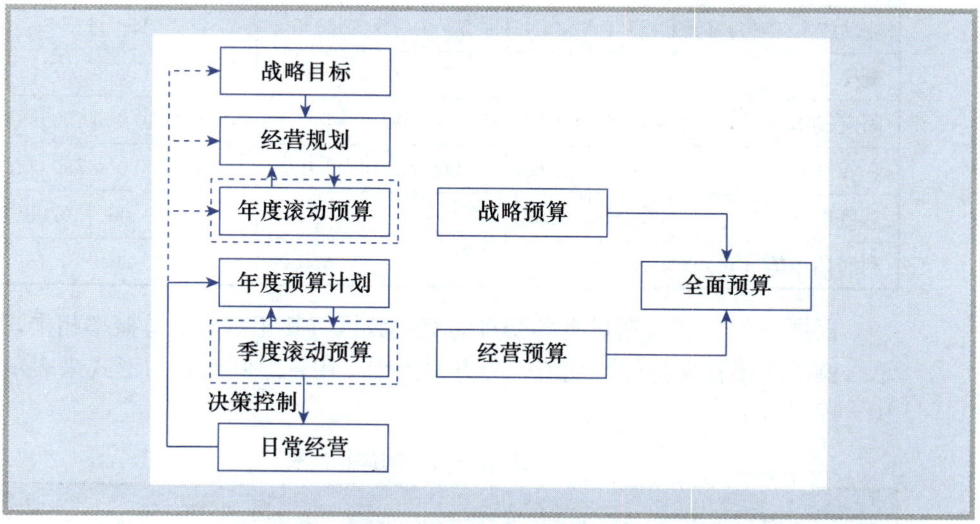

图 10－7　滚动预算和战略预算与经营预算的衔接

滚动预算在执行过程中，可以随时对预算进行调整，从而避免预算期过长导致预算脱离实际、无法指导实际工作。滚动预算保持一年的预算期，使管理者对企业的未来有一个较为稳定的视野，有利于保证企业的经营管理工作稳定有序地推进。但是，滚动预算的延续工作会耗费大量的人力、物力，代价较大。

5. 概率预算

概率预算是为了反映企业在实际经营过程中各预定指标可能发生的变化及其概率而编制的预算。它不仅考虑各因素可能发生变化的范围，而且考虑在此范围内有关数据出现的概率。因此在预算编制过程中，不仅要对有关变量的相应数值进行预测，还要对有关变量的概率进行预测。用该方法编制出的预算由于把各种可能性都考虑进去了，因而比较接近客观实际情况，同时还能帮助企业管理者对各种经营情况及其结果出现的可能性做到心中有数、有备无患。可以说，概率预算是在弹性预算的基础上加上各预定指标变化的概率。不过，企业未来的经营会面临较多的不确定性，难以对各预定指标变化的概率做出准确估计，这是概率预算现实应用的重要制约。

例 10－11

A 公司预算期产品销售单价为 100 元，销售量和变动成本的预期值和相应的概率以及其他有关数据如表 10－16 所示。

表 10－16　基础数据表

销售量（件）	20 000			25 000			30 000		
销售收入（元）	2 000 000			2 500 000			3 000 000		
概率Ⅰ	0.2			0.6			0.2		
变动成本(生产)（元）	50	55	60	50	55	60	50	55	60
变动成本(销售)（元）	5	5	5	5	5	5	5	5	5
概率Ⅱ	0.3	0.4	0.3	0.3	0.4	0.3	0.3	0.4	0.3
固定成本（元）	350 000	350 000	350 000	400 000	400 000	400 000	450 000	450 000	450 000
利润（元）	550 000	450 000	350 000	725 000	600 000	475 000	900 000	750 000	600 000
总概率（Ⅰ×Ⅱ）	0.06	0.08	0.06	0.18	0.24	0.18	0.06	0.08	0.06
利润期望值（元）	600 000								

根据表 10－16，通过将各变量的有关数据与其相对应的总概率相乘，然后汇总，就可求得各变量的预期值。为方便使用，用普通利润表的形式来表示，如表 10－17 所示。

表 10－17　利润预测表　　单位：元

	预期值	变化范围
销售收入	2 500 000	2 000 000～3 000 000

续表

	预期值	变化范围
减：变动生产成本	1 375 000	1 000 000～1 800 000
生产贡献毛益	1 125 000	800 000～1 500 000
减：变动销售费用	125 000	100 000～150 000
产品贡献毛益	1 000 000	700 000～1 350 000
减：固定成本	400 000	350 000～450 000
利润总额	600 000	350 000～900 000

思考题

1. 持“超越预算”观点的人认为：“永远不变的是变化”，以至于“年度预算，编制一年”，预算编制“耗时耗力，得不偿失”。你对此有何感想？怎样才能解决环境变动下的预算管理有效性问题？

2. 哪些企业需要编制全面预算？小企业需要编制预算吗？

3. 一个企业只能采用一种预算编制方法吗？为有效控制企业的经营活动和结果，企业能否结合使用各种预算编制方法？试结合不同类型企业进行思考。

4. 请你设计一个生产车间（成本中心）的预算框架，确定主体指标、辅助指标及其相互关系。

练习题

1. 假设现金期末最低余额为 5 000 元，银行借款起点为 1 000 元，贷款利率为每年 5%，还本时付息。

要求：将下列现金预算的空缺数据按照其内在的联系填补齐全（见表 10－18）。

表 10－18　现金预算　　单位：元

项目	第 1 季度	第 2 季度	第 3 季度	第 4 季度	全年
期初现金余额	4 500				
加：现金收入	10 500		20 000		66 500
可动用现金合计					
减：现金支出					
直接材料	3 000	4 000	4 000		15 000
直接人工		1 500			
间接制造费用（付现）	1 200	1 200	1 200	1 200	

续表

项目	第1季度	第2季度	第3季度	第4季度	全年
销售和管理费用	1 000	1 000	1 000	1 000	4 000
购置设备	5 000	—	—	—	
支付所得税	7 500	7 500	7 500		30 000
现金支出合计	19 000		15 300		64 800
现金结余或不足					
筹措资金					
向银行借款		1 000			
归还借款			5 000	5 000	
支付利息					
期末现金余额		5 800			

2. 某公司1月、2月销售额分别为10万元，自3月起月销售额增长至20万元。公司当月收款20%，次月收款70%，余款在第3个月收回。公司在销售前一个月购买材料，并且在购买后的下个月支付货款，原材料成本占销售额的70%，其他费用均为当前结算且支付现金，如表10-19所示。

表10-19　其他费用　　单位：元

月份	工资	租金	其他费用	税金
3	15 000	5 000	2 000	—
4	15 000	5 000	3 000	80 000

若该公司2月底的现金余额为50 000元，且每月现金余额不得少于50 000元（如果现金不足，则从银行借款）。

要求：根据以上资料编制3月、4月的现金预算。

3. 某公司年末预计下一年的销售收入与当年销售收入相同，均为240万元，全年销售额均衡。

要求：请根据以下信息编制预计利润表和预计资产负债表。

（1）期初、期末最低现金余额为10万元；

（2）销售额的平均收现期为60天；

（3）存货一年周转8次；

（4）应付账款为一个月的购买金额；

（5）各项期间费用总计60万元；

（6）下年年末固定资产净值为50万元；

（7）长期负债为30万元，下年偿还7.5万元；

（8）目前账面未分配利润为40万元；

(9) 实收资本为20万元；

(10) 销售费用为销售额的60%；

(11) 销售费用中的50%为外购原材料成本；

(12) 企业所得税税率为25%；

(13) 目前银行借款中短期借款为2.5万元，预计下一年不新增借款。

第 11 章

Chapter 11 业绩考核

第 11 章思维导图

素养提升

1. 业绩考核是企业运用系统的工具方法，对一定时期内企业营运效率与效果进行综合评判的管理活动。业绩考核一般包括关键绩效指标法、经济增加值法、平衡计分卡等。

2. 绩效评价是企业内部的一项重要管理职能，绩效评价的核心原则是着力于企业的核心竞争力建设，服务于企业的高质量发展。

3. 用什么指标考核、怎么考核，体现不同的管理目的和要求，并引导企业行为发生改变。2023 年，中央企业经营绩效考核指标发生了非常明显的变化，主要经营类考核指标由“两利四率”调整为“一利五率”，用净资产收益率替换净利润指标，用营业现金比率替换营业收入利润率指标，并保留和加强对资产负债率、研发经费投入强度、全员劳动生产率指标的考核，目的在于持续提高企业的可持续发展能力和价值创造能力等。

学习目标

1. 了解以企业为主体的业绩考核指标的优缺点，掌握其与其他考核方法之间的关联。

2. 了解责任和责任中心的实质，掌握不同责任中心的业绩考核指标的应用思路和方法。

3. 了解 EVA 的经济内涵，掌握 EVA 业绩考核的思路和方法。

4. 了解平衡计分卡的基本原理和方法，掌握不同战略下平衡计分卡的应用思路。

11.1　以企业为主体的业绩考核

以企业为主体的业绩考核最初以考核利润为目标，后来以考核净资产报酬率为目标，往往追求企业利润最大化或股东财富最大化。这种考核主要用于企业投资者对企业的业绩考核，也经常用于母公司对子公司、分公司的业绩考核。

11.1 即测即评

11.1.1　基于利润的单项业绩考核指标

由于利润是企业一定期间经营收入和经营成本、费用的差额，反映当期经营活动中投入（所费）与产出（所得）的对比结果，在一定程度上体现了企业经济效益的高低，因而追求利润最大化往往可以给企业利益相关者带来好处。

基于利润的业绩考核指标往往根据考核的需要确定，主要包括销售利润率、成本费用利润率、投资报酬率、净资产报酬率和资产报酬率等，针对上市公司经常采用每股收益、每股股利等指标。

1. 销售利润率

销售利润率是企业一定时期营业利润与营业收入的比率。其计算公式为：

$$销售利润率=\frac{营业利润}{营业收入}\times 100\%$$

销售利润率反映产品或服务的盈利能力，也反映企业的核心竞争力。销售利润率越高，表明产品或服务的市场竞争力和盈利能力越强。在实务中，也经常使用销售毛利率、销售净利率等指标来分析企业经营业务的获利水平。其计算公式分别为：

$$销售毛利率=\frac{销售毛利额}{销售收入}\times 100\%$$

$$销售净利率=\frac{净利润}{销售收入}\times 100\%$$

2. 成本费用利润率

成本费用利润率是企业一定时期利润总额与成本费用总额的比率。其计算公式为：

$$成本费用利润率=\frac{利润总额}{成本费用总额}\times 100\%$$

成本费用利润率是资源消耗的经济效益。成本费用利润率越高，表明企业为取得利润消耗的资源越少；成本费用控制得越好，经济效益越高。

3. 投资报酬率

投资报酬率是企业投资项目年平均利润与项目投资总额的比率，表明企业投资的综合利用效果。其计算公式为：

$$投资报酬率=\frac{年平均利润}{项目投资总额}\times 100\%$$

一般情况下，投资报酬率越高，表明企业的投资效益越好。

4. 净资产报酬率

净资产报酬率又称净资产收益率，是企业一定时期净利润与平均净资产（即平均所有者权益）的比率，反映企业自有资金的投资收益水平。其计算公式为：

$$净资产报酬率=\frac{净利润}{平均净资产}\times 100\%$$

一般认为，净资产报酬率越高，企业自有资金获取收益的能力越强，对企业投资者、债权人利益的保证程度越高。

5. 资产报酬率

资产报酬率是一定时期企业利润总额与平均资产总额之间的比率。计算公式为：

$$资产报酬率=\frac{利润总额}{平均资产总额}\times 100\%$$

在市场经济条件下，企业间竞争日益激烈，企业的资产报酬率越高，说明总资产利用效果越好；反之越差。

11.1.2 基于净资产报酬率的杜邦分析体系

上述评价企业获利能力的单项指标虽然可以从特定的角度衡量影响和决定企业获利能力的不同因素，如销售业绩、资产管理水平、成本控制水平等，却都不足以全面地评价企业的总体财务状况及经营成果。

杜邦分析法是利用几种重要的财务比率之间的关系来综合分析企业财务状况的一种方法，其基本思想是将企业净资产报酬率逐级分解为多个财务比率的乘积，从而相互关联地、全面深入地分析企业的整体财务状况和经营业绩。杜邦分析体系的基本框架如图 11－1 所示。

杜邦分析法的基本思路为：

（1）净资产报酬率取决于资产报酬率及权益乘数。企业财务管理的重要目标之一就是实现股东财富最大化，净资产报酬率正好反映了股东投入资金的获利能力，以及企业筹资、投资和生产运营等各方面经营活动的效率。其中，资产报酬率反映企业运用资产进行生产经营活动的效率高低，而权益乘数则主要反映企业的筹资情况，即企业资金来源结构。

（2）资产报酬率取决于销售净利率及资产周转率。资产报酬率具有很强的综

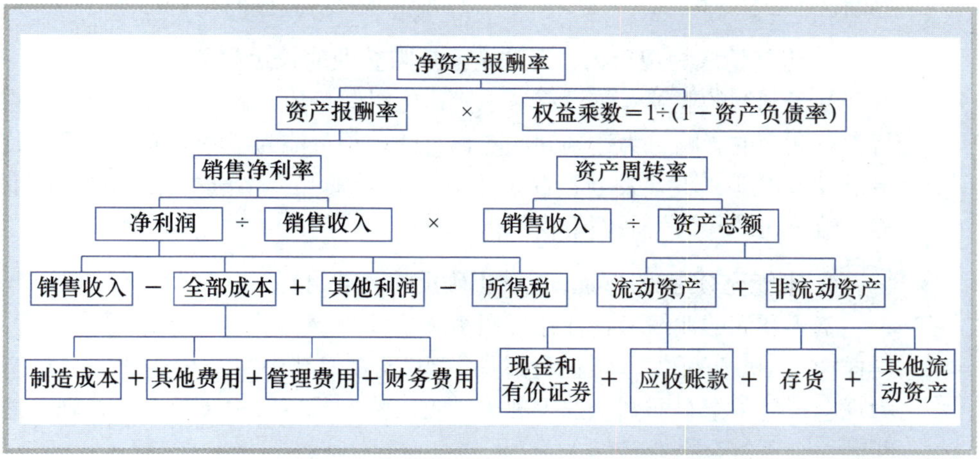

图 11－1 杜邦分析体系

合性，取决于销售净利率和资产周转率的高低。资产周转率反映总资产的周转速度，资产周转率分析需要对影响资产周转的各因素进行分析，以判断影响公司资产周转的主要问题是什么。销售净利率反映销售收入的收益水平，增加销售收入、降低成本费用是提高企业销售净利率的根本途径，扩大销售是提高资产周转率的必要条件和途径。

（3）权益乘数表示企业的负债程度，反映企业利用财务杠杆进行经营活动的程度。资产负债率高，权益乘数就大，说明企业负债程度高，有较多的杠杆利益，但风险也高；反之，资产负债率低，权益乘数就小，说明企业负债程度低，有较少的杠杆利益，但相应所承担的风险也低。

杜邦分析法在揭示上述几种财务比率之间的关系之后，再将净利润、总资产层层分解，以全面系统地揭示企业的财务状况以及各个因素之间的相互关系。它通过几个重要的财务指标之间的关系，直观明了地反映了企业的偿债能力、营运能力、盈利能力及其相互之间的关系，为经营者提供了解决企业财务问题的思路，并为企业提供了财务目标分解、控制的途径。

11.1.3 基于利润的业绩考核的缺点

1. 依赖的是历史信息，无法体现企业未来的发展状况

上述各项指标的计算都是依据财务报表数据，反映的是历史信息，指标的相关性和可靠性受到一定的限制。历史数据仅能反映过去某段时间的结果，缺乏对未来发展状况的体现。

2. 仅反映财务数据，无法全面反映企业的经营状况

众多以利润为导向的考核指标仅仅反映了财务数据，而单凭财务数据往往无法了解管理层主观努力的效果和公司的经营状况。另外，财务数据本身或多或少受到会计准则和管理层盈余管理的影响，仅仅依赖财务数据往往无法做出准确的判断。

3. 可能造成短视行为，无法全面反映企业的长远利益

基于利润的业绩考核没有考虑货币的时间价值，因此，管理层往往重视短期行为对利润的影响，为达到利润考核目的，很可能为了降低成本而不进行技术改造及设备更新、不开发新产品、不处理积压商品、不进行正常的设备维修和保养，给公司的长远发展埋下祸根。

4. 未能充分考虑风险，无法正确反映企业目标

基于利润的业绩考核往往使财务人员不顾风险大小去追求最大利润。例如，同样投入 100 万元，本年获利都是 10 万元，但其中一个企业的获利已全部转化为现金，另一个企业则全部表现为应收账款，若不考虑风险大小，则不能准确判断哪一个更符合企业目标。

11.2 以责任中心为主体的业绩考核

11.2 即测即评

责任中心是指根据其管理权限承担一定的经济责任，并能反映其经济责任履行情况的企业内部责任单位。责任中心可以分为成本（费用）中心、利润中心和投资中心。

11.2.1 内部结算价格

在设置责任中心并考核其责任时，为了分清经济责任，各责任中心之间应当按照等价交换的原则实行"商品交换"。各责任中心之间相互提供产品（或劳务，下同）要按照约定的价格，采用适当的结算方式进行计价结算。计价结算过程中使用的价格称为内部结算价格。

内部结算价格的制定应贯彻公平和效率原则，对具有前后"传递性"关系的责任中心来说，可以使它们在公平、合理、对等的条件下努力工作。

1. 计划制造成本型内部结算价格

计划制造成本型内部结算价格，即以制造成本法下的计划单位成本作为内部结算单价。其优点是：将责任成本核算与产品成本核算有机地联系起来，没有虚增成本的现象；各责任中心占用的资金没有虚增数额，便于资金预算的分解、落实；将责任中心完工产品实际成本与按这类内部结算价格计价的"收入"进行比较，可以明确反映责任中心的成本节约或超支。不足之处是没有与各责任中心真正创造的利润联系起来。

2. 计划变动成本型内部结算价格

计划变动成本型内部结算价格，即以单位产品的计划变动成本作为内部结算单价。其优点是：符合成本性态，能够明确揭示成本与产量之间的关系；能够正确反映责任中心的成本节约或超支，便于合理考核各责任中心的工作业绩；有利于企业及各责任中心进行生产经营决策，可以根据产品变动成本和售价，决定是否接受订货进行生产。不足之处在于产品成本中不包括固定成本，因而不能反映劳动生产率的变化对产品单位成本中固定成本的影响，割裂了固定成本与产量之间的内在联系，不利于调动各责任中心增加产量的积极性。

3. 计划变动成本加计划固定总成本型内部结算价格

计划变动成本加计划固定总成本型内部结算价格，即内部结算价格由两部分构成：一部分是产品的计划变动成本，另一部分是计划固定总成本。采用这类内部结算价格进行结算时，相互提供的产品按照数量和单位产品计划变动成本计价结算，计划固定总成本则按月结算。这类内部结算价格除包含前述计划变动成本型内部结算价格的优点，还因将计划固定总成本从提供产品的责任中心转移给接受产品的责任中心，合理体现了转移产品的劳动耗费，便于各责任中心正确计算产品成本。其不足之处在于较难合理确定计划固定总成本。

4. 计划制造成本加利润型内部结算价格

计划制造成本加利润型内部结算价格，即以单位产品的计划制造成本加上一定比例的计划单位利润作为内部结算单价。其优点是包含一定数量的利润，责任中心在增加产量时，即使没有降低成本，也可以增加利润；有利于调动各责任中心增加产量的积极性，克服前述各种成本型内部结算价格的缺点。不足之处在于计算的利润不是企业真正实现的利润，表现为计划利润与产品成本差异的代数和，如对产品成本差异进行调整会增大产品成本差异率，使产品成本核算不够真实；由于产品成本差异的调整，加大了成本核算工作量，还虚增了各责任中心的资金流入量，使各责任中心的资金占用额虚增，不便于进行资金计划的纵向分解。

5. 市场价格型内部结算价格

市场价格型内部结算价格，即以市场价格作为内部结算单价。其优点是：在提供产品的责任中心的产品能够对外销售，而接受产品的责任中心也可以外购的情况下，以市场价格作为内部结算价格，能够较好地体现公平性原则；各责任中心计算的利润就是企业实现的利润，这有利于促使各责任中心参与市场竞争，加强生产经营管理。其不足之处则是在市场价格不能合理确定的情况下，可能导致各责任中心苦乐不均。

6. 双重内部结算价格

双重内部结算价格，即提供产品的责任中心转出产品与接受产品的责任中心转入产品，分别按照不同的内部结算价格结算，满足各自管理的需要，其差额由会计部门进行调整。例如，成本中心与利润中心相互提供产品，前者可以采用成本型内部结算价格计价，后者可以采用包括利润的内部结算价格计价；又如，采用制造成本法计算产品成本的责任中心与采用变动成本法计算产品成本的责任中心相互提供产品，前者可以采用计划制造成本型内部结算价格计价，后者则可以采用计划变动成本型内部结算价格计价。

11.2.2 成本中心的业绩考核

成本中心只负责控制和报告责任成本，并按照这一要求来确定自己的组织结构和任务。

由于成本中心只对所报告的责任成本或责任费用承担责任，所以成本中心业绩考核的主要指标是标准责任成本、责任成本差异等。责任成本差异是指责任成本实际数额与责任成本预算数额之间的差额，反映了责任成本预算的执行结果。责任成本考核是对责任成本预算指标完成情况所进行的考察、审核，以及对责任成本中心的工作绩效所进行的考核。为此，成本中心业绩考核的主要指标是责任成本增减额、责任成本升降率等。

$$\text{责任成本增减额}=\text{责任成本实际数额}-\text{责任成本预算数额}$$

$$\text{责任成本升降率}=\frac{\text{责任成本增减额}}{\text{责任成本预算数额}}\times 100\%$$

例 11-1

ABC 石化企业的油气勘探与生产分公司下设 E、F、G 三个成本中心，三个成本中心某日的责任成本预算分别为 50 000 元、60 000 元、70 000 元，其可控成本实际发生额分别为 48 500 元、62 500 元、69 500 元。根据上述公式计算得到表 11-1 中的数据。

表 11-1　责任成本预算完成情况表　　单位：元

成本中心	预算	实际	增减额	升降率（%）
E	50 000	48 500	−1 500	−3
F	60 000	62 500	2 500	4.17
G	70 000	69 500	−500	0.71

显然，在三个成本中心中，E 成本中心的实际成本比预算节约 3%，所以 E 成本中心的预算完成情况最好，而 F 成本中心的预算完成情况最差。在对成本中心的预算完成情况考核时应该注意，如果实际产量与预算产量不一致，首先应区分固定成本和变动成本，再按照弹性预算的方法调整预算指标，然后进行上述计算、分析和比较。

责任成本考核通过责任成本差异指标考核各责任成本中心的责任成本预算执行情况。既要考核责任成本预算差异，以揭示各项成本支出水平，评价各责任成本中心降低成本支出的绩效，又要考核责任成本产量差异，以揭示各责任成本中心通过增加产量形成的成本相对节约额，促使责任成本中心寻求降低成本的途径。分析责任成本预算完成情况的方法与责任成本核算的内容和方法密切相关。各职能管理部门主要核算期间费用，因而主要采用差异分析法确定当期期间费用支出总额和各项费用支出的节约或超支额，并分析具体原因。供应部门主要核算材料采购成本，因而主要采用差异分析法确定当期材料采购成本支出总额和各种材料采购成本支出的节约或超支额，并分析具体原因。

11.2.3　利润中心的业绩考核

利润中心包括自然利润中心和人为利润中心两种。自然利润中心具有全面的产品销售权、价格制定权、材料采购权及生产决策权；人为利润中心拥有部分经营权，能自主决定利润中心的产品品种（含劳务）、产品产量、作业方法、人员调配、资金使用等。一般来说，只要能够制定出合理的内部结算价格，就可以将企业大多数生产半成品或提供劳务的成本中心改造成人为利润中心。

对利润中心工作业绩进行考核的重要指标是其可控利润，即责任利润。责任利润一般有三种表现形式：销售毛利、部门贡献毛益和营业利润。

1. 销售毛利

销售毛利是利润中心的可控销售收入减可控销售成本（不包含企业的经营费用）后的余额，能够促使各责任中心的管理者进行有效的成本分析和控制。正是由于销售毛利不包含经营费用，在考核时必须注意由于销售毛利增加而引起的经营费用的增加。如果销售毛利的增加会引起经营费用更大幅度的增加，使企业净收益减少，就违背了目标一致性的原则，是不可取的。

例 11-2

承例 11-1，ABC 石化企业的油品炼制和销售分公司下设两个利润中心 M、N，以销售毛利作为业绩评价指标，利润中心的责任利润计算如表 11-2 所示。

表 11-2　利润中心的责任利润计算表　　单位：元

项目	M 利润中心	N 利润中心	合计
销售净额	435 000	3 131 450	3 566 450
期初存货	90 000	600 000	690 000
本期生产	260 000	2 150 000	2 410 000
减：期末存货	55 000	447 000	502 000
销售成本	295 000	2 303 000	2 598 000
销售毛利	140 000	828 450	968 450

2. 部门贡献毛益

部门贡献毛益＝销售净额－销售成本－部门直接费用

考察部门贡献毛益首先要区分直接费用和间接费用。直接费用是指那些由于特定部门的业务所引起的直接归属于该部门的费用，如生产人员工资、设备折旧、房屋租金等。间接费用是指由企业整体受益而不能直接归属于某一部门的费用，如企业形象设计等。

与销售毛利指标相比，贡献毛益指标有明显的优越性。首先，由于把各部门可以影响和控制的经营费用记到各部门的账上，当这些费用减少时既有利于各利润中心销售毛利的增加，也有利于企业净收益的增加，保持了利润中心目标和企业总目标的一致。例如，企业租用办公室让各部门使用，在考核销售毛利时租金作为共同费用不进行分配，就会导致各部门为了方便、舒适多占用面积，而不考虑节约费用；反之，如果对各部门考核贡献毛益，将租金作为直接费用按照各部门的占用面积分配，则会促使各部门自觉考虑如何充分利用可使用面积。其次，采用贡献毛益指标还有利于高层管理者进行部门间的横向比较，当某一部门亏损时，只要它能够创造贡献毛益，在没有更优方案的前提下就应该保留。

例 11-3

承例 11-2，ABC 石化企业的油品炼制和销售分公司下的直接人员工资、产品宣传费、设备折旧费为直接费用，可以直接归属于两个利润中心 M、N；其余各项均为间接费用，不再分配。以部门贡献毛益为评价指标，利润中心的责任利润计算如表 11-3 所示。

表 11-3 利润中心的责任利润计算表 单位：元

项目	M 利润中心	N 利润中心	合计
销售净额	435 000	3 131 450	3 566 450
减：销售成本	295 000	2 303 000	2 598 000
销售毛利	140 000	828 450	968 450
减：部门直接费用	72 870	441 940	514 810
其中：人员工资	44 050	208 000	252 050
产品宣传费	11 925	88 950	100 875
设备折旧费	16 895	144 990	161 885
部门贡献毛益	67 130	386 510	453 640

3. 营业利润

营业利润＝销售净额－销售成本－部门直接费用－部门间接费用

营业利润是在部门贡献毛益基础上减去各部门应负担的全部营业费用的余额。采用营业利润作为考核评价指标，克服了销售毛利指标带来的利润中心目标和企业目标不一致的问题。但是，由于企业发生的管理费用都是间接为各部门产品生产和销售服务的，例如管理人员工资、办公费用以及管理用设备的折旧费用，这些费用不能直接确认、归属于某一部门，只能根据企业的具体情况，采用适当的比例进行分配。

例 11-4

承例 11-3，ABC 石化企业的间接费用按照 3∶7 的比例加以分配，以营业利润为评价指标，利润中心的责任利润计算如表 11-4 所示。

表 11-4 利润中心的责任利润计算表 单位：元

项目	M 利润中心	N 利润中心	合计
销售净额	435 000	3 131 450	3 566 450
销售毛利	140 000	828 450	968 450
部门贡献毛益	67 130	386 510	453 640
减：间接费用	88 935	207 515	296 450
其中：管理人员工资	18 750	43 750	62 500
办公费用	13 350	31 150	44 500
设备折旧费用	56 835	132 615	189 450
合计	−21 805	178 995	157 190

进行责任利润预算完成情况的分析，主要是将各利润中心的实际责任利润与责任利润预算进行比较，确定责任利润的增加或减少，进一步分析增收或减收的具体原因。

分析责任利润预算完成情况的方法与责任利润核算的内容密切相关。人为利润中心的责任利润是生产过程中创造的利润，其内部销售收入按内部结算价格计价，剔除了价格变动对责任利润的影响，因而，影响责任利润变动的因素主要是内部销售数量、销售成本以及销售品种结构的变动。采用因素分析法可以确定各因素变动对责任利润的影响程度。不完全的自然利润中心的责任利润虽然是实际实现的利润，但不包括各项不可控因素，因而不是最终实现的利润。由于产成品按照内部结算价格计价，剔除了销售成本变动对责任利润的影响，销售税金按计划税率计算，剔除了销售税率变动对责任利润的影响，因而，影响责任利润变动的因素主要是销售数量、销售价格、销售品种结构以及销售费用的变动。采用因素分析法可以确定各因素变动对责任利润的影响程度。完全的自然利润中心的责任利润是实际实现的利润，其分析方法与企业利润的分析方法相同。

11.2.4 投资中心的业绩考核

投资中心是企业最高层次的责任中心，它拥有最大的决策权，也承担最大的责任。投资中心必然是利润中心，但利润中心并不都是投资中心。利润中心没有投资决策权，在考核利润时不考虑所占用的资产。

投资中心既要考核其收益状况，也要结合投入资金全面衡量投资报酬率的高低和投资效果的好坏。投资中心一般考核投资报酬率和剩余收益。

1. 投资报酬率

投资报酬率是投资中心一定时期的营业利润和该期间的投资占用额之比。该指标反映通过投资返还的价值，是企业从一项投资中得到的经济回报。该指标既能揭示投资中心的销售利润水平，又能反映资产的使用效果，其计算公式为：

投资报酬率＝营业利润/投资占用额

=(营业利润/销售收入)×(销售收入/投资占用额)

=销售利润率×资产周转率①

例 11-5

承例 11-4，ABC 石化企业设油田勘探与生产、油品炼制和销售、化工产品生产与销售三个投资中心 X、Y、Z。各投资中心的投资报酬率计算如表 11-5 所示。

表 11-5　投资报酬率计算表　　金额单位：元

项目	X 投资中心	Y 投资中心	Z 投资中心
营业收入	475 000	180 000	390 000
营业利润	39 500	24 000	32 500
投资占用额	490 000	115 000	290 000
投资报酬率（%）	8.06	20.87	11.21

进一步分析，可以将各投资中心的业绩进行分解。

X 投资中心投资报酬率=(39 500/475 000)×(475 000/490 000)

=8.06%

Y 投资中心投资报酬率=(24 000/180 000)×(180 000/115 000)

=20.87%

Z 投资中心投资报酬率=(32 500/390 000)×(390 000/290 000)

=11.21%

X、Z 两个投资中心的销售利润率都约为 8.3%，但是由于 Z 投资中心的资产周转率要高于 X 投资中心，因此最终 Z 投资中心获得了高于 X 投资中心的投资报酬率。而 Y 投资中心的销售利润率和资产周转率均高于 X、Z 投资中心，因此获得了最高的投资报酬率，从而在三方比较中胜出。

投资报酬率综合反映了投资中心的经营业绩，作为一个相对数指标，可以用于不同的投资中心的横向比较，不同规模企业之间的比较以及同一企业不同时期的比较。投资报酬率的缺陷在于可能导致管理者拒绝接受超出企业平均投资报酬率但低于该投资中心现有报酬率的投资项目，有损企业的整体利益。此外，由于管理层想方设法减少经营成本和管理费用以提升投资报酬率，可能会减少企业未来增长所必需的投资，如研发费用的投入等，从而损害企业的长远利益。

2. 剩余收益

剩余收益是指投资中心的利润扣减其投资占用额（或净资产占用额）按规定（或预期）的最低收益率计算的投资收益后的余额，是一个部门的营业利润超过其预期最低收益的部分。计算方法为：

剩余收益=部门贡献毛益-部门投资资产应计收益

① 公式中资产周转率有关的资产是投资占用额。

=部门贡献毛益-部门投资占用额×最低收益率

例 11-6

某企业有 X、Y、Z 三个投资中心，预期最低收益率为 10%，三个投资中心的剩余收益计算如表 11-6 所示。

表 11-6　剩余收益计算表

单位：元

项目	X 投资中心	Y 投资中心	Z 投资中心
营业利润	48 000	79 000	65 000
投资占用额	230 000	980 000	580 000
最低投资收益	23 000	98 000	58 000
剩余收益	25 000	-19 000	7 000

由表 11-6 可以看出，X、Z 投资中心获得了超过预期收益的超额收益，投资效益显著；而 Y 投资中心没有获得预期收益，投资失败。

剩余收益和投资报酬率可以起到互补作用，剩余收益弥补了投资报酬率的不足，可以使投资中心的利益与企业整体利益取得一致，并且剩余收益允许不同的投资中心使用不同的风险调整资本成本。剩余收益最大的不足之处在于，不能用于两个规模差别比较大的投资中心的横向比较。

需要强调的是，责任业绩考核并非只局限于上述财务指标。事实上，所有责任中心均会有重要的非财务业绩考核指标，如商品或劳务的质量、经营周期、顾客满意度、员工满意度和市场占有量等。这些非财务指标的重要性因责任中心的划分而各不相同。即使在同一类责任中心，由于各个部门权责范围的差异，重要性也会有所不同。这就要求基于各责任中心的具体特征进行详细的分析。

11.3　基于 EVA 的业绩考核

经济增加值（economic value added，EVA），是美国思腾思特咨询公司于 1982 年提出并实施的绩效测量概念。它是基于税后净营业利润和产生这些利润所需全部资本投入的总成本（即资本成本）而计算得到的。此后，以经济增加值概念为基础的绩效评价方法和激励报酬制度逐渐发展开来，并被许多世界知名的公司采用，作为绩效评价的一部分。

11.3 即测即评

11.3.1　EVA 的计算

经济增加值作为一项绩效指标，有许多不同的版本，在一般意义上，经济增加值是对税后净营业利润进行一系列调整，并减去资本成本后得到的指标，用以考量企业在一定期间创造的股东财富的“净增量”（不包含股东的投入和向股东的分红），由此经济增加值的概念同以亚当·斯密为代表的古典经济学家提出的经济利润的概念在本质上是一脉相承的。

$$EVA=NOPAT-C\times WACC=(RONA-WACC)\times C$$

式中，$NOPAT$ 为调整后的税后净营业利润；C 为调整后的资本（即全部资本的经济价值，包括权益资本和债权资本）；$RONA$ 为资产收益率；$WACC$ 为企业加权平均资本成本。

可见，EVA 取决于上述几个变量，即可以通过增加税后净营业利润、减少资本占用或者降低加权平均资本成本来提高 EVA。EVA 管理在于寻找价值创造的有效途径。

上述模型表明，EVA 是超过资本成本的那部分价值，反映股东价值的增量；企业不能单纯追求经营规模，更要注重自身价值的创造。一般来说，EVA 大于零，意味着营业利润减去整个企业的资本成本后，股东投资得到的净回报为股东创造价值，否则就形成价值毁灭。EVA 的值越大，表明管理者的业绩越好。企业 EVA 持续增长意味着公司市场价值的不断增加和股东财富的增长，从而实现股东财富最大化的财务目标。

11.3.2 EVA 的调整

经济增加值计算的基本模型揭示了企业经济利润的本质，但其最终数值还需要以传统会计利润为基础对影响价值表现的相关项目进行如下调整（增加或扣除某些项目），以消除根据会计准则编制的财务报表对公司真实情况的扭曲。

1. 税后净营业利润的确定

经济增加值计算中的税后净营业利润（NOPAT）不同于利润表列示的税后净利润，是对税后净利润进行一系列调整（一般要进行 5～15 项调整）后得到的。常见的调整项目有：研发费用、广告营销支出、培训支出、无形资产、战略投资、商誉、资产处置损益、重组费用、收购、存货估值、坏账准备、经营租赁、税费等。对税后净利润进行调整是为了完整、科学地反映管理业绩。从经济学的观点来看，凡是对公司未来利润有贡献的现金支出都应算作投资，而不是计入成本、费用。因此，EVA 不鼓励以牺牲长期业绩的代价来夸大短期效果，而是鼓励企业进行能够带来长远利益的投资。

我国国务院国有资产监督管理委员会（以下简称国务院国资委）规定，税后净营业利润按下列公式调整计算：

$$\text{税后净营业利润}=\text{净利润}+\left(\text{利息支出}+\begin{matrix}\text{研究开发}\\\text{费用调整项}\end{matrix}-\begin{matrix}\text{非经常性}\\\text{收益调整项}\end{matrix}\right)\times(1-25\%)$$

从公式可以看出，税后净营业利润的计算强调：

(1) 经济增加值计算的基础是税后营业利润，而不是税后利润，不应包括所有与营业活动无关的收支、营业外收支及补贴收入等非经常性收支。因此，要在净利润的基础上做若干项目的调整，使 EVA 只体现经营活动的业绩，剔除非经营活动对管理层业绩评判的影响。

（2）利息支出是指企业财务报表中“财务费用”项下的“利息支出”，不包括资本化了的利息。税后净营业利润的计算不扣除债务的资本成本（即利息），是经调整的息前税后营业利润。因为投入资本的成本已经包括了债务的利息支出，如果计算税后净营业利润时再扣除这一部分，就会导致利息支出的重复扣除，从而使 EVA 的计算不准确。

（3）研究开发费用调整项是指企业财务报表中的研究开发费用和当期确认为无形资产的研究开发支出。会计准则要求公司把研究开发费用计入当年的成本，而 EVA 则建议把研究开发费用资本化并在适当的时期内分期摊销，体现了“保值、增值”的要求，从而反映研究开发的长期经济效益，有利于鼓励经营者进行新产品的开发。对于为获取国家战略资源、勘探投入费用较大的企业，经国务院国资委认定后，将其成本费用情况表中的“勘探费用”视同研究开发费用调整项按照一定比例（原则上不超过 50%）予以加回。

（4）非经常性收益调整项包括：

第一，变卖主业优质资产收益。如减持具有实质控制权的所属上市公司股权取得的收益（不包括在二级市场增持后又减持取得的收益）；企业集团（不含投资类企业集团）转让所属主业范围内且资产、收入或者利润占集团总体 10%以上的非上市公司资产取得的收益。

第二，主业优质资产以外的非流动资产转让收益。如企业集团（不含投资类企业集团）转让股权（产权）收益，资产（含土地）转让收益。

第三，其他非经常性收益。如与主业发展无关的资产置换收益、与经常活动无关的补贴收入等。

2. 资本的确定

资本是指投入企业的全部资本，包括所有者权益和债权人权益。由于科学考核的需要，经济增加值公式中的资本并不是所有者权益和债权人权益的简单相加，要做相应的调整：

$$\text{调整后资本} = \text{平均所有者权益} + \text{平均负债合计} - \text{平均无息流动负债} - \text{平均在建工程}$$

从公式看，主要做两项调整：

（1）无息流动负债。无息流动负债是指不计算利息的负债，对应企业财务报表中“应付票据”“应付账款”“预收款项”“应交税费”“其他应付款”“其他流动负债”；对于因承担国家任务等原因造成“专项应付款”“特种储备基金”余额较大的，可视同无息流动负债扣除。将无息流动负债从资本总额中减除，不作为经济增加值计算的基础，是为了鼓励经营者尽量利用集团外部的非银行的各种结算资金，合理管理净营运资产。

（2）在建工程。是指企业尚未完工的工程建设项目，对应财务报表中符合主业规定的“在建工程”。在建工程由于没有完工，无法提供现实的生产能力，因而投入资金不能满足盈利要求。如果计算 EVA 时将其计入占用资金总额，会使 EVA 计算值偏低，导致管理当局抵制固定资产的建造。

3. 资本成本率的确定

资本成本率反映资本的社会平均盈利要求。对综合经营的企业（如大型、非专业的企业集团）而言，资本成本率应以社会平均利润率为基础确定；对专业经营的企业以及行业特征显著的企业而言，资本成本率应以行业平均利润率为基础确定。

按照国务院国资委的要求，资本成本率应分情况而定：

（1）中央企业资本成本率原则上定为 5.5%。

（2）承担国家政策性任务较重且资产通用性较差的企业，资本成本率定为 4.1%。

（3）资产负债率在 75%以上的工业企业和 80%以上的非工业企业，资本成本率上浮 0.5 个百分点。

（4）资本成本率确定后，三年保持不变。

确定经济增加值计算公式，关键的一步就是根据企业的具体情况，确定应对哪些项目进行调整。但各个公司的情况有所不同，有些项目调整对于某些行业的企业非常必要，而对其他行业的企业并不重要。需要考虑各公司的组织结构、业务组合、战略和会计政策，量身定做。

11.3.3 EVA 的基本理念

EVA 源于剩余收益（RI，等于税后净营业利润减去资本成本），其基本思想在 1776 年亚当·斯密的《国富论》和 1777 年罗伯特·汉密尔顿的《商品导论》中就已经出现。1890 年，英国著名的古典经济学家阿尔弗雷德·马歇尔在《经济学原理》中提出了“经济利润”的概念：只有在净利润基础上减去资本以现行利率计算的利息，才能获得实际意义上的利润。剩余收益的概念在 20 世纪早期的会计理论文献和 20 世纪 60 年代的管理会计文献中也出现过。

管理大师彼得·德鲁克 1995 年在《哈佛商业评论》发表文章指出，EVA 的基础是我们长期以来一直熟知、称为利润的东西，也就是企业为股东剩下的金钱，从根本上说是利润。只要一家公司的利润低于资本成本，公司就处于亏损状态，尽管公司仍要缴纳所得税，好像公司盈利了一样。相对于消耗的资源来说，企业对国民经济的贡献太少。在创造财富之前，企业一直在消耗财富。许多公司往往只关心常规的会计利润。会计利润只扣除了债务利息，完全没有考虑股东资本的成本。股东资本的成本只有像债务资本的成本一样被扣除后，剩下的才是股东真正的利润。

例如，利润从 100 万元增加到 500 万元，好不好？利润率由 15%提升到 25%，好不好？传统上人们认为好，因为利润额和利润率都多了。但此时至少产生两个问题：一是投资多少？二是必要回报率水平如何？

EVA 充分考虑了投入资本、资本的机会成本以及利润的扭曲，具有以下突出特点。

第一，EVA 从资本提供者角度出发，度量资本在一段时期内的净收益。只有净收益高于资本的社会平均收益（资本“保值”需要的最低收益），资本才能增值。企业会计利润衡量的是企业一段时间内产出和消耗的差异，而不关注资本的投入规模、投入时间、投入成本和投资风险等重要因素。

第二，EVA 度量的是资本的社会利润，而不是具体资本在具体环境中的个别利润，这使 EVA 度量有了统一的标尺，体现了企业对所有投资的平等性。

以 EVA 作为考核指标的目的就是促使经营者像所有者一样思考，从而使二者的利益趋于一致。对经营者的奖励是他为所有者创造的增量价值的一部分，于是，经营者的利益与所有者的利益挂钩，可以鼓励他们采取符合企业最大利益的行动，并在很大程度上缓解因委托代理关系而产生的道德风险和逆向选择，最终降低管理成本。

11.3.4　EVA 的实质内涵

EVA 只是考核指标吗？显然，这种理解十分狭隘。EVA 是四个“M”！

案例 11－1

2015 年甲企业集团进行中高级管理者的财务培训。在预算管理的讨论中，集团财务总监提出，在现实中预算管理没法做，比如资金预算，因为各个单位都在高报资金需求。以甲企业集团为例，其下属有 A、B、C 三家子公司，在预算会议上 A、B、C 公司提出的资金需求分别为 500 万元、800 万元和 1 500 万元（如图 11－2 所示）。

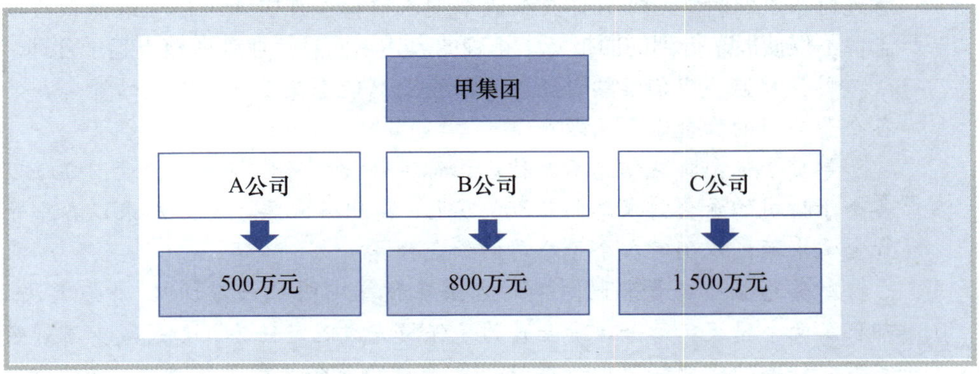

图 11－2　各子公司资金需求

集团财务总监认为各子公司提出的资金需求有较大水分，而各子公司认为自己提出的资金需求是合理的，怎么解决这一问题？

1. EVA 是理念体系（mindset）

第一，EVA 是一种将价值创造置于所有管理活动核心的企业文化。从实质上讲，经济增加值是企业可持续投资收益超过资本成本的盈余，反映企业的核心盈利能力和核心竞争力，也是企业价值管理的基础和核心。因此，EVA 成为企业计划、决策和经营关注的焦点，是每个员工利益的体现和切实保障，成为每个员工的责任。

第二，EVA 强调企业管理必须以提高 EVA 为目标。在管理中强调必须以价值最大化为目标，以经济增加值管理理念、管理决策和流程再造为重点，通过价值判断、管理提升、考核激励、监测控制等管理流程的制度化、工具化，对影响企业价值的相关因素进行控制。

第三，EVA 强调企业所有营运功能都要从提高企业 EVA 出发。各部门在正确理解 EVA 的基础上形成自动合作的机能，强调全员管理、全过程管理、全面管理，任何单位和个人的行为都会影响 EVA 的结果。

学员小李：既然你发现各子公司提出的资金需求有较大水分，那你可以和他们谈啊，摆事实、讲道理嘛！

财务总监：没用。当你和他讲第一点时，他有五个理由在等着你，你说不过他。

学员小张：这倒也是，他在过程中，而你在过程外，信息不对称。

显然，如果各讲各的理，就无法形成将价值创造置于所有管理活动核心的企业文化中，在个体利益最大化面前，企业利益被损害了。

2. EVA 是考核指标（measurement）

考核体系是实施价值管理的保障，是坚持正确导向，实现资本保值、增值的主要抓手。在使用 EVA 考核时，企业要结合内部不同板块、不同发展阶段的特点，科学设定资本成本率，从严把握经济增加值计算调整项，推进差异化考核，平衡当期回报与可持续发展。要强化短板考核，从关键价值驱动因素中选取短板指标纳入考核体系，确定具有挑战性的目标，持续改善。要推动组织绩效和个人绩效的有效结合，将经济增加值考核指标逐级分解，层层落实考核责任。例如，对传统收入概念进行一系列调整，将所有资本成本纳入核算，并引入可接受最低投资回报的概念，不仅使股东得到的回报有了正确的表述，而且使业绩考核更趋于合理。

财务总监：我们继续讨论。如果企业只能募集 2 000 万元的资金，怎么解决各个子公司的资金需求问题？

学员小张：既然信息不对称，谁都不让步，可以将可用资金 2 000 万元除以各个子公司的资金需求总额 2 800 万元，得出分配率，再分别乘以各个子公司的资金需求额，以确定各个子公司的资金预算。

财务总监：这看来最简单的方法在预算中叫“一刀切”，看似解决了问题，却犯了两个错误：第一，资金是为了保障完成既定任务，如果减少了资金，就有完不成任务的借口和理由。第二，更严重的是会造成管理者的行为扭曲。例如，A 公司的老总很实在，需要 500 万元就报 500 万元，那么按比例缩减的结果是钱不够用，完不成任务挨批了。但 C 公司的老总很圆滑，需要 1 000 万元却报 1 500 万元，那么按比例缩减的结果是钱富裕，不仅完成任务受到表扬，而且钱花得痛快。于是，A 公司老总向 C 公司老总学，最终结果是所有子公司的领导都会高报资金需求，集团公司领导看到的数据就是假的，基于假的数据怎么做出正确的决策呢？

学员小王：那怎么才能解决这个问题呢？

财务总监：正确的做法是考核 EVA。如果本行业的平均报酬率为 15%，各个子公司本年利润指标增加数分别为 75 万元（500×15%）、120 万元（800×15%）、225 万元（1 500×15%）。如果 A、B、C 三个子公司本年新增税后净营业利润分别为 75 万元、120 万元和 165 万元，则

A 公司 EVA＝75－500×15%＝0
B 公司 EVA＝120－800×15%＝0
C 公司 EVA＝165－1 500×15%＝－60(万元)

A、B 公司考核合格，C 公司考核不合格。

3. EVA 是激励制度（motivation）

创新激励机制是价值管理的基本动力，是权责利相统一、业绩考核与奖惩紧密挂钩的重要方向。

第一，企业在坚持考核薪酬分配基本制度的前提下，要以管理团队、核心业务骨干为主要对象，积极探索与经济增加值紧密挂钩的任期激励和中长期激励机制，更好地留住关键人才，更加注重企业的可持续发展。

第二，通过 EVA 奖励计划，使企业管理者在为股东着想的同时，像股东一样得到报酬。EVA 奖励计划的主要特征：一是只对 EVA 的增加提供奖励；二是不设临界值和上限；三是按照计划目标设奖；四是设立奖金库；五是不通过谈判，而是通过公式确定业绩指标。这样的奖励计划使管理者更关注公司业绩的改进。

第三，EVA 帮助管理者将两个最基本的财务原则（企业价值最大化，投资者的预期利润能否超过资本成本）纳入决策中。过去奖金与利润挂钩的激励办法忽略了资本成本的概念，而利用 EVA 设计激励计划，便于管理人员更关注资产及其收益，并能够像投资者一样思考和工作。

学员小王：这样做，虽然能够解决“一刀切”的问题并能够正确考核绩效，但用什么方法才能激励各个子公司这样做呢？

财务总监：建立以 EVA 考核为基础的激励制度。假设经营者的薪酬由生活费、基本年薪和 EVA 奖金构成。当 EVA>0 时，经营者薪酬＝生活费（假设每月 800 元）＋基本年薪（假设每年 30 万元）＋EVA 奖金（假设按 EVA 的 10%计算）；EVA<0 时，经营者薪酬＝生活费；EVA＝0 时，经营者薪酬＝生活费＋基本年薪。A、B 公司考核合格，A、B 公司总经理的总收入由生活费和基本年薪构成；而 C 公司考核不合格，C 公司总经理的总收入只有生活费。这时，经营者的利益和股东的利益是一致的：你给股东创造了价值，得到的就多；你给股东造成了损失，也将受到惩罚。

4. EVA 是管理体系（management）

企业要以资本成本为基准，深入企业生产经营的不同层级和不同环节，将影响经济增加值的构成要素从财务指标向管理和操作层面逐级分解，绘制出要素全、可计量、易识别的价值树，揭示价值形成的途径。要注重运用科学的分析方法，从纷繁复杂的价值树指标中识别出反应灵敏、影响重大的关键价值驱动因素。要从关键价值驱动因素出发，选取国内外优秀企业作为标杆，找出差

距、分析原因，明晰价值管理的薄弱环节。要针对诊断出来的问题，完善战略、预算、执行等方案，形成价值提升策略及与决策过程相统一的、完整的企业管理体系。

财务总监：由于经营者对自身利益的关注，他会采取增加 EVA 的措施。例如，C 公司因需要 1 000 万元而报 1 500 万元导致总经理的自身利益受到损害时，他就会按实际需要报 1 000 万元。于是，该公司增加的考核利润就不再是 225 万元，而是 150 万元。由于 EVA＝0，总经理的总收入将包括生活费和基本年薪。我不用再和他谈资金问题了，他会根据实际需要报资金需求。又如，如果 A 公司需要 500 万元但只报 300 万元，另外的 200 万元通过占用供应商或顾客的资金来解决，那么该公司增加的考核利润就只有 45 万元。但由于实际运用总资金仍然是 500 万元，实现税后净营业利润 75 万元，EVA＝75－45＝30 万元。由于 EVA＞0，总经理的总收入将包括生活费、基本年薪及 EVA 奖金（800×12＋300 000＋300 000×10%＝339 600 元）。这样，就可以促使各个子公司从增加税后净营业利润、减少资本占用、降低资本成本三个方面入手，实现科学管理。

11.4 基于平衡计分卡的业绩考核

11.4 即测即评

以收益为基础的财务数据只能衡量过去决策的结果，却无法评估未来的绩效表现，容易误导企业未来发展方向。同时，当财务指标作为企业绩效考核的唯一指标时，容易使经营者过分注重短期财务结果。在一定程度上，使经营者变得急功近利，有强烈动机操纵报表上的数字，而不愿就企业长期目标进行资本投资。将目光投向公司的战略计划和未来发展，成为业绩考核的重大转变。

这一转变表现为，以战略目标为导向，通过指标间的各种平衡关系以及战略指标或关键指标的选取来体现企业的战略要求，其最大特点在于引入了非财务指标。

11.4.1 平衡计分卡的产生

平衡计分卡（balanced score card，BSC），是由哈佛商学院的罗伯特·卡普兰和诺朗诺顿研究所所长大卫·诺顿提出的从公司战略角度对部门进行考核的一种全新的组织绩效管理方法。

平衡计分卡以公司战略为导向，寻找能够驱动战略成功的关键成功因素，建立与之密切联系的指标体系来衡量战略实施过程，并进行必要的修改以维持战略成功。

平衡计分卡并非认为财务指标不重要，而是认为需要取得一个平衡：短期收益与长期收益的平衡，财务指标与非财务指标的平衡，外部计量（股东与客户）和内部计量（内部流程、创新与人员等）的平衡。传统上过分强调财务指标往往导致企业内部关系的失衡（见图 11－3），对企业的战略实施和长期发展不利。

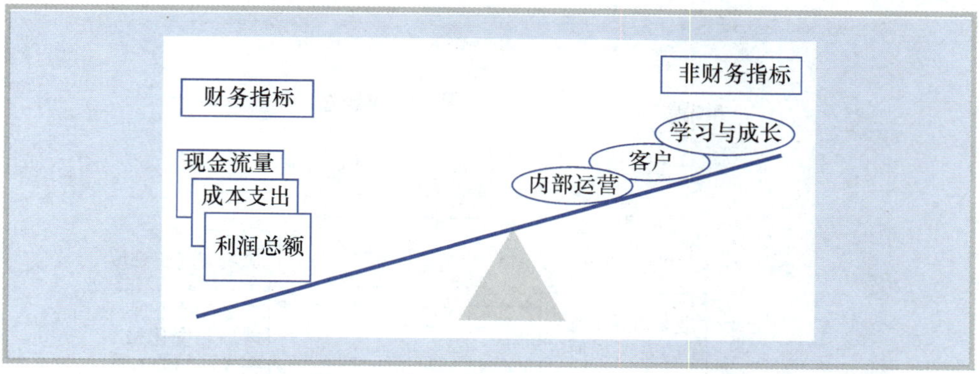

图 11－3　财务指标与非财务指标的失衡

平衡计分卡主要是通过财务与非财务考核手段之间的相互补充，使绩效考核上升到组织的战略层面，成为组织战略的实施工具，同时在定量评价和定性评价之间、客观评价和主观评价之间、指标的前馈指导和后馈控制之间、组织的短期增长与长期增长之间、组织的各个利益相关者之间寻求平衡，在此基础上完成绩效管理与战略实施过程。平衡计分卡将战略置于中心地位，并使管理者看到了公司绩效的广度与总额。

11.4.2　平衡计分卡的基本框架

平衡计分卡并没有否定传统战略和评估方法，而是对其进一步发展和改进，把企业的使命和战略转变为目标和各种指标。在保留财务维度目标和指标的基础上，加上了客户、内部运营、学习与成长三个维度。① 平衡计分卡通过四大维度指标体系的设计来阐明和沟通企业战略，促使个人、部门和企业的行动方案协调一致，以实现企业价值最大化和长期发展的目标。其基本框架如图 11－4 所示。

(1) 财务维度。平衡计分卡要求企业的战略实施最终带来财务维度的目标实现和财务指标（如利润）的改善，非财务指标（如质量、生产时间、生产率和新产品等）的改善是实现财务目标的手段，而不是目的本身。财务指标衡量的主要内容包括：收入的增长和结构、降低成本、提高生产率、资产的利用和投资战略等。

(2) 客户维度。平衡计分卡要求企业将使命和战略诠释为具体的与客户相关的目标和要点，在这个过程中企业应当关注是否满足核心客户的需求，而不是企图满足所有客户的偏好。客户最关心的不外乎五个方面：时间、质量、性能、服务和成本。企业必须基于不同的战略在这五个方面确立清晰的目标，然后将这些目标细化为具体的指标。客户维度指标衡量的主要内容包括：市场份额、老客户挽留率、新客户获得率、客户满意度、从客户处获得的利润率等。

① 罗伯特·卡普兰，大卫·诺顿．平衡计分卡：化战略为行动．广州：广东经济出版社，2004.

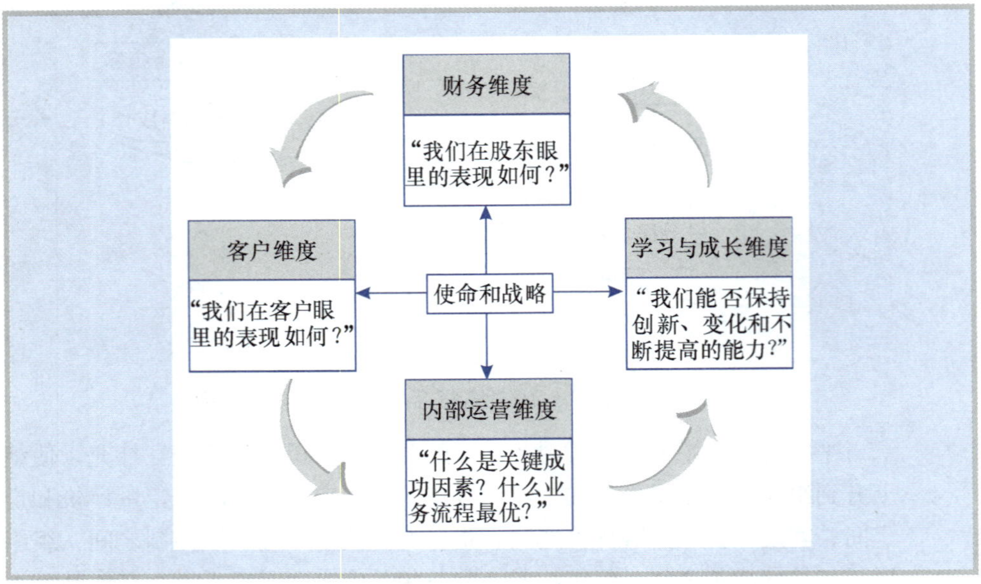

图11-4 平衡计分卡的四个维度

（3）内部运营维度。通常是在制定财务和客户维度的目标与指标后，才制定企业内部运营维度的目标与指标，这个顺序使企业能够抓住重点，专心衡量那些与股东和客户目标息息相关的流程。内部运营绩效考核应以对客户满意度和实现财务目标影响最大的业务流程为核心，一般来说，既包括短期的现有业务的改善，又涉及长远的产品和服务的革新。内部运营维度指标主要涉及企业业务流程和管理流程的改良、创新过程，经营过程和售后服务过程等。

（4）学习与成长维度。学习与成长维度的目标为其他三个维度的目标实现提供了基础架构，是驱使上述三个维度获得卓越成功的动力。面对激烈的全球竞争，企业现有的技术和能力已无法确保其不断实现未来的业务目标。尤其是在知识、技术和人工智能深刻影响未来的情况下，削减对企业学习与成长能力的投资虽然能在短期内增加财务收入，但由此造成的不利影响将在未来给企业带来沉重打击。学习与成长维度指标主要涉及员工的能力、信息系统的能力以及激励、授权与相互配合等。

在平衡计分卡的发展过程中特别强调描述战略背后的因果关系，借助客户维度、内部运营维度、学习与成长维度评估指标的完成，从而达到最终的财务目标。平衡计分卡四个维度之间的关系如图11-5所示。

11.4.3 平衡计分卡的运用

1. 基于低成本战略的平衡计分卡应用

低成本战略是企业为赢得价格竞争而追求行业内成本领先地位的竞争战略。企业采用该种战略能够获得成本优势，获得高于行业平均水平的收益，从而在竞争中受到更多的保护。

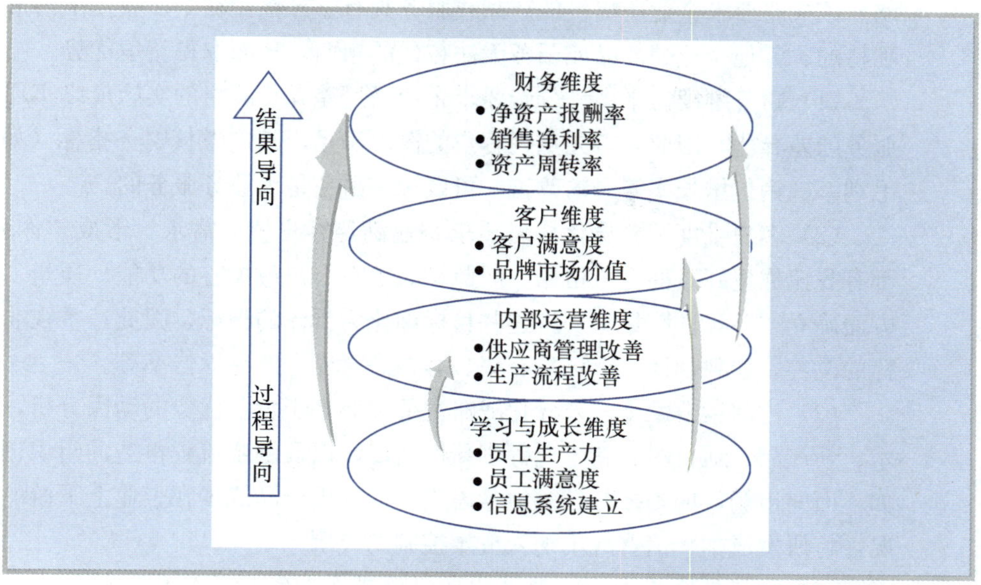

图 11－5 平衡计分卡四个维度之间的关系

（1）财务维度。平衡计分卡要求企业通过低成本战略的实施最终实现行业内成本领先的地位和财务指标（如成本降低额、成本降低率、标准成本、利润等）的改善，非财务指标（如工时利用率、设备利用率、材料利用率、劳动生产率等）的改善保障了行业内成本领先地位的实现。

（2）客户维度。低成本战略要求企业在满足客户核心需求的同时，不断降低成本，节约费用。因此，必须在客户最关心的价格、质量、服务等方面确立清晰的目标，将这些目标细化为具体的指标，如市场占有率、老客户挽留率、新客户获得率、客户满意度等。

（3）内部运营维度。低成本战略的目标是最大限度地降低成本，以赢得价格竞争。内部运营主要强调基于现有产品的成本动因分析以降低成本，如扩大经营规模以实现规模经济，采用技术革新降低单位产品消耗的材料或人工。此时，通过实际成本与标准成本的差异分析来控制成本一般可满足需要，采用的方法多为标准成本法、定额成本法、责任会计等。

（4）学习与成长维度。正确理解成本的内涵，把握有效降低成本的途径和方法，是保障低成本战略获得成功的内在动力。基于管理需要的成本分类，从更多的视角寻找降低成本的可能。此时，多采用功能成本分析、质量成本管理等方法。

基于低成本战略的平衡计分卡强调财务结果，客户、内部运营、学习与成长三个维度都是为了实现行业内成本领先地位，主次关系十分明确。

2. 基于差异化战略的平衡计分卡应用

差异化战略是企业通过追求产品或服务的独特个性赢得市场竞争的竞争战

略。该战略要求企业所提供的产品或服务具有差异性，在全产业范围内形成一些独特的、其他企业的产品或服务无法替代的东西，从而取得竞争优势。

（1）财务维度。平衡计分卡要求企业通过差异化战略的实施最终实现产品或服务的差异化，因此，首先重视客户的需求满足，其次考核财务指标（如 EVA、毛利率、销售增长率等）的改善。可以说，财务是为业务服务的。

（2）客户维度。差异化战略要求企业满足客户核心需求，形成"你无我有，都有我比你更好"的竞争格局。因此，必须在客户最关心的功能、质量、服务等方面确立"差异性"目标，将这些目标细化为具体的指标。因此，重视非财务指标的改善，如独创性、市场占有率、客户满意度、产品返修率等。

（3）内部运营维度。差异化战略主要强调基于竞争优势的动因分析，如新技术、新产品、新材料、新工艺等创新性活动，以及围绕流程再造的组织创新。例如，面向市场，成本控制较多地考虑生命周期中产品成本在企业上下游的分布情况，将研发成本、消费成本纳入成本控制的范围。

（4）学习与成长维度。差异化战略要求企业掌握不断创新的能力，更新知识、提升技术，广泛深入地利用 AI 进行产品规划和组织变革，把握未来需求发展的基本脉络。此时，人力资源管理成为企业优化管理的重要基础。

基于差异化战略的平衡计分卡更加强调过程管理，客户、内部运营、学习与成长三个维度是实现差异化战略的根本，财务是为过程服务的。

11.4.4 平衡计分卡的发展

平衡计分卡既是一种战略管理工具，也是一种战略管理思想。平衡计分卡的四个维度形成了一系列的因果关系链，每个维度中的衡量指标都形成了一套逻辑链，这些关系链将企业的战略所期望的结果和获得这些结果的驱动因素结合起来。将这些关系链整合在一起就形成了基于平衡计分卡的战略管理地图。①

战略管理地图可以帮助企业用连贯、系统和整体的方式来看待企业的战略，有助于企业更精确地定位客户的价值取向，增进内部运营活动能力，增强学习与成长能力，最终实现股东价值最大化的目标。

当然，由于不同企业处于不同的行业，不同企业采用的战略不一样，因此企业的战略管理地图千差万别。总体来说，比较统一的模板如图 11－6 所示。

① 罗伯特・S. 卡普兰，大卫・P. 诺顿. 战略中心型组织：如何利用平衡计分卡使企业在新的商业环境中保持繁荣. 北京：人民邮电出版社，2004.

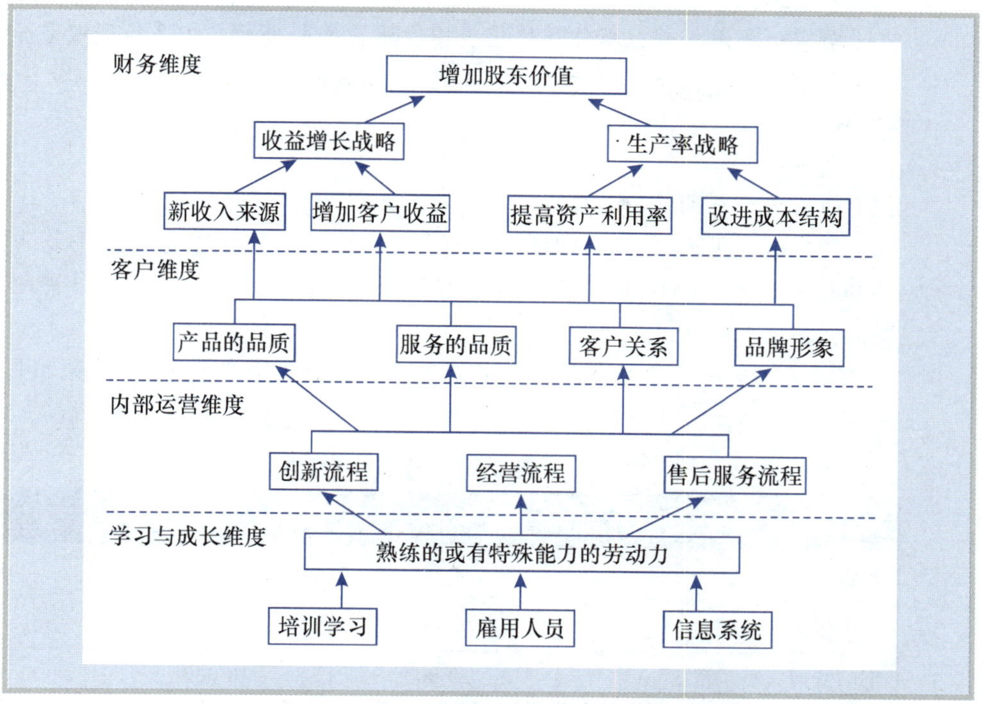

图 11-6　战略管理地图

思考题

1. 如果企业的利润率由 10%提高到 15%，作为投资人，你将如何进行评价？你认为利润率指标在评价中有何缺点？

2. 考核评价指标从基于利润到剩余收益再到经济增加值的发展说明了什么？

3. 投资中心应设置哪些业绩考核指标？这些指标之间有什么关系？

4. 如何理解成本可控与否是相对的？这与责任中心所处管理层次的高低、管理权限的大小以及控制范围的大小有直接关系吗？

5. 经济增加值考核的是企业利润吗？

6. 如何看待业绩考核要兼顾财务指标和非财务指标？

练习题

1. 甲公司有关财务比率数据见表 11-7。

表 11-7　财务比率数据表

时间	净资产报酬率	资产报酬率	权益乘数	销售净利率	资产周转率
2×22 年		7.39%	2.02	4.53%	
2×23 年	12.12%		2.02		2

要求：利用杜邦分析体系填出表中空格数据并进行2×23年度效益分析。

2. 假设一个分部的营业利润是500 000元，营运资产平均占用额是2 000 000元。

要求：

(1) 该分部的投资报酬率是多少？

(2) 假设另一个分部的营业利润是3 000 000元，营运资产平均占用额是30 000 000元。计算该分部的投资报酬率，并说明哪个分部做得更好，给出理由。

3. 某公司有三个业务部门：电脑产品事业部、软件产品事业部、IT服务事业部。各业务部门的业绩报告如表11-8所示。

表11-8 分部业绩报告

单位：元

项目	电脑产品事业部	软件产品事业部	IT服务事业部
销售	100 000	50 000	70 000
生产成本	50 000	25 000	30 000
部门管理人员工资	20 000	10 000	30 000
广告费	10 000	20 000	5 000
分摊的房屋折旧	1 000	1 000	2 000
分摊的总公司管理费用	10 000	5 000	15 000
利润	9 000	−11 000	−12 000

其中，房屋折旧和总公司管理费用属于固定费用，短期内不会发生变化。

由于上表显示软件产品事业部和IT服务事业部的利润都为负数，有人提议裁掉这两个部门，以增加公司总利润。

要求：

(1) 裁掉这两个亏损部门能否增加公司总利润？

(2) 关于事业部的裁减决策，你能否提出一个更好的建议来增加公司总利润？

第12章
Chapter 12 企业管理会计报告

第12章思维导图

素养提升

1. 2019年，中国共产党第十九届中央委员会第四次全体会议公报将数据列为生产要素。在企业数字化转型的过程中，管理会计报告的数智化是重要的改革抓手，财务会计人才了解和掌握数智化技术应用的过程也是在持续提升个人职业素养，成为复合型管理人才的过程。

2. 管理会计报告作为财务管理和业务运营场景相结合的信息产品，对企业的决策和管理很重要。随着云计算、人工智能、区块链等数智化技术的发展和应用，新技术改变了管理会计报告的内容、形式以及生成的过程。企业借助这类新的分析与呈报工具，可以比运用传统的软件工具组合（如Excel加Power Point）更敏捷、高效、动态地呈现价值创造的来龙去脉，也令报告使用者清晰了解管理会计报告的内容，从而推动企业提高动态决策能力。

3. 推进数智化技术应用于管理会计报告的发展，提升管理会计报告生成者将数智化技术同专业内容相结合的职业能力。

学习目标

1. 了解管理会计报告的概念，在相互联系的基础上掌握管理会计报告与财务会计报告的区别。

2. 了解管理会计报告的分类及其与前述各章内容的关联。

3. 了解管理会计报告的不同形式，掌握不同管理会计报告的内容和作用。

12.1 企业管理会计报告概论

12.1 即测即评

在企业经营管理实践中，各类管理报表或管理报告由来已久，通常服务于企业经营分析、管理活动。其中，以运用管理会计工具方法为主的各类报表以及报告，被统称为管理会计报告。在概念上，企业管理会计报告是通过在事前、事中和事后提供信息和分析意见的方式支持决策和运营管理，涉及许多具体的报告类型和主题内容[①]。用管理会计报告这一概念对企业实践中各式各样的管理会计分析总结加以统御概括，有助于更好地理解各类管理会计信息的决策有用性和参与管理活动的有用性。所以，如本书第1章所介绍，报告作为管理会计循环的关键环节，为企业各层级进行规划、决策、控制和评价等管理活动提供有用信息。同时，出具各类管理会计报告，也是开展管理活动的重要组成部分。管理会计报告在企业实践中的发展，一则体现了会计信息服务于企业管理决策的重要性；二则说明了管理会计信息的呈现方式越来越重要。

12.1.1 管理会计报告的定义

由于管理会计报告是面向企业内部的报告，管理会计报告不同于财务会计报告，没有会计准则统一的内容要素与形式要求。在理论上，管理会计报告的概念、内容要素，以及管理会计报告体系等基本问题尚未形成统一认识。

根据财政部2017年发布的《管理会计应用指引第801号——企业管理会计报告》：管理会计报告是指企业运用管理会计方法，根据财务和业务的基础信息加工整理形成的，满足企业价值管理和决策支持需要的内部报告。从内容产出来看，企业内部准备、呈报的各类管理会计报告归根结底是基于企业的运营管理场景，运用管理会计工具方法而产生的专业化信息产品。从具体的实践应用来看，管理会计报告并不受会计基本假设的约束，其内容和形式比统一规范的财务会计报告更为灵活，可以容纳财务和非财务计量的多种信息，也可以是不按自然年度开展的各类非定期报告。所以，管理会计报告无论是内容还是形式在实践应用中都较为丰富。企业可以通过管理会计报告设计和打造一个上下联通的信息渠道，使管理者的决策和员工的执行在瞬息万变的经营环境下始终朝向公司战略，持续地提升公司价值。

12.1.2 管理会计报告与财务会计报告

管理会计报告和财务会计报告既有区别，又有联系。其联系体现在：第一，二者均以企业经营活动为基础，通过财务信息以及非财务信息为企业内外的利益

① 戴璐，殷华祥．数智化技术驱动下管理会计报告的改进与创新．管理会计研究，2021（3）：6-14+87.

相关者提供决策支持，是现代会计信息系统的重要组成部分。第二，管理会计报告弥补了财务会计报告的不足。管理会计报告更详尽和具体地揭示了企业运营管理、战略实施等各个方面，而且不受到会计准则的约束，更为灵活和多样地满足企业运营或管理的需要。相比之下，财务会计报告有一套规范的概念、准则、原则体系，使得不同企业的会计信息可比，便于信息使用者比较分析，但也限制了企业各级管理者根据运营管理等需要灵活机动地加工和使用信息。第三，管理会计报告与财务会计报告互相影响和促进。相当一部分管理会计报告的出具在采集数据时也会摘取或引用经过审计鉴证的财务会计报告数据，并基于此开展相应数据的进一步加工，如企业绩效报告。此外，企业在财务会计报告中自愿披露的部分（如管理层讨论与分析）也可能会基于内部管理会计报告中的信息而开展披露，如财务会计报告中分产品、分地区的利润披露。所以，管理会计报告并非完全独立于财务会计报告，也不是与财务会计报告并行不悖的另一套内部呈报体系。

管理会计报告同财务会计报告的区别体现在：二者在编制基础、服务对象、报告内容、报告的范围、报告的期间、计量方式、信息类型、规范要求等方面存在诸多差异。二者之间的区别也是管理会计与财务会计之间的区别的具体体现。表 12－1 展示了管理会计报告与财务会计报告的区别。

表 12－1　管理会计报告与财务会计报告的区别

项目	管理会计报告	财务会计报告
编制基础	财务信息和非财务信息	财务信息为主
服务对象	服务于对管理会计信息有需求的各个层级、各个环节的管理者	主要服务于外部使用者
报告内容	不限于反映企业整体的经营活动情况，可以根据决策需要对某个局部、某个细节、某个流程、某个产品、某个责任人等编报各类相关信息	主要反映企业整体的财务状况、经营成果和现金流量情况
报告的范围	不限于历史信息，将影响企业未来决策的重要信息都纳入报告范围	主要反映历史信息
报告的期间	可以根据管理的需要和管理会计活动的性质设定报告期间。一般应以日历期间（月份、季度、年度）作为企业管理会计报告期间，也可以根据特定需要设定企业管理会计报告期间	定期编制，以月份、季度、年度作为会计报告期间
计量方式	不限于货币计量	货币计量
信息类型	数据信息与非数据信息并重，根据管理决策需要选取不同的信息类型	主要披露财务会计的数据信息，非数据信息只是数据信息的补充
规范要求	格式灵活	受会计准则等相关制度的规范，格式统一

总体上，管理会计报告服务于企业的决策和经营管理活动，需要与财务会计报告相结合，充分利用财务会计信息系统产生的数据，并结合企业内部各项运营管理的需求灵活多样地进行数据加工、提供与管理会计有关的信息，由此也从报

告这个环节具体体现了管理会计是“经理人会计”（managerial accounting）。

12.1.3 企业管理会计报告的编报原则

为适应支持管理决策的需要，管理会计报告在报告内容、信息类型、表现形式等方面均有极大的弹性。这种弹性使得管理会计报告能够根据决策需要进行适当创新，这种常变常新也意味着需要更加明确管理会计报告的编报原则，以保证管理会计报告聚焦于支持管理决策、提升企业价值。管理会计报告的编报原则，是指在管理会计报告的设计、编制、传递等过程中需要遵循的基本原则。

1. 责任匹配原则

管理会计报告的使用者是企业内部各个层级的管理者，他们依据各自管理权限承担不同的经济责任。报告的内容应该与之匹配，针对不同责任中心的管理者提供不同的信息。这使得责任中心的管理者能够根据报告对其可控成本和收入做出正确的决策。管理会计报告应该从报告使用者的视角而不是会计人员的视角来设计和提供。施工现场的管理者与总部办公室的管理者所需要的信息差异巨大。集团公司总经理关注的是整体的运行情况，子公司总经理关注的是子公司的业绩，低层的管理者可能更关注现场工作的每位员工的表现。

2. 重要原则

为了避免管理者信息过载，日常经营活动中的常规事宜应交由规范或常设的流程予以控制。随着企业的成长，规模不断扩大、组织结构和运营管理日益复杂，管理者不可能深入关注和管控每个细节，在这种情况下管理会计报告需要遵循重要性原则，重点突出那些更需要管理者关注的情况，包括金额重要以及性质重要的经营活动或管理事项等，同时对进展符合预期、比较顺利的情况与进展不符合预期、需要管理者重点关注的情况区别开。例如，制造成本超过标准成本20%显然是异常或是在管理会计报告中需要重点分析和报告的情形，而制造成本偏离标准成本0.1%相对而言就不应该是管理会计报告的重点。

3. 比较原则

只披露实际发生的数据往往不能直接服务于管理决策，实际数据应该与一定的参照对象进行比较，这样才能使信息使用者更好地对情况做出判断。常见的参照对象包括预算值、事先确定的标准、历史数据、行业数据等。管理会计报告中应揭示重要的趋势和联系。例如，不仅报告期末各类存货的数量，而且报告各类存货数量变化的趋势，还揭示存货数量上升与销售情况、供应链管理情况之间的联系。

4. 及时原则

管理会计报告应该及时提供。由于管理决策本身的动态性，支持管理决策的信息必须及时。滞后提供的报告与没有提供报告一样对决策毫无用处。故此，企业需要确定管理会计报告提供的频率，针对不同类型的信息采用不同的方式和频率。

5. 标准化原则

为了降低管理会计报告所提供信息的复杂性，减少信息传递过程中的信息扭曲和理解偏差，便于管理者理解和准确把握，管理会计报告应尽可能地标准化。所谓标准化主要是指管理会计报告的风格、设计、篇幅、数据口径、名词界定等。由于管理会计报告服务于决策、价值创造的目的，其内容、指标等要随着管理决策的需要而动态调整。故此，标准化并不意味着绝对固化，而是在保证决策支持目的得以实现的前提下，保持信息基本要素的相对稳定，使管理者更便捷地使用报告信息。

6. 清晰原则

所谓清晰，一是指信息准确，二是指信息简单明晰，可理解性强。报告所提供的信息必须准确地反映与之相关的业务活动，否则就会导致决策失误。报告的信息应该简单明晰，避免使用过于技术性的会计术语，复杂的报表和细节可以略去或者放在附件备查。报告的设计能够让报告使用者付出最小的努力就掌握所有重要的情况。作为这一原则的延伸，随着管理者层级的提高，报告所提供的数据应该以更概要的形式提供。车间主任和负责生产的副总经理都需要生产制造方面的信息，但负责生产的副总经理责任区域更大，故需要信息的细致深入程度也不同。不能为了创设管理会计报告这一管理工具，而人为将其复杂化。报告应尽可能简化，提供最少而不是最多的信息。对高层管理者的管理会计报告尤其如此，这种报告常以一个简单的摘要开始，其余部分包括大量的支持性细节作为备查，不一定非要报告使用者阅读。为了使报告简单明晰、便于理解，对于不那么直白易懂的内容，一般都会有一些解释性的评论。这些解释性的评论用来提醒报告使用者注意某些重要情况，简要解释发生某种状况的原因，指出已经采取的对策，提出未来可以采取的措施。

7. 成本收益原则

管理会计报告的使用收益要大于信息的制造、存储和使用成本。在不影响使用的情况下，片面追求报告外在形式的美观没有价值。对于常规性的定期报告，报告编制是一个程序化的过程，成本收益原则主要在初始设计时应用。对于涉及特殊情况的特别报告，是否提供报告，提供何种详略程度和准确程度的报告，都应考虑其成本和相关收益。

12.2 企业管理会计报告的基本分类

企业管理会计报告可以按照多种标准进行分类，包括但不限于：按照企业管理会计报告使用者所处的管理层级可以分为战略层管理会计报告、经营层管理会计报告和业务层管理会计报告；按照企业管理会计报告内容不同可以分为综合企业管理会计报告和专项企业管理会计报告；按照管理会计功能可以分为管理规划报告、管理决策报告、管理控制报告和管理评价报

12.2 即测即评

告；按照责任中心可以分为投资中心报告、利润中心报告和成本中心报告；按照报告主体整体性程度可以分为企业整体报告、总部报告和分部报告等。

12.2.1 战略层管理会计报告

战略层是指企业的最高决策层，其决策直接影响企业的成败，且其影响会长期存在，如企业的市场定位、重大融资决策、投资决策、商业模式选择、经营战略等。战略层关注企业如何进行资源配置，需要充分了解宏观经济环境和产业政策，把握行业未来发展前景，准确分析企业的资源优势。因此，战略层管理会计报告并不需要细微和局部的信息，而是需要全局性、综合性的信息，能够揭示未来发展前景、帮助制定战略的信息，以及对战略执行情况进行反馈、帮助进一步优化资源配置的信息。

战略层管理会计报告是为战略层开展战略规划、决策、控制和评价以及其他方面的管理活动提供相关信息的对内报告。战略层管理会计报告的对象是企业的战略层，包括股东大会、董事会和监事会等。战略层管理会计报告包括但不限于战略管理报告、综合业绩报告、价值创造报告、经营分析报告、风险分析报告、重大事项报告、例外事项报告等。这些报告可独立提交，也可根据不同需要整合后提交。

（1）战略管理报告。报告的内容一般包括内外部环境分析、战略选择与目标设定、战略执行及其结果，以及战略评价等。战略管理报告一般是在SWOT分析、价值链分析等战略分析基础上，侧重于本企业与竞争对手的优劣对比，列示获取竞争优势的要素（如产品、市场份额、定价、成本、产量等方面的信息），依此制定企业竞争战略、设定竞争目标、规划战略执行的路径和方法、进行战略评价。

（2）综合业绩报告。报告的内容一般包括关键绩效指标预算及其执行结果、差异分析以及其他重大绩效事项等。综合业绩报告是在设定竞争目标的基础上，基于获取竞争优势的要素确定关键绩效指标，依此编制战略预算（通常表现为企业的资本预算），在战略执行中对预算执行结果进行差异分析，并修订和完善战略。

（3）价值创造报告。报告的内容一般包括价值创造目标、价值驱动的财务因素与非财务因素、内部各业务单元的资源占用与价值贡献，以及提升公司价值的措施等。

（4）经营分析报告。报告的内容一般包括经营决策执行情况回顾、本期经营目标执行的差异及其原因、影响未来经营状况的内外部环境与主要风险分析、下一期的经营目标及管理措施等。

（5）风险分析报告。报告的内容一般包括企业全面风险管理工作回顾、内外部风险因素分析、主要风险识别与评估、风险管理工作计划等。

（6）重大事项报告。是针对企业的重大投资项目、重大资本运作、重大融资、重大担保事项、关联交易等事项进行的报告。

（7）例外事项报告。是针对企业发生的管理层变更、股权变更、安全事故、自然灾害等偶发事项进行的报告。

12.2.2　经营层管理会计报告

经营层是指企业的中层管理人员，其决策是对企业整体战略的分解和落实，负责把战略层的宏大战略落实执行。经营层需要对接战略层，根据战略层的战略意图进行本管理层级的管理，保证其部门的顺畅运行和资源的合理使用。经营层的管理特点决定了其既需要概括性的总体信息，也需要细节性的信息。有关成本、收入、资产、绩效、投资等方面的信息都是这一层级需要关注的。这一层级的管理决策具有日常性，因此经营层管理会计报告使用的频率较高，内容比战略层管理会计报告更为细致和详尽。

经营层管理会计报告是为经营管理层开展与经营管理目标相关的管理活动提供相关信息的对内报告。经营层管理会计报告主要包括全面预算管理报告、投资分析报告、项目可行性报告、融资分析报告、盈利分析报告、资金管理报告、成本管理报告、绩效评价报告等。

（1）全面预算管理报告。报告的内容一般包括预算目标制定与分解、预算执行差异分析以及预算考评等。

（2）投资分析报告。报告的内容一般包括投资对象、投资额度、投资结构、投资进度、投资效益、投资风险和投资管理建议等。

（3）项目可行性报告。报告的内容一般包括项目概况、市场预测、产品方案与生产规模、厂址选择、工艺与组织方案设计、财务评价、项目风险分析，以及项目可行性研究结论与建议等。项目可行性报告通常由投资等业务部门编制，财务部门主要负责其中的财务评价、项目风险分析。

（4）融资分析报告。报告的内容一般包括融资需求测算、融资渠道与融资方式分析及选择、资本成本、融资程序、融资风险及其应对措施和融资管理建议等。融资分析报告可以以企业为主体编制，也可以以工程或项目为主体编制。

（5）盈利分析报告。报告的内容一般包括盈利目标及其实现程度、利润的构成及其变动趋势、影响利润的主要因素及其变化情况，以及提高盈利能力的具体措施等。企业还应对收入和成本进行深入分析。盈利分析报告可基于企业集团、单个企业，也可基于责任中心、产品、区域、客户等进行。如上市公司的盈利预测就属于盈利分析报告的一种。

（6）资金管理报告。报告的内容一般包括资金管理目标、主要流动资金项目（如现金、应收票据、应收账款、存货）的管理状况、资金管理存在的问题以及解决措施等。企业集团资金管理报告的内容一般还包括资金管理模式（集中管理还是分散管理）、资金集中方式、资金集中程度、内部资金往来等。

（7）成本管理报告。报告的内容一般包括成本预算、实际成本及其差异分析、成本差异形成的原因以及改进措施等。

（8）绩效评价报告。报告的内容一般包括绩效目标、关键绩效指标、实际执行结果、差异分析、考评结果，以及相关建议等。绩效评价报告可以以企业或责任中心为主体编制，其关键绩效指标可以是利润、利润率、EVA等，编制方法可以基于财务指标也可以基于财务指标和非财务指标的结合（如平衡计分卡）。

12.2.3 业务层管理会计报告

客户分析管理会计报告

业务层是指企业的基层管理人员，其决策非常具体，即时性很强。这一层级的管理者最终执行了企业的各项政策和战略，真正决定了企业产品的销售、机器的利用、成本的耗费等，如车间主任、采购主管、销售主管等。业务层所面对的决策非常具体，所需要的信息也非常具体细致，因此业务层管理会计报告非常具体，甚至需要反映每个生产工人、每个销售人员、每条生产线、每台设备的详细信息。也就是说，业务层管理会计报告应做到内容具体，数据充分。

业务层管理会计报告是为企业开展日常业务或作业活动提供相关信息的对内报告。其报告的对象是企业的业务部门、职能部门以及车间、班组等。业务层管理会计报告应根据企业内部各部门、车间或班组的核心职能或经营目标进行设计，主要包括研究开发报告、采购业务报告、生产业务报告、配送业务报告、销售业务报告、售后服务业务报告、人力资源报告等。

（1）研究开发报告。报告的内容一般包括研发背景、主要研发内容、技术方案、研发进度、项目预算等。研究开发报告通常由研究开发部门根据竞争战略、经营目标、对技术和产品的需要编制，主要负责研发背景、主要研发内容、技术方案、研发进度等技术层面的工作；财务部门主要负责基于技术发展的项目预算（按研发项目进度给予资金支持）和研发绩效评价。

（2）采购业务报告。报告的内容一般包括采购业务预算、采购业务执行结果、差异分析及改善建议等。采购业务报告通常由采购部门编制，重点反映采购质量、数量以及时间、价格等方面的内容；财务部门主要负责基于业务部门的采购业务活动的成本计算和资金管理。

（3）生产业务报告。报告的内容一般包括生产业务预算、生产业务执行结果、差异分析及改善建议等。生产业务报告通常由生产部门编制，重点反映生产成本、生产数量以及产品质量、生产时间等方面的内容；财务部门主要负责基于生产部门的生产经营业务活动的成本计算和资金管理。

（4）配送业务报告。报告的内容一般包括配送业务预算、配送业务执行结果、差异分析及改善建议等。配送业务报告要重点反映配送的及时性、准确性以及配送损耗等方面的内容，如妥投率就应该成为配送业务报告的关键绩效指标。

（5）销售业务报告。报告的内容一般包括销售业务预算、销售业务执行结果、差异分析及改善建议等。销售业务报告通常由销售部门编制，重点反映销售的数量结构和质量结构等方面的内容；财务部门应重点关注应收账款周转率和销售收现率等的管理。

（6）售后服务业务报告。报告的内容一般包括售后服务业务预算、售后服务业务执行结果、差异分析及改善建议等。售后服务业务报告重点反映售后服务的客户满意度等方面的内容。

（7）人力资源报告。报告的内容一般包括人力资源预算、人力资源执行结果、差异分析及改善建议等。人力资源报告通常由人力资源管理部门编制，重点反映人力资源使用及考核等方面的内容；财务部门应重点关注人力资源的效果评价。

很多业务层管理会计报告是以非财务信息为主的，它们包含的信息对企业至关重要，比如关于企业创新、客户满意度等。一方面，管理会计部门需要与其他职能部门相配合以获取相关信息；另一方面，管理会计师应该拓宽自己的视野，不能仅关注会计知识。不熟悉业务流程和管理重点，就无法很好地完成管理会计报告工作。管理会计报告中常见的非财务信息包括以下三个方面。客户方面：每月新客户数量及变动趋势；新产品销售数量及变动趋势；主要客户购买份额及其变化情况；对客户提供服务的响应时间及与竞争者的比较情况；不同渠道获取客户的数量及变化趋势。创新方面：新产品开发所需要的时间及与竞争者的比较情况；开发新流程的时间。市场方面：市场份额及变动趋势；新客户（老客户）满意度及变动趋势；市场覆盖率及变动趋势。

在互联网大潮中，对于一些新兴的平台型企业，诸如平台注册用户数量、活跃用户数量、客户转化率等都是重要的非财务信息，是业务层管理会计报告的重要内容。

12.3 企业管理会计报告的呈报与常见形式

管理会计报告的呈报形式是为内容服务的。有时同样的内容，用不同的形式表述会带来不同的效果。管理者的偏好也是影响会计报告形式的重要因素，有的管理者偏好数字细节，有的则觉得图表的形式更直观。为了突出某些内容，倡导组织变革或战略重构，有的企业会采用不同于以往的管理会计报告形式，以彰显其理念和精神。常见的管理会计报告形式有：

12.3 即测即评

1. 图表式报告

图表式报告比单纯的数字更直观，使得变化趋势或者数据之间的关系更为清晰易懂。图表可以让读者把握主要因素之间的关系，或者直接切中要害之处，但图表往往不能准确测定数据。如果希望报告阅读者对某个事件留下深刻印象或关注大的趋势，图表式报告是很好的选择。曲线图、折线图、柱形图、饼形图、鱼骨图等都是图表式报告的可能选择。图12-1是描绘经营成果的直方图，图12-2是利润饼状分析图，图12-3为成本费用占比折现图，图12-4是利润构成分析鱼骨图。

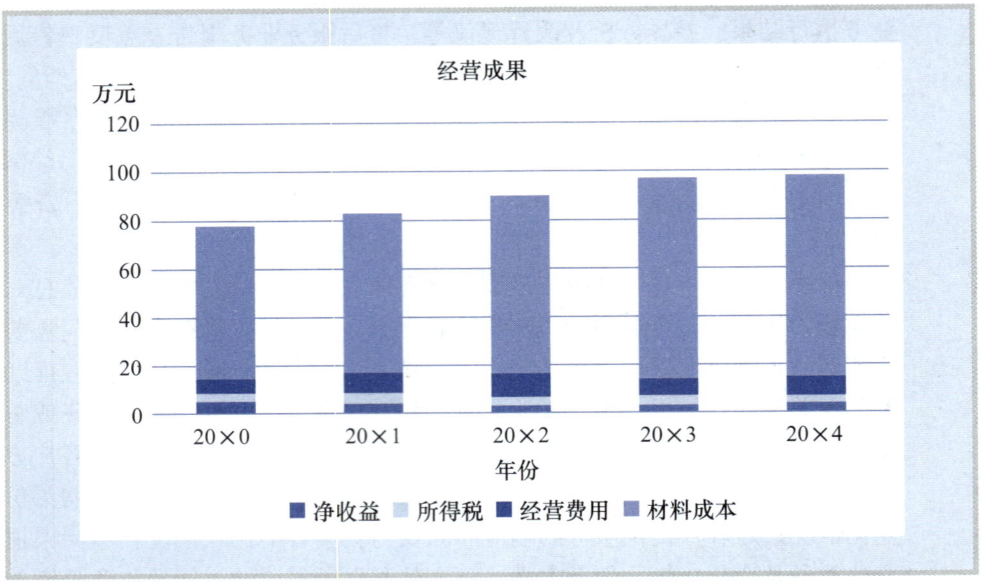

图12-1 描绘经营成果的直方图

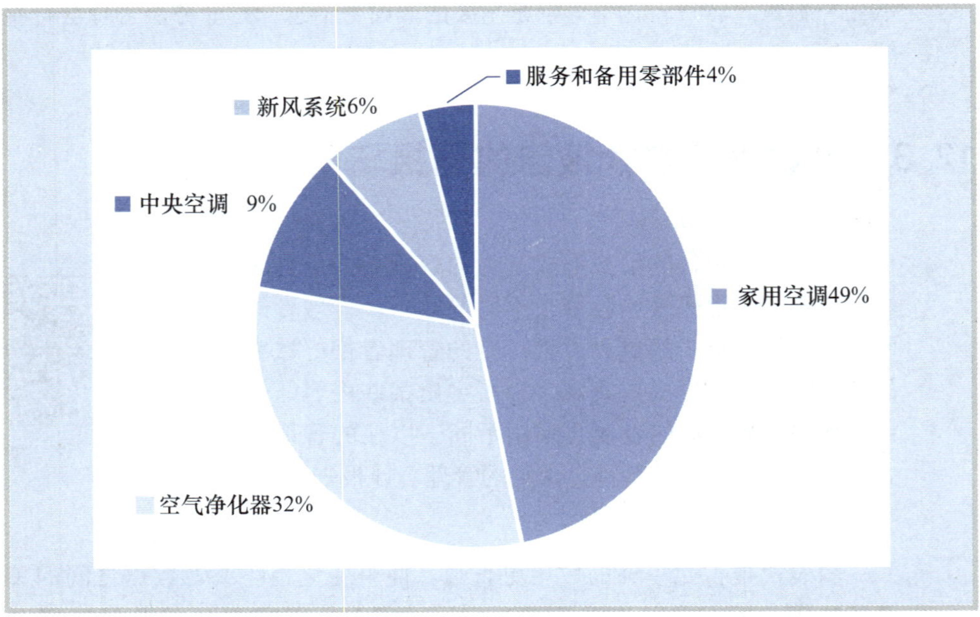

图12-2 利润饼状分析图

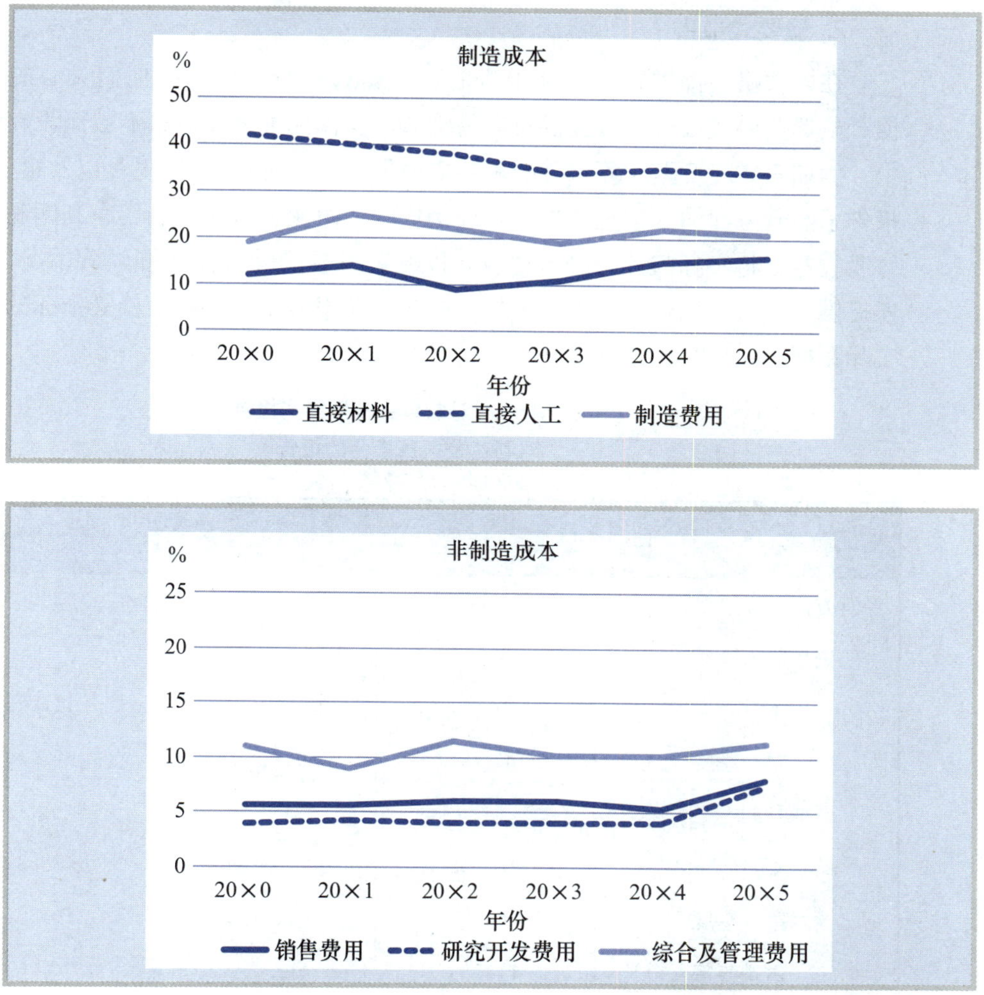

图 12-3 成本费用占比折现图

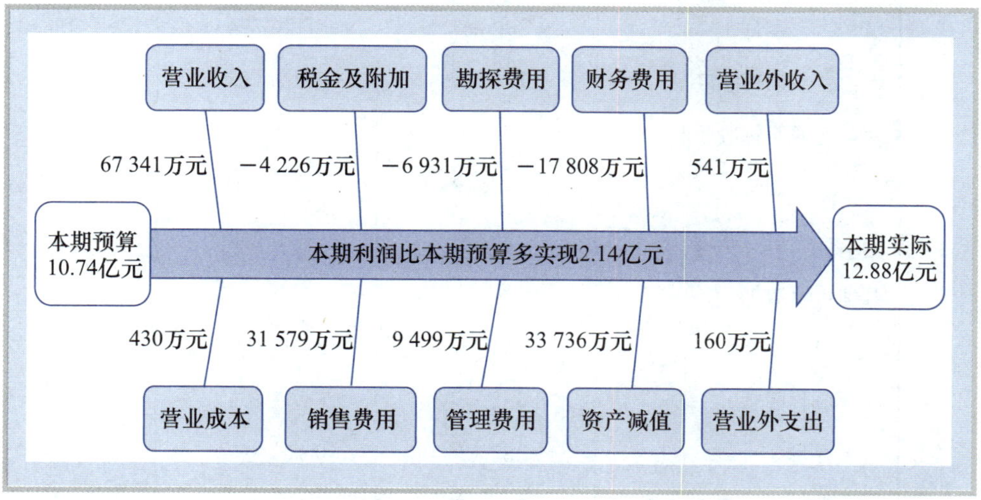

图 12-4 利润构成分析鱼骨图

2. 摘要式报告

在向战略层提供管理会计报告时，需要有针对性地选择他们关心的重要数据。虽然摘要式报告没有提供所有的细节，但保证了重要信息不被淹没在细节之中。例如表12-2是对董事会的摘要式报告，它针对2023年3月以及第一季度，报告了经营方面的几项重要指标，即销售收入净额、营业利润、净利润和普通股每股收益，将实际与计划进行比较，以便董事会能够大体把握经营情况。同时，还提供了关于流动资产、流动负债、股东权益报酬率、每股市价等指标的计划与实际数据。

表12-2　对董事会的摘要式报告

对利达公司董事会的报告

2023年3月及第一季度　　单位：元

项目	实际	计划	实际占计划的百分比（%）
经营方面			
销售收入净额			
本月	4 807 851	4 086 715	117.6%
第一季度	46 747 757	51 910 307	90.1%
营业利润			
本月	64 963	355 179	18.3%
第一季度	5 460 442	5 178 112	105.5%
占销售额百分比	11.7%	10.0%	
净利润			
本月	309 941	156 394	198.2%
第一季度	2 794 597	2 220 733	125.8%
普通股每股收益			
本月	0.218	0.110	198.2%
第一季度	1.973	1.568	125.8%
其他重要数据			
货币资金	3 916 443	2 265 112	
应收账款	8 562 341	6 247 595	
存货	10 987 126	10 103 893	
其他流动资产	404 645	610 400	

续表

项目	实际	计划	实际占计划的百分比（%）
流动资产合计	23 870 555	19 227 000	
流动负债	7 887 389	7 209 690	
营运资本	15 983 166	12 017 310	
流动比率	3.0∶1	2.7∶1	
资本性支出	745 147	2 715 093	
股东权益报酬率	11.2%	9.6%	
普通股每股市价	22.05	19.81	

下面是向高级管理者提供的经营状况报告，主要采取文字叙述形式，说明了实际业绩与预期之间的差异，以及各个分部的相关情况。

关于经营状况的报告

2023 年 4 月 12 日

2023 年第一季度的合并净利润为 949.12 万元。与上年相比，除了西南分部外，其他分部净利润共增加 398.88 万元。西南分部 1 月份出现重大施工事故，其净利润比上年同期减少 1 123.84 万元。

一些价格问题和成本超支是在预料之中的，因此净利润 949.12 万元达到第一季度预测收益 990.88 万元的 95.8%。将实际业绩与目标进行比较，我们发现东北分部和华南分部的业绩优于预期；华北分部离目标还有 200.96 万元的差距，西南分部与目标相差 146.72 万元。东北分部和华南分部的超预表现几乎抵消了西南分部和华北分部的不佳表现，并使整体业绩接近预测。

在第一季度，销售价格与标准的不利差异达到 1 039.36 万元，同时可控成本和费用合计超出标准 1 172.96 万元。这些都是潜在的利润挖掘领域或在长期计划中需要考虑的因素。

3. 表格式报告

表格式报告集中提供详细的数据，注重从数据出发来说明经营管理中的问题。它不追求直观，不停留于概要方面，而是通过详尽的数据来说明问题。表 12－3 是恒达食品公司产品表现分析报告。在报告开头便开宗明义，直指问题所在，“饼干市场疲软以及饮料市场衰退对计划执行产生重大影响”。恒达食品公司的产品主要分为饮料、奶酪、零食、速食食品和食品杂货五类，其中饮料包括咖啡和功能饮料，零食包括饼干、糖果、盐渍食品等。表格中的数据表明，造成计划执行不力的主要原因在于饼干市场和饮料市场。

表 12-3　恒达食品公司产品表现分析报告

饼干市场疲软以及饮料市场衰退对计划执行产生重大影响

金额单位：百万元

项目	销售收入				营业利润			
	2023 年实际	与计划相比	当前差异（%）	预计未来一年差异（%）	2023 年实际	与计划相比	当前差异（%）	预计未来一年差异（%）
饮料	63.7	−7.0	−0.1	−0.2	6.9	−2.7	−37.9	−38.1
咖啡	29.8	−3.7	0.4	0.2	1.6	−1.2	−60.0	−60.5
功能饮料	33.9	−3.3	−0.6	−0.6	5.3	−1.5	−26.4	−26.4
奶酪	11.3	0.1	4.3	3.0	0.7	−0.2	−29.8	−31.5
零食	148.8	−10.3	7.4	7.4	2.4	−3.9	−68.1	−68.1
饼干	133.5	−9.8	6.7	6.7	−1.3	−4.2	−136.8	−136.8
糖果	12.9	0.0	19.2	19.2	3.1	0.4	56.9	56.9
盐渍食品	2.4	−0.6	−10.7	−10.7	0.7	−0.2	−11.6	−11.6
其他	—	—	0.0	0.0	—	—	0.0	0.0
速食食品	0.0	0.0	4.4	2.5	0.0	0.0	0.9	−1.0
食品杂货	4.7	0.0	−0.1	−1.6	0.9	0.0	−14.3	−16.1
总计	228.5	−17.2	4.8	4.7	10.9	−6.8	−46.6	−46.9

12.4　企业管理会计报告的运用与数智化发展

管理会计报告的流程包括报告的编制、审核、呈报和运用等环节。企业应根据报告的内容、重要性和报告对象等，确定不同的流程。在使用方面，企业管理会计报告可以根据报告性质、管理需要逐级呈报或直接呈报。由于管理会计报告会比对外报告揭示更多的细节，为了保护商业机密，企业应建立管理会计报告使用的授权制度，报告使用人应在权限范围内使用企业管理会计报告。

12.4 即测即评

12.4.1　成本类管理会计报告运用举例

存货分析管理会计报告

成本报告是成本管理报告的一种，反映成本执行结果，属于事后报告。其中，最重要的成本报告是企业根据日常成本核算资料及其他相关资料编制的，用以反映企业一定期间成本水平及构成情况的成本报表。

成本报表主要用来满足企业内部管理需要，属于内部管理报表。企业可以根据生产特点和管理要求，自行决定成本报表的设置种类、格式、指标项目、编制时间和报送范围，具有较大的灵活性。

1. 商品产品成本表

商品产品成本表是反映企业在报告期内生产的全部商品产品总成本的报表。

（1）按成本项目反映的商品产品成本表。

按成本项目反映的商品产品成本表是按成本项目汇总反映企业在报告期内发生的全部生产费用以及商品产品生产总成本的报表，如表 12 - 4 所示。

表 12 - 4　商品产品成本表（按成本项目反映）

顺昌公司　　2×××年 12 月　　单位：元

项目	上年实际	本年预算	本月实际	本年累计实际
生产费用				
直接材料费用	422 520	406 460	42 132	413 500
直接人工费用	172 450	192 370	16 300	182 600
制造费用	278 360	248 330	23 500	263 000
生产费用合计	873 330	847 160	81 932	859 100
加：在产品、自制半成品期初余额	41 100	38 520	35 170	31 100
减：在产品、自制半成品期末余额	30 400	31 600	40 200	40 200
商品产品生产成本合计	884 030	854 080	76 902	850 000

该表可以反映报告期内全部商品产品生产费用的支出情况和各种费用的构成

情况，通过该表可以对企业的生产费用进行一般评价。将该表本年累计实际生产费用与本年预算数、上年实际数相比较，可以考核和分析年度生产费用预算的执行情况，以及本年生产费用相对于上年的升降情况；将该表本年累计实际生产成本与本年预算数、上年实际数相比较，还可以考核和分析年度商品产品总成本预算的执行结果，以及本年商品产品生产总成本相对于上年的升降情况，并据以分析影响成本升降的各项因素。

（2）按产品种类反映的商品产品成本表。

按产品种类反映的商品产品成本表是按产品种类汇总反映企业在报告期内生产的全部商品产品的单位成本和总成本的报表，如表 12-5 所示。

表 12-5 全部商品产品成本表（按产品种类反映）

广开公司　　2×××年 12 月　　金额单位：元

产品名称	产量（件）		单位成本				本月总成本			本年总成本		
	本月	本年累计	上年实际平均	本年预算	本月实际	本年累计实际平均	按上年实际平均单位成本计算	按本年预算单位成本计算	本月实际	按上年实际平均单位成本计算	按本年预算单位成本计算	本年实际
一、可比产品												
甲	50	500	84	82	83	81	4 200	4 100	4 150	42 000	41 000	40 500
乙	20	300	760	750	735	763	15 200	15 000	14 700	228 000	225 000	228 900
小计							19 400	19 100	18 850	270 000	266 000	269 400
二、不可比产品												
丙	8	70		125	128	126		1 000	1 024		8 750	8 820
丁	3	40		370	365	374		1 110	1 095		14 800	14 960
小计								2 110	2 119		23 550	23 780
全部商品产品成本								21 210	20 969		289 550	293 180

通过该表可以分析、考核各类产品和全部商品产品本月和本年累计成本预算的执行结果，并对各类产品成本和全部商品产品成本的节约或超支情况进行一般评价；也可以分析和考核各种可比产品和全部可比产品本月和本年累计成本相对于上年的升降情况；还可以了解哪些产品成本节约较多，哪些产品成本超支较多，为进一步进行产品单位成本分析指明方向；对于规定有可比产品成本降低计划的产品，可以分析和考核可比产品成本降低计划的执行情况，促使企业采取措施，不断降低产品成本。

2. 主要产品单位成本表

主要产品单位成本表是反映企业在报告期内生产各种主要产品的单位成本的构成及其变动情况的会计报表。该表是全部商品产品成本表（按产品种类反映）中某些主要产品成本的进一步反映，如表 12-6 所示。

表 12-6　主要产品单位成本表

2×××年 12 月

祥源公司　产品销售单价：450 元
产品名称：甲　本月实际产量：110 件
产品规格：T5K　本年累计实际产量：1 200 件　金额单位：元

成本项目	历史先进水平	上年实际平均	本年预算	本月实际	本年累计实际平均
直接材料	235	237	234	231	232
直接人工	74	75	76.50	79.50	80
制造费用	26	28	26.50	25.50	24.50
生产成本	335	340	337	336	336.50
主要经济技术指标	耗用量	耗用量	耗用量	耗用量	耗用量
1. 主要材料	8.2 千克	8.1 千克	8 千克	7.4 千克	7.5 千克
2. …					

通过该表可以按照成本项目考核主要产品单位成本预算的执行结果，分析各项单位成本预算的执行结果，分析各项单位成本节约或者超支的原因；也可以按照成本项目将本月实际单位成本和本年累计实际平均单位成本与上年实际平均单位成本和历史先进单位成本进行对比，了解相对于上年的升降情况，与历史先进水平是否有差距，据此分析单位成本的变化发展趋势；还可以分析和考核主要产品的主要技术经济指标的执行情况。

3. 制造费用明细表

制造费用明细表是反映企业在报告期内发生的全部制造费用及其构成情况的报表，如表 12-7 所示。

表 12-7　制造费用明细表

顺发公司　2×××年 12 月　单位：元

项目	本年预算	上年同期实际	本月实际	本年累计实际
工资及福利费	61 500	4 880	4 800	65 870
折旧费	40 800	3 300	3 080	31 090
修理费	27 510	2 400	2 020	25 700
办公费	31 000	2 230	1 940	24 000
水电费	36 500	2 580	3 160	30 800
机物料消耗	21 400	2 160	2 680	22 180
劳动保护费	31 200	2 875	2 430	30 160
在产品盘亏、毁损		1 455		13 750
停工损失		1 900		4 100
其他	38 420	3 800	3 390	15 350
合计	288 330	27 580	23 500	263 000

4. 管理费用明细表、财务费用明细表和销售费用明细表

管理费用明细表、财务费用明细表和销售费用明细表分别反映企业在报告期内发生的全部管理费用、财务费用和销售费用及其构成情况。其格式分别如表12-8、表12-9和表12-10所示。

表12-8 管理费用明细表

泰丰公司　　2×××年12月　　单位：元

项目	本年预算	上年同期实际	本月实际	本年累计实际
工资及福利费	49 412	4 800	5 000	49 000
折旧费	21 800	3 500	3 400	19 800
坏账损失	24 000	8 000	5 000	28 400
修理费	13 700	1 000	800	12 300
租赁费	12 400	1 200	1 500	12 000
保险费	14 600	2 400	2 300	14 000
机物料消耗	12 000	1 000	1 200	12 500
低值易耗品摊销	11 400	9 500	6 400	13 600
办公费	11 000	3 400	3 000	10 000
水电费	18 000	5 000	4 000	21 000
差旅费	13 200	3 000	2 000	12 000
工会经费	20 000	3 800	3 500	19 800
教育经费	31 000	3 500	2 800	32 000
税金	37 000	2 500	2 800	36 700
无形资产摊销	25 000	5 800	4 900	25 400
劳动保险费	24 000	1 200	1 000	23 900
材料、产成品盘亏和毁损		800	1 200	21 500
其他	28 200	2 500	3 000	27 800
合计	366 712	62 900	53 800	391 700

表12-9 财务费用明细表

泰丰公司　　2×××年12月　　单位：元

项目	本年预算	上年同期实际	本月实际	本年累计实际
利息支出（减利息收入）	51 200	4 200	4 560	49 800
汇兑损失（减汇兑收益）	37 800	3 580	3 720	38 400
金融机构手续费	35 200	3 200	2 960	34 100
其他	21 200	1 820	1 710	19 900
合计	145 400	12 800	12 950	142 200

表 12-10　销售费用明细表

泰丰公司　　2×××年 12 月　　单位：元

项目	本年预算	上年同期实际	本月实际	本年累计实际
工资及福利费	20 800	7 880	7 600	21 030
折旧费	18 200	3 300	3 250	17 800
修理费	25 800	2 940	3 200	24 500
租赁费	34 800	3 100	2 950	34 000
保险费	21 200	1 800	2 000	20 800
包装费	27 300	2 860	2 800	27 800
展览费	28 100	2 280	2 500	27 900
广告费	35 800	3 560	3 450	35 600
差旅费	22 500	3 750	3 800	22 300
运输费	32 500	3 980	4 180	31 000
办公费	22 700	3 400	3 100	22 000
水电费	21 700	4 840	5 200	22 500
销售服务费	31 800	3 400	3 150	30 200
其他	14 500	1 380	1 500	14 300
合计	357 700	48 470	48 680	351 730

制造费用明细表、管理费用明细表、财务费用明细表以及销售费用明细表所采用的分析方法基本相同，都可以采用对比分析法，按费用项目将本期费用与上期费用进行对比，了解费用的增减变化情况；也可以与本期预算对比，了解本期费用预算的执行情况，分析超支和节约的原因；还可以采用结构分析法分析各项费用的构成是否合理，比较各项费用比重的增减变化，对所占比重较大以及增减变化较大的费用进行重点分析，找出其增减变化的深刻原因，以便采取措施，减少费用的发生。

12.4.2　管理会计报告的数智化发展①

管理会计报告作为财务管理和业务运营场景相结合的信息产品，对企业的决策和管理很重要。随着云计算、人工智能、区块链等数智化技术的发展和应用，新技术改变了管理会计报告生成的方式、效率和呈报的载体。云技术、物联网、数字孪生以及商业智能等新的技术工具应用可以解决数据采集和数据共享的问题，改善管理会计报告出具的基础条件，同时提高管

数智化管理会计报告

① 资料摘编自：戴璐，殷华祥．数智化技术驱动下管理会计报告的改进与创新．管理会计研究，2021（3）：06-14+87.

理会计报告生成的时效。具体而言，在过往的企业实践中，财务或会计人员会受到数据的限制，使得各类管理会计报告可供分析的数据较少，导致分析范围有限。这一问题的原因通常是企业内部的信息系统不联通，信息系统设置防火墙使系统间形成数据传输的断点；或者企业信息系统本身不够完善，在采集和存储数据方面有许多漏洞；或者人手不足、数据采集能力有限，以及在数据管理方面，采集的数据缺乏标准化的定义，口径不一致等。这些问题导致企业的常规类管理会计报告，如绩效报告、预算执行分析报告，常常缺乏足够的分析素材，容易“就财务论财务”或者“就事论事”，较少会推进到业务层面追溯相关因素。

当企业的管理会计报告无法深入到业务层面时，得出的分析意见就无法为运营和管理问题提供有针对性的诊断意见，对管理者的有用性有限。所以，用物联网、数字孪生等数字化技术手段建设数据仓库或发展数据湖解决数据层面的问题是提高管理会计报告信息含量的基础性条件。

管理会计报告在分析质量方面也受困于报告内容欠缺专业深度、决策有用性较弱。例如，中高层管理者希望内部管理报告能够透过数据分析抓住关键的问题。比如在费用管控方面，常见的员工差旅费用项目不应该简单罗列费用发生的数据或做出各种趋势对比图表，而应该有针对性地分析、诊断差旅费用发生的运营类和管理类原因，如差旅是否更有成本效率地选择了交通工具，是否有可替代的沟通协作方式减少差旅频次，等等。

在现实中，许多企业财务会计部门的工作方式往往专业化分工有余、管控有余，但协作不足，甚至在一些大型企业出现了财务部门内部也不能较好协作的问题。相对封闭且专业化的财务职能运转方式，导致需要业财协作、深入分析的管理会计报告最终变成了内部财务报表分析。要解决这个问题，并不能通过简单地加强业财之间的沟通来解决，如跨部门座谈、有限次的组织学习都不能令财务人员在工作之余对业务有更为深入的了解。

所以，在传统的模式下，管理会计报告的出具过程和结论与管理者所期望的业财融合和深度分析仍存在一定差距。而人工智能和大数据相关技术的进步与商业应用，为财务人员“看透”业务，提供了更多可用的工具。应用这些新工具可以在很大程度上降低财务部门与其他专业部门之间的信息不对称程度，从而助推业务人员和财务人员之间的双向沟通和协作。

1. 人与人工智能协作的管理会计报告生成方式

目前各种感应技术的发展与智能化的数据处理技术相结合，形成智能化的感知、存储和记忆能力，并通过一系列商用化开发，形成数据挖掘、采集、汇聚和处理能力，从而令以前难以采集、无从分析的数据进入企业的数据系统。而丰富的数据资源可以为管理会计报告提供更多的分析线索，推动管理会计报告发现更多的影响因素，实现管理会计报告主题或内容的拓展。以制造业为例，生产部门的各项资源耗费数据可以同生产作业的数据一并通过生产线的智能芯片回传到企业数据平台，从而为财务人员提供更丰富的成本信息，使其能够实时跟踪成本金额以及成本动因的动态变化，最终指引更有效的成本管理。

一系列智能化数据采集技术在企业管理中的应用，可以令企业的数据基础更厚实，容纳以财务数据为代表的结构化数据、半结构化数据和非结构化数据，可以为管理会计报告的发展提供更好的数据基础。例如，机器人自主识别非结构化数据，可以帮助企业智能检索内外部一些重要会议的视频、音频文件，从中提取关键信息，由此可将公司重要的发言、讨论及达成的口头共识等非结构化数据及时收集、回传到信息系统中，避免重要的非结构化数据沉淀在企业的文档系统无人问津。

另外，人工智能技术的应用形成了智能查询和智能交互。例如，管理会计报告的分析人员通过语音问答与信息系统互动，以智能化的方式获取数据，从而提高获取数据环节的工作效率。在前沿技术的发展中，企业可以通过大型生成式人工智能模型的应用，将过往已经开展的分析输入到生成式人工智能模型中，从而得到人工智能系统的支持，对过往庞杂的管理会计报告内容进行智能查询、调取和输出，为后续开展管理会计报告的深入分析更为充分地调动过往的经验和知识积累。这类应用将会启动人与人工智能协作的管理会计报告生成方式。

2. 数智化赋能管理会计报告的内容和应用

一系列数智化的技术应用为企业内部分析提供了更多可用的数据，一方面改善了管理会计报告出具的基础条件，另一方面也减少了专业团队内部的信息不对称，促进了业财融合，令财务人员有机会吸收更多与业务有关的知识、资讯，使得管理会计报告在主题和内容上可以拓展至更多运营场景，从而提高管理会计报告的有用性。

人工智能技术用于企业智能建模有许多已实现的应用场景，如智能风险预警、智能客户画像以及智能预测资金流动等。在人工智能技术的支持下，企业可以吸收容纳大数据到模型因子中，利用机器学习（或深度学习）算法进行自我迭代。例如，国际会计师事务所和一些大型企业已经开发了各类面向特定业务场景的智能风险模型，用于智能预警。在智能风险模型的应用下，企业可以不再受制于相对固化的风险管理模型和人的主观经验，或者不再固定地关注几个指标，从而形成智能预警，动态地抓取多方面风险因素。借助智能风险模型及其预警，财务人员可以参与事前和事中的分析与管理工作。例如，应用机器学习技术甄别客户的信用风险，预判客户的还款能力和还款意愿，从而完成客户信用风险的智能建模。财务人员可以调动该智能模型，应用于坏账损失的客户估计和债权风险分析，使财务人员从事后的坏账准备计提前置到协同业务部门共同管控客户的坏账风险。

此外，借助智能预测模型及其应用，财务人员可以评判业务部门提供的预算数据或业绩目标是否基于合理的经营预测，进而为资源配置分析或预算编制分析提供支持。

但是，智能建模并非纯粹的技术升级，它的有效开发和应用需要财务管理者同业务方面进行更多的沟通和协作，共同思考管理上的痛点和解决方式，以此作为智能建模的出发点。具体而言，企业可以组建包括财务人员、运营人员以及人工智能工程师的跨功能团队协同完成智能建模，提高这些模型在企业管理中的有用性。未来，企业可以逐步构建智能模型库，这将使财务人员在数据分析中有更多备选模型作为量化分析的助力，而非过度依赖主观判断进行分析诊断或预测。

3. 智能化与可视化驱动的管理会计报告载体创新

管理会计报告及相关信息集成和共享，将管理会计报告的编制、审核、呈报和运用等纳入企业统一信息平台。随着经济快速发展、市场环境日益复杂以及企业实践进一步深入，对管理会计决策支持的作用提出了更高的要求。

随着数智化技术的发展，企业可以充分利用新技术。商业智能技术的发展为管理会计报告的生成与可视化呈现，提供了便捷的平台。在商业智能软件平台上完成分析和呈报，也是管理会计报告朝向数智化发展的趋势之一。例如，微软集团开发的商业智能软件 Power BI 能够实现跨越各个信息系统、多源头导入数据到它的平台上。基于这些可用数据，Power BI 可以提供更为可视化的工具和界面让分析人员通过较为直观的方式建立起数据集之间的关联。在此基础上，分析人员还可以采用 SQL（结构化查询语言）方法自主调取多维度数据，并运用 Power BI 的可视化工具和界面开展联动分析，揭示重点指标的变化轨迹和指标间的联动关系，从而完成管理会计报告的智能化分析与可视化呈报。

具体到成本分析的应用场景下，企业财务分析人员可以在 Power BI 平台上导入实际成本数据和成本动因数据，使成本项目和相关成本动因的数据关联，在此基础上追踪关键成本项目的变化趋势和业务层面的关键因素，最后借助可视化的图表清晰地呈现和判断成本结果同成本动因关系的合理性，从而比 Excel 等传统的办公软件更高效、动态地完成数据链接和诊断分析。

基于 Power BI 平台的可视化呈报可以使报告的使用者对管理会计报告的主要内容一目了然，更好地理解和吸收管理会计报告提供的信息，从而发展企业的动态决策能力。目前，一些领先的企业已经使用各类商业智能软件开展可视化分析，实现对关键业绩动因的动态跟踪和线上预警。

对企业的财务部门而言，单独或协同出具各类管理会计报告，是支持企业决策、参与价值创造的重要方面。在市场竞争越发激烈的时代，企业需要及时吸收各方面资讯，快速响应外部的机会和威胁，这对企业的管理会计报告也提出了更高的要求。如果严重依赖手工收集数据和以就财务论财务的方式分析数据，将使得许多分析类管理会计报告在分析范围、深度和精度等方面受到不同程度的局限。而且，太过依靠人工来收集和分析数据也使得各类管理会计报告在响应外部机会和威胁方面比较迟缓。当传统的数据生成方式存在诸多制约限制了管理会计报告的信息含量时，数智化技术的应用能够为解决这些问题提供新的工具和路径。在数智化赋能下，管理会计报告可以挖掘更多的主题，开展高质量的分析或预测，最终以高质量数据加高质量专业诊断的方式构建管理会计报告的有用性根基。

因此，在企业数字化转型的过程中，管理会计报告的数智化是重要的改革抓手，财务会计人才了解和掌握数智化技术应用的过程也是在持续提升个人职业素养，成为复合型管理人才的过程。

思考题

1. 什么是管理会计报告？它有哪些基本作用？
2. 管理会计报告与财务会计报告的主要区别和联系是什么？

3. 战略层管理会计报告编制的主要依据和方法有哪些？
4. 各经营层管理会计报告与前述相应章节之间的主要关联是什么？
5. 你认为管理会计报告编制最重要的要求是什么？

计算题

1. 某公司按产品种类反映的全部产品生产成本如表 12－11 所示。

要求：请在表 12－11 的空格中填上准确数字。

表 12－11 全部产品生产成本表（按产品种类反映）

2×××年 12 月　　　　金额单位：元

产品名称	实际产量（件）		单位成本				本月总成本		
	本月	本年累计	上年实际平均	本年计划	本月实际	本年累计实际平均	按上年实际平均单位成本计算	按本年计划单位成本计算	本月实际
可比产品									
合计							53 000	46 000	48 100
其中：A		4 000	80	70		72	40 000		37 500
B	200	3 000			53	52	13 000	11 000	
不可比产品									
合计								22 000	21 800
其中：C	60	400		100	90	110		6 000	5 400
D	80	800		200	205	210		16 000	16 400
全部产品成本合计								68 000	69 900

2. 某企业 2×××年有关人工费用、产品产量、单位产品工时和小时工资率的计划和实际资料见表 12－12。

表 12－12 人工费用资料

项目	计划	实际
人工费用（元）	1 600 000	1 944 000
产品产量（双）	8 000	9 000
单位产品工时（小时）	20	18
小时工资率（元）	10	12

要求：分析各因素变动对人工费用的影响程度。

附录 1

复利终值系数表（F/P, i, n）

n	i (%)																					
	1	2	3	4	5	6	7	8	9	10	11	12	13	14	15	16	17	18	19	20	25	30
1	1.010	1.020	1.030	1.040	1.050	1.060	1.070	1.080	1.090	1.100	1.110	1.120	1.130	1.140	1.150	1.160	1.170	1.180	1.190	1.200	1.250	1.300
2	1.020	1.040	1.061	1.082	1.103	1.124	1.145	1.166	1.188	1.210	1.232	1.254	1.277	1.300	1.323	1.346	1.369	1.392	1.416	1.440	1.563	1.690
3	1.030	1.061	1.093	1.125	1.158	1.191	1.225	1.260	1.295	1.331	1.368	1.405	1.443	1.482	1.521	1.561	1.602	1.643	1.685	1.728	1.953	2.197
4	1.041	1.082	1.126	1.170	1.216	1.262	1.311	1.360	1.412	1.464	1.518	1.574	1.630	1.689	1.749	1.811	1.874	1.939	2.005	2.074	2.441	2.856
5	1.051	1.104	1.159	1.217	1.276	1.338	1.403	1.469	1.539	1.611	1.685	1.762	1.842	1.925	2.011	2.100	2.192	2.288	2.386	2.488	3.052	3.713
6	1.062	1.126	1.194	1.265	1.340	1.419	1.501	1.587	1.677	1.772	1.870	1.974	2.082	2.195	2.313	2.436	2.565	2.700	2.840	2.986	3.815	4.827
7	1.072	1.149	1.230	1.316	1.407	1.504	1.606	1.714	1.828	1.949	2.076	2.211	2.353	2.502	2.660	2.826	3.001	3.185	3.379	3.583	4.768	6.276
8	1.083	1.172	1.267	1.369	1.477	1.594	1.718	1.851	1.993	2.144	2.305	2.476	2.658	2.853	3.059	3.278	3.511	3.759	4.021	4.300	5.960	8.157
9	1.094	1.195	1.305	1.423	1.551	1.689	1.838	1.999	2.172	2.358	2.558	2.773	3.004	3.252	3.518	3.803	4.108	4.435	4.785	5.160	7.451	10.604
10	1.105	1.219	1.344	1.480	1.629	1.791	1.967	2.159	2.367	2.594	2.839	3.106	3.395	3.707	4.046	4.411	4.807	5.234	5.696	6.192	9.313	13.786
11	1.116	1.243	1.384	1.539	1.710	1.898	2.105	2.332	2.580	2.853	3.152	3.479	3.836	4.226	4.652	5.117	5.624	6.176	6.777	7.430	11.642	17.922
12	1.127	1.268	1.426	1.601	1.796	2.012	2.252	2.518	2.813	3.138	3.498	3.896	4.335	4.818	5.350	5.936	6.580	7.288	8.064	8.916	14.552	23.298
13	1.138	1.294	1.469	1.665	1.886	2.133	2.410	2.720	3.066	3.452	3.883	4.363	4.898	5.492	6.153	6.886	7.699	8.599	9.596	10.699	18.190	30.288
14	1.149	1.319	1.513	1.732	1.980	2.261	2.579	2.937	3.342	3.797	4.310	4.887	5.535	6.261	7.076	7.988	9.007	10.147	11.420	12.839	22.737	39.374
15	1.161	1.346	1.558	1.801	2.079	2.397	2.759	3.172	3.642	4.177	4.785	5.474	6.254	7.138	8.137	9.266	10.539	11.974	13.590	15.407	28.422	51.186
16	1.173	1.373	1.605	1.873	2.183	2.540	2.952	3.426	3.970	4.595	5.311	6.130	7.067	8.137	9.358	10.748	12.330	14.129	16.172	18.488	35.527	66.542
17	1.184	1.400	1.653	1.948	2.292	2.693	3.159	3.700	4.328	5.054	5.895	6.866	7.986	9.276	10.761	12.468	14.426	16.672	19.244	22.186	44.409	86.504
18	1.196	1.428	1.702	2.206	2.407	2.854	3.380	3.996	4.717	5.560	6.544	7.690	9.024	10.575	12.375	14.463	16.879	19.673	22.091	26.623	55.511	112.46
19	1.208	1.457	1.754	2.107	2.527	3.026	3.617	4.316	5.142	6.116	7.263	8.613	10.197	12.056	14.232	16.777	19.748	23.214	27.252	31.948	69.389	146.19
20	1.220	1.486	1.806	2.191	2.653	3.207	3.870	4.661	5.604	6.727	8.062	9.646	11.523	13.743	16.367	19.461	23.106	27.393	32.429	38.338	86.736	190.05
25	1.282	1.641	2.094	2.666	3.386	4.292	5.427	6.848	8.623	10.835	13.585	17.000	21.231	26.462	32.919	40.874	50.658	62.669	77.388	95.396	264.70	705.64
30	1.348	1.811	2.427	3.243	4.322	5.743	7.612	10.063	13.268	17.449	22.892	29.960	39.116	50.950	66.212	85.850	111.07	143.37	184.68	237.38	807.79	2 620.0

附录 2

复利现值系数表（$P/F, i, n$）

n	i (%)																								
	1	2	3	4	5	6	7	8	9	10	11	12	13	14	15	16	17	18	19	20	25	30	35	40	50
1	0.990	0.980	0.971	0.962	0.952	0.943	0.935	0.926	0.917	0.909	0.901	0.893	0.885	0.877	0.870	0.862	0.855	0.847	0.840	0.833	0.800	0.769	0.741	0.714	0.667
2	0.980	0.961	0.943	0.925	0.907	0.890	0.873	0.857	0.842	0.826	0.812	0.797	0.783	0.769	0.756	0.743	0.731	0.718	0.706	0.694	0.640	0.592	0.549	0.510	0.444
3	0.971	0.942	0.915	0.889	0.864	0.840	0.816	0.794	0.772	0.751	0.731	0.712	0.693	0.675	0.658	0.641	0.624	0.609	0.593	0.579	0.512	0.455	0.406	0.364	0.296
4	0.961	0.924	0.888	0.855	0.823	0.792	0.763	0.735	0.708	0.683	0.659	0.636	0.613	0.592	0.572	0.552	0.534	0.516	0.499	0.482	0.410	0.350	0.301	0.260	0.198
5	0.951	0.906	0.863	0.822	0.784	0.747	0.713	0.681	0.650	0.621	0.593	0.567	0.543	0.519	0.497	0.476	0.456	0.437	0.419	0.402	0.320	0.269	0.223	0.186	0.132
6	0.942	0.888	0.837	0.790	0.746	0.705	0.666	0.630	0.596	0.564	0.535	0.507	0.480	0.456	0.432	0.410	0.390	0.370	0.352	0.335	0.262	0.207	0.165	0.133	0.088
7	0.933	0.871	0.813	0.760	0.711	0.665	0.623	0.583	0.547	0.513	0.482	0.452	0.425	0.400	0.376	0.354	0.333	0.314	0.296	0.279	0.210	0.159	0.122	0.095	0.059
8	0.923	0.853	0.789	0.731	0.677	0.627	0.582	0.540	0.502	0.467	0.434	0.404	0.376	0.351	0.327	0.305	0.285	0.266	0.249	0.233	0.168	0.123	0.091	0.068	0.039
9	0.914	0.837	0.766	0.703	0.645	0.592	0.544	0.500	0.460	0.424	0.391	0.361	0.333	0.300	0.284	0.263	0.243	0.225	0.209	0.194	0.134	0.094	0.067	0.048	0.026
10	0.905	0.820	0.744	0.676	0.614	0.558	0.508	0.463	0.422	0.386	0.352	0.322	0.295	0.270	0.247	0.227	0.208	0.191	0.176	0.162	0.107	0.073	0.050	0.035	0.017
11	0.896	0.804	0.722	0.650	0.585	0.527	0.475	0.429	0.388	0.350	0.317	0.287	0.261	0.237	0.215	0.195	0.178	0.162	0.148	0.135	0.086	0.056	0.037	0.025	0.012
12	0.887	0.788	0.701	0.625	0.557	0.497	0.444	0.397	0.356	0.319	0.286	0.257	0.231	0.208	0.187	0.168	0.152	0.137	0.124	0.112	0.069	0.043	0.027	0.018	0.008
13	0.879	0.773	0.681	0.601	0.530	0.469	0.415	0.368	0.326	0.290	0.258	0.229	0.204	0.182	0.163	0.145	0.130	0.116	0.104	0.093	0.055	0.033	0.020	0.013	0.005
14	0.870	0.758	0.661	0.577	0.505	0.442	0.388	0.340	0.299	0.263	0.232	0.205	0.181	0.160	0.141	0.125	0.111	0.099	0.088	0.078	0.044	0.025	0.015	0.009	0.003
15	0.861	0.743	0.642	0.555	0.481	0.417	0.362	0.315	0.275	0.239	0.209	0.183	0.160	0.140	0.123	0.108	0.095	0.084	0.074	0.065	0.035	0.020	0.011	0.006	0.002
16	0.853	0.728	0.623	0.534	0.458	0.394	0.339	0.292	0.252	0.218	0.188	0.163	0.141	0.123	0.107	0.093	0.081	0.071	0.062	0.054	0.028	0.015	0.008	0.005	0.002
17	0.844	0.714	0.605	0.513	0.436	0.371	0.317	0.270	0.231	0.198	0.170	0.146	0.125	0.108	0.093	0.080	0.069	0.060	0.052	0.045	0.023	0.012	0.006	0.003	0.001
18	0.836	0.700	0.587	0.494	0.416	0.350	0.296	0.250	0.212	0.180	0.153	0.130	0.111	0.095	0.081	0.069	0.059	0.051	0.044	0.038	0.018	0.009	0.005	0.002	0.001
19	0.828	0.686	0.570	0.475	0.396	0.331	0.277	0.232	0.194	0.164	0.138	0.116	0.098	0.083	0.070	0.060	0.051	0.043	0.037	0.031	0.014	0.007	0.003	0.002	0
20	0.820	0.673	0.554	0.456	0.377	0.312	0.258	0.215	0.178	0.149	0.124	0.104	0.087	0.073	0.061	0.051	0.043	0.037	0.031	0.026	0.012	0.005	0.002	0.001	0
25	0.780	0.610	0.478	0.375	0.295	0.233	0.184	0.146	0.116	0.092	0.074	0.059	0.047	0.038	0.030	0.024	0.020	0.016	0.013	0.010	0.004	0.001	0.001	0	0
30	0.742	0.552	0.412	0.308	0.231	0.174	0.131	0.099	0.075	0.057	0.044	0.033	0.026	0.020	0.015	0.012	0.009	0.007	0.005	0.004	0.001	0	0	0	0
40	0.672	0.453	0.307	0.208	0.142	0.097	0.067	0.046	0.032	0.022	0.015	0.011	0.008	0.005	0.004	0.003	0.002	0.001	0.001	0.001	0	0	0	0	0
50	0.608	0.372	0.228	0.141	0.087	0.054	0.034	0.021	0.013	0.009	0.005	0.003	0.002	0.001	0.001	0.001	0	0	0	0	0	0	0	0	0

附录3

年金终值系数表（$F/A, i, n$）

n	i (%)																					
	1	2	3	4	5	6	7	8	9	10	11	12	13	14	15	16	17	18	19	20	25	30
1	1.000	1.000	1.000	1.000	1.000	1.000	1.000	1.000	1.000	1.000	1.000	1.000	1.000	1.000	1.000	1.000	1.000	1.000	1.000	1.000	1.000	1.000
2	2.010	2.020	2.030	2.040	2.050	2.060	2.070	2.080	2.090	2.100	2.110	2.120	2.130	2.140	2.150	2.160	2.170	2.180	2.190	2.200	2.250	2.300
3	3.030	3.060	3.091	3.122	3.153	3.184	3.215	3.246	3.278	3.310	3.342	3.374	3.407	3.440	3.473	3.506	3.539	3.572	3.606	3.640	3.813	3.990
4	4.060	4.122	4.184	4.246	4.310	4.375	4.440	4.506	4.573	4.641	4.710	4.779	4.850	4.921	4.993	5.066	5.141	5.215	5.291	5.368	5.766	6.187
5	5.101	5.204	5.309	5.416	5.526	5.637	5.751	5.867	5.985	6.105	6.228	6.353	6.480	6.610	6.742	6.877	7.014	7.154	7.297	7.442	8.207	9.043
6	6.152	6.308	6.468	6.633	6.802	6.975	7.153	7.336	7.523	7.716	7.913	8.115	8.323	8.536	8.754	8.977	9.207	9.442	9.683	9.930	11.259	12.756
7	7.214	7.434	7.662	7.898	8.142	8.394	8.654	8.923	9.200	9.487	9.783	10.089	10.405	10.730	11.067	11.414	11.772	12.142	12.523	12.916	15.073	17.583
8	8.286	8.583	8.892	9.214	9.549	9.897	10.260	10.637	11.028	11.436	11.859	12.300	12.757	13.233	13.727	14.240	14.773	15.327	15.902	16.499	19.842	23.858
9	9.369	9.755	10.159	10.583	11.027	11.491	11.978	12.488	13.021	13.579	14.164	14.776	15.416	16.085	16.786	17.519	18.285	19.086	19.923	20.799	25.802	32.015
10	10.462	10.950	11.464	12.006	12.578	13.181	13.816	14.487	15.193	15.937	16.722	17.549	18.420	19.337	20.304	21.321	22.393	23.521	24.701	25.959	33.253	42.619
11	11.567	12.169	12.808	13.486	14.207	14.972	15.784	16.645	17.560	18.531	19.561	20.655	21.814	23.045	24.349	25.733	27.200	28.755	30.404	32.150	42.566	56.405
12	12.683	13.412	14.192	15.026	15.917	16.870	17.888	18.977	20.141	21.384	22.713	24.133	25.650	27.271	29.002	30.850	32.824	34.931	37.180	39.581	54.208	74.327
13	13.809	14.680	15.618	16.627	17.713	18.882	20.141	21.495	22.953	24.523	26.212	28.029	29.985	32.089	34.352	36.786	39.404	42.219	45.244	48.497	68.760	97.625
14	14.947	15.974	17.086	18.292	19.599	21.015	22.550	24.215	26.019	27.975	30.095	32.393	34.883	37.581	40.505	43.672	47.103	50.818	54.841	59.196	86.949	127.91
15	16.097	17.293	18.599	20.024	21.579	23.276	25.129	27.152	29.361	31.772	34.405	37.280	40.417	43.842	47.580	51.660	56.110	60.965	66.261	72.035	109.69	167.29
16	17.258	18.639	20.157	21.825	23.657	25.673	27.888	30.324	33.003	35.950	39.190	42.753	46.672	50.980	55.717	60.925	66.649	72.939	79.850	87.442	138.11	218.47
17	18.430	20.012	21.762	23.698	25.840	28.213	30.840	33.750	36.974	40.545	44.501	48.884	53.739	59.118	65.075	71.673	78.979	87.068	96.022	105.93	173.64	285.01
18	19.615	21.412	23.414	25.645	28.132	30.906	33.999	37.450	41.301	45.599	50.396	55.750	61.725	68.394	75.836	84.141	93.406	103.74	115.27	128.12	218.05	371.52
19	20.811	22.841	25.117	27.671	30.539	33.760	37.379	41.446	46.018	51.159	56.939	63.440	70.749	78.969	88.212	98.603	110.29	123.41	138.17	154.74	273.56	483.97
20	22.019	24.297	26.870	29.778	33.066	36.786	40.995	45.762	51.160	57.275	64.203	72.052	80.947	91.025	102.44	115.38	130.03	146.63	165.42	186.69	342.95	630.17
25	28.243	32.030	36.459	41.646	47.727	54.865	63.249	73.106	84.701	98.347	114.41	133.33	155.62	181.87	212.79	249.21	292.11	342.60	402.04	471.98	1 054.8	2 348.8
30	34.785	40.588	47.575	56.085	66.439	79.058	94.461	113.28	136.31	164.49	199.02	241.33	293.20	356.79	434.75	530.31	647.44	790.95	966.7	1 181.9	3 227.2	8 730.0

附录 4 年金现值系数表（P/A，i，n）

n	i(%)																							
	1	2	3	4	5	6	7	8	9	10	11	12	13	14	15	16	17	18	19	20	25	30	35	40	50
1	0.990	0.980	0.971	0.962	0.952	0.943	0.935	0.926	0.917	0.909	0.901	0.893	0.885	0.877	0.870	0.862	0.855	0.847	0.840	0.833	0.800	0.769	0.741	0.714	0.667
2	1.970	1.942	1.913	1.886	1.859	1.833	1.808	1.783	1.759	1.736	1.713	1.690	1.668	1.647	1.626	1.605	1.585	1.566	1.547	1.528	1.440	1.361	1.289	1.224	1.111
3	2.941	2.884	2.829	2.775	2.723	2.673	2.624	2.577	2.531	2.487	2.444	2.402	2.361	2.322	2.283	2.246	2.210	2.174	2.140	2.106	1.952	1.816	1.696	1.589	1.407
4	3.902	3.808	3.717	3.630	3.546	3.465	3.387	3.312	3.240	3.170	3.102	3.037	2.974	2.914	2.855	2.798	2.743	2.690	2.639	2.589	2.362	2.166	1.997	1.849	1.605
5	4.853	4.713	4.580	4.452	4.329	4.212	4.100	3.993	3.890	3.791	3.696	3.605	3.517	3.433	3.352	3.274	3.199	3.127	3.058	2.991	2.689	2.436	2.220	2.035	1.737
6	5.795	5.601	5.417	5.242	5.076	4.917	4.767	4.623	4.486	4.355	4.231	4.111	3.998	3.889	3.784	3.685	3.589	3.498	3.410	3.326	2.951	2.643	2.385	2.168	1.824
7	6.728	6.472	6.230	6.002	5.786	5.582	5.389	5.206	5.033	4.868	4.712	4.564	4.423	4.288	4.160	4.039	3.922	3.812	3.706	3.605	3.161	2.802	2.508	2.263	1.883
8	7.652	7.325	7.020	6.733	6.463	6.210	5.971	5.747	5.535	5.335	5.146	4.968	4.799	4.639	4.487	4.344	4.207	4.078	3.954	3.837	3.329	2.925	2.598	2.331	1.922
9	8.566	8.162	7.786	7.435	7.108	6.802	6.515	6.247	5.995	5.759	5.537	5.328	5.132	4.946	4.472	4.607	4.451	4.303	4.163	4.031	3.463	3.019	2.665	2.379	1.948
10	9.471	8.983	8.530	8.111	7.722	7.360	7.024	6.710	6.418	6.145	5.889	5.650	5.426	5.216	5.019	4.833	4.659	4.494	4.339	4.192	3.571	3.092	2.715	2.414	1.965
11	10.368	9.787	9.253	8.760	8.306	7.887	7.499	7.139	6.805	6.495	6.207	5.938	5.687	5.453	5.234	5.029	4.836	4.656	4.486	4.327	3.656	3.147	2.752	2.438	1.977
12	11.255	10.575	9.954	9.385	8.863	8.384	7.943	7.536	7.161	6.814	6.492	6.194	5.918	5.660	5.421	5.197	4.988	4.793	4.611	4.439	3.725	3.190	2.779	2.456	1.985
13	12.134	11.348	10.635	9.986	9.394	8.853	8.358	7.904	7.487	7.103	6.750	6.424	6.122	5.842	5.583	5.342	5.118	4.910	4.715	4.533	3.780	3.223	2.799	2.469	1.990
14	13.004	12.106	11.296	10.563	9.899	9.295	8.745	8.244	7.786	7.367	6.982	6.628	6.302	6.002	5.724	5.468	5.229	5.008	4.802	4.611	3.824	3.249	2.814	2.478	1.993
15	13.865	12.849	11.938	11.118	10.380	9.712	9.108	8.559	8.061	7.606	7.191	6.811	6.462	6.142	5.847	5.575	5.324	5.092	4.876	4.675	3.859	3.268	2.825	2.484	1.995
16	14.718	13.578	12.561	11.652	10.838	10.106	9.447	8.851	8.313	7.824	7.379	6.974	6.604	6.265	5.954	5.668	5.405	5.162	4.938	4.730	3.887	3.283	2.834	2.489	1.997
17	15.562	14.292	13.166	12.166	11.274	10.477	9.763	9.122	8.544	8.022	7.549	7.102	6.729	6.373	6.047	5.749	5.475	5.222	4.988	4.775	3.910	3.295	2.840	2.492	1.998
18	16.398	14.992	13.754	12.659	11.690	10.828	10.059	9.372	8.756	8.201	7.702	7.250	6.840	6.467	6.128	5.818	5.534	5.273	5.033	4.812	3.928	3.304	2.844	2.494	1.999
19	17.226	15.678	14.324	13.134	12.085	11.158	10.336	9.604	8.950	8.365	7.839	7.366	6.938	6.550	6.198	5.877	5.584	5.316	5.070	4.843	3.942	3.311	2.848	2.496	1.999
20	18.046	16.351	14.877	13.590	12.462	11.470	10.594	9.818	9.129	8.514	7.963	7.469	7.025	6.623	6.259	5.929	5.628	5.353	5.101	4.870	3.954	3.316	2.850	2.497	1.999
25	22.023	19.523	17.413	15.622	14.094	12.783	11.654	10.675	9.823	9.077	8.422	7.843	7.330	6.873	6.464	6.097	5.766	5.467	5.195	4.948	3.985	3.329	2.856	2.499	2.000
30	25.808	22.396	19.600	17.292	15.372	13.765	12.409	11.258	10.274	9.427	8.694	8.055	7.496	7.003	6.566	6.177	5.829	5.517	5.235	4.979	3.995	3.332	2.857	2.500	2.000
40	32.835	27.355	23.115	19.793	17.159	15.046	13.332	11.925	10.757	9.779	8.951	8.244	7.634	7.105	6.642	6.233	5.871	5.548	5.258	4.997	3.999	3.333	2.857	2.500	2.000
50	39.196	31.424	25.730	21.482	18.256	15.762	13.801	12.233	10.962	9.915	9.042	8.304	7.675	7.133	6.661	6.246	5.880	5.554	5.262	4.999	4.000	3.333	2.857	2.500	2.000

中国人民大学出版社　管理分社

教师教学服务说明

中国人民大学出版社管理分社以出版工商管理和公共管理类精品图书为宗旨。为更好地服务一线教师，我们着力建设了一批数字化、立体化的网络教学资源。教师可以通过以下方式获得免费下载教学资源的权限：

★ 在中国人民大学出版社网站 www.crup.com.cn 进行注册，注册后进入“会员中心”，在左侧点击“我的教师认证”，填写相关信息，提交后等待审核。我们将在一个工作日内为您开通相关资源的下载权限。

★ 如您急需教学资源或需要其他帮助，请加入教师 QQ 群或在工作时间与我们联络。

中国人民大学出版社　管理分社

教师 QQ 群：648333426(工商管理)　114970332(财会)　648117133(公共管理)
教师群仅限教师加入，入群请备注（学校+姓名）

联系电话：010-62515735，62515987，62515782，82501048，62514760

电子邮箱：glcbfs@crup.com.cn

通讯地址：北京市海淀区中关村大街甲 59 号文化大厦 1501 室（100872）

管理书社　　人大社财会　　公共管理与政治学悦读坊